青岛市教育科学"十三五"规划2020年度课题"技术深度融合的初中数学课程样态及课程实施研究"（批准号：QJK135C1192）研究成果

　　国家新闻出版署融合发展(人教社)重点实验室、人民教育出版社人教数字教育研究院2022年度课题"数学教育技术与初中课程深度融合的案例研究"（批准号：RJB0122004）研究成果

几何画板与初中数学
深度融合研究

刘同军 | 主编

光明日报出版社

图书在版编目（CIP）数据

几何画板与初中数学深度融合研究 / 刘同军主编
. -- 北京：光明日报出版社，2023.11
ISBN 978 - 7 - 5194 - 7638 - 0

Ⅰ.①几… Ⅱ.①刘… Ⅲ.①中学数学课—教学研究
—初中 Ⅳ.①G633.602

中国国家版本馆 CIP 数据核字（2023）第 240024 号

几何画板与初中数学深度融合研究
JIHE HUABAN YU CHUZHONG SHUXUE SHENDU RONGHE YANJIU

主　　编：刘同军

责任编辑：史　宁　陈永娟　　　　责任校对：许　怡　李佳莹
封面设计：中联华文　　　　　　　责任印制：曹　净

出版发行：光明日报出版社

地　　址：北京市西城区永安路 106 号，100050

电　　话：010-63169890（咨询），010-63131930（邮购）

传　　真：010-63131930

网　　址：http://book.gmw.cn

E - mail: gmrbcbs@ gmw.cn

法律顾问：北京市兰台律师事务所龚柳方律师

印　　刷：三河市华东印刷有限公司

装　　订：三河市华东印刷有限公司

本书如有破损、缺页、装订错误，请与本社联系调换，电话：010-63131930

开　　本：170mm×240mm

字　　数：566 千字　　　　　　　印　　张：33.75

版　　次：2024 年 4 月第 1 版　　印　　次：2024 年 4 月第 1 次印刷

书　　号：ISBN 978 - 7 - 5194 - 7638 - 0

定　　价：98.00 元

编委会

序

让信息时代的居民落地

杜希福*

人们常说，作为成年人，即使我们信息技术手段掌握得再熟练，也是信息时代的移民；而儿童少年才是信息时代的原居民。似乎在信息时代，儿童少年一定会浸润在信息技术之中，让他们的学习生活受益。

但仔细看看，我们目前的学生好像也不是信息时代的原居民——不但手机成了儿童成长的洪水猛兽而被我们小心提防，担心手机和网络吞噬了儿童的时间、精力和智慧，而且于儿童学习有益的教育软件，似乎也很难到达儿童的手边。

而在这种氛围下，刘同军老师却让自己的学生真实地感受到了信息技术对自己学习的帮助。

认识刘同军老师，还是十年前。那时候，我还雄心勃勃地想设计一个"智慧教育平台"，进而实现学习方式的变革，让习近平总书记在首届教育信息化国际会议致词中期望建立的"人人皆学，处处能学，时时可学"的学习场景变为现实。为此，我们组织了一个小的团队，开始了初中数学微课的研制工作。

刘同军老师利用信息技术，特别是几何画板制作的数学微课，真的令我们耳目一新：它生动新奇，富有吸引力，让数学学习成了一件很有趣的事情。他也很快成了我们团队，乃至使用过他微课的老师、学生的一个神奇的存在。

但由于社会对平板的排斥，我们所谓"智慧教育试验"也草草收场。但令人欣慰的是，刘同军老师仍然坚持在教学中使用几何画板等教育软件改进

---

* 中国教育学会副会长。

教学，特别是青岛市西海岸新区为全区所有学生配置了平板，使得学生有了智慧学习的"入口"，刘同军老师更是如虎添翼，线上线下，把信息技术与课程的融合做得有声有色。他的学生也真正尝到了信息技术的甜头，让自己的学习更加有趣，学习效率也更高。

我一直认为，信息技术一定会给教育带来根本性的变革：多媒体技术会让知识的表达更清晰、易懂、有趣；记录储存和传送技术会将优秀老师的课程更经济快捷地送到每个学生身边，而使每个学生对学习资源有了更丰富的选择。相对金融、交通、商业甚至医疗的信息化，教育的信息化还有更为重要的意义——让学生通过学习过程的信息化，提高自己的信息化素养，以便更好地适应信息化社会。

这一点，我觉得我们总体上还没有做到。可喜的是，还有许多像刘同军老师一样的教师，依然做着这个探索，他们让信息时代的原居民落了地。

愿这样的老师更多，这样的学校更多，这样的区域更多！

2022 年 11 月

前　言

2018 年，教育部印发《教育信息化 2.0 行动计划》，标志着改革开放 40 年之际，我国正式跨入智慧教育的新时代。"教育信息化 2.0"的核心理念就是：坚持信息技术与教育教学深度融合。2019 年初，中共中央、国务院印发《中国教育现代化 2035》和《加快推进教育现代化实施方案（2018—2022 年）》，指出要"促进信息技术与教育教学深度融合"，"丰富并创新课程形式"。同年，笔者所在的青岛西海岸新区投巨资启动智慧教育示范区建设，旨在以大数据和人工智能为触点，促进技术与教育教学的深度融合，重构区域智慧教育生态。

不论是国家战略，还是区域推进，都把"促进信息技术与教育教学的深度融合"和"创新课程形式"作为重要目标。

国家意志需要学科层面的回应。《普通高中数学课程标准（2017 年版 2020 年修订）》多次强调要"重视信息技术应用，实现信息技术与数学课程的深度融合"。《义务教育数学课程标准（2022 年版）》也把"促进信息技术与数学课程融合"作为五大课程理念之一。

国家意志要在一间间教室里落地生根，还需要学科教师的积极响应，这就要回答：在哪里融合、怎么融合、靠什么融合等问题。

近十年来，作为一线教师，我们亲历了中国教育信息化从 1.0 走向 2.0 的宏伟进程，并成为众多实践者中的一员。在这个过程中，我们的教室从普通的多媒体教室升级为大数据和智慧教育平台支持的智慧教室，我们的教学从教室授课变成了线上线下混合式教学，教学流程也在不断实践中从课上延伸到课前和课后，学生的考试和评价也越来越多地使用网络平台，资源的获取也变得越来越快捷、越来越方便……然而，与这些变化形成强烈反差的是：除了把课本搬上平板、把板书换成 PPT，数学课堂上，不论是学生的学还是教师的教，使用的还是传统的纸笔和尺规，技术似乎一直徘徊在数学教学的外围，没有对学生的思维发展提供有力的支撑，难以触及数学的核心。

在一线教师眼里，技术从来都是具体的：音频就是音频，文本就是文本，它们不是一回事；抢答器就是抢答器，拍照投影就是拍照投影，它们各自实现不同的功能。除了这些各科通用的普适教育技术，数学老师还需要这样的技术：可以把复杂的变化过程动态地展现出来，可以把隐秘的数学思维清晰地反映出来，可以用于数学探究，可以用于模拟试验，可以窥视函数图像的奥秘，可以用尺规工具构建几何的大厦……这类触及数学本质的、专门服务数学教学的技术就是数学教育技术，其优秀代表是几何画板、网络画板、Geo-Gebra 软件等。信息技术与数学课程的深度融合离不开这类数学教育技术，数学老师需要学习掌握这些技术。

几何画板是我国较早推广的动态几何软件，二十多年来的实践，使之有了较多的爱好者和使用者，网络画板和 Geo-Gebra 等软件也因功能强大、跨平台、易学易用等优点吸引了许多老师。然而，和我国庞大的教师群体相比，能熟练使用这些软件的老师数量还相当少，数学教育技术在教学中的使用频率还远低于 PPT 等普适教育技术。我们认识到，不掌握数学教育技术而想实现技术与数学教学的深度融合无异于痴人说梦。学习和使用数学教育技术是新时代数学教师无法回避的重要任务。实践表明，易学不等于不学自知，学习和使用技术的最好方法是在用中学，在学中用，当然这需要系统设计。

3 年前，刘同军名师工作室启动了青岛市规划课题"技术深度融合的初中数学课程样态及课程实施研究"，旨在发挥工作室成员的技术特长，吸收已有研究成果，从课程层面，给出初中数学和几何画板深度融合的系统解决方案，让老师和学生在不增加负担的前提下，通过日常的数学教学，就能熟练掌握几何画板等重要数学探究工具，形成终身受用的计算思维和信息素养。本书即是这一课题的研究成果。

本书经过精心设计和反复打磨，把几何画板软件的二百八十余个知识点融入初中数学的 15 个章节中，提供了一整套把几何画板深度融入初中数学的系统方案，使技术和数学你中有我，我中有你，学数学就能学技术，学技术就是学数学，以期大幅降低技术的学习和使用成本，有效改良初中数学学与教的方式，显著提升初中数学学与教的品质。特别是，在不增加课时、不增加学生学业负担的前提下，学生在学数学的过程中同步学习和使用几何画板软件，就像在数学学习中学会使用直尺和圆规一样，使学生在初中头两年的数学学习中掌握几何画板软件的使用，而运用几何画板软件，又可增加对数学知识的理解，并显著提升学生初三和高中段的数学学习效率。

通过技术的深度融合，使几何画板和数学互为要素，互为舞台，互相支撑，实现数学探究常态化，抽象知识直观化，数学思维可视化，学习方式多样化，学科德育一体化，有效促进学生对数学本质的理解，同步实现数学素养和技术素养的全面提升。

该方案使数学老师在教数学的过程中，自然掌握几何画板软件，促进教师的专业成长。

同步研发的课件、视频、互动式导学单等配套课程资源，帮助一线教师消除技术焦虑，实现"拿来就用，用即有效"，真正做到"将信息技术以最有效的方式应用到最适合的教学环节"中。

本书还表达了这样的理念：

信息化时代，学语言需要电子词典，学数学需要几何画板。

数学不枯燥，画板来改造。

繁杂重复电纸笔，动态变换屏尺规。也就是几何画板是屏幕上的纸笔和尺规，大运算量的、繁杂的、枯燥的演算应使用电子屏幕上的纸笔，动态的、复杂的画图和变换应借助屏幕上的尺规。

本书按初中数学的结构体系分为15章，每章包括三部分内容：

技术助学目标。罗列几何画板等技术工具应用在数学学习中的助力点，让读者明确哪些数学知识的学与教可使用技术手段辅助。

技术学习目标。列出在本章的数学学习中，需要同步融入哪些几何画板的知识点，使读者明确需要掌握的技术要点。

技术融合方案。这是本书的主体部分，是前两条所列目标的实施方案，涵盖了绝大部分适合技术辅助的数学内容和几何画板的主要功能。对于技术助学内容，侧重点是数学学习，用方案举例的方式详细说明如何使用几何画板及配套课件帮助学生学习数学；对于技术学习内容，侧重点是技术学习，详细阐述与本节数学知识相关的几何画板操作步骤或课件的制作方法。

本书由刘同军带领工作室的几位骨干教师合作完成，分工情况是：刘同军提出了本书的框架结构及技术与课程的融合方案，制作课件、互动式导学单，编写了第一、二、九章及第十一至十五章的大部分内容，王新艳编写了第三至六章，袁军霞编写了第七、八、十章，谷建忠参与了第九、十四章的讨论和部分内容的编写，丁力参与了第十一、十二章的讨论和部分内容的编写，李旭光参与了第十三章的讨论和部分内容的编写，刘国莉参与了第十五章的讨论和部分内容的编写，全书内容审核及插图修配由刘同军完成。

感谢青岛西海岸新区实验初中教育集团、中国石油大学附属实验初级中学刘光平校长、刘春明书记及各位领导、同事的支持，感谢工作室各位同仁的辛勤付出，感谢中国教育学会杜希福副会长的指导并为本书作序。感谢中联华文张金良老师、王佳琪老师对本书出版的支持。本书的编写和出版，还得到了许多专家领导的指导支持、得到了国家级人才工程的经费支持，参考了大量的文献资料，在此一并对各位专家、领导、文献作者表示衷心的感谢。

笔者常年工作在中学数学教学的第一线，有二十余年几何画板在初中数学中的应用经验，本书力求把最好的成果奉献给同样拼搏在教学一线的同行们，但囿于笔者的学识和水平，书中疏漏、不妥之处在所难免，恳请专家和读者批评指正。

作者

2022 年 11 月

目　录
CONTENTS

1 用技术探索图形世界

【技术助学目标】

（1）借助几何画板识记常见几何体的名称，理解并掌握常见几何体的几何元素的概念，了解常见几何体的分类。

（2）借助动态实例理解"点动成线、线动成面、面动成体"；借助动态实例理解旋转体的形成过程。

（3）借助动态演示寻找正方体表面展开图中"相对的面"的特征，并借助这一特征识别一个平面图形是否为正方体的表面展开图。

（4）借助动态演示，理解正方体、棱柱、圆柱、圆锥等常见几何体表面展开与折叠的过程。

（5）借助动态演示和实验操作，理解常见几何体的截面的形状。

（6）借助动态演示和想象，能识别常见几何体的主视图、左视图和俯视图；借助几何画板自定义工具，能根据直观图画出由小立方块搭成的几何体的三视图，能根据三视图画出由小立方块搭成的几何体的直观图。

【技术学习目标】

（1）学会选择对象、拖动对象、释放对象等操作。

（2）会用几何画板自带工具画点和线段；会借助菜单或快捷菜单为图形对象设置颜色；会使用文本工具给一个点添加或更改标签。

（3）能启动"显示/隐藏""动画"等操作类按钮，感受按钮的便捷，能启动热文本，感受功能实现的多样性。会利用菜单或快捷键隐藏选中的对象。

（4）能借助已有课件进行动态数学实验。

（5）会使用自定义工具"方框"和"方块"，绘制由小立方块搭成的几何体的三视图，能根据三视图画出由小立方块搭成的几何体的直观图，并在此过程中，体会自定义工具的便捷性。

1.1　技术帮你认识立体图形

1.1.1　认识常见几何体

如图 1-1-1，打开配套课件，用移动箭头工具 单击"圆锥"按钮，则对应的几何体——圆锥的图片被隐藏起来，再次单击该按钮，则圆锥的图片又重新显示出来。使用此方法，可以快速识别并记忆常见几何体的名称。仿照此法，把其他图片逐个隐藏或显示。

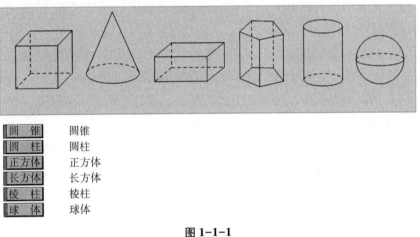

圆　锥	圆锥
圆　柱	圆柱
正方体	正方体
长方体	长方体
棱　柱	棱柱
球　体	球体

图 1-1-1

用移动箭头工具在文本对象"圆锥"上按下鼠标并拖动至圆锥图片附近松开鼠标，则该文本对象被拖动到圆锥附近，如图 1-1-2。仿照此法，把另外的文本对象拖动到相应的几何体的图片旁。

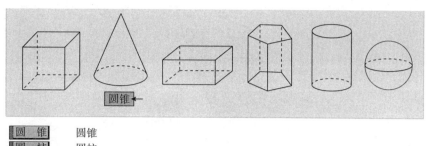

圆　锥	圆锥
圆　柱	圆柱
正方体	正方体
长方体	长方体
棱　柱	棱柱
球　体	球体

图 1-1-2

1.1.2　认识棱柱

如图 1-1-3，在配套课件中，把鼠标移到热文本的"上底面"上，则棱柱的上底面的轮廓被选中（呈红色），此时按下鼠标，则上底面出现闪烁。仿照此法，认识棱柱的底面和侧面、棱和顶点。

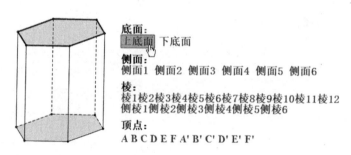

底面：
上底面　下底面

侧面：
侧面1　侧面2　侧面3　侧面4　侧面5　侧面6

棱：
棱1棱2棱3棱4棱5棱6棱7棱8棱9棱10棱11棱12
侧棱1侧棱2侧棱3侧棱4侧棱5侧棱6

顶点：
A B C D E F A' B' C' D' E' F'

图 1-1-3

思考：图中棱柱的底面是六边形，此棱柱是_____棱柱，该棱柱共有_____个面，其中有 2 个底面和_____个侧面，此棱柱共有_____条棱，其中有_____条侧棱，该棱柱共有_____个顶点。

如图 1-1-4，单击"直棱柱"按钮，图中的棱柱变为直棱柱，单击"斜棱柱"按钮，图中的棱柱变为斜棱柱，拖动图中棱柱上底面上的点，可以手动把该棱柱变为直棱柱或斜棱柱。试用语言描述直棱柱和斜棱柱的区别。

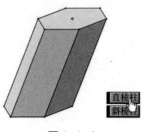

图 1-1-4

1.1.3 常见几何体的分类

例 将图 1-1-5 中的几何体分类，并说明理由。

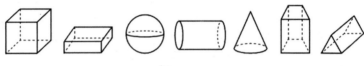

图 1-1-5

解法一：图 1-1-5 中的几何体可以分为"多面体"和"旋转体"两类，多面体全部由平的面围成，旋转体含有曲的面。如图 1-1-6，用移动箭头工具把左侧的几何体拖入相应的分类框中。

分类法1：按是否有曲面分为两类

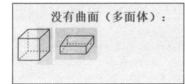

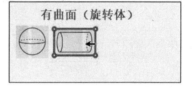

图 1-1-6

解法二：可以把图 1-1-5 中的几何体分为"柱体""锥体""球"三类，请在课件上用移动箭头工具把左侧的几何体拖入相应的分类框中。

1.1.4 给顶点标字母，为底面设颜色

选择文本工具 **A**，鼠标变为 ✋，把鼠标移动到某个顶点上时，鼠标变为 👆，此时在点上单击，可为该点加注标签，再次单击，标签隐藏。把鼠标

移动到字母的标签上，鼠标变成 🐾，此时按下鼠标可以拖动标签在点周围移动，如图 1-1-7。

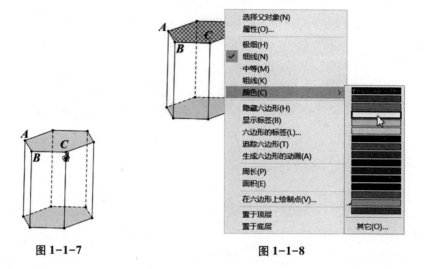

图 1-1-7　　　　　　　　　　　　图 1-1-8

如图 1-1-8，在棱柱的上底面上单击右键，可以弹出快捷菜单，使用此快捷菜单可以把上底面设置成你喜欢的颜色。

1.1.5　点动成线，线动成面，面动成体

如图 1-1-9，在配套课件中，单击"点动成线"按钮，出现一个点移动并留下轨迹，说明点动成线。类似的，单击"线动成面"和"面动成体"按钮，观看动画效果。单击"复位"按钮后，图中长方体变成一个点，再单击"演示"按钮后，出现动画并最终画出一个长方体，观察并思考这个动画说明了什么数学道理。

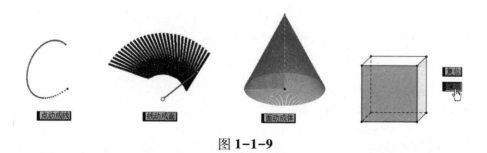

图 1-1-9

1.1.6 认识旋转体

如图 1-1-10，第二行的图形绕虚线旋转一周，就可以形成第一行的某个几何体。选择线段工具 ，在画板中用线段连接对应的几何体。

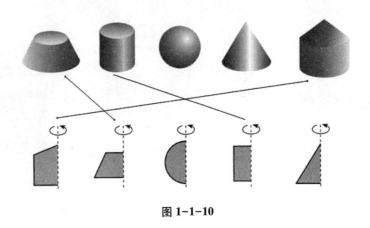

图 1-1-10

在课件中，设置了图 1-1-10 中第二行的平面图形经旋转形成相应几何体的过程，启动按钮观察这些过程，按"擦除踪迹"按钮，擦除绘制的几何体。

1.2 动画展示展开与折叠

1.2.1 数学实验：展开与折叠的感性认识

对初一同学来说，学习"立方体表面的展开与折叠"有难度主要是因为生活经验不足，我们的日常生活中很少有完整地把立方体展开与折叠的经验，因此，突破这一难点的关键就是先从积累感性经验开始。

打开课件，如图 1-2-1，单击展开按钮或折叠按钮启动动画，演示立方体表面展开和折叠的完整过程，拖动线段 a 的端点可以改变图形的大小。当画面变为图 1-2-2 的展开图时，想象一下折叠的过程。

图 1-2-1   图 1-2-2

如图 1-2-3，课件中设置了多个热文本按钮，启动相应热文本按钮，不但可以演示展开与折叠的完整过程，还可以旋转、翻转等，从不同视角反复观察这一过程。当画面变成平面图形后，在头脑中想象一下折叠的整个过程。

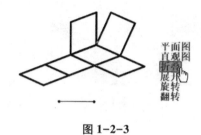

图 1-2-3

课件还设置了其他多个展开与折叠的动画，可根据需要使用。

1.2.2 牵住牛鼻子：展开图中相对的面

本课的难点在于正确识别一个平面图形是不是立方体的表面展开图，突破这一难点的关键是在展开图中识别"相对的面"。

打开配套课件，如图 1-2-4，通过展开与折叠，很容易看出，如果三个面呈一字排列，则两端的面折叠后是相对的面。拖动圆圈中的黄点，可以转动观察的视角。

如图 1-2-5，通过从不同视角观察，我们发现，展开图中位于"日"字两旁的两个面折叠后是相对的面。

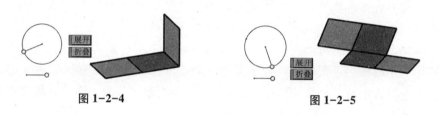

图 1-2-4   图 1-2-5

　　继续启动课件提供的动画，反复观察总结，得出一般性结论：在展开图中，位于"口"字、"日"字、"目"字两旁的面，甚至一字排列的四个面构成的"梯子"两旁的面，折叠后是相对的面，如图1-2-6。当然，这些图如果改变了方向，也应该能正确识别，如图1-2-7。

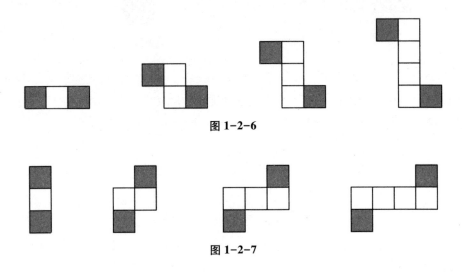

图1-2-6

图1-2-7

1.2.3　制胜的法宝：工具和想象

　　用文本工具 **A** 在画板的空白处双击或拖动，就会出现一个文本输入条或输入框，此时我们可以通过键盘输入文字，比如，我们输入数字"1"，输入完毕后再在另一个位置双击会出现一个新的输入条，我们输入数字"2"，同样的方法我们依次输入数字3，4，5，6，使它们变成6个独立的文本，依次单击选择这些文本，按住 Shift 键的同时按回车键，这些文本会自动排列整齐。

　　下面我们使用自定义工具"方框"来快速绘制正方体的展开图及类似的平面图形。在几何画板的工具箱中，在自定义工具 ▶ 按钮上长按鼠标，则会弹出自定义工具菜单，如图1-2-8，找到"方框"自定义工具并单击，把鼠标移到画板上，先任意画一条线段，则该线段被自动加上标签"a"，同时鼠标上自动粘上了一个正方形框，在画板上单击鼠标就会画出一个正方形框，此框以单击点为左下角的顶点，以 a 为边长；接下来每单击一次都会画出一个同样大小的框，直到我们选择了其他工具。如果画板上已有标签为 a 的线段，则选择该工具后会自动识别线段 a，直接单击就可画框。拖动 a 的端点可以改变线段的长短，从而调节框的边长。

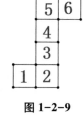

图 1-2-8　　　　　　　　图 1-2-9　　　　　　　图 1-2-10

试用自定义工具"方框"画出图 1-2-9。先在空白处单击画出框 1，在框 1 的右下角顶点处单击画出框 2，再在框 2 的左上角顶点处单击画出框 3，继续画完此图。画图技巧：先左后右，先下后上。选择移动箭头工具，把文本"1"到"6"按图 1-2-9 的方式依次拖入对应方框中。

下面我们来判断图 1-2-9 是不是正方体的表面展开图。根据"相对的面"的特征，面 1 和面 6 位于一字排列的四个方框两侧，是一对相对的面。面 2 和面 4，面 3 和面 5 都在"口"字两侧，也就是一字排列的三个面的两端，是相对的面。因为正方体共有三对"相对的面"，据此可知图 1-2-9 是一个正方体的表面展开图。

下面我们想象折叠的过程。如图 1-2-10，把面 3 想象成底面，把面 1 和面 2 同时折叠后，面 2 在前面，把面 1 再折一次到左面，面 4 在后面，面 5 折到上面后与面 6 相连，再折一次面 6 到右面，至此折叠完成。

例　用自定义工具绘制图 1-2-11 ①。步骤如下：

（1）使用自定义工具"方框"，按照"先左后右，先下后上"的方法画出图 1-2-11 ②。

（2）按图 1-2-11 ③方式拖动鼠标，则鼠标划过的矩形区域触碰到的对象被选中，利用【显示】菜单中的【隐藏对象】命令，或直接按"Alt+H"组合键隐藏这些线条（注意不是删除）。

（3）按图 1-2-11 ④方式拖动鼠标，按"Ctrl+H"组合键隐藏选中的线条，得到图 1-2-11 ①。

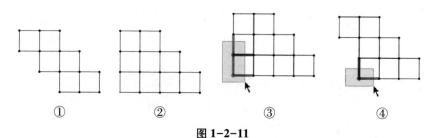

①　　　　　　②　　　　　　③　　　　　　④

图 1-2-11

找出图 1-2-11 ①中"相对的面",想象这个图折叠成正方体的过程。

1.2.4　深入探讨正方体的各种表面展开图

在配套课件中,提供了正方体全部 11 种展开图和相应的展开与折叠的动画工具,且全部可以手动展开与折叠,帮助你进一步深入探讨正方体的各种表面展开图,如图 1-2-12。

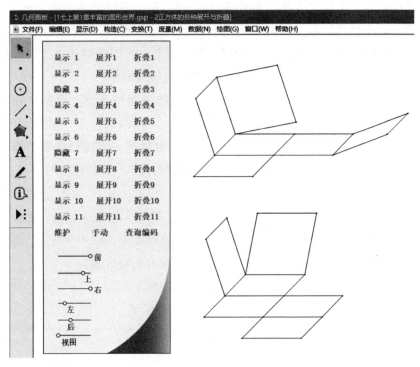

图 1-2-12

1.2.5　滑块控制圆柱和圆锥的侧面展开图

图 1-2-13 是通过拖动滑块实现圆柱侧面展开与折叠的画面,图 1-2-14 则展现了另一种展开与折叠方式,不管哪种方式,我们都容易得出:圆柱的侧面展开图是一个长方形,该长方形的长是圆柱的底面周长,宽是圆柱的高。

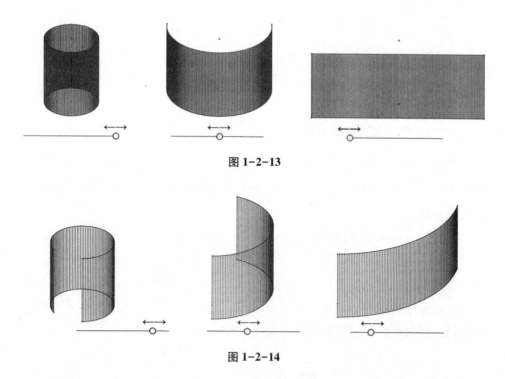

图 1-2-13

图 1-2-14

借助如图 1-2-15 中的课件，可以通过滑块展开与折叠圆锥的侧面，并可通过旋转和翻转从不同视角动态观察这一过程的细节。结论：圆锥的侧面展开图是一个扇形，此扇形的半径等于圆锥的母线长，扇形的弧长等于圆锥的底面周长。

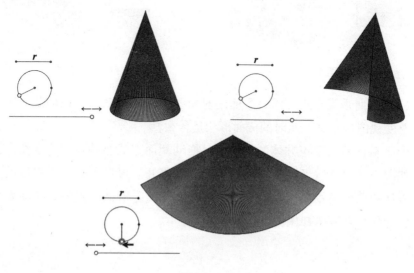

图 1-2-15

1.3　探究几何体的截面

1.3.1　探究正方体的截面

用平面去截一个几何体时，截面的形状是什么？这是"截一个几何体"这一节研究的核心问题。正方体截面的形状取决于截几何体的平面和正方体的相对位置。

配套课件提供了多种实验工具，择要分述如下：

（1）截面平行于正方体的一个面。如图 1-3-1，拖动截面上的黄点，可以改变截面的位置，拖动圆周上的黄点或红点，可以使视图水平旋转或垂直翻转，这一过程也可以启动按钮自动完成，拖动线段的端点，可以放大或缩小视图。仔细观察，该截面的形状是什么呢？

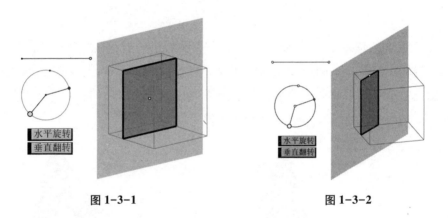

图 1-3-1　　　　　　　　　　　　　　图 1-3-2

（2）截面垂直于正方体一个面的对角线。如图 1-3-2，拖动截面上的黄点，改变视图的角度，此时的截面形状是什么？

（3）截面垂直于正方体的对角线。拖动截面上的驱动点，改变截面的位置，如图 1-3-3，适当调整观察的视角，观察并思考：此时截几何体的平面与正方体的几个面相交？截面是什么形状？截面随截面位置的改变而发生变化吗？为什么会发生变化？

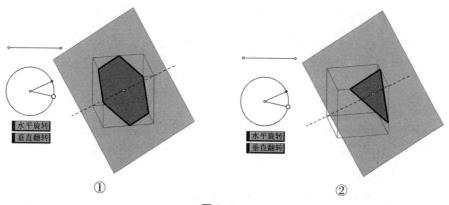

图 1-3-3

（4）截面的位置可任意变化。拖动截面上的驱动点，改变截面的位置，如图 1-3-4，适当调整观察的视角，此时截几何体的平面与正方体的几个面相交？截面是什么形状？

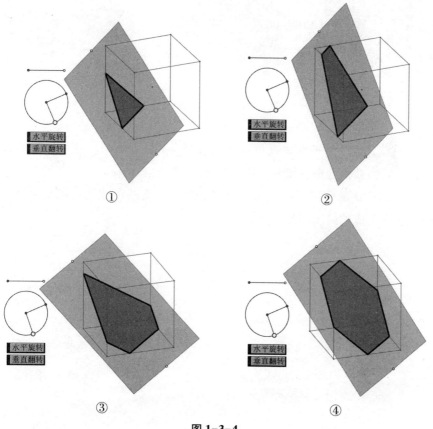

图 1-3-4

小结：正方体的截面形状可能是三角形、四边形（正方形、长方形、梯形）、五边形、六边形，截面多边形的边就是截几何体的平面与正方体某个面的交线。因为正方体共有 6 个面，所以截面的形状最多是六边形。

1.3.2 探究圆柱的截面

圆柱的截面形状也与截几何体的面与圆柱的相对位置有关。

（1）截几何体的平面经过上下底面的圆心时，得到的截面叫轴截面。圆柱的轴截面是矩形，如图 1-3-5。

（2）截几何体的平面平行于圆柱的轴时，如图 1-3-6，拖动驱动点改变截面的位置，截面的形状会发生变化，但始终是矩形。

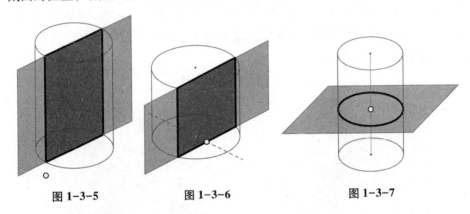

图 1-3-5   图 1-3-6   图 1-3-7

（3）截几何体的平面垂直于圆柱的轴时，如图 1-3-7，拖动驱动点改变截面的位置，截面的形状没有变化，始终是圆。

（4）当截面的位置可以任意变化时，圆柱截面的形状还可能是椭圆，或椭圆与线段围成的封闭图形，如图 1-3-8。

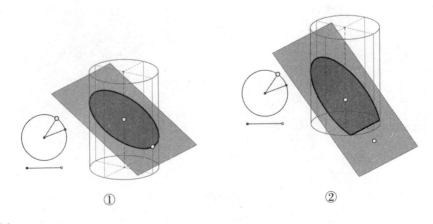

①   ②

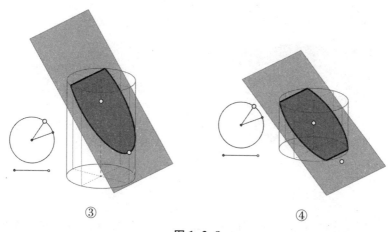

③ ④

图 1-3-8

1.3.3 探究圆锥的截面

借助于配套课件，可以对圆锥的截面进行探究。

（1）当截面垂直于圆锥的轴时，截面形状是圆，如图 1-3-9。

（2）当截面平行于圆锥的轴时，截面的形状是一条曲线和一条线段围成的封闭图形，这条曲线叫抛物线，如图 1-3-10。比较特别的，圆锥的轴截面是等腰三角形，如图 1-3-11。

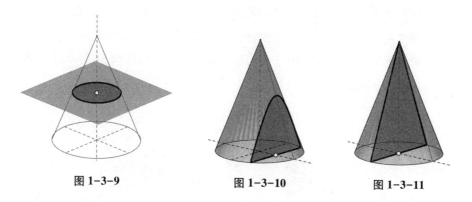

图 1-3-9 图 1-3-10 图 1-3-11

1.3.4 其他几何体的截面

（1）球的截面。用一个平面截球，截面的形状总是圆，如图 1-3-12。

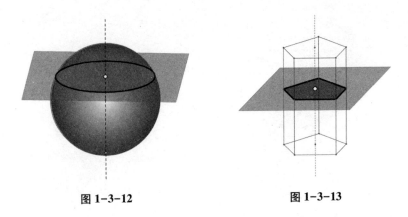

图 1-3-12   图 1-3-13

（2）其他几何体的截面。如用平面去截一个五棱柱，截面的形状相对复杂，但当截面垂直于侧棱时，如图 1-3-13，截面的形状始终是五边形。

1.4 立方块与三视图

1.4.1 三种视图

从不同的方向观察同一物体，看到的形状往往不同。如图 1-4-1 中的几何体，单击"主视图"按钮，直观图就会动态变成从前面看到的图 1-4-2 ①，单击"左视图"按钮，直观图就会动态变成从左面看到的图 1-4-2 ②，单击"俯视图"按钮，直观图就会动态变成从上面看到的图 1-4-2 ③，再单击"直观图"按钮，又会动态变为图 1-4-1 的直观图。

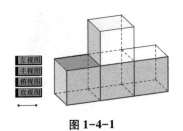

图 1-4-1

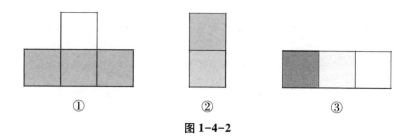

①　　　　②　　　　③

图 1-4-2

1.4.2　自定义工具"方块"

在几何画板中任意画一个点，在点上单击右键，利用弹出的快捷菜单，可以设置点的大小和颜色，试把画出的点设为"最小"，颜色为"黄色"。

在自定义工具上长按鼠标，弹出菜单后选择自定义工具"方块"，则一个彩色方块就粘在了鼠标上，在画板中单击一次，就可以画出一个小方块。画出的立方块有前挡后、上挡下的特征，因此在画组合体时宜按先左后右，先下后上的顺序。这些规则不用死记，实际操作时试用一下就会明白。

例　一个几何体由几个大小相同的小立方块搭成，从上面观察这个几何体，看到的形状如图 1-4-3 所示，其中小正方形中的数字表示在该位置的小立方块的个数。请画出从正面、左面看到的这个几何体的形状图。

解：（1）想象一下这个几何体的形状，用自定义工具"方块"搭出这个几何体，如图 1-4-4。

（2）选择自定义工具"方框"，画出主视图和左视图，如图 1-4-5。

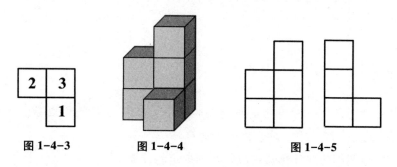

图 1-4-3　　图 1-4-4　　图 1-4-5

在使用自定义工具"方框"时，会自动画出或关联画板上的线段 a，拖动 a 的端点，可调整图 1-4-5 中两个视图的大小。

2 技术助学有理数与代数式

【技术助学目标】

（1）借助数轴工具，理解数轴上的点与实数的对应关系，理解绝对值、相反数等概念，理解比较有理数大小的思路和方法，探索数轴上两点的距离与表示点的数之间的关系。

（2）借助配套课件，深入理解有理数的加法法则。

（3）借助配套课件，深入探究并突破"时差"等计算难点。

（4）借助几何画板自带的计算器和外部计算器，解决一些复杂计算问题，感受数学的奇妙。

（5）使用参数功能，感受用字母表示数的好处。

（6）通过构造含参数的算式，并借助表格探究一些代数式的变化规律。

（7）使用几何画板的自定义工具，搭建"火柴"图案，探索图案中的数量关系。

【技术学习目标】

（1）会用几何画板自带的计算器构造算式求一个数的相反数、绝对值，会进行数的加、减、乘、除、乘方等运算。

（2）会调用外部计算器完成教科书规定的计算。

（3）会创建参数，会构建含参数的算式。

（4）会创建表格，会向表格内添加或删除数据。

（5）会使用自定义工具绘制一些简单图案。

2.1 与课件互动：数轴、相反数、绝对值

2.1.1 数轴工具的使用

下面，我们借助几个使用数轴工具制作的课件来学习数轴。

如图 2-1-1 是一个"原点居中"的数轴，其上的最大标识数据是 5，拖动数轴上的黄点，可以即时显示其表示的数。利用左侧的控制按钮，可以改变最大标识数据，最大为 10，还可以选择隐藏或显示动点表示的数。在数轴上单独拖动原点 0 和单位点 1，或同时选中原点和单位点，可以对数轴进行调节。

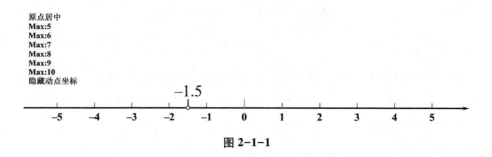

图 2-1-1

试进行如下操作：

（1）通过拖动数轴上的动点，找到表示下列各数的点：3，-3，1.5，-1.5。

（2）如果在数轴上 A 点表示的数是-3，那么表示-3.4 的点在 A 点的左侧还是右侧？先想一想，再设法验证一下。

（3）数轴上表示负数的点位置有何特点？表示正数的点呢？

（4）从左至右拖动动点，探究它表示的数的大小怎样变化，由此你得到了什么结论？

2.1.2 绝对值与相反数

（1）如图 2-1-2，数轴上有一个数和它的相反数，拖动一个点，观察并思考：数轴上表示互为相反数的点的位置有什么特点？

图 2-1-2

(2) 如图 2-1-3，每单击一次"单击举例"按钮，系统会在 -20~20 范围内生成一个数并求出其相反数。在输入框中任意输入一个数，系统会自动显示其相反数并用式子表示。思考并验证："-3 的相反数"用式子怎么表示？结果是多少？

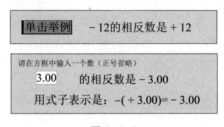

图 2-1-3

(3) 如图 2-1-4 中，想一想，如果在输入框中输入"-3/2"，画面上会显示什么？动手试一试。思考并验证：一个正数的绝对值是什么？一个负数的绝对值呢？0 呢？

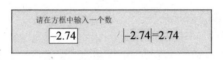

图 2-1-4

(4) 如图 2-1-5，任意输入一个 a 的值，系统可求得 $-a$ 和 $|a|$。思考并验证：如果字母 a 表示一个有理数，$-a$ 表示什么数？$-a$ 一定是负数吗？

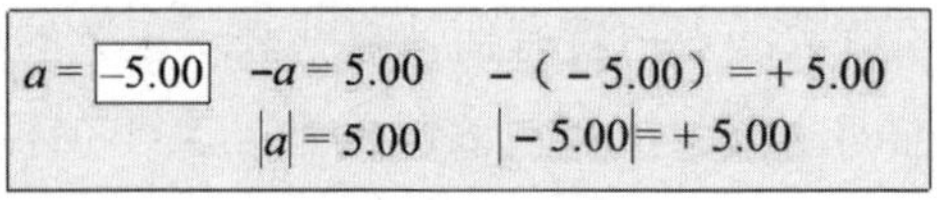

$$a = \boxed{-5.00} \quad -a = 5.00 \quad -(-5.00) = +5.00$$
$$|a| = 5.00 \quad |-5.00| = +5.00$$

图 2-1-5

2.2 理解有理数的加法法则

2.2.1 拖动凑零

如果我们用 1 个 ⊕ 表示 +1，用 1 个 ⊖ 表示 −1，那么 ⊕⊖ 和 ⊖⊕ 就表示 0。如图 2-2-1，为了计算（−3）+（+2），把 ⊖ 和 ⊕ 拖入中间的计算框中，或者单击"入框"按钮，得到图 2-2-2。我们发现一个 ⊖ 和一个 ⊕ 凑成 ⊖⊕ 后颜色变浅消失，结果剩下 1 个 ⊖，从而（−3）+（+2）= −1。

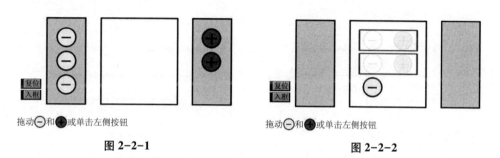

拖动 ⊖ 和 ⊕ 或单击左侧按钮   拖动 ⊖ 和 ⊕ 或单击左侧按钮

图 2-2-1   图 2-2-2

如 2-2-3 是演示（+3）+（−2）的画面，图 2-2-4 是演示（−4）+（+4）的画面。动手操作这些配套课件，总结有理数的加法法则。

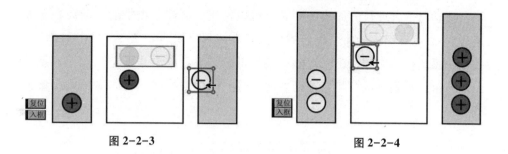

图 2-2-3   图 2-2-4

2.2.2 动图揭示加法奥秘

我们规定向东走为正，向西走为负。设想小明从原点出发，行走两次，第一次向东走 4 米，第二次向东走 7 米，求小明两次行走后离开原点的方向和距离。根据题意可列算式（+4）+（+7），其图示如图 2-2-5。在图中，可以分别拖动表示"加数1"和"加数2"的点改变两次行走的路程和方向,代表"和"的红色箭头会直观显示两次行走后小明离开原点的方向和距离,从而得出算式的结果,如图2-2-6、图2-2-7和图2-2-8。利用此课件,总结有理数的加法法则。

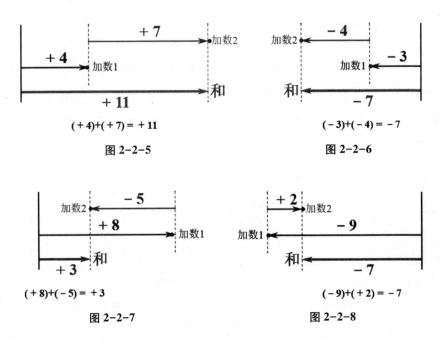

$(+4)+(+7)=+11$

图 2-2-5

$(-3)+(-4)=-7$

图 2-2-6

$(+8)+(-5)=+3$

图 2-2-7

$(-9)+(+2)=-7$

图 2-2-8

2.2.3　自动命题

在学习了有理数的加法法则后,可以使用配套课件提供的自动命题界面进行绝对值20以内的两个整数的加法口算练习。如图2-2-9,单击"出题"按钮,系统自动出题,在输入框中输入正确结果后点击"确定"按钮,系统给出评价:正确显示笑脸,答错显示哭脸。单击"答案"可以显示或隐藏正确结果。

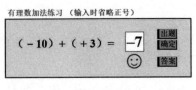

图 2-2-9

2.2.4 时差钟表

问题：已知纽约、悉尼、伦敦、罗马四个城市和北京的时差分别是−13h、+2h、−8h 和−7h，如图2-2-10 中的5 个时钟显示了同一时刻这四个城市的当地时间和北京时间，请分别在时钟上标明五个城市的名称。

图 2-2-10

配套课件中提供了丰富的与"时差"有关的资源，时差钟表就是其一。借助时差钟表，我们可以进行探究实验。如设北京时间为 10 时，则纽约时间为 $10-13=-3$ 时，时钟上时针应在 $12-3=9$ 时的位置；悉尼时间为 $10+2=12$ 时；伦敦时间为 $10-8=2$ 时；罗马时间为 $10-7=3$ 时。

如图 2-2-11，拖动北京时钟上的黄点，或单击钟表下方的热文本"10"，使北京时钟显示为 10 时，观察另外几块钟表，则不难发现，图 2-2-12 中从左到右显示的依次是纽约时间、悉尼时间、伦敦时间和罗马时间，在四块钟表上做好标记。改变北京时间，四块钟表指针相应改变。改变北京时间为 4 时，得到图 2-2-13，与图 2-2-10 比对即可得到各钟表代表的城市名称。

北京时间：
1 2 3 4 5 6
7 8 9 10 11 12

图 2-2-11

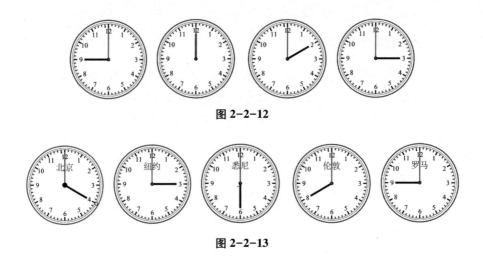

图 2-2-12

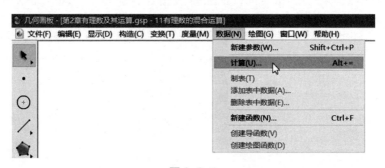

图 2-2-13

2.3　使用计算器

2.3.1　用计算器构造算式

如图 2-3-1，在几何画板中，使用【数据】菜单中的【计算】命令，或直接按快捷键 "Alt+=" 就可以调用计算器，显示 "新建计算" 面板。

图 2-3-1

（1）在 "新建计算" 面板中，单击数字和运算符号、括号等可以构建算式，以构造 $3+2^2\times\left(-\dfrac{1}{5}\right)$ 为例，如图 2-3-2，依次单击面板上的 "3" "+" "2" "^" "2" " * " " (" "-" "1" "÷" "5" ") "，计算器面板上方实时显示构造的算式和结果，确认算式无误后，单击 "确定" 按钮，则在画板上显示算式和结果：$3+2^2 \times \left(\dfrac{-1}{5}\right) = 2.20$。可以看出，几何画板中的计算结果是用小数表示的，默认精确到 0.01。

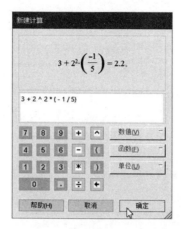

图 2-3-2

（2）用计算器可以求一个数的绝对值。如求|-5|的操作步骤：如图 2-3-3 和图 2-3-4，在"新建计算"面板中，单击"函数"下拉菜单，鼠标移至"abs"上单击，输入框中显示 abs（），同时光标在括号内闪烁，再依次单击"-""5"，确定即可。

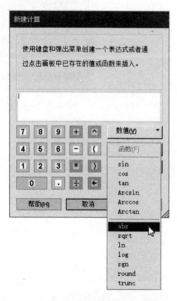

图 2-3-3

图 2-3-4

2.3.2 外部计算器的调用

如果我们有科学计算器，那么学习"用计算器进行计算"一节时就会比较方便。几何画板自带的计算器能实现科学计算器的大部分功能，但在要求结果保留的计算位数较多、保留分数等情况下，还需要使用外部计算器。

配套课件中给出了几个调用外部计算器的链接，如在阅读材料"棋盘摆米"中有算式 $2^{64}-1$，此时单击给出的按钮，就会调用 Windows 系统自带的计算器，如图 2-3-5 所示。图 2-3-6 是通过另一按钮调用了保存在计算机上的某型号计算器的模拟器，可以方便地进行分数等运算。

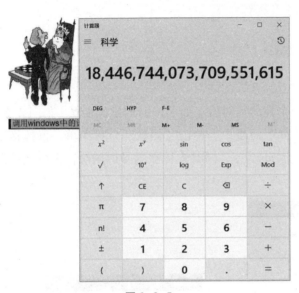 

图 2-3-5   图 2-3-6

2.4 对折与取半

2.4.1 纸张对折 20 次

有一张厚度是 0.1mm 的纸，把它对折 20 次，厚度是多少呢？这个问题看似容易，但在日常生活中很难直接做实验。在配套课件中，提供了探究实验，方法如下：选中"对折次数"，在键盘上按"+"增加对折次数，按"−"减少对折次数，系统自动算出厚度。如图 2-4-1，当对折 20 次时，厚度是多少？如果把结果的单位化为"m"，结果是多少？有人认为这相当于 35 层楼的高度，你同意吗？

$2^{20} \times 0.1mm = 104857.60mm$

图 2-4-1

2.4.2　一尺之棰，日取其半

1 米长的木棒，第 1 天截去一半，第 2 天截去剩下的一半，如此截下去，一周后剩下的木棒有多长？

这个问题的本质就是计算 $1 - (\frac{1}{2} + \frac{1}{2^2} + \frac{1}{2^3} + \cdots\cdots + \frac{1}{2^7})$，配套课件提供了用"图示法"解决此问题的思路。如图 2-4-2，单击"1 米木棒"复位，单击"截去一半""退回上步"按钮，图示随之变化，反复观察发现：剩下的长度与最后一次截去的长度是相等的，据此，问题得以解决。

图 2-4-2

如图 2-4-3，自上而下依次按左侧的按钮，会动态显现一个求和的过程，反复观察这一过程，你发现了什么？你能用你发现的规律计算 $\frac{1}{2} + \frac{1}{2^2} + \frac{1}{2^3} + \cdots\cdots + \frac{1}{2^7}$ 吗？

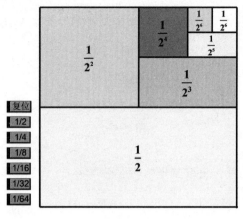

图 2-4-3

2.5 参数与代数式

2.5.1 参数及其属性

在有理数一章的学习中，我们经常会遇到这样的问题：如果数 a 的绝对值大于 a，那么 a 可能是正数吗？可能是负数吗？可能是零吗？面对这类问题，我们可用几何画板中的参数进行探究实验。参数本身的值是可变的，但能像具体的数一样参与各种运算。

在几何画板中，选择【数据】菜单中的【新建参数】命令，就会弹出"新建参数"对话框，如图 2-5-1，我们输入参数的名称和值，按"确定"后，就可以在画板上建立参数。建立的参数可以通过输入框重新输入它的值，也可以选中该参数后，按键盘上的"＋"或"－"改变它的值。把鼠标移至参数上按右键，选"属性"，会弹出属性对话框，如图 2-5-2，在这里可以设置参数的精确度等，尤其是在"参数"选项卡中，有键盘调节（＋/－）选项，允许我们输入参数增减的"步长"，如，输入 1，就是在键盘上按一次"＋"，参数增加 1，输入 0.1 则每次增加 0.1。

图 2-5-1

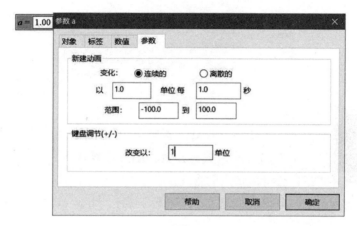

图 2-5-2

2.5.2　含参数的算式

在几何画板中，代数式求值的问题，一般可通过构造含参数的算式来解决。如求代数式 $6|x|-3$ 的值，可以这样操作：新建参数 x，按"Alt+="调用计算器，如图 2-5-3，在面板上依次单击"6""∗""函数/abs"，再单击画板上的参数 x，接着单击"-""3"，确定后得到算式。此时，每输入一个 x 的值，或通过键盘上的"+"或"-"改变 x 的值，相应代数式的值也随之变化。

例　身体指数等于人体体重（kg）与人体身高（m）平方的商。身体指数可用来衡量人体的胖瘦程度。成人的身体指数在 20~25 之间，体重适中；身体指数低于 18，体重偏轻；身体指数高于 30，体重超重。

（1）已知一个人的体重为 w（kg），身高为 h（m），求他的身体指数。

（2）张老师的身高是 1.70 m，体重是 60 kg，他的体重是否适中？

（3）你的身体指数是多少？

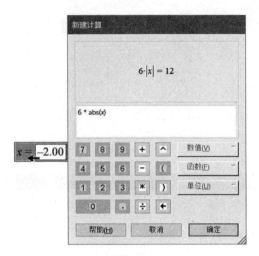

图 2-5-3

学生自学时，可以用纸笔计算的方式解决上述问题，但是当同学之间交流时，或在计算多个人的身体指数时，就会陷入重复计算，此时可以通过几何画板构造算式来体会身体指数的含义。

在几何画板中，新建两个无单位的参数 w 和 h，并使 $w=60$，$h=1.70$，调用计数器，构造算式 $\dfrac{w}{h^2}$，即可求得张老师的身体指数。改变 w 和 h 的值，身体指数的值也随之改变，把 w 的值改为自己的体重（kg），把 h 的值改为自己的身高（m），即可求得自己的身体指数。

打开配套课件，直接输入 w 和 h 的值，亦可求得身体指数的值，如图 2-5-4。

图 2-5-4

2.5.3 生成表格探索规律

参数及含参数的代数式，可以列成表格，方便我们分析数据发现规律。试进行以下操作：

（1）新建参数 $a=-4$，调用计算器构造算式 $a^2+\frac{1}{a^2}$。

（2）先单击参数 $a=-4$，再单击算式 $a^2+\frac{1}{a^2}$ 把它们都选中，利用【数据】菜单中的【制表】命令，得到一个表格。

（3）在参数 a 上按右键，选“属性”，设置键盘调节步长为 1。

（4）同时选中参数 a 和表格，按键盘上的“+”，则每按一次 a 增加 1，同时表格中添加一行数据，数次之后得图 2-5-5。观察表格中的数据，你发现了什么？

$a=4.00$

$a^2+\frac{1}{a^2}=16.06$

a	$a^2+\frac{1}{a^2}$
−4.00	16.06
−3.00	9.11
−2.00	4.25
−1.00	2.00
0.00	∞
1.00	2.00
2.00	4.25
3.00	9.11
4.00	16.06

图 2-5-5

（5）鼠标移至表格上按右键，可利用快捷菜单添加或删除表中数据，如图 2-5-6 和图 2-5-7，单击【删除表中数据（E）…】命令，弹出对话框后，选“删除所有条目”，按“确定”后，表格数据只剩最后一行。

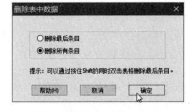

图 2-5-6　　　　　　　　　　　　图 2-5-7

（6）修改 a 的值为 -3，通过属性对话框设置键盘调节步长为 0.5，同时选择 a 和表格，按键盘上的"+"再次向表格添加数据，直至 a 值增大为 3，如图 2-5-8，观察表中数据，你又有什么发现？

$$a = \boxed{3.00}$$

$$a^2 + \frac{1}{a^2} = 9.11$$

a	$a^2 + \dfrac{1}{a^2}$
-3.00	9.11
-2.50	6.41
-2.00	4.25
-1.50	2.69
-1.00	2.00
-0.50	4.25
0.00	∞
0.50	4.25
1.00	2.00
1.50	2.69
2.00	4.25
2.50	6.41
3.00	9.11

图 2-5-8

（7）请你猜测，$a^2 + \dfrac{1}{a^2}$ 有没有最大值？有没有最小值？如果有，最小值是多少？你能够通过进一步实验验证你猜测的结论吗？

2.5.4 探寻无盖长方体盒子的最大容积

问题：如图 2-5-9，在边长为 a 的正方形纸片的四个角上，各剪去一个边长为 h 的小正方形，然后折成一个无盖的长方体盒子，探究 h 为何值时，盒子的容积 V 最大。

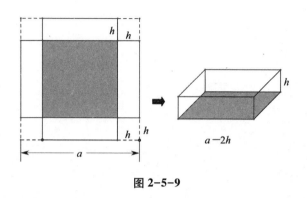

图 2-5-9

探究一：

（1）剪去的小正方形的边长与折成的无盖长方体盒子的高有什么关系？

（2）你能用 a 和 h 表示这个无盖的长方体盒子的容积 V 吗？

显然，剪去的小正方形的边长等于折成的无盖长方体盒子的高，容积 $V = (a-2h)^2 \cdot h$。

探究二：

如果正方形纸的边长 $a = 20\text{cm}$，剪去的小正方形边长为 h，折成的盒子的容积为 V。

（1）怎样用 h 表示 V？

不难发现，$V = (20-2h)^2 \cdot h$。

（2）当小正方形的边长 h 从 1 到 9 增加时，所得到的无盖长方体盒子的容积 V 是如何变化的？

在几何画板中，新建参数 $a = 20$，$h = 1$，在参数 h 上按右键，选"属性"，设置键盘调节步长为 1。构造算式 $(a-2h)^2 \cdot h$，并把该算式的标签设为 V，选择 h 和 V，利用【数据】菜单中的【制表】命令，得到一个表格，选择 h 和表格，按键盘上的"+"向表格添加数据，如图 2-5-10 所示。

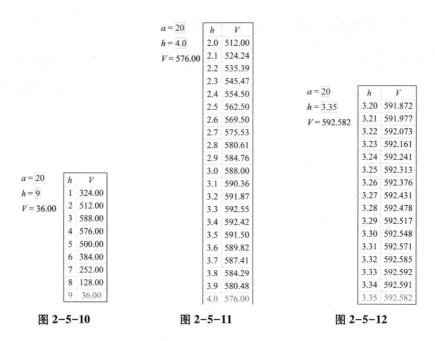

图 2-5-10　　　　　图 2-5-11　　　　　图 2-5-12

（3）观察表中的数据，当 h = _____时，V 取得最大值，此时 V = _____。你认为通过改变 h 的值，还能使 V 的值变得更大吗？

（4）设置 h 精确度"十分之一"，值为 2.0，键盘调节步长为 0.1，删除表中数据，选择 h 和表格，重新按"+"向表格添加数据，得到图 2-5-11，观察表格数据，当 h = _____时，V 取得最大值，此时 V = _____。你认为通过改变 h 的值，还能使 V 的值变得更大吗？

（5）设置 h 精确度"百分之一"，值为 3.20，键盘调节步长为 0.01，设置 V 的精确值为"千分之一"，删除表中数据，选择 h 和表格，重新按"+"向表格添加数据，得到图 2-5-12，观察表格数据，当 h = _____时，V 取得最大值，此时 V = _____。

（6）请你猜测，当 h 为何值时，V 的值最大。

探究三：

（1）设置 a = 18，a = 24，a = 30 时，重复进行上述探究，如图 2-5-13。就某一个固定的 a 值，你认为通过改变 h 的值，还能使 V 值变得更大吗？

	h	V		h	V		h	V
$a = 18$	2.50	422.500	$a = 24$	3.50	1011.500	$a = 30$	4.50	1984.500
$h = 3.50$	2.60	425.984	$h = 4.50$	3.60	1016.064	$h = 5.50$	4.60	1990.144
$V = 423.500$	2.70	428.652	$V = 1012.500$	3.70	1019.572	$V = 1985.500$	4.70	1994.492
	2.80	430.528		3.80	1022.048		4.80	1997.568
	2.90	431.636		3.90	1023.516		4.90	1999.396
	3.00	432.000		4.00	1024.000		5.00	2000.000
	3.10	431.644		4.10	1023.524		5.10	1999.404
	3.20	430.592		4.20	1022.112		5.20	1997.632
	3.30	428.868		4.30	1019.788		5.30	1994.708
	3.40	426.496		4.40	1016.576		5.40	1990.656
	3.50	423.500		4.50	1012.500		5.50	1985.500

图 2-5-13

（2）观察图 2-5-13 中各表中的数据，猜测 h 和 a 有何关系时，V 值最大。

2.5.5 巧搭图案探规律

问题：搭 1 个正方形需要 4 根火柴棒。按图 2-5-14 的方式，搭 2 个正方形需要_____根火柴棒，搭 3 个正方形需要_____根火柴棒，……，搭 100 个正方形需要多少根火柴棒？你是怎样得到的？

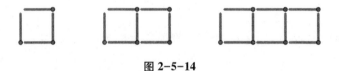

图 2-5-14

如果用 x 表示所搭正方形的个数，那么搭 x 个这样的正方形需要多少根火柴棒？这是解决这个问题的关键。

怎样找到这种关系？在学生独立思考，充分交流后，教师如何点拨可使问题易于理解？借助几何画板，我们可以用自定义工具现场拼出示意图，使问题迎刃而解。

在配套课件中，选择自定义工具【火柴方框】，则鼠标末端粘上了一个用火柴棒搭成的正方形，在画板的任意位置单击，就可以画出一个正方形，接下来，每单击一次正方形右下角的点，就会接续画出一个新的正方形，如图 2-5-15，这样在教学中老师或学生可以根据需要方便地搭出这一图形，从而把更多精力放在分析问题的思路上。

图 2-5-15

思路一：

先用自定义工具【火柴方框】画出一个用火柴棒搭成的正方形，接着选择自定义工具【火柴1+3右包围】，每单击一次正方形右下角的点，就会接续画出一个新的成"右包围"状的正方形，得到图2-5-16。

图 2-5-16

利用该图，容易列出搭 x 个正方形所需火柴棒条数为：$4+3(x-1)$。

思路二：

先用自定义工具【1根竖立火柴】画出一根竖立的火柴棒，接着选择自定义工具【火柴1+3右包围】，每单击一次刚画出的竖立火柴棒下端的点，就会接续画出一个新的成"右包围"状的正方形，如图2-5-17。

图 2-5-17

利用该图，容易列出搭 x 个正方形所需火柴棒条数为：$1+3x$。

思路三：

先用自定义工具【火柴方框】画出若干个正方形框，然后用【移动箭头】按图2-5-18中所示的方式框选所有竖立的火柴棒，提示学生：所有竖立的（被选中的）火柴棒有_____条，水平的（未被选中的）火柴棒共有_____条。

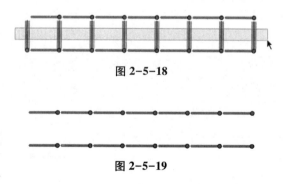

图 2-5-18

图 2-5-19

如有必要，可以按组合键"Ctrl+H"隐藏竖立的火柴棒，得到图 2-5-19，分析思路后，再按"Ctrl+Z"恢复至图 2-5-18。在配套课件中，亦可直接通过按钮实现对竖立火柴棒的显示或隐藏。

利用该图，容易发现，竖立的火柴棒共有 $(x+1)$ 条，水平的火柴棒共有 $2x$ 条，所以列出搭 x 个正方形所需火柴棒条数为：$(x+1)+2x$。

2.6   整式乘法的拼图解释

2.6.1   图解多项式乘法法则

问题：为了扩大绿地面积，把一块原长为 a m、宽为 p m 的长方形绿地，加长了 b m，加宽了 q m。请你用几种不同的方法求出扩大后的绿地面积，你能得出什么结论？

打开配套课件，单击"原图"按钮，显示图 2-6-1，单击"扩图"按钮，显示图 2-6-2，单击"提示"按钮，显示图 2-6-3。

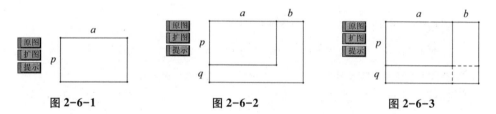

图 2-6-1   图 2-6-2   图 2-6-3

试进行如下操作，并思考相应的问题：

（1）如图 2-6-4，单击左侧的两个长方形，使其处于被选中状态，问：被选中的图形面积怎么表示？未被选中的部分面积怎么表示？

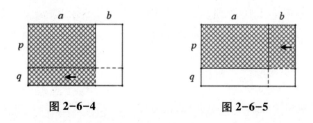

图 2-6-4   图 2-6-5

显然，如果把选中的部分按一个整体计算，该面积为 $a(p+q)$，如果看成两个长方形的和，该面积为 $ap+aq$，于是得到 $a(p+q)=ap+aq$。同样，如果把未被选中的部分按一个整体计算，该面积为 $b(p+q)$，如果看成两个长方形的和，该面积为 $bp+bq$，于是得到 $b(p+q)=bp+bq$。这就是单项式乘以多项式的法则，也就是乘法的分配律。

（2）如图 2-6-5，仿照（1），你能提出什么问题？如何解答你提出的问题？

图 2-6-5 中，如果把选中的部分按一个整体计算，该面积为 $(a+b)p$，如果看成两个长方形的和，该面积为 $ap+bp$，于是得到 $(a+b)p=ap+bp$。同样，如果把未被选中的部分按一个整体计算，该面积为 $(a+b)q$，如果看成两个长方形的和，该面积为 $aq+bq$，于是得到 $(a+b)q=aq+bq$。

（3）把图 2-6-3 中的大长方形面积看成一个整体，其面积可表示为_____
_____；

看成图 2-6-4 中的选中部分和未选中部分的和，其面积可表示为 $a(p+q)+b(p+q)$；

看成图 2-6-5 中的选中部分和未选中部分的和，其面积可表示为_____
_____；

看成四个小长方形的和，其面积可表示为_____。

于是：$(a+b)(p+q)=a(p+q)+b(p+q)=ap+aq+bp+bq$；

或 $(a+b)(p+q)=(a+b)p+(a+b)q=ap+bp+aq+bq$。

这就是多项式与多项式相乘的法则。

2.6.2　动态展示平方差公式

（1）打开配套课件，如图 2-6-6，边长为 a 的正方形的左下角被剪去了一个边长为 b 的正方形，于是图中的阴影部分的面积为 a^2-b^2。

拖动大正方形右上角的顶点，可以改变大正方形的边长 a，拖动小正方形左上角的顶点，可以改变小正方形的边长 b。

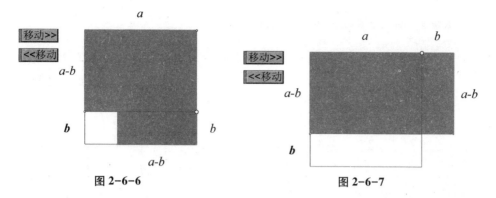

图 2-6-6   图 2-6-7

单击"移动>>"按钮，图 2-6-6 下侧的阴影部分旋转到右侧，变成图 2-6-7，图中的阴影部分拼成一个长为 $a+b$，宽为 $a-b$ 的长方形，其面积为 $(a+b)(a-b)$，从而验证平方差公式：$a^2-b^2=(a+b)(a-b)$。

单击"<<移动"按钮，图形变回图 2-6-6。拖动图 2-6-6 中的黄点，也可以手动进行拼图。

（2）如图 2-6-8，边长为 a 的正方形的右上角被剪去了一个边长为 b 的正方形，剩余的部分按图示分割成两个直角梯形，单击"拼图》》"按钮，左侧部分旋转至右侧拼成图 2-6-9，得到一个等腰梯形，该等腰梯形的上底为 $2b$，下底为 $2a$，高为 $a-b$，于是其面积为 $\frac{1}{2}(2a+2b)(a-b)=(a+b)(a-b)$，从而得到 $a^2-b^2=(a+b)(a-b)$。

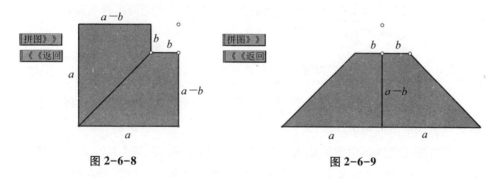

图 2-6-8   图 2-6-9

按"《《返回"按钮可动画变回图 2-6-8，拖动图中的黄点可以调节 a，b 的长度，也可手动进行动画演示。

2.6.3　面积法表示完全平方公式

打开配套课件。边长为 $a+b$ 的正方形被分成了四部分，如图 2-6-10 所示，用鼠标单击并选中左上和右下两个小正方形，则阴影部分的面积之和为 a^2+b^2，问：$(a+b)^2$ 与 a^2+b^2 相等吗？为什么？

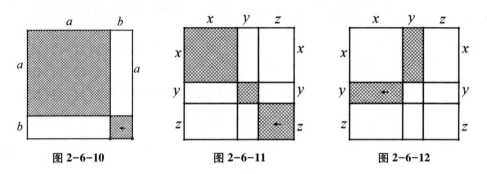

图 2-6-10　　　　　　　图 2-6-11　　　　　　　图 2-6-12

显然，大正方形的面积 $(a+b)^2$ 等于两个正方形的面积之和 a^2+b^2 加上未被选中的两个长方形的面积之和 $2ab$，即 $(a+b)^2=a^2+b^2+2ab$。

打开配套课件，操作并思考如下问题：

（1）参考图 2-6-11，单击图中的三个小正方形的内部将其选中，边长为 $(x+y+z)$ 的大正方形面积是_____，图中阴影部分的面积是_____；通过该图，你认为式子 $(x+y+z)^2=x^2+y^2+z^2$ 是否正确？

（2）单击图中相应部分得到图 2-6-12，图中阴影部分的面积是_____，图中其他部分的面积分别是多少？据此，你能得出什么结论？

结论：$(x+y+z)^2=x^2+y^2+z^2+2xy+2xz+2yz$。

2.6.4　拼图展现整式乘法

使用几何画板，可以借助自定义工具用拼图展现整式的乘法，帮助学生加深对整式乘法的理解。

打开配套课件，会看到如图 2-6-13 所示的画面，此画面的上端是两条线段 a 和 b，下面是四个自定义工具的图形样例，分别是：边长为 a 的正方形，代表 $a^?$，边长为 b 的正方形，代表 b^2，边长分别为 a 和 b 的两个长方形，分别代表 ab 和 ba，需要注意的是这两个长方形的面积都是 ab，但在横、纵两个方向的长度还是有所不同的，在选择自定义工具时要注意它们在拼图中的区别。

拖动线段 a 或 b 的右侧端点，可以改变 a 和 b 的大小，下面的示意图形也随之改变。

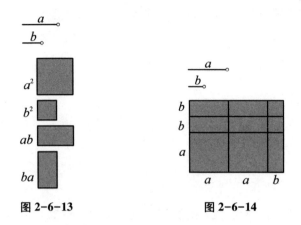

图 2-6-13　　　　　　　图 2-6-14

例　拼图表示多项式乘法 $(2a+b)(a+2b)$。

分析：多项式乘法拼图，最终拼成的是一个大的长方形，该长方形的一边为 $(2a+b)$，另一边为 $(a+2b)$，如图 2-6-14。在拼图前，至少要明白两条邻边的长，在拼图时才能做到有的放矢，避免盲目乱拼。拼图时，应先选择适当的自定义工具，并大致按照"先下后上，先左后右"的顺序拼图。一旦发现拼图有误，可以按 Ctrl+Z 撤回重来。

拼图步骤：

（1）选择自定义工具【a^2】，鼠标上就像粘了一个正方形，在画板的适当位置单击，就画出一个边长为 a 的正方形，其中 a 的长度自动匹配画板上的线段 a。我们注意到，按下鼠标的位置，是正方形的左下角，如图 2-6-15①，接着在刚画出的正方形的右下角单击，画出两个并排的正方形。

（2）选择自定义工具【ba】，在刚拼出的正方形的右下角单击，得到图 2-6-15②，该图的下边沿长为 $(2a+b)$。

（3）选择自定义工具【ab】，在图 2-6-15②的左上角单击，拼出一个小矩形，接着在此小矩形的左上角单击，得图 2-6-15③，继续使用该工具拼得图 2-6-15④。

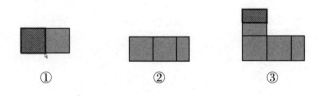

①　　　　　　　②　　　　　　　③

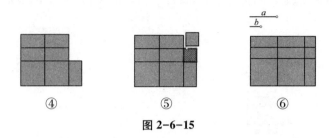

图 2-6-15

（4）选择自定义工具【b^2】，参考图 2-6-15，拼上两个边长为 b 的小正方形，拼图完成。拼得的图形是一个整体，拖动线段 a 或 b 的右端点，整个图形随之改变。

说明：

（1）由该拼图，利用等面积法可知，$(2a+b)(a+2b) = 2a^2+5ab+2b^2$。

（2）该例的拼图并不是唯一的，如图 2-6-16 中的各图也是符合题意的，但学生拼图时，体现出的是思维的条理性，所以在初学时要鼓励有条理地拼图。

图 2-6-16

3 绘制基本平面图形

【技术助学目标】

（1）通过技术理解线段、射线、直线的表示方法，理解线段是可以度量的，射线、直线不可度量。

（2）借助几何画板的尺规演示掌握尺规画一条线段等于已知线段。

（3）通过技术理解角的定义和标识方法，理解角平分线的含义，并能把角平分线的图形正确表示成符号语言。

（4）借助几何画板动态图形变化进一步认识锐角、钝角、直角、平角、周角。

（5）借助几何画板理解多边形、正多边形、扇形的定义。

（6）通过技术理解到四边形各顶点距离之和最短的点是其对角线交点。

【技术学习目标】

（1）会在几何画板中画点，并会给点添加或更改标签。

（2）会在几何画板中画线段、射线、直线，并给其添加标识。

（3）会利用几何画板度量线段的长度，并会调整度量值的精确度。

（4）会利用几何画板画圆，会画圆上的弧，会构造过三点的弧，会构造线段的中点，会利用平移变换画已知长度的线段。

（5）会利用几何画板构造交点，如直线与直线的交点，圆与直线的交点，圆弧与直线的交点。

（6）会利用几何画板画角，并给角加标签，会标记一个角，会度量角的大小，会构造角平分线，会利用旋转变换画已知度数的角。

（7）会利用几何画板画多边形和正多边形，会画扇形及其内部。

（8）会在几何画板中利用轨迹绘制一些简单的图案。

3.1　线段、射线、直线的绘制与标识

3.1.1　点的标签

选择【点工具】，在几何画板中单击就可以画出点，给点添加或更改标签有三种方法。

方法一：选择【文本工具】单击所画的点即可添加标签，再单击所画的点标签消失，双击所画的点或点的标签会弹出点的标签对话框，可以通过键盘输入的方式更改点的标签。

方法二：选中所画的点，利用菜单选择【显示】→【点的标签】命令，如图 3-1-1，可调出点的标签对话框，利用对话框可以输入或更改点的标签。

方法三：选中所画的点，单击右键显示快捷菜单，选择【显示标签】或【隐藏标签】命令，可显示或隐藏点的标签，选择【点的标签】命令，可调出点的标签对话框。

几何画板还可以快速批量添加或更改点的标签，方法如下：依次选定要添加或更改标签的点，单击菜单中【显示】→【点的标签】命令，弹出多个对象的标签对话框，如图 3-1-2，此时输入起始标签，根据点的选择顺序，点的标签会按顺序添加或更改。如输入起始标签"A"，系统会按英文字母的排列顺序依次把后续的点的标签设为"B、C、D……"。又如输入起始标签"P［1］"，系统会自动按选点顺序把标签设为"P_1、P_2、P_3……"。

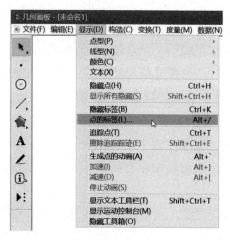

图 3-1-1

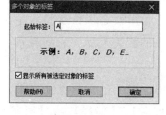

图 3-1-2

3.1.2   绘制线段、射线、直线

方法一：用【线段直尺工具】。在【线段直尺工具】上按下鼠标稍待片刻，会自动弹出【射线工具】和【直线工具】，如图 3-1-3，自左至右分别代表线段、射线和直线，此时，将鼠标移至某一个工具上松开鼠标，则此工具被选中，被选中的工具将一直起作用，直到你重新选择工具。比如，我们移至【射线工具】上松开鼠标，则【线段直尺工具】显示为 ，此时在画板中拖动鼠标即可画出射线，射线的方向是从按下鼠标的点指向松开鼠标的点。

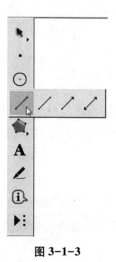

图 3-1-3

在画板中射线向一方延伸到窗口边沿，直线向两方延伸到窗口的边沿。

有的时候，我们想画出一条水平的或竖直的直线，可以在拖动鼠标时按下 Shift 键，此时，我们画出的直线和水平线的夹角总是 15° 的整数倍。

当一些汉字输入法处于打开状态时，你在【线段直尺工具】上按住鼠标时，可能没有弹出三种工具，此时，你只要关闭汉字输入条即可。

我们注意到，在【线段直尺工具】 ▧ 的右下端有一个小三角形。有这样的小三角形就意味着这是一个工具组，如果在这个工具上按住鼠标，就会弹出更多的相关工具。请你观察一下，几何画板中还有哪几个工具有这样的小三角形？

方法二：已知两点画线段、射线、直线。选中两点，在【构造】菜单中选【线段】、【射线】或【直线】命令。

如果当前工具是【射线工具】，那么在选点时首先选取的点是射线的端点。

如果选择两个以上的点，也可以用【构造】菜单画线段、射线和直线，此时，几何画板根据选取的点的顺序在每两个相邻的点之间（包括最后选择的点与首先选择的点之间）作出直线型对象，比如，顺序选择点 A、B、C，利用【构造】→【射线】命令，即可得到图 3-1-4。

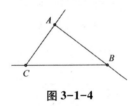

图 3-1-4

3.1.3 标识一条线段、射线、直线

点击【线段直尺工具】，在画板上画一条线段后，选中线段的两个端点给其添加标签 A、B，该线段就标识为线段 AB 或线段 BA；另一种方法是选择所画线段，点击菜单【显示】→【线段的标签】在对话框中输入一个小写字母来标识线段。

点击【射线工具】，在画板上画一条射线时，射线除了端点外在射线上自动出现一个点，选中射线的端点和该点，分别给其添加标签 O、M，该射线即可标识为射线 OM。

点击【直线工具】，在画板上画一条直线，直线上自动出现两个点，直线的标识有两种方法。方法一：选中直线上的这两点，给其添加标签 A、B，该直线可标识为直线 AB 或直线 BA。方法二：选中所画的直线，点击菜单【显示】→【直线的标签】，在对话框中输入任意一个小写字母即可。以上操作结果如图 3-1-5。

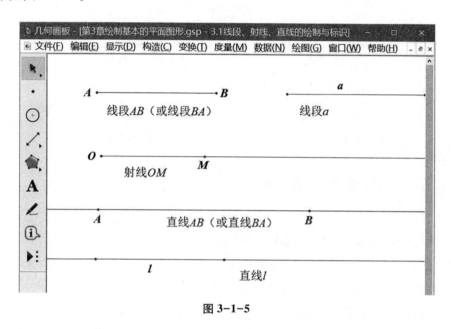

图 3-1-5

3.2 线段的度量

3.2.1 度量线段的长度

利用几何画板度量线段的长度非常方便，尤其是在用来演示的时候，还可以随时改变线段的长度。选中【线段直尺工具】，在画板中画一条线段，选中该线段，点击菜单【度量】→【长度】命令，如图 3-2-1，即可完成线段长度的度量。选中度量出的数值，点右键选择【属性】会弹出度量值对话框，如图 3-2-2，可以更改度量值的标签和度量数值的精确度。

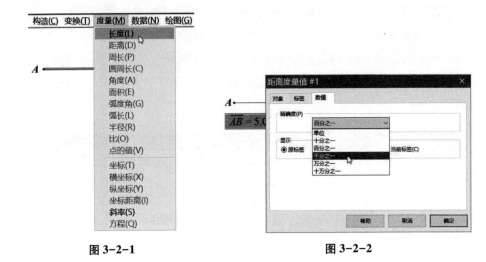

图 3-2-1   图 3-2-2

3.2.2 圆、交点与尺规作图

1. 画圆

几何画板画圆的方法有多种，具体如下：

方法一：用【圆工具】画圆。选择【圆工具】，在画板中"单击—拖动—单击"或"按下鼠标—拖动—释放鼠标"就可画出一个圆。

方法二：已知圆心（点）和半径（线段）画圆。同时选中一个点（圆心）和一条线段（半径），使用【构造】→【以圆心和半径绘圆】命令即可画出圆，如图 3-2-3。

图 3-2-3

拖动半径的一个端点，圆的大小发生改变，拖动圆心，圆的位置随之改变。

方法三：已知圆心和圆周上一点画圆。选中一点，再选中另一点，然后在【构造】菜单中，选择【以圆心和圆周上点绘圆】命令，则画出以先选的点为圆心，且经过另一点的一个圆。

2. 构造交点

在利用几何画板构造直线与直线的交点，或圆与直线的交点，或圆弧与直线的交点时，只要选择【点工具】让鼠标移至两个对象交点处，当两个对象的颜色都成红色时，如图 3-2-4，单击鼠标即可构造出交点。

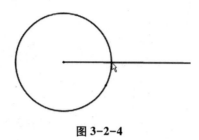

图 3-2-4

3. 尺规作图

尺规作图就是只用没有刻度的直尺和圆规画图。

例　已知线段 AB，利用几何画板画一条线段等于已知线段 AB。

作图步骤：

（1）用【线段直尺工具】画一条线段 AB，再画一条射线 $A'C'$，选中 A' 和线段 AB，单击菜单【构造】→【以圆心和半径绘圆】命令，得到一个圆，如图 3-2-5。

（2）选中【点工具】，把鼠标移至圆与射线 $A'C'$ 的交点处，当两个对象都变红时单击鼠标，构造出交点，或直接用【移动箭头工具】在交点处单击得到交点，给交点添加标签为 B'，则线段 $A'B'=AB$。

有时为了绘制保留痕迹的作图，可以在圆周上的交点 B' 的两侧各取一个点 E，F，如图 3-2-6，按顺序依次选择点 A'、E、F，利用【构造】→【圆上的弧】命令构造弧 EF，或按顺序选中点 E、B'、F（或 F、B'、E），利用【构造】→【过三点的弧】命令，构造弧 EF，如图 3-2-7，最后选中圆和点 E、F，按"Ctrl+H"键隐藏，即可得到尺规作图的效果，线段 $A'B'$ 就是所求的线段，如图 3-2-8。

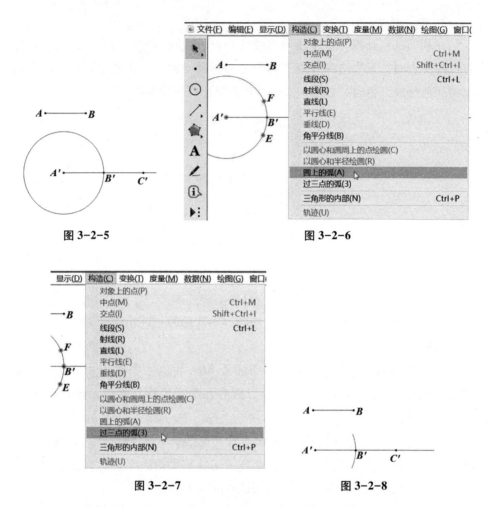

图 3-2-5   图 3-2-6

图 3-2-7   图 3-2-8

　　几何画板也可以模拟尺规作图，打开配套课件，单击画图准备按钮
画图准备，再单击画图演示按钮 画图演示，就可观察到尺规画一条线段等于已知
线段的过程，如图 3-2-9。

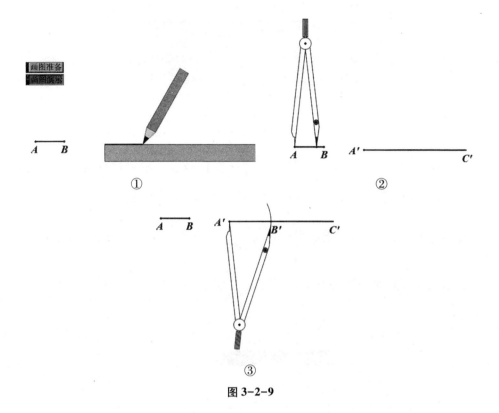

图 3-2-9

3.2.3　构造线段的中点

在画板中，利用【线段直尺工具】画一条线段 AB，选中线段 AB，单击【构造】→【中点】命令或直接按快捷键"Ctrl+M"，即可构造出线段 AB 的中点，把中点的标签设为 M，得到图 3-2-10。

$$A \bullet \!\!\! \frac{\quad\quad M \quad\quad}{} \!\!\! \bullet B$$

图 3-2-10

选择线段 AB，利用【度量】→【长度】命令，可测量线段 AB 的长度；选择点 A 和点 M，利用【度量】→【距离】命令，可测得 A、M 两点的距离，也就是线段 AM 的长度，同法可测得 BM 的长度，如图 3-2-11。观察度量值的标签，不难发现，当我们度量线段的长度时，默认的标签上方有横杠，而距离的度量值的标签上方没有横杠，当然我们可以在度量值上单击右键，启动【属性】对话框更改标签或度量值的精确度。

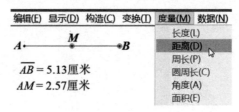

图 3-2-11

如图 3-2-12，利用【数据】→【计算】命令，或直接按快捷键"Alt+="调用计算器，依次单击画板上的度量值$\overline{AB}$、计算面板上的÷、画板上的度量值AM，按"确定"键后得到算式$\dfrac{\overline{AB}}{AM}=2$，拖动点$B$改变线段的长度，观察：$\overline{AB}$和$AM$的度量值改变了吗？算式$\dfrac{\overline{AB}}{AM}$的值改变了吗？为什么？如图3-2-13。

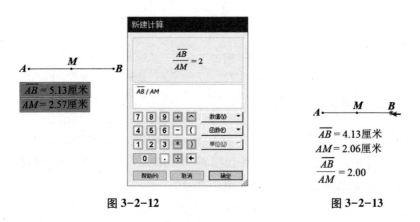

图 3-2-12   图 3-2-13

试进行如下操作：画射线CD，选中这条射线（注意不是选择点C、D），单击【度量】菜单，我们发现【长度】命令为灰色，说明该命令当前不能用，如图3-2-14，这说明射线是不可度量长度的，同理，直线也是不可度量长度的。

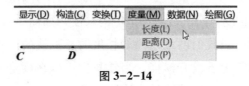

图 3-2-14

3.2.4　画一条 2cm 的线段

利用【点工具】在画板中画一点，选中该点，利用【变换】→【平移】命令，在弹出的平移对话框中，输入平移的距离为 2cm，平移的方向为 0°，如图 3-2-15，即可得到平移后的点，用【线段直尺工具】直接连接这两点即可得到一条 2cm 的线段。

图 3-2-15

3.3　角的标识与度量

3.3.1　给一个角加注标识

角的两种定义：

静态定义：具有公共端点的两条射线组成的图形叫作角，两条射线的公共端点是这个角的顶点。

动态定义：角也可以看成由一条射线绕着它的端点旋转而成，起始位置的射线是角的始边，旋转后的射线是角的终边。

打开配套课件，如图 3-3-1，拖动点 B 可以改变终边的位置，观察角的形成过程，点击热文本"直角""平角""周角"，角的终边自动旋转到相应的位置，形成以 O 为顶点的直角、平角和周角。

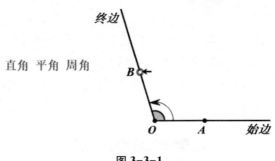

图 3-3-1

　　用【射线直尺工具】画两条有公共端点的射线，就得到一个角，把构造射线的点按图 3-3-2 的方式标上字母，就得到∠ABC。选择【标识工具】在角的顶点 B 处按下鼠标，拖动到角的内部释放鼠标，就给角加上了一个角的标识，该标识由一段弧和由该弧确定的扇形内部组成。用【标识工具】在标识内部的阴影上继续单击，标记笔画数变成了两条，再单击变成三条，如图3-3-3，继续单击变成四条，此时如果再单击又重新变成一条，也就是说角的标记的笔画按 1、2、3、4、1、2、3、4……循环。

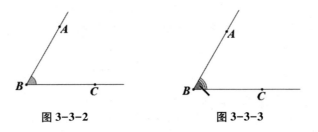

图 3-3-2　　　　　　　　　　图 3-3-3

　　在角的标识上点右键，选【属性】可得到如图 3-3-4 所示的对话框，使用此对话框，可更改角的标签、角的标识的笔画数、角的标识的方向等，还可通过设置"不透明度"去掉角的标识内部的阴影等。有时，当一个锐角角度很小时，用【标识工具】先在顶点处向角外拖动，再通过【属性】对话框把"优角"改为"劣角"，可以方便地为该锐角加上标识，如图 3-3-5。用【标识工具】在角的顶点附近从一条边上拖动到另一条边上，还可为角加上带方向箭头的角标记。

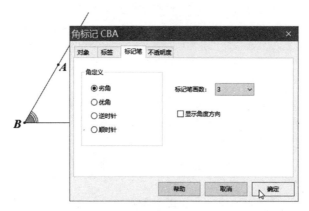

图 3-3-4

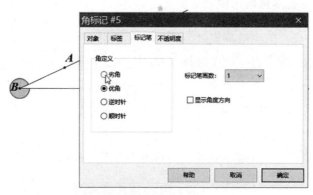

图 3-3-5

例　【标识工具】的使用。

操作步骤：

（1）用【线段直尺工具】画一个四边形，按顺序选择四个顶点，使用【点的标签】命令，在弹出的对话框中输入首字母 A，得四边形 ABCD，如图 3-3-6。

（2）使用【标识工具】，在线段 AB 上单击，为线段 AB 加上标识（1 条短线）；在 BC 上连续单击多次，短线条数按 1、2、3、4、1、2、3、4……循环，点击适当的次数使 BC 上标识为 2 条短线；给线段 CD 加上 2 条短线的标识后点右键，选"空心""右箭头"；给线段 DA 加上 1 条短线的标识并设为"实心""左箭头"。

（3）使用【标识工具】，在点 A 附近的 AB 上按下鼠标，拖动到 AD 上释放，为 ∠A 标上一个带箭头的标识，在标识内部点右键，选【属性】，把"不透明度"改为 0；给∠B 加标识并设笔画数为 4 条，给∠C 加标识并设笔画数为 3 条，给∠D 加标识并把标识设为"最小"，线条粗细设为"中等"。

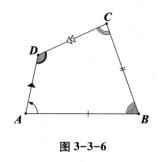

图 3-3-6

3.3.2　角的度量与比较

如图 3-3-7，依序选择点 A、B、C，单击【度量】→【角度】命令，即可度量出∠ABC 的度数，依序选择点 C、B、A，使用同一命令，可度量∠CBA 的度数，这里选择的三个点中，第二个点是角的顶点，另外两个点是角的两边上的任一点。对于已经添加了标识的角，选择角的标识，也可以使用同样的命令度量角的度数。选中度量值，点右键选择【属性】可更改度量值的标签和精确度。使用角的度量值可以比较角的大小。

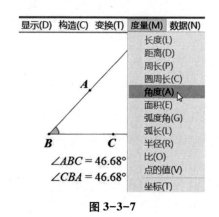

图 3-3-7

3.3.3　构造角平分线

如图 3-3-8，依序选择角点 A、B、C（其中点 B 为角的顶点），利用【构造】→【角平分线】命令，即可画出∠ABC 的角平分线，在角平分线上

任取一点 M，按顺序选择点 A、B、M，使用【度量】→【角度】命令得到 $\angle ABM$ 的度量值，同法度量 $\angle MBC$ 和 $\angle ABC$ 的度数，拖动点 A 或点 C，观察角度的变化情况，并验证 $\angle ABM = \angle MBC = \dfrac{1}{2}\angle ABC$，如图 3-3-9。

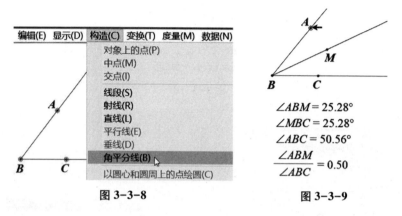

图 3-3-8　　　　　　　　　图 3-3-9

例　探究邻补角的平分线。

步骤：

（1）如图 3-3-10，画线段 AB 和线段 OC，使点 O 在线段 AB 上，点 C 在直线 AB 外，此时，$\angle AOC$ 和 $\angle COB$ 构成邻补角。

（2）画 $\angle AOC$ 的平分线并在其上取点 E，画 $\angle COB$ 的平分线并在其上取点 D，度量 $\angle DOE$ 的度数。

（3）分别度量 $\angle AOE$ 和 $\angle BOD$ 的度数，调用计算器求出这两个度数的和。拖动点 C，观察角度的变化情况，确认：不论点 C 位置如何，总有 $\angle DOE = 90°$，$\angle BOD + \angle EOA = 90°$。

3.3.4　画一个 120° 的角

步骤：

（1）画线段 AB。

（2）选择点 A，双击点 A 或利用【变换】→【标记中心】命令把点 A 标记为旋转中心，如图 3-3-11。

（3）选择线段 AB 和端点 B，单击【变换】→【旋转】命令，弹出旋转对话框，如图 3-3-12，在对话框中输入旋转角度为 120°，单击"旋转"按钮，即可得到一个 120° 的角。

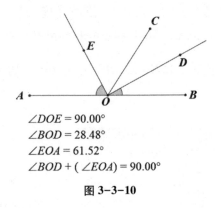

$\angle DOE = 90.00°$

$\angle BOD = 28.48°$

$\angle EOA = 61.52°$

$\angle BOD + (\angle EOA) = 90.00°$

图 3-3-10

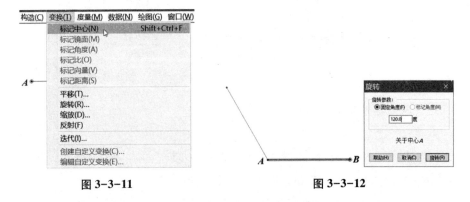

图 3-3-11　　　　　　　　　　　　　　　　图 3-3-12

使用此方法，可以在几何画板中画出任意度数的角度。

3.4　正多边形和扇形

3.4.1　画多边形与正多边形

在几何画板中，可以使用【线段直尺工具】通过画首尾顺次相接的线段画多边形，除此之外，使用【多边形工具】可以更方便地画任意多边形。

【多边形工具】是一个工具组，在该工具上按下鼠标片刻，就会弹出工具组中的三个工具，从左到右依次是：🔺【多边形工具】、🔺【多边形和边工具】、⬠【多边形边工具】，弹出工具组后移动鼠标到某一工具上就可选中该工具。

使用多边形工具组中的三个工具画多边形的方法是一样的，依次在画板内单击就可画出多边形的顶点，在最后一个顶点处双击或再次单击第一个顶点完成画图。

如图3-4-1，从左到右分别是使用三个不同工具画出的多边形，中间一个同时画出了多边形内部和多边形的边，另外两个只画了多边形的内部或边。

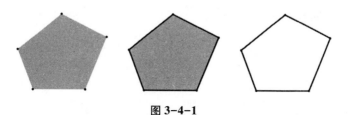

图 3-4-1

画正多边形还可以选择【自定义工具】的【正多边形工具】，如图3-4-2，选择【正多边形工具】里的一个正多边形后，只需在画板中按住鼠标拖动就可画出想要的正多边形。

图 3-4-2

3.4.2 画扇形及其内部

扇形是平面几何的一个基本图形，它可以看作在圆的基础上得到的。绘制扇形的方法如下：

使用【圆工具】，在画板上任意画一个圆 O，用【点工具】在圆上任取两点 A、B，依次选中圆心 O 和 B、A（注意圆上的点选择时按逆时针的顺序），单击【构造】→【圆上的弧】命令，如图 3-4-3，得到弧 AB，构造线段 OA、OB，即可得到扇形，如图 3-4-4，拖动点 A 或点 B，可以改变扇形的大小。隐藏圆，使用【移动箭头工具】选中弧 AB，单击【构造】→【弧内部】→【扇形内部】命令，可以构造扇形内部，如图 3-4-5。

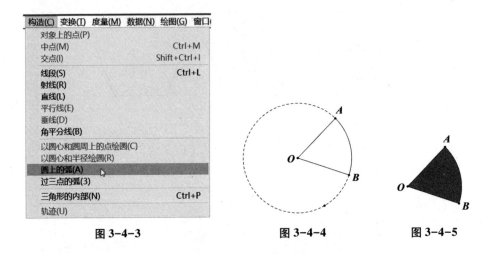

图 3-4-3　　　　　　　图 3-4-4　　　　　图 3-4-5

3.4.3　数学实验：到四边形各顶点距离之和最短的点

问题探究：在任意四边形 ABCD 内找一点 O，使它到四边形四个顶点的距离之和最小。

打开配套课件，如图 3-4-6，单击"数学实验"启动热文本，显示实验内容，拖动点 P 在四边形 ABCD 内部移动，完成如下任务：

（1）观察线段 PA、PB、PC、PD 的长度及其长度之和的变化情况。

（2）图形下方的线段的长度等于点 P 到四个顶点的距离之和，观察该线段长度的变化及右端点的轨迹，观察并思考该长度有没有最小值。

（3）设对角线 AC 和 BD 的交点为 O，确认：不论点 P 如何变化，总有 $PA+PB+PC+PD \geqslant OA+OB+OC+OD=AC+BD$，而 $AC+BD$ 为定值，所以，当 P 点与 O 点重合时，它到四个顶点的距离之和最小，而这个最小值就是对角线 AC 与 BD 的和。

数学实验

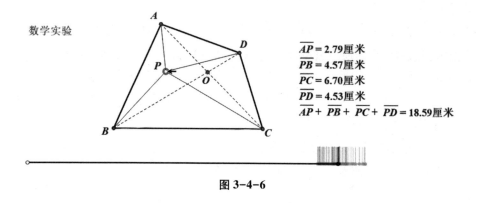

$\overline{AP}$ = 2.79厘米
$\overline{PB}$ = 4.57厘米
$\overline{PC}$ = 6.70厘米
$\overline{PD}$ = 4.53厘米
$\overline{AP}$ + $\overline{PB}$ + $\overline{PC}$ + $\overline{PD}$ = 18.59厘米

图 3-4-6

3.5 用轨迹绘制图案

3.5.1 点的轨迹

一个点在运动的过程中留下的痕迹就是轨迹。比如，我们在用钢笔写字时，把笔尖看成一个点，笔尖留下的痕迹就是点的轨迹，也称笔迹。

1. 追踪与踪迹

如图 3-5-1，在几何画板中画一个点，并在这个点上单击右键，选择【追踪点】命令，然后拖动这个点在画板上移动，该点就留下了痕迹，这个痕迹就是该点的轨迹。在几何画板中，通过追踪得到的轨迹有个专门的名称叫"踪迹"，通过【显示】菜单中的相关命令，可以擦除追踪踪迹。选择被追踪的点，则【显示】菜单的【追踪点】命令前标有"√"，再次使用【追踪点】命令，"√"会取消，该点不再处于追踪状态，此时拖动该点，不会留下踪迹。

图 3-5-1

除了点之外，几何画板还可以对线段、圆等绘图对象进行追踪。

2. 点的轨迹

下面我们画图探究：一个点在圆周上运动时，过该点的半径的中点的轨迹。

（1）如图 3-5-2，画⊙A，在圆周上任画一点 C，画半径 AC 并构造 AC 的中点 D，选择点 D，使用【显示】→【追踪点】命令追踪点 D，拖动点 C，则点 D 留下踪迹。

（2）选择点 D，再次使用【显示】→【追踪点】命令取消对点 D 的追踪，擦除追踪踪迹。

（3）同时选择点 D 和点 C，使用【构造】→【轨迹】命令得到点 D 的轨迹，我们发现该轨迹是一个圆，如图 3-5-3。

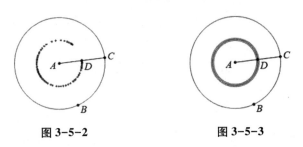

图 3-5-2　　　　　　　　　图 3-5-3

试做如下探究：

如图 3-5-4，画△ABC，并在 BC 上任画一点 D，画线段 AD 并在 AD 上任画一点 E，选择点 D 和点 E，使用【构造】→【轨迹】命令得到点 E 的轨迹，该轨迹表明，当点 D 在 BC 上移动时，E 点的轨迹是一条线段。拖动点 E，观察 E 点轨迹的变化。

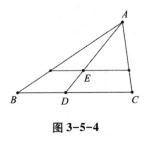

图 3-5-4

3.5.2　以直绣曲——线段构成的美丽图案

如图 3-5-5，配套课件中，在一个角的两边上标有一些数字，把两边相同的数字用线段连起来，就得到了图 3-5-6 中的图案。我们发现这些线段组成的图案的一个边缘包络成了一条曲线。

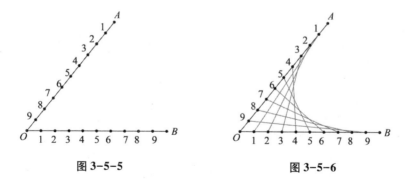

图 3-5-5　　　　　　　　　图 3-5-6

如图 3-5-7，图中的线段 PQ 类似于图 3-5-6 中相同数字的连线，在配套课件中，拖动点 P，仔细观察发现，经过拖动，PQ 可以和图中任何一条线段重合，这说明该图案全部是由线段组成的。选择线段 PQ，使用【显示】→【追踪线段】命令，拖动点 P，我们得到 PQ 的踪迹如图 3-5-8，它的一个边缘包络成一条曲线。事实上，图 3-5-7 中的图案就是线段 PQ 的轨迹。

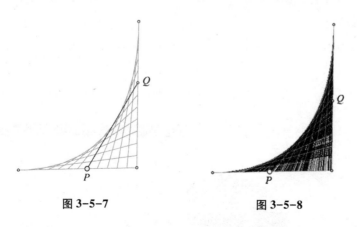

图 3-5-7　　　　　　　　　图 3-5-8

如图 3-5-9，在配套课件中，给出了若干个由线段的轨迹形成的包络图案，选择这些图案，按键盘上的"+"可以增加轨迹中线段的数量，按键盘上的"-"可以减少轨迹中线段的数量。

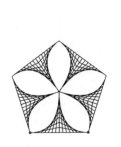

图 3-5-9

3.5.3 美丽的心脏线——圆的轨迹

在几何画板中，除了点和线段，圆也可以构造轨迹。

如图 3-5-10，画⊙A，在⊙A上画任意点C，用【圆工具】在点C处按下鼠标拖至点A释放得到⊙C，下面我们来探究：当点C在⊙A的圆周上运动时，⊙C的轨迹。

选择点C和⊙C，利用【构造】→【轨迹】命令，在得到的图案上单击右键，选择【属性】命令，在弹出的对话框中，选择"绘图"选项卡，把采样数量改为"25"，如图 3-5-11，单击"确定"后，得到图 3-5-12。

图 3-5-10   图 3-5-11

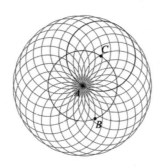

图 3-5-12

如图 3-5-13，画 ⊙A，在 ⊙A 上画任意点 C，用【圆工具】在点 C 处按下鼠标拖至另一点 D 释放得 ⊙C。

选择点 C 和 ⊙C，利用【构造】→【轨迹】命令，在得到的图案上单击右键，选择【属性】命令，在弹出的对话框中，选择"绘图"选项卡，把采样数量由默认值改为"30"，单击"确定"后，得到图 3-5-14。我们发现，⊙C 的轨迹形成了一条美丽的心脏线。拖动点 A、B、C、D，观察心脏线的变化。

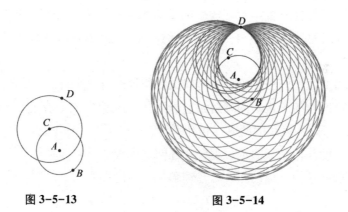

图 3-5-13   图 3-5-14

4 探索相交线与平行线

【技术助学目标】

（1）借助几何画板动态图形变化，理解对顶角相等的性质和邻补角的定义。

（2）借助几何画板动态图形变化，理解同角或等角的余角相等，同角或等角的补角相等。

（3）借助几何画板演示，理解掌握网格中画两条直线互相垂直的方法。

（4）借助几何画板实验，理解过直线外（直线上）一点有且只有一条直线与已知直线垂直，直线外一点到直线上各点连接的所有线段中，垂线段最短。

（5）借助几何画板实验，理解同位角相等两直线平行。

（6）借助几何画板画图理解过直线外一点有且只有一条直线与已知直线平行，平行于同一直线的两直线相互平行。

（7）借助几何画板演示，理解掌握网格中画两条直线平行的方法。

（8）借助几何画板动态实验，理解平行线的性质。

【技术学习目标】

（1）会启动热文本，显示实验内容，利用配套课件会操作实验过程。

（2）会用几何画板过直线外一点或直线上一点画已知直线的垂线。

（3）会用几何画板画动态的三线八角图。

（4）会用几何画板过直线外一点画已知直线的平行线。

（5）会用几何画板画一条线段的轴对称图形。

（6）会利用自定义工具【箭头】在线段上标箭头。

（7）会利用几何画板绘制光路图。

4.1　两直线的位置关系

4.1.1　动图探究对顶角和邻补角

打开配套课件，点击"动手实验"启动热文本显示实验内容，如图 4-1-1，在这个图中∠1 和∠2 是一组对顶角，∠1 和∠3 是一组邻补角。观察与思考：

（1）图中还有其他的对顶角和邻补角吗？有哪些？

（2）拖动线段 CD 上的黄点转动线段 CD，观察∠1 和∠3 的变化，∠1 和∠3 的大小有何关系？∠2 和∠3 呢？你能得出什么结论？为什么会有这个结论？

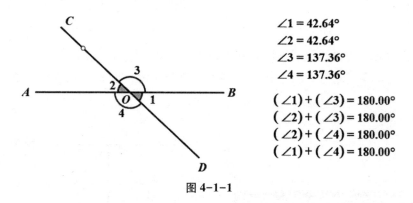

$\angle 1 = 42.64°$
$\angle 2 = 42.64°$
$\angle 3 = 137.36°$
$\angle 4 = 137.36°$

$(\angle 1) + (\angle 3) = 180.00°$
$(\angle 2) + (\angle 3) = 180.00°$
$(\angle 2) + (\angle 4) = 180.00°$
$(\angle 1) + (\angle 4) = 180.00°$

图 4-1-1

（3）如图 4-1-2，拖动线段 CD 上的黄点转动线段 CD，观察两组对顶角∠1 与∠2，∠3 与∠4 的大小变化，你发现了什么？你能得出什么结论？为什么会有这样的结论？

因为∠1 和∠3 凑成一个平角，所以∠1+∠3 = 180°，同理∠2+∠3 = 180°，所以∠1 = ∠2 = 180°-∠3。

结论：对顶角相等；同角的补角相等，等角的补角相等。

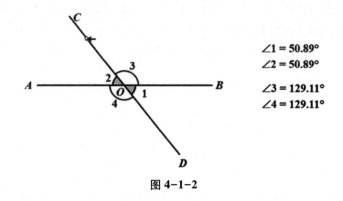

∠1 = 50.89°
∠2 = 50.89°

∠3 = 129.11°
∠4 = 129.11°

图 4-1-2

4.1.2 台球桌面上的余角和补角

打开配套课件，如图 4-1-3，这是抽象出的台球桌面，其中∠1 = ∠2，$ON \perp CD$。拖动 A 点可以改变∠1 的大小，相应的，∠2 随之改变，但始终保持∠1 = ∠2。

（1）图中∠1 和∠3 是什么关系？∠1 和∠4 呢？图中还有哪些角也有这样的关系？

（2）图中∠1 和∠AOC 是什么关系？∠2 的补角是哪个角？

（3）拖动点 A，观察各角的度数的变化，你能得出什么结论？为什么？

实验发现：同角的余角相等；等角的余角相等；同角（或等角）的补角相等。

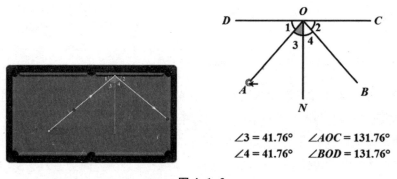

∠3 = 41.76°   ∠AOC = 131.76°
∠4 = 41.76°   ∠BOD = 131.76°

图 4-1-3

4.1.3 绘制垂线

在几何画板中，同时选中一个点 P 和一条直线（射线、线段）l，使用

【构造】→【垂线】命令，即可画出过点 P 且垂直于 l 的直线，这条直线叫 l 的垂线。如果同时选中多个点和一条直线，使用该命令可一次性画出这条直线的多条垂线，如图 4-1-4。同理，使用该命令，也可以过一点一次性画出多条直线的垂线。

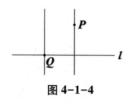

图 4-1-4

学生在日常学习中，经常需要使用三角尺画直角。使用配套课件中的演示动画可以帮助学生迅速掌握这一方法，如图 4-1-5。

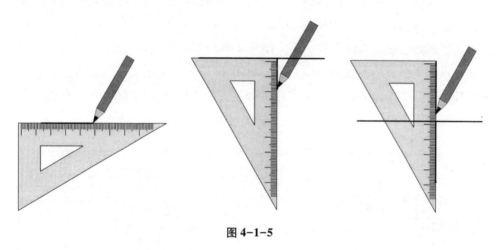

图 4-1-5

4.1.4　网格中的垂线

如果只有直尺，在网格中如何画互相垂直的直线呢？

实例演示：打开配套课件，点击热文本"①""②"等，即可显示网格中不同的两条互相垂直的线段的示例，如图 4-1-6，再点击热文本"①""②"等，对应的示例隐藏。

动手画：在如图 4-1-7 所示的网格中，点 A、B、D 是格点，点 C 是线段 AB 和网格线的一个交点，借助网格，只用无刻度的直尺分别过 C、D 两点画 AB 的垂线。

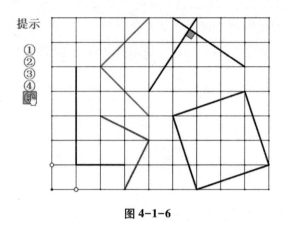

图 4-1-6

　　在网格中，线段 AB 与网格线不重合，此时画垂线的技巧是看该线段所经过的矩形区域，比如，图中的 AB 是"横 4 格竖 1 格的 4×1 的网格"的对角线，那么画它的垂线就要找"横 1 格竖 4 格的 1×4 的网格"的对角线，这样，过 D 点的垂线就容易找到并画出了，如图 4-1-8。因为点 C 不在格点上，所以需要一点技巧，仿照图 4-1-6 中的画正方形的思路在图 4-1-8 中画出一个正方形（图中的虚线），就不难找到过 C 点的 AB 的垂线的画法了。

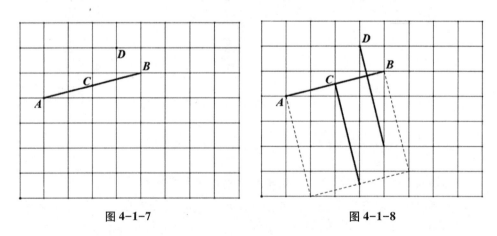

图 4-1-7　　　　　　　　　　　　　图 4-1-8

4.1.5　实验验证：垂线段最短

　　如图 4-1-9，画直线 l 和直线 l 外一点 P，过点 P 画 l 的垂线 PO，构造垂足 O，隐藏垂线并构造垂线段 PO，用标识工具在垂足处标上垂直符号，在 l 上画点 A、B、C 并画斜线段 PA、PB 和 PC，另画一动点 M，连接 PM。

实验过程:

(1) 观察并猜想:线段 PA、PB、PC、PO,其中最长的是哪一条,最短的呢?如何验证你的猜想?

(2) 度量 PM,拖动点 M,观察 PM 度量值的变化,PM 有最大值吗?有最小值吗?

(3) 度量 PO,比较 PM 和 PO 的大小,确认,当 M 在 l 上移动时,总有 $PM \geq PO$,由此得到结论:直线外一点与直线上各点连接的所有线段中,垂线段最短。

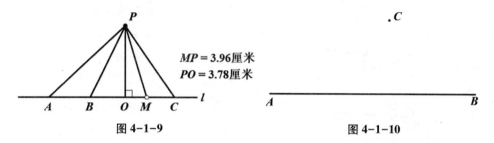

$MP = 3.96$ 厘米
$PO = 3.78$ 厘米

图 4-1-9　　　　　　　　图 4-1-10

例　如图 4-1-10,要把水渠中的水引到 C 点,在渠岸 AB 的什么地方开沟,才能使沟最短?画出图形并说明理由。

分析:根据"垂线段最短",过点 C 画 AB 的垂线交 AB 于 D,则点 D 即为所求。初学者可参考配套课件中绘制该图的模拟动画,如图 4-1-11。

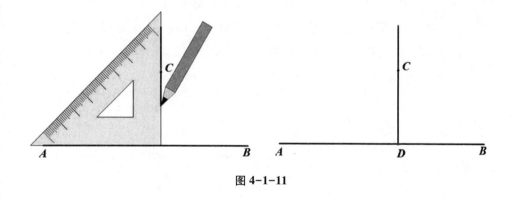

图 4-1-11

4.2 探索直线平行的条件

4.2.1 绘制三线八角图

探索两直线平行的条件，或探索平行线的性质，离不开"三线八角图"，如图 4-2-1，在几何画板中可按如下步骤绘制这个图：

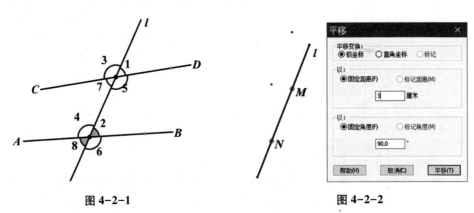

图 4-2-1   图 4-2-2

（1）新建画板，在画板中画一条线段作为截线 l，在 l 上绘制两点 M、N，选择点 M、N，利用【变换】→【平移】命令，在弹出的对话框中输入固定距离 3cm，如图 4-2-2，单击平移按钮后得到点 M' 和 N'。

（2）选择【圆规工具】，在点 M 上按下鼠标，拖动至 M' 点释放鼠标，得到过点 M' 的 $\odot M$，同法绘制过点 N' 的 $\odot N$，如图 4-2-3。

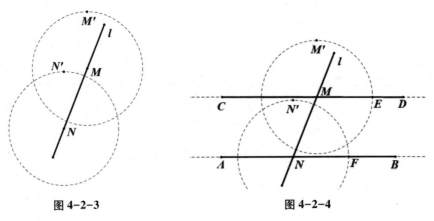

图 4-2-3   图 4-2-4

（3）在⊙M上画点E，在⊙N上画点F，画直线ME和NF，参考图4-2-4的大致位置在直线NF上画线段AB，在直线ME上画线段CD。

（4）隐藏点M′、N′、⊙M、⊙N、直线ME和NF，利用【显示】菜单中的相应命令把线段AB、CD及截线l的线型设为"中等"，把各线段的端点的点型设为"最小"，把点E、F的点型设为"稍小"，颜色设为"黄色"。

（5）利用【标记工具】为"三线"形成的"八角"添加标识并参照图4-2-1为标识加数字标签，隐藏点M、N、E、F的标签，得到三线八角图，如图4-2-1。

这样得到的三线八角图可以拖动黄点E或F旋转AB或CD，拖动l的端点改变截线的位置，拖动点M、N改变三线的相对位置，方便进行与平行线有关的探究实验。

仿照以上步骤，把三线画成细长的矩形，可得到图4-2-5，用这个图可模拟木条钉成的三线八角图。此图可直接在配套课件中调用。

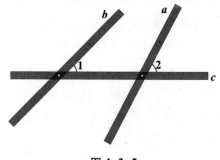

图 4-2-5

4.2.2 实验验证：同位角相等，两直线平行

借助于三线八角图，可以让学生理解同位角、内错角、同旁内角的概念。如图4-2-6，直线AB、CD被l所截形成八个角，其中l是截线，思考并回答如下问题：

（1）∠1和∠2是同位角，思考并体会"同位角"的含义，图中还有哪些同位角？

（2）图中∠5和∠4的位置在直线_____和_____的"内侧"，并"交错"地分布在截线l的两侧，这样的两个角是内错角，图中还有哪些内错角？

（3）图中∠5和∠2在_____的"同旁"，在_____和_____的"内侧"，是同旁内角，图中还有哪些角是同旁内角？

拖动三线八角图中的关键点，使图形变成图4-2-7和图4-2-8，在这两个图中找出同位角、内错角和同旁内角。

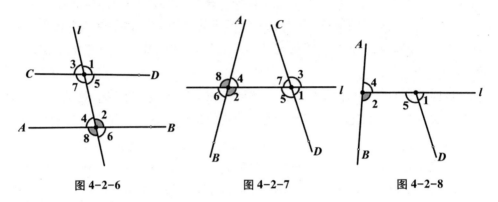

图4-2-6   图4-2-7   图4-2-8

数学实验：用三线八角图验证"同位角相等，两直线平行"。

（1）如图4-2-9，拖动直线 AB 上的黄点，改变 AB 的位置，此时∠1不变而∠2改变，观察，当∠2满足什么条件时，$AB\ /\!/\ CD$？

（2）先拖动 AB 上的黄点，改变∠2的大小，再拖动 CD 上的黄点改变 CD 的位置，此时∠2不变而∠1改变，观察，当∠1满足什么条件时，$CD\ /\!/\ AB$？

（3）使用配套课件中的图4-2-10，拖动木条上的小点转动木条，观察∠1和∠2满足什么关系时，$a\ /\!/\ b$？

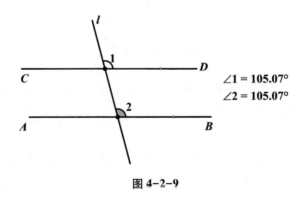

∠1 = 105.07°
∠2 = 105.07°

图4-2-9

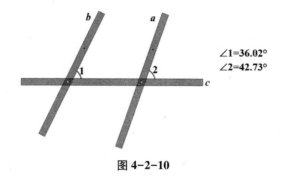

图 4-2-10

通过以上实验，确认：同位角相等，两直线平行。

4.2.3 绘制平行线

借助直尺和三角尺，可以绘制平行线。

如图 4-2-11，打开配套课件，点击"复位"热文本后，再点击"画平行线"，动画演示用直尺和三角尺画平行线的一种方法。该动画可以用于"探索两直线平行的条件"的引入部分，让学生感受平行线和角的一些关联。如有必要，还可进一步单击热文本"补充画线"，得到一个三线八角图，让学生进一步发现"角"在确定平行线中所起的作用。

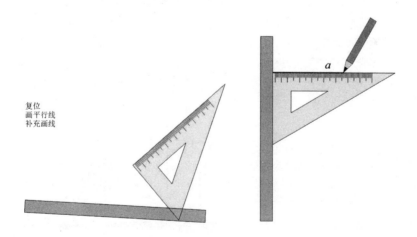

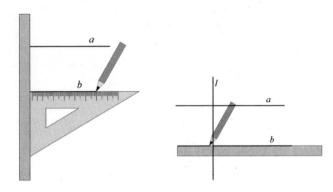

图 4-2-11

如图 4-2-12 也是配套课件中的一些画面，表现的是几种常用的借助直尺和三角尺画平行线的方法。这些配套的动画，可以灵活运用于平行线的教学中。

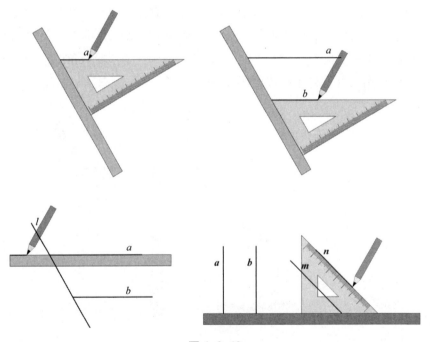

图 4-2-12

在几何画板中，可以使用菜单命令构造平行线。构造平行线的前提是同时选择"点"和"线"，其中"线"可以是线段、射线或直线。如图 4-2-13，选择点 P 和线段 AB，使用【构造】→【平行线】命令，即可过 P 点绘制出

AB 的平行线。几何画板允许同时选择多个点和一条直线构造平行线，或同时选择一个点和多条直线构造平行线。用菜单命令构造的平行线都是直线，一直延伸到几何画板窗口的边沿。在实际应用中，常常需要在平行直线上绘制一条线段，再隐藏其所在的直线，从而得到平行的线段。

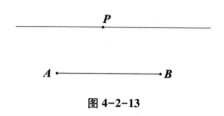

图 4-2-13

4.2.4　网格中的平行线

如果只用直尺，如何在网格纸上画出平行线呢？

如图 4-2-14，在正方形网格中，试找出三组平行线段。线段 a 和 b 与网格线重合，显然有 $a /\!/ b$。

探索与思考：

（1）线段 c 和 d 都是"横 1 格竖 4 格的 1×4 的网格"的对角线，可以发现 $c /\!/ d$。

（2）线段 e 是"横 3 格竖 1 格的 3×1 的网格"的对角线，线段 f 是"横_____格竖_____格的_____×_____的网格"的对角线，可以发现 $e /\!/ f$。

结论：在正方形网格中，如果两条线段分别是"横 m 格竖 n 格的 $m×n$ 的网格"的对角线，和"横 km 格竖 kn 格的 $km×kn$ 的网格"的对角线，那么这两条线段可能互相平行。

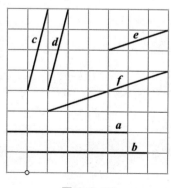

图 4-2-14

4.2.5　观察与实验：它们平行吗

如图 4-2-15，观察下面每幅图中的直线 a 和 b，它们分别平行吗？怎样验证它们是平行的？

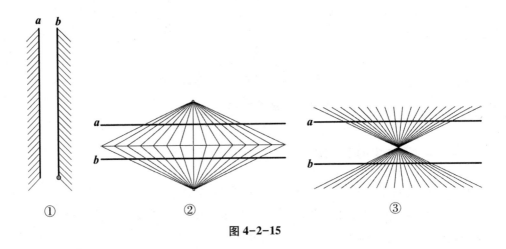

① 　　　　　　　② 　　　　　　　③

图 4-2-15

观察与实验：

（1）经观察，图 4-2-15①中的线段 a 和 b 形成的"通道"好像是上宽下窄，图 4-2-15②中的线段 a 和 b 好像向内弯曲，图 4-2-15③中的线段 a 和 b 好像向外弯曲。

（2）打开配套课件，以图 4-2-15③为例，拖动线段 a 或 b，继续观察，发现，当 a 和 b 拖动至图 4-2-16 的位置时，a 和 b 的"弯曲"方向好像发生了变化。单击课件中的"隐藏轨迹"按钮，当隐藏背景线条后，得到图 4-2-17，此时似有 $a /\!/ b$。

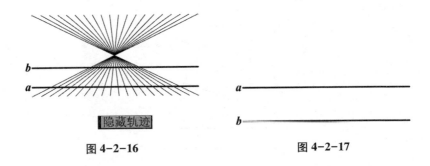

图 4-2-16 　　　　　　　　　　　　图 4-2-17

（3）在配套课件中，任意画 a 和 b 的一条截线，构造一对同位角∠1 和 ∠2，如图 4-2-18，度量它们的大小，并确认∠1 = ∠2，于是得到 $a /\!/ b$。类似的方法可以验证，图 4-2-15 中的三个图中都有 $a /\!/ b$。

结论：用眼睛观察时，受背景图片的影响，有时可能会产生错觉，靠观察得到的结论不可靠。

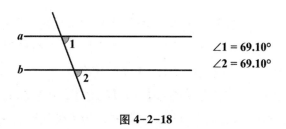

∠1 = 69.10°
∠2 = 69.10°

图 4-2-18

进一步思考：在纸上如何验证图 4-2-15 中的 a 和 b 是平行的？可参考配套课件中的动画，用推三角尺的方法验证，如图 4-2-19。

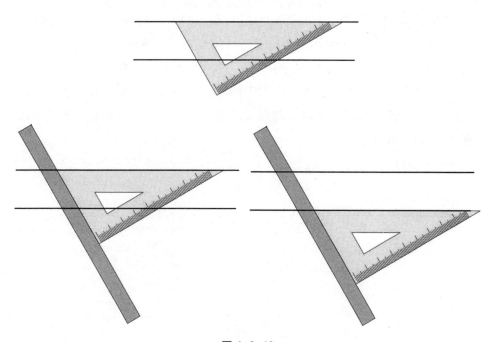

图 4-2-19

4.3 探索平行线的性质

4.3.1 度量三线中八角的大小验证平行线的性质

选择【线段直尺工具】在画板中画一条线段 a，在线段外任画一个点，选择该点和该线段，点击菜单【构造】→【平行线】，即可得到线段 a 的平行线，在这条直线上用【线段直尺工具】画一条线段 b，在线段 a 和线段 b 上任取两点，选中该两点，点击【构造】→【直线】，在直线上用【线段直尺工具】画一条线段 c，然后选中直线把其隐藏，为了美观把线段的端点的点型设置为最小，把三条线段的交点颜色设置为黄色，拖动黄点即可改变三线八角的大小，对这八个角进行标记，然后把这八个角度量出大小，即可得到图4-3-1。

我们观察到同位角 $\angle 1 = \angle 5$，$\angle 2 = \angle 6$，$\angle 3 = \angle 7$，$\angle 4 = \angle 8$，内错角 $\angle 3 = \angle 6$，$\angle 4 = \angle 5$，同旁内角 $\angle 3 + \angle 5 = 180°$，$\angle 4 + \angle 6 = 180°$，拖动黄点可以改变截线 c 的位置，即改变角的大小，发现上述数量关系仍然成立，拖动直线 a 改变两条平行线的位置，相当于换另一组平行线，发现上述数量关系仍然成立，因此就可得出平行线的性质。两直线平行同位角相等，内错角相等，同旁内角互补。

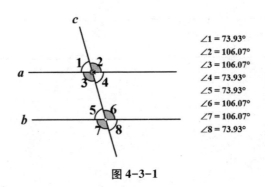

∠1 = 73.93°
∠2 = 106.07°
∠3 = 106.07°
∠4 = 73.93°
∠5 = 73.93°
∠6 = 106.07°
∠7 = 106.07°
∠8 = 73.93°

图4-3-1

4.3.2 绘制光路图并验证平行线的性质

（1）在画板上画一条水平线段，作为水平镜面。

（2）在线段上任取两点 *B* 和 *E*，画线段 *AB*，作为入射光线。

（3）选中点 *B* 和水平线段，利用【构造】→【垂线】命令，构造出过点 *B* 的水平镜面的垂线。

（4）双击该垂线即把该垂线标记为镜面，然后选中线段 *AB*，点击菜单【变换】→【反射】命令，得到线段 *BC*，即为 *AB* 的反射光线。

（5）由于是平行光线，所以选中点 *E* 和线段 *AB*，点击菜单【构造】→【平行线】即可得到 *AB* 的平行线，在平行线上使用【线段直尺工具】画线段 *DE*。

（6）同步骤（3）（4）构造线段 *DE* 的反射光线 *EF*。

（7）隐藏垂线和直线，把线段的端点点型改为最小，并用自定义工具给入射光线和反射光线画上箭头。

（8）给入射角和反射角做好标记，并更改标签为数字，然后度量出这四个角的大小，得到图 4-3-2。

通过度量发现∠1 = ∠2 = ∠3 = ∠4，因为 *AB*∥*DE*，∠1 与∠3 是同位角，所以两直线平行同位角相等，进一步验证了平行线的性质；由∠2 = ∠4，且∠2 与∠4 也是同位角，所以反射光线 *BC*∥*EF*。

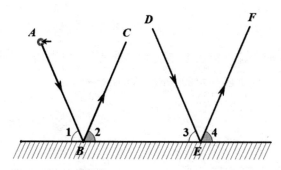

图 4-3-2

4.4 用尺规作角

4.4.1 尺规作角的几何画板演示

打开配套课件，单击热文本"准备"，再单击"作图演示"，即可演示尺规作一个角等于已知角的完整过程，方便学生掌握这一基本作图的方法，如图4-4-1。

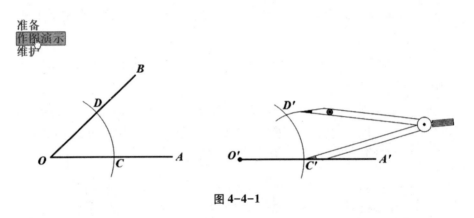

图 4-4-1

打开配套课件，点击热文本"准备"，再点击"作图演示"，即可演示尺规作一个角等于已知角的2倍，如图4-4-2。

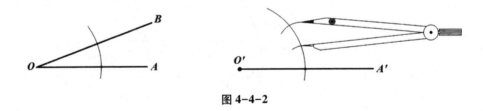

图 4-4-2

4.4.2 画一个角等于已知角

在几何画板中，可以非常方便快捷地用旋转变换画一个角等于已知角。

（1）打开几何画板，任意画一个∠ABC，如图4-4-3，依序选中 C、B、A，单击【变换】菜单中的【标记角度】命令。

（2）任意画一条线段 OP，双击点 O（注意观察，点 O 闪了一下，表明点

O 被标记为中心），选中线段 OP 和 P 点，点击【变换】→【旋转】命令，弹出"旋转对话框"，如图 4-4-4，旋转参数选"标记角度"，点"旋转"按钮，即可得到 $\angle QOP$。

拖动点 A 或点 C 改变 $\angle ABC$ 的大小，则 $\angle QOP$ 随之改变，度量两角的度数，发现总有 $\angle QOP = \angle ABC$，如图 4-4-5。

图 4-4-3   图 4-4-4   图 4-4-5

4.4.3 数学实验：十字图案剪拼成正方形

任务：剪两刀，把图 4-4-6 中的十字图案剪拼成一个正方形。

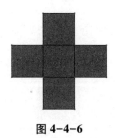

图 4-4-6

这是现行课标教材中的一个思考题，教学时，可以先让学生独立思考，再与同学充分交流，待学生的思维处于愤悱状态时，通过课件演示帮助解决问题。

（1）打开配套课件，先单击热文本"复原"，再单击"分割"，画面显示剪切线，如图 4-4-7。

（2）单击热文本"拼成正方形"，则动画演示拼图过程，如图 4-4-8。

复原
分割
拼成正方形

复原
分割
拼法2

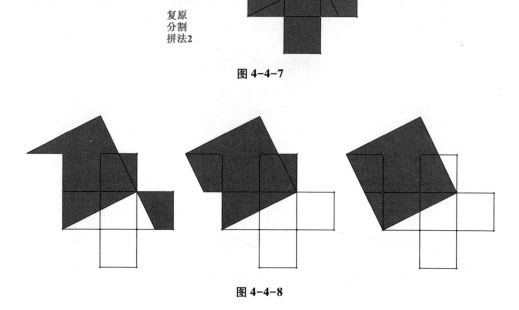

图 4-4-7

图 4-4-8

（3）单击"复原"后，再单击"拼法 2"，即可演示同一种剪法对应的另一种拼法，如图 4-4-9。

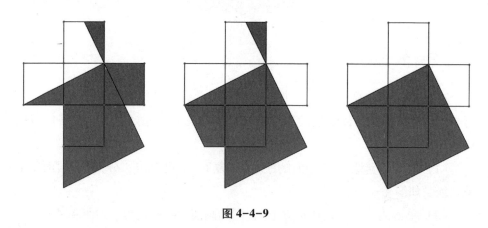

图 4-4-9

（4）配套课件还给出了另外一些剪拼方法，如图 4-4-10 所示。思考：这些方法有什么规律?

图 4-4-10

　　结论：剪两次可以把图 4-4-6 中的十字图案剪拼成正方形，剪拼后的正方形的边长为两个小正方形拼成的"日字型"的一条对角线。因此，第一刀可剪断任意一个"日字型"的对角线，第二刀和第一刀垂直剪切，分割成的四部分即可拼成一个正方形。

5　探索三角形

【技术助学目标】

（1）借助几何画板多角度探索三角形的内角和，理解三角形的内角和定理及其证明思路。

（2）借助几何画板探讨三角形三边的关系。

（3）借助几何画板深入探讨三角形的高线、中线、角平分线的性质。

（4）借助几何画板探索全等三角形的性质。

（5）借助几何画板探索两个三角形全等的条件。

【技术学习目标】

（1）会用几何画板熟练绘制等腰三角形、直角三角形。

（2）学会在几何画板中创建自定义工具的方法。

（3）掌握几何画板中的移动按钮及系列按钮的使用方法。

（4）掌握几何画板中旋转工具的使用方法。

（5）会用几何画板绘制与已知三角形全等的三角形。

（6）能在几何画板中根据三边、两边和一内角、两角一夹边等条件绘制三角形。

5.1　认识三角形

5.1.1　多角度探索三角形的内角和

学生在小学已经学习过三角形的内角和，知道三角形的内角和等于 180°。在初中学习这一内容，重点是使学生借助于平行线的知识，理解这一结论的推导过程并能写出证明过程。在这里，一方面可用几何画板的度量计算功能进一步验证任意三角形的内角和都等于 180°，另一方面，通过几何画板的动画演示，可以启发学生找到证明这一结论的思路方法。

在学生充分自主探究的情况下，可进行如下探索：

（1）度量和计算。

如图 5-1-1，新建画板，画 △ABC，分别度量出三个角度，然后构造算式求出三个内角的和，拖动点 A，B，C 改变 △ABC 的形状，观察角度的变化，观察内角和有没有发生变化。确认：对任意三角形，都有三角形的内角和等于 180°。

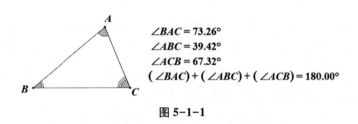

$\angle BAC = 73.26°$
$\angle ABC = 39.42°$
$\angle ACB = 67.32°$
$(\angle BAC) + (\angle ABC) + (\angle ACB) = 180.00°$

图 5-1-1

（2）动画探究三角形的内角和。

方法一：利用旋转和平移把三角形的三个内角拼成一个平角。

打开配套课件，如图 5-1-2，单击"拼∠1"按钮，则∠1 旋转到∠2 的位置，如图 5-1-3，再单击"拼∠3"按钮，则∠3 平移至∠2 的位置，这样在∠2 处三个角拼成一个平角，如图 5-1-4。单击复位即可回到图 5-1-2 的样子。

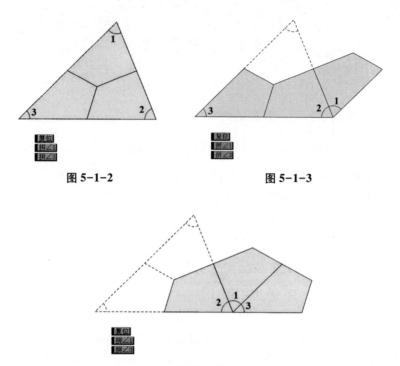

图 5-1-2　　　　　　　　　　　　图 5-1-3

图 5-1-4

此时，让学生思考：这个动画给你什么启发？如何用推理的方法证明三角形的内角和等于180°？能够用作辅助线的方式把原三角形的∠1和∠3转化到图5-1-4的位置吗？怎么作辅助线？经过思考、提示、总结，最后得出画辅助线的方法：在∠2的顶点处，反向延长∠2的一边，并作第三边的平行线，就可以把三角形的内角和转化为一个平角。

方法二：利用线段两次旋转把三角形的内角和拼成一个平角。

通过剪拼角的方法可以启发我们，是不是可以在其他角的位置也能够把三角形的三个角拼成一个平角呢？答案是肯定的。如图5-1-5，分别单击"拼∠2"按钮和"拼∠3"按钮，即可在∠1处把∠1、∠2、∠3这三个角拼成一个平角，如图5-1-6。

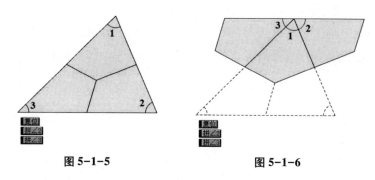

图 5-1-5   图 5-1-6

这一动画启发我们，可以过∠1 的顶点作第三边的平行线来证明三角形的内角和定理。

方法三：通过作平行线，在任意位置把三角形的三个内角拼成一个平角。

前面两个实验可以启发我们思考是不是三角形的三个角在任意一个位置都可以拼成一个平角呢？答案也是肯定的。如图 5-1-7，过任意点 R 作△ABC 三边的平行线，便可把三角形的三个内角∠1，∠2，∠3 拼在一起形成一个平角。从而我们可以得出证明三角形内角和的基本思路是把三个角拼成一个平角。

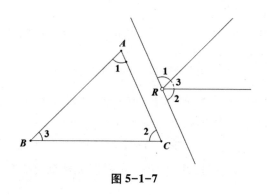

图 5-1-7

5.1.2 用几何画板画等腰三角形和直角三角形

例 1   用几何画板画等腰三角形。

方法一：利用圆心到圆上的点的长度等于半径构造等腰三角形的两腰。

利用【圆工具】在画板上画任意圆，在圆上任取两点，用【线段直尺工具】分别把这两点与圆心连线，就构成了等腰三角形的两腰，然后连接圆上的这两点，即是等腰三角形的底，如图 5-1-8，最后隐藏圆即可。

方法二：利用线段垂直平分线的性质画等腰三角形。

在画板中画出一条线段并画出此线段的垂直平分线。在垂直平分线上任找一点，连接该点与线段的两个端点，如图5-1-9，然后隐藏垂直平分线和辅助点，一个等腰三角形就画好了，拖动等腰三角形的顶点可以改变该等腰三角形的高。

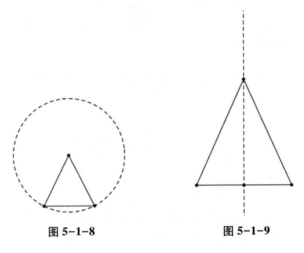

图 5-1-8　　　　　　　　　　　图 5-1-9

例2　画黄金三角形。

顶角为36°的等腰三角形是黄金三角形，这样的等腰三角形的底和腰的比等于黄金比$\dfrac{\sqrt{5}-1}{2}$。下面介绍其画法：

（1）在画板中任画一条线段 AB，选中点 B 将其绕着 A 点旋转72°得到点 B'，再将点 A 绕着点 B 旋转-72°得到点 A'，如图5-1-10。

（2）分别构造射线 AB'，BA'，两条射线的交点 C 即为等腰三角形的顶点，如图5-1-11，构造线段 AC，BC，最后隐藏辅助对象即可得到△ABC。

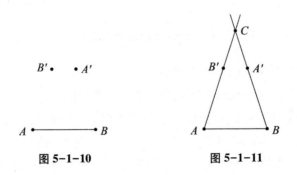

图 5-1-10　　　　　　　　　　　图 5-1-11

例3　用几何画板画直角三角形。

方法一：画线段 AB，过其一个端点如点 A 画线段 AB 的垂线 AC，在垂线上取点 C，画线段 BC，AC，隐藏垂线 AC 即可得到一个直角三角形，如图 5-1-12。

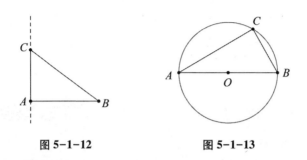

图 5-1-12　　　　　　　图 5-1-13

方法二：利用直径所对的圆周角是直角来构造直角三角形。

画线段 AB 并构造其中点 O，过点 A 画圆 O，在圆周上任取一点 C，连接 AC，BC，则 $\triangle ABC$ 即为直角三角形，如图 5-1-13，隐藏辅助圆，绘图完成。

例4　画等腰直角三角形。

类型一：已知直角边画等腰直角三角形。步骤如下：

在画板中任画一条线段 AB，将线段 AB 和点 B 绕着点 A 逆时针旋转 90° 得到线段 AC，连接 BC，即可得到以 AB 为腰的等腰直角三角形 ABC，如图 5-1-14。

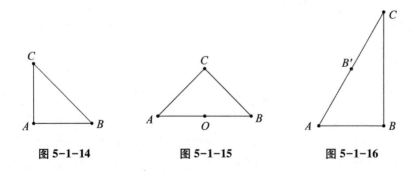

图 5-1-14　　　　　　图 5-1-15　　　　　　图 5-1-16

类型二：已知斜边画等腰直角三角形。步骤如下：

画线段 AB，构造线段 AB 的中点 O，以 O 为中心，把点 B 旋转 90° 得到点 C，连接 AC，BC，即可得到以 AB 为底的等腰直角三角形 ABC，如图 5-1-15。

例 5　创建自定义工具，画含 30°角的直角三角形。

（1）画线段 AB，将点 B 绕点 A 旋转 60°得到点 B'，把点 B 绕点 B' 旋转 120°得到点 C，连接 AC，BC，隐藏点 B'，即可得到以 $\angle C$ 为 30°的直角三角形，如图 5-1-16。

（2）拖框选择△ABC 及其顶点，单击工具栏的【自定义工具】，如图 5-1-17，选择【创建新工具…】命令，弹出"新建工具"对话框，如图 5-1-18，在工具名称下输入"含 30°角直角三角形"，单击确定按钮，工具创建成功。

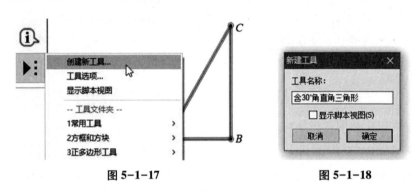

图 5-1-17　　　　　　　　　　　　图 5-1-18

（3）在【自定义工具】上按下鼠标，弹出工具菜单后选择我们刚创建的【含 30°角直角三角形】工具，在画板中拖出一条线段，则会自动画出一个含 30°角的直角三角形。

思考：使用刚才创建的自定义工具，在画板上拖出线段 AB 时，所画的直角三角形直角顶点是 B，AB 所对的角是 30°，你能通过改变步骤（1）的画法，画出另外的含 30°角的直角三角形吗？比如，使 $\angle A = 30°$。

参考例 5 的步骤，把例 1 至例 4 中绘制的特殊三角形创建成自定义工具。

5.1.3　会变的三角形

按三角形内角的大小可把三角形分为锐角三角形、直角三角形、钝角三角形。

我们在教学过程中探索三角形的性质时，为了说明性质的普适性，很多情况下需要对所探索的三角形做一些变形，比如，本是一个锐角三角形，我们将其拖动成为直角三角形或钝角三角形等，借助于几何画板的多点移动按钮，可以使一个三角形变为各种三角形。如图 5-1-19，分别单击图中的按钮，△ABC 即可变为锐角三角形、直角三角形、钝角三角形。

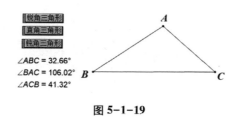

图 5-1-19

具体操作如下：

（1）新建画板，画一个△ABC，分别度量出三个角的度数。

（2）再画一个锐角△DEF，顺次选择 A，D，B，E，C，F，利用【编辑】→【操作类按钮】→【移动】命令，创建移动按钮，把按钮的名称设为"锐角三角形"，单击此按钮，即可把△ABC 变到△DEF 的位置，同时△ABC 的形状变为△DEF 的形状。

在启动按钮前先把△DEF 移到适当的位置并隐藏，单击按钮后就会产生△ABC 改变为锐角三角形的效果。

（3）在第（2）步中如果画的△DEF 为直角三角形时，那么按照以上操作即可把△ABC 的形状变为直角三角形。仿照第（2）步画一个直角三角形和钝角三角形，并分别创建多点移动按钮"直角三角形"和"钝角三角形"。

（4）顺序选择"锐角三角形""直角三角形"和"钝角三角形"三个按钮，利用【编辑】→【操作类按钮】→【系列】命令，在弹出的对话框中选择"依序执行"，可创建一个系列按钮，通过此按钮可以依次自动完成所选三个按钮的功能。

说明：多点移动按钮的关键是选点的顺序，先选择第 1 个点，接着选第 1 点的目标点，再选第 2 点，接着选第 2 点的目标点，以此类推。

5.1.4 动态探究三角形三边的关系

1. 实验验证：三角形的任意两边之和大于第三边，任意两边之差小于第三边

实验步骤：

（1）新建画板，画△ABC，选中三条边度量三边的长度，构造算式，计算任意两边之和，比较两边之和与第三边的大小关系，如图 5-1-20，拖动三角形的顶点或边改变三角形的形状，确认：三角形的任意两边之和大于第三边。

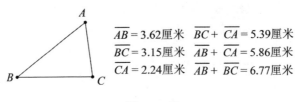

$\overline{AB} = 3.62$ 厘米　$\overline{BC} + \overline{CA} = 5.39$ 厘米
$\overline{BC} = 3.15$ 厘米　$\overline{AB} + \overline{CA} = 5.86$ 厘米
$\overline{CA} = 2.24$ 厘米　$\overline{AB} + \overline{BC} = 6.77$ 厘米

图 5-1-20

（2）猜想：三角形的两边之差与第三边的关系，构造算式验证你的猜想。

2. 动手实验：确定第三根木条的长度

已有两根木条，现在要选择第三根木条和这两根木条拼成一个三角形，第三根木条的长度有什么要求？

打开配套课件，如图 5-1-21，拖动方框中线段 AB、AC 的右端点可以改变线段 AB 和 AC 的长度，相应木条的长度随之改变，拖动木条的端点 B 和 C 可以使木条绕点 A 旋转，图中的虚线 BC 模拟第三根木条的长度。操作并思考：BC 的长度最大是多少？最小是多少？为什么？重复上述过程，确认，第三根木条的长度 BC 需要满足：$AB-AC<BC<AB+AC$。

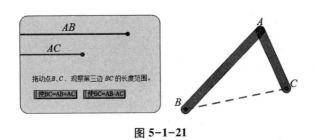

图 5-1-21

5.2　探索三角形中的重要线段

5.2.1　用几何画板画任意三角形的高

三角形的高似乎是很容易画的一个图形，如图 5-2-1①，过点 A 画 BC 的垂线，交 BC 于点 D，隐藏垂线，画线段 AD，图就画完了，如图 5-2-1②。这个作图正确吗？我们拖动点 A，使 $\angle C$ 为钝角，如图 5-2-1③，高哪里去了？原来，刚才的作图是有问题的，按照三角形的高的定义，它是从三角形的一个顶点向对边所在直线作垂线，顶点与垂足之间的线段。而我们刚才构造的垂足是垂线与线段的交点，当∠C为钝角时，交点没有了，高也就不存在了。这就提醒我们，用几何画板构造图形，要严格按照几何关系进行，像线段、直线这样的概念是不能混淆的。

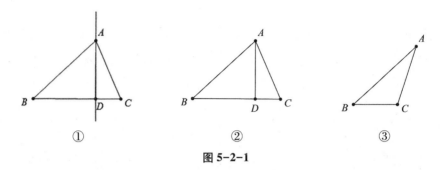

①　　　　　　　　②　　　　　　　　③

图 5-2-1

正确的操作步骤如下：

（1）用【线段直尺工具】画△ABC，用【直线直尺工具】构造直线BC，选择点A和直线BC，利用【构造】→【垂线】命令画垂线，选择直线BC和垂线，利用【构造】→【交点】命令构造其交点D，如图5-2-2。

（2）选择直线BC及其垂线，按Ctrl＋H将其隐藏，拖动点A，使∠C或∠B为钝角，用【线段直尺工具】画线段AD、CD，选择CD，利用【显示】→【线型】→【虚线】命令把CD设置为虚线，如图5-2-3。

（3）用同样的方法可画出AB、AC边上的高，如图5-2-4。

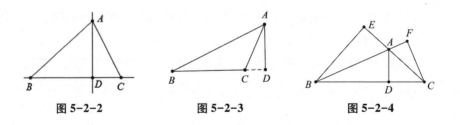

图 5-2-2　　　　　　图 5-2-3　　　　　　图 5-2-4

5.2.2　探究三角形高线及垂心的位置

探究一：画△ABC及BC边的高线AD，拖动顶点A改变三角形的形状，观察下列各种情况下高线AD的位置，你能得到什么结论？

（1）∠B和∠C都是锐角。

（2）∠B和∠C有一个直角。

（3）∠B 和∠C 有一个是钝角。

通过探究发现：当∠B 和∠C 都是锐角时，高线 AD 在三角形的内部，与边 BC 相交；当∠B 和∠C 有一个直角时，高线和一条直角边重合，经过三角形的直角顶点；当∠B 和∠C 有一个是钝角时，高线在三角形外部，不与边 BC 相交。

探究二：画△ABC 及各边上的高，画出三条高所在的直线，改变三角形的形状，观察三条直线的位置关系，如图 5-2-5，你有什么发现？

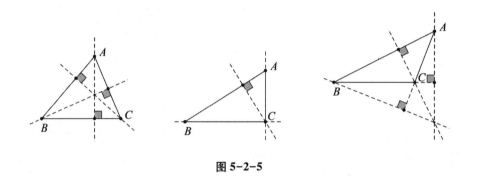

图 5-2-5

通过探究发现：三角形的三条高所在的直线交于一点，这一点叫作三角形的垂心。锐角三角形的垂心在三角形的内部，直角三角形的垂心是其直角顶点，钝角三角形的垂心在三角形的外部。

5.2.3　三角形的中线与重心

如图 5-2-6，画△ABC，构造 BC 边的中点 D，连接 AD 得到中线 AD，同法构造三角形的另两条中线 BE 和 CF。进行如下探究：

（1）拖动三角形的顶点或边改变三角形的形状，观察三条中线，确认：三角形的三条中线相交于一点。构造三条中线的交点 G，该点叫△ABC 的重心。

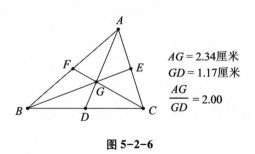

$AG = 2.34$ 厘米
$GD = 1.17$ 厘米
$\dfrac{AG}{GD} = 2.00$

图 5-2-6

（2）选择点 A 和点 G，度量距离 AG，选择点 G 和点 D，度量距离 GD，观察 AG 和 GD 的关系，构造算式 $\dfrac{AG}{GD}$，确认 $\dfrac{AG}{GD}=2$。

（3）仿照（2）的方法，度量相关距离并构造算式 $\dfrac{BG}{GE}$ 和 $\dfrac{CG}{GF}$，改变三角形的形状，确认算式的值始终等于 2。

结论：三角形的重心在三角形的内部。三角形的重心到顶点的距离等于它到对边中点距离的 2 倍。

5.2.4 三角形的内角平分线与外角平分线

1. 三角形的内心

画 $\triangle ABC$，顺序选择点 B、A、C 构造 $\angle BAC$ 的平分线交 BC 于 D，构造线段 AD，如图 5-2-7，则线段 AD 叫 $\triangle ABC$ 的内角平分线。隐藏射线 AD，同法绘制 $\triangle ABC$ 的另两条角平分线 BE 和 CF，改变 $\triangle ABC$ 的形状，确认：三角形的三条内角平分线相交于一点。构造该交点 O，点 O 叫 $\triangle ABC$ 的内心。选择点 O 和三边度量距离，如图 5-2-8，确认：三角形的内心到三边的距离相等。

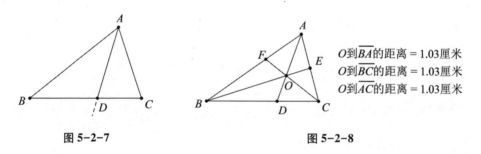

图 5-2-7　　　　　　　　图 5-2-8

2. 探索三角形角平分线所形成的角

下面我们来探究与三角形内角平分线与外角平分线相关的三个结论。

探究一：三角形两个内角角平分线的夹角与第三个角的数量关系。

如图 5-2-9，BO 和 CO 分别平分 $\angle ABC$ 和 $\angle ACB$，那么 $\angle O$ 与 $\angle A$ 有何数量关系呢？

利用几何画板【度量】功能，分别度量 $\angle BOC$ 和 $\angle BAC$ 的度数，构造算式 $90°+\dfrac{1}{2}\angle BAC$，你有什么发现？改变三角形的形状，这一结论还成立吗？

探究发现：$\angle BOC=90°+\dfrac{1}{2}\angle BAC$。在图 5-2-9 中，连接 OA，猜想

∠COA 和 ∠CBA 的数量关系，并设法验证你的猜想。你还能得到什么结论？

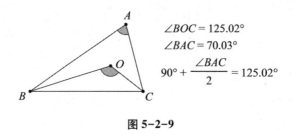

$\angle BOC = 125.02°$

$\angle BAC = 70.03°$

$90° + \dfrac{\angle BAC}{2} = 125.02°$

图 5-2-9

探究二：三角形两个外角平分线的夹角与第三个内角的数量关系。

如图 5-2-10，∠CBF 和 ∠BCG 是 △ABC 的外角，BE 和 CE 分别平分 ∠CBF 和 ∠BCG，探究 ∠E 与 ∠A 的数量关系。

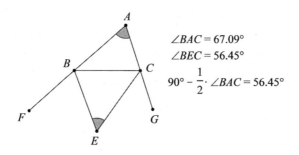

$\angle BAC = 67.09°$

$\angle BEC = 56.45°$

$90° - \dfrac{1}{2} \cdot \angle BAC = 56.45°$

图 5-2-10

度量 ∠A 和 ∠E 的度数，构造算式 $90° - \dfrac{1}{2}\angle A$，不难发现，$\angle E = 90° - \dfrac{1}{2}\angle A$。改变三角形的形状，结论仍然成立。

探究三：三角形一个内角平分线与一个外角平分线的夹角与第三个内角的数量关系。

如图 5-2-11，∠ACD 为 △ABC 的外角，BP 平分 ∠ABC，CP 平分 ∠ACD，度量 ∠A 和 ∠P 的度数，观察 ∠A 和 ∠P 的关系。构造算式 $\dfrac{1}{2}\angle BAC$，不难发现 $\angle P = \dfrac{1}{2}\angle A$，任意拖动三角形的顶点改变三角形的形状，结论仍然成立。

用类似的方法也可以探究与三角形内角的三等分线与外角三等分线相关的一些结论。

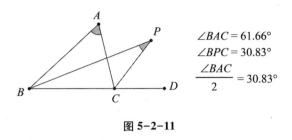

$\angle BAC = 61.66°$

$\angle BPC = 30.83°$

$\dfrac{\angle BAC}{2} = 30.83°$

图 5-2-11

5.3 图形的全等

5.3.1 验证两个图形能否重合

能够完全重合的两个图形称为全等图形。借助几何画板中的【旋转箭头工具】等可验证两个图形能否重合。

（1）如图 5-3-1，有两个图形在一张图片上，大致观察可初步判断这两个图形能够重合。在几何画板中，可以利用截图软件截取其中一个图形，再粘贴到几何画板中，利用【移动箭头工具】拖动粘贴的图形到原来的两个图形上，如果和原来的两个图形均重合，就可断定原图中的两个图形重合。有时涂色的图片在平移过程中会出现覆盖现象从而影响观察效果，可先在粘贴后的图形上点右键，选"属性"，在弹出的对话框中把"不透明度"改为50%左右，再拖动，就会改善观察效果。如图 5-3-2。

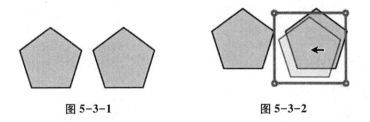

图 5-3-1　　　　　　　　图 5-3-2

（2）如图 5-3-3，如何检验图中的两个图形是否全等呢？大致观察后我们发现，如果把其中的一个图形旋转一定角度，再平移后两个图形可能重合。为此我们先在第一个图形附近任意画一个点，并双击这个点作为旋转中心，在工具箱的【移动箭头工具】上按住鼠标，直到弹出工具组，接着选【旋转箭头工具】，如图5-3-4，利用【旋转箭头工具】拖动第一个图形绕所画的中心点旋转适当的角度，之后换成【移动箭头工具】把旋转后的图形平移到第二个图形上检验二者是否重合。因为是手工操作，如果旋转角度有误差，则需要多次调整角度。如图5-3-5。

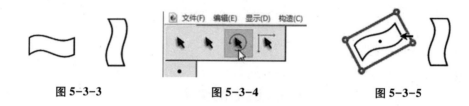

图5-3-3   图5-3-4   图5-3-5

（3）如何验证图5-3-6中的两个图形全等呢？观察发现，如果把其中的一个图形上下翻转（轴对称），再平移后可能与另一个图形重合。为此我们这样操作：在图形下方附近画一条水平线段，双击这条线段标记为对称轴，选择第一个图形，利用【变换】→【反射】命令得到其翻转后的图形，如图5-3-7，拖动翻转后的图形至第二个图形的位置，或拖动翻转前的原图形至右下的位置（如图5-3-8），观察翻转后的图形能否与第二个图形重合。

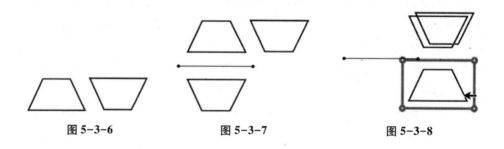

图5-3-6   图5-3-7   图5-3-8

5.3.2　图形的全等分割

有时，我们需要把一个图形分割成若干个全等的图形，利用几何画板可以进行此类实验探究。

例1　把一个等边三角形分成两个、三个或四个全等图形。

分析：构造等边三角形的一条中线（高线、角平分线）即可将其分割为两个全等图形；连接等边三角形的重心和三个顶点，即可将其分割成三个全等的图形；分别构造三边的中点，然后这三个中点分别连线，即可把一个等边三角形分成四个全等的三角形。如图5-3-9。

图 5-3-9

进一步思考：还有其他的分割方法吗？对于分割成三个全等图形的方法，以等边三角形的重心为圆心构造一个能覆盖三角形的圆，任意构造一条半径并把半径绕圆心旋转 120° 两次，所画的三条半径在把圆三等分的同时，也把正三角形分割成三个全等的图形。如图 5-3-10。

图 5-3-10

例 2　沿着图 5-3-11 中的虚线，把图形分割成两个全等的图形。

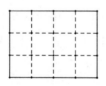

图 5-3-11

分析：在几何画板中，可以方便地复制粘贴若干个题目给出的网格图，利用【线段直尺工具】进行画线尝试，如果不成功可删掉重画。使用这些方法不难发现如图 5-3-12 中的分割方法。

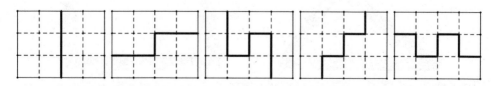

图 5-3-12

进一步思考：这些分割方法的共同之处是分割线都过题目所给矩形的中心（对角线的交点），且分割线以该中心成中心对称分布。明白了这个道理，就不难解决此类问题，如图 5-3-13 中的分割方法也符合这一规律。

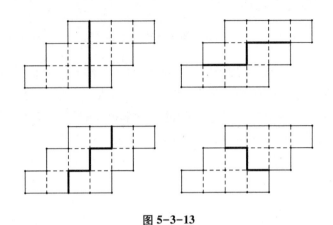

图 5-3-13

5.3.3　三角形的稳定性与四边形的不稳定性

借助几何画板实验可以让学生体会三角形的稳定性和四边形的不稳定性。

打开配套课件，如图 5-3-14，图中三条线段的长度决定着三角形框架的三条边长，三条线段的长度可调，但用鼠标拖动三角形框架的顶点却只能改变其位置，无法改变框架的形状和大小，依此感悟三角形的稳定性。

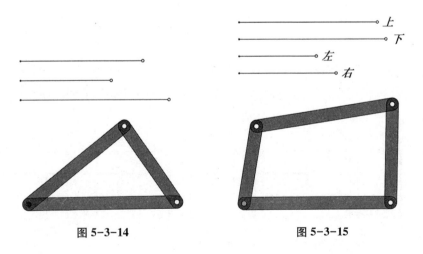

图 5-3-14   图 5-3-15

如图 5-3-15，改变上下左右这四条线段可以改变下面四边形框架上下左右的边长，在四边形框架的边长固定的前提下，用鼠标拖动四边形的顶点，四边形框架的形状可以发生改变，从而验证四边形具有不稳定性。

　　配套课件中，给出了若干个在现实生活中应用四边形的不稳定性的例子。例如，图5-3-16中展示了两种不同的构造简单的"描图器"，前者具有放缩功能；图5-3-17则展示了衣帽架和折叠门动画，二者应用场景不同，但原理却是一致的。

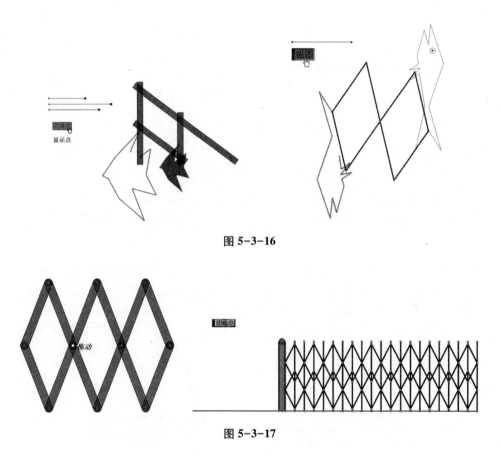

图 5-3-16

图 5-3-17

5.4 探索三角形全等的条件

5.4.1 两个三角形全等需要几个条件

一个三角形有三条边、三个角六个元素，我们知道满足两个三角形全等的条件越少越好，那么最少知道几对元素相等，就能判定两个三角形全等呢？

1. 只根据两个三角形有一对元素相等，能保证两个三角形全等吗

（1）如图 5-4-1，在配套课件中，$\triangle ABC$ 中 AB 的长度是固定的，把点 C 拖动到另一位置 C'，则 $\triangle ABC$ 和 $\triangle ABC'$ 满足"有一条边相等"这一条件，但两个三角形显然是不全等的。

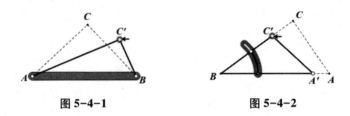

图 5-4-1   图 5-4-2

（2）如图 5-4-2，在配套课件中，三角形 ABC 中 $\angle B$ 的大小是固定的，分别拖动点 A 和点 C 得到 $\triangle A'BC'$，则 $\triangle ABC$ 和 $\triangle A'BC'$ 满足"有一个角相等"这个条件，但两个三角形不能重合，从而不全等。

结论：只根据两个三角形有一对元素相等，不能保证两个三角形全等。

2. 只根据两个三角形有两对元素分别相等，能保证两个三角形全等吗

（1）如图 5-4-3，配套课件中，$\triangle ABC$ 中的 $\angle A$ 和 $\angle B$ 的大小是固定的，但 AB 的长度并不固定，拖动点 B 到 B' 的位置，则线段 BC 移动到 $B'C'$ 的位置，且保持 $\angle AB'C' = \angle B$，于是 $\triangle ABC$ 和 $\triangle AB'C'$ 满足 $\angle A = \angle A$，$\angle B = \angle AB'C'$，即"两角相等"，但这两个三角形并不全等。

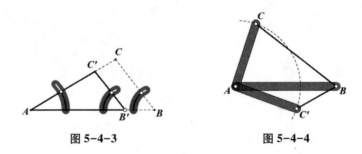

图 5-4-3   图 5-4-4

（2）如图 5-4-4，在配套课件中，$\triangle ABC$ 中的 AB 和 AC 的边长是固定的，但可以拖动点 C 和点 B 绕 A 点转动，比如，把点 C 拖动到点 C' 的位置时，两个 $\triangle ABC$ 和 $\triangle ABC'$ 满足 $AB = AB$，$AC = AC'$，即"两边相等"，但这两个三角形并不全等。

（3）如图 5-4-5，在配套课件中，$\triangle ABC$ 的 AB 边的长和 $\angle A$ 的大小是固

定的，拖动点 C 到 C'的位置，则△ABC 和△ABC'满足"一边相等且一角相等"，但这两个三角形不全等。

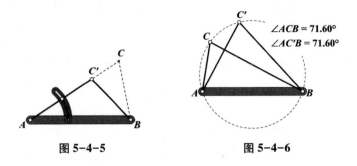

图 5-4-5　　　　　　　　图 5-4-6

∠ACB = 71.60°
∠AC'B = 71.60°

如图 5-4-6，在配套课件中，△ABC 中的线段 AB 长度是固定的，可以拖动点 C 在以 AB 为弦的一个圆周上运动，度量值显示，∠C = ∠C'，于是△ABC 和△ABC'也满足"一边相等且一角相等"，但这两个三角形不全等。

经过上述探究，得出结论：只根据两个三角形有两对元素分别相等不能保证两个三角形全等。

3. 两个三角形有三对元素分别相等，一定能保证两个三角形全等吗

如图 5-4-7，是我们常用的含 30°角的直角三角尺，图中△ABC 和△DEF 的三对内角对应相等，但显然两个三角形并不全等。图 5-4-8 中，DE // BC，则△ABC 和△ADE 也满足三角相等，但二者也不全等。

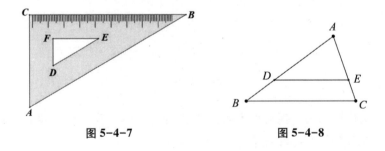

图 5-4-7　　　　　　　　图 5-4-8

5.4.2　三边相等的两个三角形全等

实验探究：如图 5-4-9，在配套课件中，两根木条的一端固定在一起，木条可以自由转动，从而连接另两个端点所形成的三角形的大小形状是不确定的。如果把另两个端点固定在第三根木条上，那么构成的三角形的大小和形状就完全确定了。这说明：三边相等的两个三角形全等。

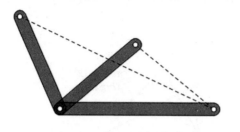

图 5-4-9

在几何画板中，我们还可以用如下思路来验证三边相等的两个三角形全等，即在画板中先画好一个任意△ABC，然后画△DEF，使后者的三边等于△ABC 的三边，最后再验证它们是重合的。操作步骤如下：

（1）如图 5-4-10，画任意△ABC，画任意点 D，以 D 为圆心、BC 为半径画圆，在圆周上任画一点 E，再分别以 D、E 为圆心、以 BA、CA 为半径画圆，两圆相交于点 F，用线段连接三点得△DEF。

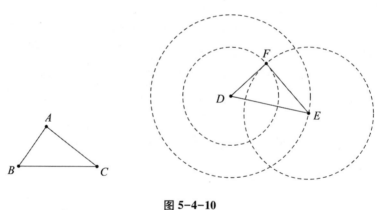

图 5-4-10

（2）隐藏辅助圆，拖动点 D 与点 B 重合，拖动点 E 与点 C 重合，观察发现：两三角形重合，从而全等。

因为 DE=BC，所以第（2）步也可顺序选择点 D、B、E、C，构建多点移动按钮，启动按钮则△DEF 移动到△ABC 上并与之重合，说明两个三角形全等。

5.4.3 判定三角形全等的"边角边"和"角边角"

探究一：如图 5-4-11，在配套课件中，两根木条的一端固定在一起，木条可以自由转动，从而连接另两个端点所形成的三角形是不确定的，但如果把两根木条的夹角固定，那么构成的三角形的大小和形状就完全确定了。这说明：两边及其夹角相等的两个三角形全等，简称"边角边"或"SAS"。

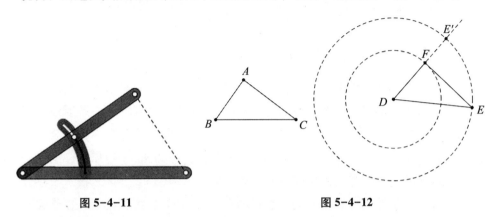

图 5-4-11　　　　　　　　　　　　图 5-4-12

在几何画板中，可按以下步骤验证以上结论：

（1）如图 5-4-12，画任意△ABC，画任意点 D，以 D 为圆心、BC 为半径画圆，在圆周上任画一点 E，顺序选择 C、B、A 三点，利用【变换】→【标记角度】命令将∠CBA 标记为旋转角，双击点 D 标记为中心，把点 E 按标记的角度旋转得点 E'，画射线 DE'，以 D 为圆心、BA 为半径画圆与射线 DE' 相交于点 F，画线段 DF、EF 得到△DEF，隐藏辅助对象。

（2）顺序选择点 D、B、E、C，创建多点移动按钮，启动按钮发现，△DEF 与△ABC 能够完全重合，说明它们是全等的。

探究二：如图 5-4-13，在配套课件中，有一根长度固定的木条，在木条的两端各引出一条射线，如果每条射线与木条的夹角的度数分别固定，当两条射线相交时，交点与木条两端点连线所形成的三角形就是确定的。这说明：两角及其夹边对应相等的两个三角形全等，简称"角边角"或"ASA"。

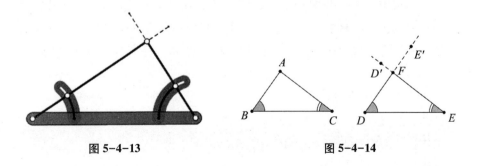

图 5-4-13　　　　　　　　　　　　图 5-4-14

　　如图 5-4-14，画任意△ABC，画线段 $DE=BC$，把点 E 绕点 D 按标记的角度∠CBA 旋转得到点 E'，把点 D 绕点 E 按标记的角度∠BCA 旋转得到点 D'，画射线 DE' 和 ED' 相交于点 F，构造△DEF，拖动△DEF 可以验证其能和△ABC 重合。

5.4.4　捉摸不定的"边边角"

　　所谓"边边角"，就是已知三角形的两边和其中一边的对角来判断两个三角形是否全等的问题。在配套课件中，一根木条的一端引出了一条射线，射线与木条的夹角被固定，该木条的另一端与第二根木条固定在一起，第二根木条可绕固定点旋转。课件设置了三个场景的实验：如图 5-4-15①，第二根木条在旋转的过程中与射线始终没有交点；如图 5-4-15②，第二根木条在旋转的过程中与射线刚好有唯一的交点；如图 5-4-15③，第二根木条在旋转的过程中与射线会产生两个不同的交点，在这种情况下，△ABC 和△ABC′就满足了"两边相等且其中一边的对角相等"，即"边边角"，但两个三角形并不全等。

①　　　　　　　　　②　　　　　　　　　③

图 5-4-15

5.4.5　在几何画板中用尺规作图法作三角形

　　几何画板中有直线和圆规工具，因此所有在纸上能完成的尺规作图，都可以用几何画板在屏幕上完成。只是用几何画板作图有其自身的特点，比如，为操作方便，在纸上画图时的"画弧"对应到几何画板中一般用"画圆"代替。

　　1. 已知三条边作三角形

　　已知：线段 a、b、c，如图 5-4-16

　　求作：△ABC，使 $AB=c$，$AC=b$，$BC=a$。

　　操作步骤如下：

（1）画射线 AM，选择点 A 和线段 c，单击【构造】→【以圆心和半径绘圆】命令画圆，构造圆与射线 AM 的交点 B。

（2）同法，选择点 A 和线段 b 构造圆，选择点 B 和线段 a 构造圆，构造两圆的交点 C，连接 AC、BC、AB。

（3）隐藏辅助圆和射线，即可得到满足条件的△ABC。

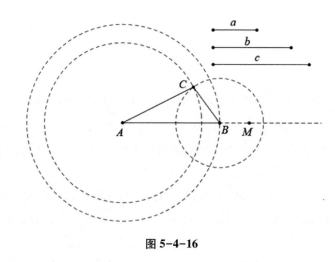

图 5-4-16

2. 已知两边及其夹角作三角形

已知：线段 a、c，∠α，如图 5-4-17。

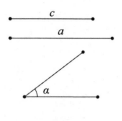

图 5-4-17

求作：△ABC，使 BC=a，AB=c，∠ABC=∠α。

操作步骤如下：

（1）如图 5-4-18，设∠α 的顶点为 O，用【圆工具】，在点 O 按下鼠标拖动到∠α 的一边上的 E 点处释放鼠标得到圆 O，构造圆 O 与∠α 另一边的交点 F，构造线段 OE 和 EF。

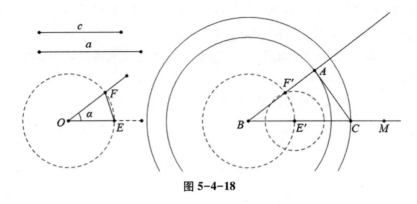

图 5-4-18

（2）画射线 *BM*，以 *B* 为圆心、*OE* 为半径画圆交射线 *BM* 于 *E'*，以 *E'* 为圆心、*EF* 为半径画圆与圆 *B* 交于点 *F'*，画射线 *BF'*。

（3）以 *B* 为圆心、*a* 为半径画圆交射线 *BM* 于点 *C*，以 *B* 为圆心、*c* 为半径画圆交射线 *BF'* 于点 *A*。

（4）画线段 *AB*、*BC*、*AC*，得到△*ABC*。如有必要，可隐藏辅助对象。

说明：在几何画板中，根据已知条件画三角形有多种方法，这里介绍的尺规作图法并不是最简洁的方法，但通过这种方法可以让学生体会尺规作图的道理。比如，在这个操作步骤的前两步，实际上是"作一个角等于已知角"的尺规作图法，使用了和"已知三边作三角形"同样的方法，而作出的∠*E'BF'*之所以等于∠*EOF*，正是应用了"边边边"这一判定三角形全等的方法。

6 轴对称变换

【技术助学目标】

（1）借助几何画板了解轴对称的概念，探索轴对称现象和轴对称的性质。

（2）能利用几何画板设计一些简单的轴对称图案。

（3）能借助几何画板探索常见轴对称图形等腰三角形、线段的垂直平分线及角平分线的性质。

（4）能借助几何画板多角度探索将军饮马问题及其变式，感受数学在生活生产实际中的应用价值。

【技术学习目标】

（1）能在几何画板中创建自定义工具，快速绘制线段的垂直平分线。

（2）能熟练利用几何画板绘制一个几何图形的轴对称图形。

6.1　轴对称与轴对称变换

6.1.1　用几何画板探索轴对称现象

探究一：在几何画板中，画任意△ABC，画直线 l。双击 l，或选择 l 后利用【变换】菜单中的命令将其标记为"镜面"，选择△ABC，利用【变换】→【反射】命令得到△$A'B'C'$。这样得到的△$A'B'C'$实际就是把△ABC沿直线 l 折叠后得到的图形，这种图形的变换叫作轴对称，这条直线 l 叫作对称轴。

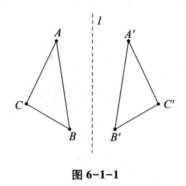

图 6-1-1

探究二：观察图 6-1-2 中的几组图案，它们有什么共同的特点？

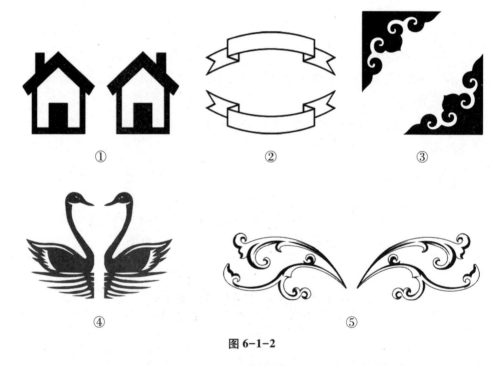

图 6-1-2

　　如图 6-1-3，在配套课件中，画一条直线，选择图中的一个图案，比如，图 6-1-2③中左上的图案，利用【变换】→【反射】命令得到其对称图案，调整直线的位置和方向，确认反射得到的图案能够与原图中右下的图案完全重合。

　　如果两个平面图形沿一条直线对折后能够完全重合，那么称这两个图形关于这条直线成轴对称，这条直线叫作这两个图形的对称轴。观察发现，图

6-1-2 各图中的两个图案均关于某直线成轴对称，试画出它们的对称轴并在几何画板中验证。

图 6-1-3

探究三：观察图 6-1-4，图中的图案有什么特点？

图 6-1-4

如图 6-1-5，在几何画板中，画一条直线，选择某个图形关于这条直线进行"反射"（轴对称）变换，观察反射得到的图形能否与原图形完全重合。

图 6-1-5

如果一个平面图形沿一条直线折叠后，直线两旁的部分能够互相重合，那么这个图形叫作轴对称图形，这条直线是它的对称轴。图 6-1-5 中的图形有两条互相垂直的对称轴。试画出图 6-1-4 中其余各图的对称轴并在几何画板中验证，它们各有几条对称轴？

6.1.2　用几何画板探索轴对称的性质

（1）构造基本图形。如图 6-1-6，画直线 MN，双击 MN 将其标记为镜面（对称轴）。画△ABC，选中△ABC，利用【变换】→【反射】命令得到△$A'B'C'$。

（2）选中三角形的各边，利用【度量】→【长度】命令度量△ABC 和△$A'B'C'$的各边。比较对应边的长度，拖动△ABC 的顶点或边改变三角形的形状，再次观察度量值，确认对应边的长度相等。顺次选择点 B、A、C，利用【度量】→【角度】命令得到∠BAC 的度数，用同样的方法度量其他各角的度数。比较对应角的大小，拖动△ABC 的顶点或边，再次观察度量值，确认对应角相等。

结论：轴对称变换不改变图形的形状和大小，关于某直线对称的两个图形是全等图形，其对应边相等、对应角相等。

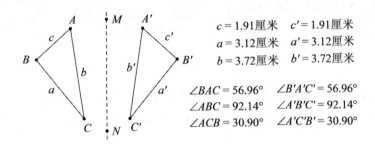

$c = 1.91$厘米　$c' = 1.91$厘米
$a = 3.12$厘米　$a' = 3.12$厘米
$b = 3.72$厘米　$b' = 3.72$厘米

∠$BAC = 56.96°$　∠$B'A'C' = 56.96°$
∠$ABC = 92.14°$　∠$A'B'C' = 92.14°$
∠$ACB = 30.90°$　∠$A'C'B' = 30.90°$

图 6-1-6

（3）隐藏各度量值，选择点 A、B、C，使用【构造】→【三角形的内部】命令，接着利用【构造】→【边界上的点】命令得到点 D。选中点 D，利用【变换】→【反射】命令得到对应点 D'，连接 DD'，交对称轴 MN 于点 H。选择 D、H 两点，利用【度量】→【距离】命令得到 DH 的值，同样的方法得到 $D'H$ 的值。顺次选择点 D、H、M，度量∠DHM。拖动点 D，观察度量值，拖动△ABC 的顶点或边，观察度量值，如图 6-1-7，确认在实验过程中始终有 $DH = D'H$，且∠$DHM = 90°$。

结论：成轴对称的两个图形中，对应点的连线被对称轴垂直平分。

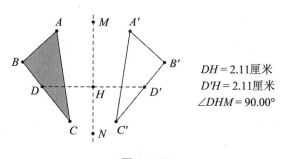

DH = 2.11厘米
D'H = 2.11厘米
∠DHM = 90.00°

图 6-1-7

（4）隐藏各度量值和线段 *DD'* 及 *D*、*D'*、*H* 点。设置两个三角形各边为粗线，且△*A'B'C'* 的各边为蓝色，用【直线直尺工具】画直线 *AB*、*AC*、*BC*、*A'B'*、*A'C'*、*B'C'* 并把各直线设为细虚线，拖动三角形或对称轴，观察对应边或其延长线的交点位置，如图 6-1-8 和图 6-1-9。

结论：成轴对称的两个图形，如果对应线段或其延长线相交，那么交点一定在对称轴上。

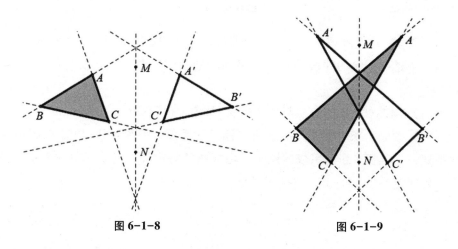

图 6-1-8   图 6-1-9

6.1.3 利用轴对称变换设计图案

例 1   在几何画板中，仿照图 6-1-10 中的各图绘制图形，其中第三个图是一个直角三角形沿其斜边对称后再构造其内部得到的，在各图中选择一条线段标记为对称轴（镜面），并把所绘制的图形进行轴对称（反射），得到图 6-1-11 中的各图案。

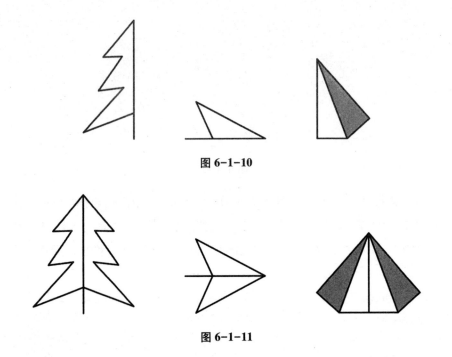

图 6-1-10

图 6-1-11

例 2 在几何画板中，打开配套课件，画板中有图 6-1-12 的基本图案。绘制一条竖直方向的线段并标记为镜面，把图中的基本图案反射得到图 6-1-13。

（1）调整对称轴的方向与水平线成 45°角，得到图 6-1-14。

（2）绘制一条水平方向的线段并标记为镜面，把图 6-1-13 中的图案反射得到由 4 个基本图案组成的图案，隐藏两条对称轴，拖动其中一个基本图案，分别得到图 6-1-15 中的各个图案。

图 6-1-12   图 6-1-13   图 6-1-14

图 6-1-15

例 3   如图 6-1-16①，在 3×3 的正方形网格中，有 2 个格子涂了颜色。如果再涂 1 个格子，使涂色后的图案形成轴对称图形，有几种涂色方法？如果要求再涂 2 个格子呢？3 个格子呢？4 个格子呢？

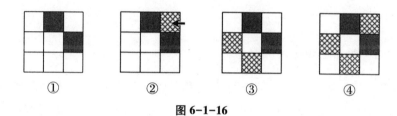

①   ②   ③   ④

图 6-1-16

在配套课件中，只要在相应格子内部单击，该格子就会被选中，如同给该格子涂了色，如同 6.1.16②，也可以连续选择多个格子，如图 6-1-16③、④，用鼠标在画板的空白区域单击，所有已选择的对象都会被释放。使用该方法，可以对上述问题进行实验探究。

例 4   （1）怎样把如图 6-1-17 所示的基本图形，经两次轴对称变换得到图 6-1-18 中的各图？试在几何画板中探究。

（2）改变图 6-1-17 中的涂色方式，又能得到什么图案？

图 6-1-17

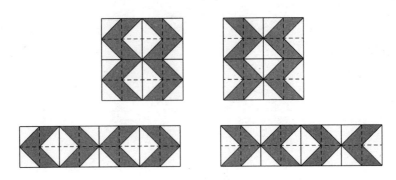

图 6-1-18

6.2 简单的轴对称图形

6.2.1 等腰三角形规律探寻

探究一：如图 6-2-1，画线段 AB，用【圆工具】在点 A 上按下鼠标拖动到 B 点释放，得到 ⊙A，构造半径 AC，画线段 BC，得到等腰 △ABC，易知 AB=AC。选择【标识工具】在点 B 上按下鼠标并向三角形内部移动，得到 ∠ABC 的标识符号，同法给 ∠C 加上标识符号，选择 ∠B 和 ∠C 的标识符号，利用【度量】→【角度】命令，得到两角的度量值，拖动点 B 或点 C，改变等腰三角形的形状，确认始终有 ∠B=∠C。

结论：等腰三角形的两个底角相等。

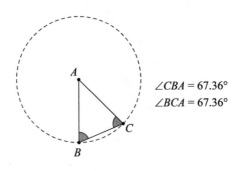

∠CBA = 67.36°
∠BCA = 67.36°

图 6-2-1

探究二：按探究一中的方式构造等腰△ABC，使AB＝AC，选择线段BC并构造其中点D，画中线AD。按上述操作，得到∠BAD、∠CAD、∠ADB和∠ADC的度量值。

（1）观察∠BAD和∠CAD的度量值，思考这两个角有什么数量关系？

（2）观察∠ADB或∠ADC的度量值，思考AD和BC有什么位置关系？

（3）构造△ABD内部，以AD为对称轴构造△ABD的对称图形，它能和△ACD完全重合吗？这说明了什么？

拖动点B或点C，改变△ABC的形状，上述结论还成立吗？

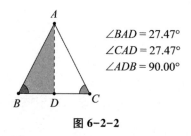

∠BAD = 27.47°
∠CAD = 27.47°
∠ADB = 90.00°

图6-2-2

结论：等腰三角形底边上的中线也是顶角的平分线，也是底边上的高；等腰三角形是轴对称图形，底边的中线所在的直线是其对称轴。

思考：等腰三角形顶角的平分线也是底边的高和中线吗？如何用几何画板验证？

探究三：仿照图6-2-3的大致位置画任意三角形△ABC，并构造其中线AD，角平分线AE、BC边上的高AH，度量AB和AC的边长。

（1）拖动△ABC的某个顶点，观察当AB＝AC时，三条线段AD、AE和AH的位置。

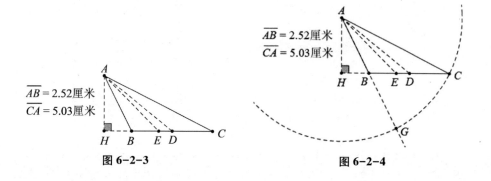

$\overline{AB}$ = 2.52厘米
$\overline{CA}$ = 5.03厘米

图6-2-3

$\overline{AB}$ = 2.52厘米
$\overline{CA}$ = 5.03厘米

图6-2-4

（2）参考图6-2-4，以 A 为圆心、AC 为半径构造⊙A，构造射线 AB 和⊙A 的交点 G。顺序选择点 B 和点 G，构造移动按钮，单击按钮，观察图形的变化和 AD、AE、AH 的位置，如图6-2-5。改变△ABC 的形状，重新启动按钮，你有什么发现？

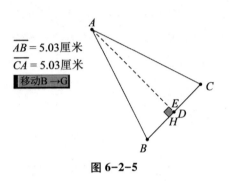

图 6-2-5

结论：等腰三角形底边上的高、底边上的中线和顶角的平分线互相重合（三线合一）。

6.2.2 自定义工具：线段的中垂线

可按如下步骤创建自定义工具：线段的中垂线。

（1）新建画板，在画板中画出一条线段并画出此线段的垂直平分线。

（2）选中所画的图形，在【自定义工具】上单击，如图6-2-6，选【创建新工具…】命令，弹出"新建工具"对话框，如图6-2-7，在工具名称下输入"线段的中垂线"，单击"确定"按钮，工具创建成功。

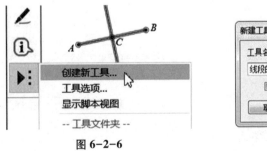

图 6-2-6

图 6-2-7

（3）单击【自定义工具】，在当前文档中增加了我们刚创建的【线段的中垂线】工具，如图6-2-8，选择这一工具，在画板中拖出一条线段，则其垂直平分线也被自动画出。

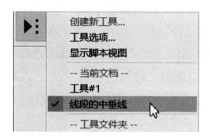

图 6-2-8

探究一：线段垂直平分线的性质。

（1）如图 6-2-9，用自定义工具【线段的中垂线】画线段 AB，则其垂直平分线被自动画出，在线段的垂直平分线上任画一点 P，画线段 PA、PB，度量 PA、PB 的长度，拖动点 P，确认：始终有 $PA = PB$。

结论：线段垂直平分线上的点到线段两端的距离相等。

思考：如何证明这一结论？

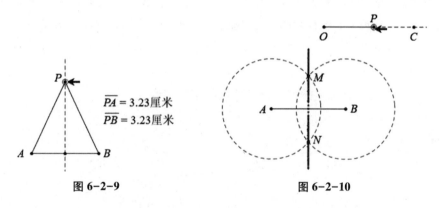

图 6-2-9　　　　　　　　　　　图 6-2-10

（2）如图 6-2-10，画射线 OC 并在其上画点 P，构造线段 OP。画线段 AB，分别以 A、B 为圆心、以 OP 为半径画圆，构造两圆的交点 M、N，则点 M 和 N 是到线段 AB 的两个端点距离相等的点。选择 M、N 并使用【显示】→【追踪交点】命令，拖动点 P，观察 M 和 N 的轨迹；画直线 MN，直线 MN 是 AB 的垂直平分线吗？如何验证？如何证明？

结论：到线段的两个端点距离相等的点在线段的垂直平分线上。

探究二：线段是轴对称图形吗？

（1）利用自定义工具【线段中垂线】在画板上任画一条线段 AB，则 AB 的中垂线也被自动画出，与 AB 的交点记为点 O，连接 AO，则 BO 部分变成虚线，如图 6-2-11。

（2）双击线段的中垂线标记为镜面，选中 *AO*，使用【变换】→【反射】命令，发现 *AO* 反射后得到的线段与 *BO* 完全重合，如图 6-2-12。

结论：线段是轴对称图形，线段的垂直平分线是它的一条对称轴。

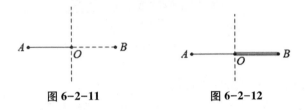

图 6-2-11   图 6-2-12

6.2.3 多角度探索角平分线

角是轴对称图形，角平分线所在的直线是它的对称轴。下面我们探索角平分线的性质。

（1）如图 6-2-13，画 ∠*AOB* 并构造其角平分线，在角平分线上任画一点 *P*，过 *P* 分别画 *OA* 和 *OB* 的垂线，构造垂足 *C* 和 *D*，画垂线段 *PC* 和 *PD*，并度量 *PC* 和 *PD* 的长度，观察二者的数量关系。拖动点 *P*，观察并确认：*PC*=*PD*。

结论：角平分线上的点到角的两边的距离相等。

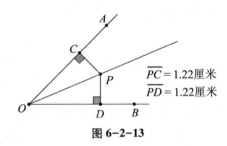

$\overline{PC}$ = 1.22厘米

$\overline{PD}$ = 1.22厘米

图 6-2-13

（2）如图 6-2-14，画 ∠*AOB*，在边 *OA* 上取一点 *C*，过 *C* 画 ⊙*O* 与角的另一边 *OB* 相交于点 *D*，选择点 *D* 和边 *OA* 度量距离，选择点 *C* 和边 *OB* 度量距离，确认这两个距离是相等的。思考：这两个距离为什么是相等的？

（3）过 *D* 作 *OA* 的平行线，过 *C* 作 *OB* 的平行线，两条平行线交于点 *P*，则点 *P* 是到角的两边距离相等的点，这个距离等于点 *C* 到 *OB* 的距离。追踪点 *P*，拖动点 *C*，观察点 *P* 的轨迹，选择点 *C* 和点 *P*，构造轨迹。度量 ∠*POA* 和 ∠*POB*，观察度量值，确认点 *P* 的轨迹就是 ∠*AOB* 的平分线。

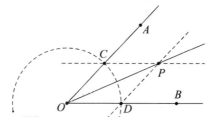

D到 $\overline{OA}$ 的距离 = 1.63厘米　P到 $\overline{OA}$ 的距离 = 1.63厘米
C到 $\overline{OB}$ 的距离 = 1.63厘米　P到 $\overline{OB}$ 的距离 = 1.63厘米

图 6-2-14

结论：在角的内部，到角的两边距离相等的点在角的平分线上。

6.3　将军饮马问题与轴对称

6.3.1　轻松破解将军饮马问题

据说，在古希腊有一位聪明过人的学者，名叫海伦。有一天，一位将军向他请教了一个百思不得其解的问题：将军每天从军营 A 出发，先到河边饮马，然后再去河岸同侧的 B 地，应该怎样走才能使所走路程最短呢？精通数学、物理学的海伦稍加思索，利用轴对称的知识解决了这个问题，这个问题后来被称为"将军饮马问题"。

将军饮马问题有多种不同的表述方式，如：在小河 l 的同侧有两个村庄 A 和 B，要在小河边修建一个水泵站向这两个村庄供水，如何确定水泵站的位置才能使水泵站到两个村庄的距离之和最小呢？

这些问题虽然表述的情境不同，但都可抽象为如下的同一个数学问题。

问题：如图 6-3-1，已知直线 l 及其同侧的两点 A 和 B，求作点 C，使点 C 在直线 l 上，且使 AC+BC 最小。

探究一：什么是"距离之和最小"？

（1）如图 6-3-2，在直线 l 上画一点 P，画线段 AP、BP，度量 AP 和 PB 的长度，并构造算式 AP+PB，拖动点 P，观察 AP+PB 的值的变化情况，确认：当点 P 在 l 上移动时，AP+PB 是变化的，但这个"距离之和"确实有一个最小值。我们的问题就是找到方法确定点 P 在何处时，这个"距离之和最小"。

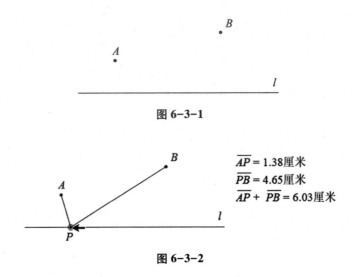

图 6-3-1

$\overline{AP}$ = 1.38厘米
$\overline{PB}$ = 4.65厘米
$\overline{AP}$ + $\overline{PB}$ = 6.03厘米

图 6-3-2

（2）用数学语言表达"距离之和"最短。设 C 为直线 l 上一点，如果对任意的点 P，都有 PA+PB≥AC+BC，那就可以说明 AC+BC 是最小的。

探究二：猜想验证。可以先猜想一下 P 点的位置，再加以验证。如图 6-3-3，作 AM⊥l 于 M，猜想点 P 位于 M 时，会不会使 PA+PB 最小？拖动 P 点从 M 点一侧向其靠近，观察 PA+PB 的值是否逐渐变小，而拖动 P 点离开 M 点时，观察 PA+PB 的值是否逐渐变大？据此就可确定 M 点是不是符合题意的点。经验证，图中的 M 点和 N 点都不符合题意，同法可以验证图 6-3-4 各图中的 P 点亦不符合题意。

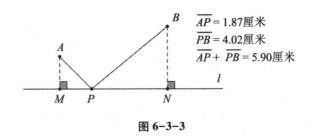

$\overline{AP}$ = 1.87厘米
$\overline{PB}$ = 4.02厘米
$\overline{AP}$ + $\overline{PB}$ = 5.90厘米

图 6-3-3

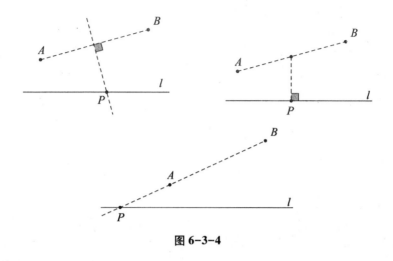

图 6-3-4

问题解决:

(1) 如图 6-3-5,以 l 为对称轴,作点 A 关于 l 的对称点 A',连接 $A'B$ 交 l 于点 C,拖动点 P 与点 C 重合,确认当点 P 与点 C 重合时,$AP+PB$ 最小。

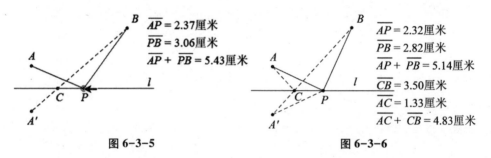

图 6-3-5　　　　　　　　　　图 6-3-6

(2) 如图 6-3-6,当 P 点和 C 点不重合时,由轴对称的性质知,$CA=CA'$,$PA=PA'$,所以 $AC+BC=A'C+BC=A'B$,而 $PA+PB=PA'+PB$,根据"两点之间线段最短",知 $PA'+PB>A'B$,所以 $PA+PB>CA+CB$。所以点 C 就是 l 上到 A、B 两点距离之和最小的点。

(3) 如图 6-3-7,作点 B 关于 l 的对称点 B',连接 AB',观察发现,AB' 与 l 的交点与 $A'B$ 和 l 的交点 C 是重合的,这说明,该种方法也是符合题意的。

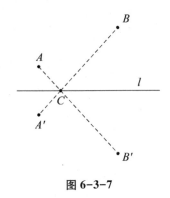

图 6-3-7

6.3.2　将军饮马问题的拓展与变式

问题拓展：如图 6-3-8，A 为马厩，B 为帐篷，某天牧马人要从马厩牵出马，先到草地边 CD 的某一处牧马，再到河边 l 饮水，然后回到帐篷，请你帮他确定这一天的最短路线，作出图形并说明理由。

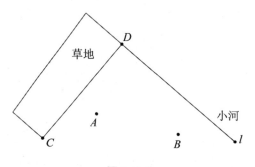

图 6-3-8

问题解决：如图 6-3-9，作定点 A 关于直线 CD 的对称点 A'，再作定点 B 关于直线 l 的对称点 B'，然后连接 $A'B'$，交直线 CD 于点 M，交直线 l 于点 N，则折线 A—M—N—B 即为满足条件的最短路线。

结论验证：为了说明 M 点为牧马的位置，N 点为饮马的位置时，$AM+MN+BN$ 的值最小，即牧马人一天走的路线最短。我们在直线 CD 上任取一点 P，在直线 l 上任取一点 Q，连接 AP、PQ、BQ，且分别度量其长度，然后计算 $AP+PQ+BQ$ 的值，同法，构造算式 $AM+MN+NB$，拖动点 P、Q，发现始终有 $AP+PQ+BQ \geqslant AM+MN+NB$，当点 P 与点 M 重合且点 Q 与点 N 也重合时，等号成立，如图 6-3-10。这说明，$AM+MN+NB$ 就是满足条件的最短路线。

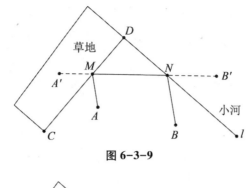

图 6-3-9

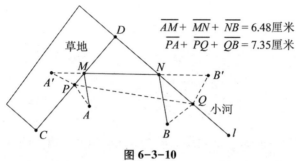

$$\overline{AM}+\overline{MN}+\overline{NB}=6.48\text{厘米}$$
$$\overline{PA}+\overline{PQ}+\overline{QB}=7.35\text{厘米}$$

图 6-3-10

结论证明：根据对称性，$PA=PA'$，$MA=MA'$，$QB=QB'$，$NB=NB'$，所以 $AM+MN+NB = A'M+MN+NB' = A'B'$，$AP+PQ+QB=A'P+PQ+QB'$，根据"两点之间线段最短"，所以有 $AP+PQ+BQ \geqslant AM+MN+NB$，从而证得 $AM+MN+NB$ 就是满足条件的最短路径。

问题变式：将军饮马问题的变式非常丰富，这里仅举两例说明。

例1 如图 6-3-11，圆柱形玻璃杯高为 12cm、底面周长为 18cm，在杯内离杯底 4cm 的点 B 处有一些蜂蜜，此时一只蚂蚁正好在杯外壁，离杯上沿 4cm 的点 A 处，求蚂蚁要吃到甜甜的蜂蜜所爬行的最短距离。

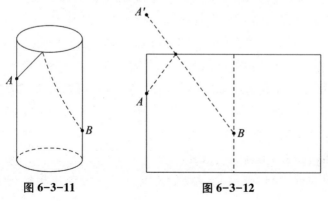

图 6-3-11   图 6-3-12

解析：此问题为空间问题，如果将其展开到平面上，不难发现，此即将军饮马问题，只需要作点 A 关于上边沿的对称点 A'，线段 $A'B$ 的长度即为所求（如图 6-3-12）。

例 2 $\triangle ABC$ 的面积和边 BC 的长度均为定值，问 $\triangle ABC$ 的周长是否有最小值？

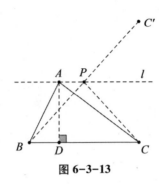

图 6-3-13

解析：如图 6-3-13，三角形的面积和 BC 均为定值，则 BC 边上的高 AD 也是定值。过点 A 作 BC 的平行线 l，则 A 在 l 上移动时，$\triangle ABC$ 的面积不变，BC 也不变，于是问题转化为：动点 A 在直线 l 上移动到何处时，$PB+PC$ 最小，此即将军饮马模型。作点 C 关于 l 的对称点 C'，连接 BC' 交 l 于点 P，则 $PB+PC$ 取得最小值即 BC'，此时 $\triangle PBC$ 即是满足条件的周长最小的三角形，其周长等于 $BC'+BC$ 的长。

6.3.3 与对称有关的最大值问题

在最优化问题模型中，将军饮马模型解决了一类最小值问题，此外还有一类涉及最大值问题的模型，也与轴对称密切关联，下面举例说明。

例 1 在平面直角坐标系内有两点 A（-1，-1）和 B（2，7），点 M 是 x 轴上的一个动点，若要使 $MB-MA$ 的值最大，试确定点 M 的坐标。

解析：作 A 关于 x 轴的对称点 A'，作射线 BA' 交 x 轴于点 M，则 M 点即为所求，由 A'、B 求得直线 BA' 的解析式，另 $y=0$ 可求得 M 点的横坐标，问题得以解决。在 x 轴上另取一点 P，则有 $MB-MA'=A'B$，而 $PB-PA=PB-PA'$，在 $\triangle PA'B$ 中，利用两边之差小于第三边即得 $PB-PA'<A'B$，即 $PB-PA< MB-MA$，这说明 $MB-MA$ 取得最大值 BA'。

此题也可理解为将军饮马问题的灵活变式，但不可生搬硬套将军饮马模型。

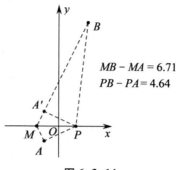

$$MB - MA = 6.71$$
$$PB - PA = 4.64$$

图 6-3-14

例 2　如图 6-3-15，AC、BD 在 AB 的同侧，$AC = 2$，$BD = 8$，$AB = 8$，点 M 为 AB 的中点，若 $\angle CMD = 120°$，问 CD 的最大值是多少？

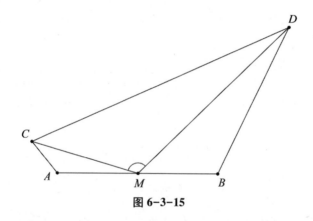

图 6-3-15

解析：由于 AC 和 BD 的长是固定的，所以 C 的运动轨迹是以 A 为圆心、以 AC 长为半径的圆，D 的运动轨迹是以 B 为圆心、BD 长为半径的圆，但点 C 与点 D 通过关系 $\angle CMD = 120°$ 关联，于是可参考图 6-3-16 在几何画板中构造动态图形进行探究，以寻求解题思路，图中，点 C 为 $\odot A$ 上的动点，射线 MC 绕点 M 旋转 $-120°$ 后与 $\odot B$ 的交点为 D。

解：如图 6-3-17，作点 A 关于 CM 的对称点 A'，作点 B 关于 DM 的对称点 B'，连接 CA'、$A'M$、$A'B'$、$B'M$、$B'D$，因为 $\angle CMD = 120°$，所以 $\angle CMA + \angle DMB = 180° - 120° = 60°$，所以 $\angle A'MB' = 120° - 60° = 60°$，又 $A'M = AM = BM = B'M$，所以 $\triangle A'MB'$ 为等边三角形，边长为 4。又 $CA' = CA = 2$，$DB' = DB = 8$，所以折线 $C—A'—B'—D$ 的长度为 $2 + 4 + 8 = 14$。由两点之间线段最短可得：$A'C + A'B' + B'D \geqslant CD$。即 $CD \leqslant 14$，CD 的最大值为 14。

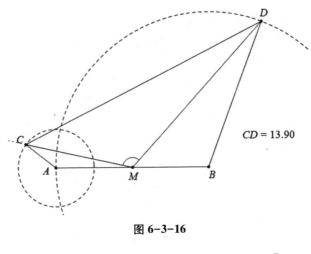

CD = 13.90

图 6-3-16

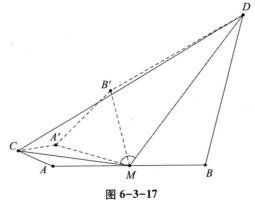

图 6-3-17

拖动点 C，亦发现当 C、A'、B'、D 四点共线时，CD 有最大值，最大值为 14。如图 6-3-18。

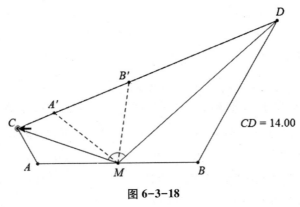

CD = 14.00

图 6-3-18

7 技术助学平面直角坐标系

【技术助学目标】

（1）借助几何画板识记平面直角坐标系，理解平面直角坐标系的构成要素。

（2）借助平面直角坐标系工具，理解坐标系中的点的坐标与有序实数对的对应关系，理解任意两点的坐标距离。

（3）借助配套课件，理解坐标系中点的位置与坐标特征，平面直角坐标系中的轴对称与坐标变化。

（4）借助几何画板计算无理数的值，感受无理数的大小，解决一些根式估算的复杂计算问题。

（5）借助几何画板动态演示无理数在数轴上表示的过程，理解在数轴上的点与实数的对应关系。

（6）利用几何画板创建自定义"开方工具"，体会自定义工具的便捷性。

【技术学习目标】

（1）会建立满足要求的平面直角坐标系。

（2）会在坐标系中绘制点 (x, y)。

（3）会用几何画板自带的计算器构造算式完成求一个数的平方根。

（4）会使用文本模板，创建自动开方工具。

7.1 创建平面直角坐标系

7.1.1 平面定位的方法

问题：如图 7-1-1，以 *B*、*C* 为参照点，如何确定船只 *A* 的位置？

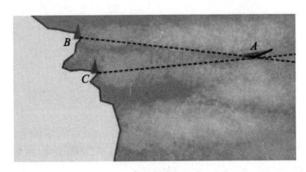

图 7-1-1

在学生经过充分思考后，可以配合配套课件进行点拨。

表示方法1
表示方法2
表示方法3
表示方法4

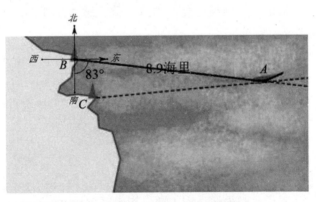

A 在 *B* 南偏东83°方向，距离 *B* 点 8.9海里。

①

表示方法1
表示方法2
表示方法3
表示方法4

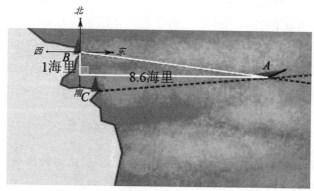

从点B向南1海里，再向东8.6海里到达A。

②

表示方法1
表示方法2
表示方法3
表示方法4

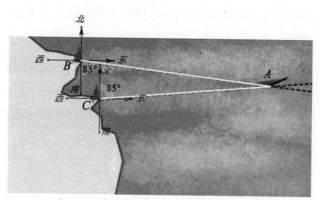

点A在点B南偏东83°，且在点C北偏东85°方向。

③

表示方法1
表示方法2
表示方法3
表示方法4

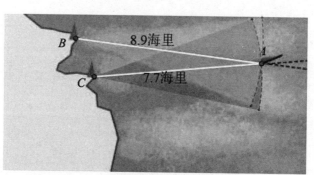

点A距离B点8.9海里，距离C点7.7海里。

④

图 7-1-2

配套课件中，给出了四种表示方法：如图7-1-2，①以 *B* 为参照点，用方位角和距离可以确定点 *A* 的位置；②用东西方向的距离和南北方向的距离来确定 *A* 的位置；③通过点 *A* 相对于 *B*、*C* 两点的方位角可以确定 *A* 点的位置；④通过点 *A* 相对于 *B*、*C* 两点的距离也可以确定 *A* 点的位置。

结论：确定平面上的点，需要两个数据。

7.1.2　在几何画板中建立平面直角坐标系

平面直角坐标系是重要的数学工具，在几何画板中可以方便快捷地建立平面直角坐标系。

1. 建立默认坐标系

新建画板，使用【绘图】→【定义坐标系】命令，则画板上立刻显示出建立的坐标系，系统默认几何画板窗口的中心作为坐标原点，当前单位长度作为长度单位，如图7-1-3。刚建立的坐标系是带网格的，可以通过【绘图】→【隐藏网格】命令隐藏网格，如果按住 Shift 键，该命令会变为【隐藏坐标系】，使用该命令会一次性把坐标轴和网格隐藏起来。

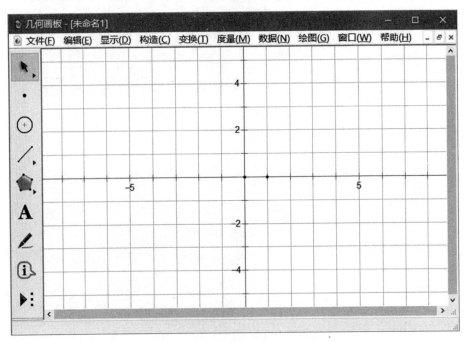

图 7-1-3

建立坐标系后，可以使用【绘图】菜单中的命令对坐标系进行一些设置，比如，选择【网格样式】为"方形网格""矩形网格"或"极坐标网格"，可以把网格设置为显示【格点】，再如，如果设置了【自动吸附网格】，则画点时，鼠标会自动吸附到附近的网格上。

建立坐标系后，拖动原点可以改变原点的位置，拖动 x 轴上表示点 1 的单位点，可以改变单位长度的大小，拖动坐标轴上的数字也可以改变单位长度的大小。

2. 建立特定坐标系

在建立平面直角坐标系之前，如果选择了特定几何对象会影响【绘图】菜单的第一个命令项的功能，从而创建有相应特征的平面直角坐标系。

（1）定义原点。如果选择了一个点，【绘图】菜单中的【定义坐标系】命令将变为【定义原点】，如图 7-1-4，使用该命令，系统将以所选的点作为原点，以当前单位长度作为单位长度建立坐标系。

（2）定义单位圆。如果选择了一个圆，【绘图】菜单中的【定义坐标系】命令将变为【定义单位圆】，如图 7-1-5，使用该命令，系统将以此圆的圆心为原点，以此圆的半径为单位长度建立坐标系。

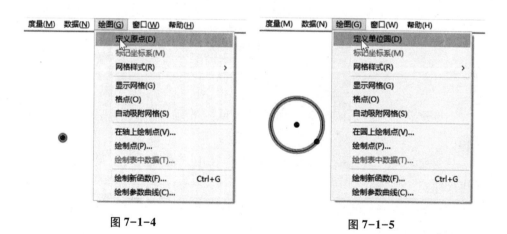

图 7-1-4　　　　　　　　　　　图 7-1-5

（3）定义单位长度

在下列情况下，【绘图】菜单中的【定义坐标系】命令将变为【定义单位长度】命令，如图 7-1-6。

如果选择了一个距离的度量值，或一条线段，使用该命令，系统将以窗口的中心为原点，以所选度量值或线段长为单位长度建立坐标系。

如果选择一个点和一条线段，或选择了一个点和一个距离的度量值，使用该命令，系统将以所选点为原点，以所选线段长或度量值为单位长度建立坐标系。

如果选择了两条不同的线段，或两个不同的距离度量值，使用该命令，系统将以窗口的中心为原点，以先选的线段或度量值为横轴的单位长度，以后选的线段或度量值为纵轴的单位长度建立直角坐标系。

如果选择了一个点和两条不同的线段，或选择了一个点和两个不同的度量值，使用该命令，系统将以选择的点为原点，以先选的线段或度量值为横轴的单位长度，以后选的线段或度量值为纵轴的单位长度建立直角坐标系。

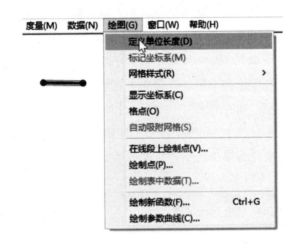

图 7-1-6

一旦建立了坐标系，其原点和单位长度随着确定它们的对象的变化而变化。

只要删除任一坐标轴，或原点，或单位长度，就可永久删除坐标系，直到再次建立。

使用第三方开发的自定义工具，如【蚂蚁坐标系】工具，可以建立更为灵活的平面直角坐标系。

7.1.3　点的坐标

几何画板具有与坐标有关的度量功能，这为我们进一步探究与坐标有关的数学问题提供了功能强大的平台。

1. 度量点的坐标

在平面直角坐标系内画任意点 P，过点 P 分别向 x 轴、y 轴作垂线，构造垂足和 P 点的连线。选择点 P，使用【度量】→【坐标】命令度量出 P 点的坐标，如图 7-1-7。使用此命令前如果按住 Shift 键，则可以一次性度量出点 P 的横坐标和纵坐标。拖动 P 点，观察垂足在坐标轴上对应的值与 P 点坐标的关系。

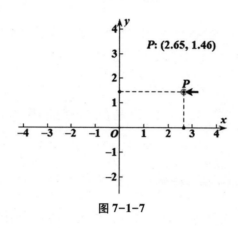

图 7-1-7

实验探究：

（1）拖动点 P 至不同的象限，观察 P 点横坐标和纵坐标的符号（正、负）特征。

（2）拖动点 P 至坐标轴，观察 P 点坐标的特征。

（3）使用【绘图】→【自动吸附网格】命令，拖动点 P，感受 P 点被吸附的过程，隐藏 P 点的度量值，拖动点 P 到某一位置，让学生说出 P 点的坐标。

2. 已知坐标绘点

利用【绘图】→【绘制点】命令可以根据输入的坐标值绘制点。如图 7-1-8，选择该命令后，在弹出的对话框中选择"直角坐标系"，输入相应的坐标值，单击"绘制"按钮即可绘制一个点，继续输入不同的坐标，单击"绘制"按钮可以继续绘制不同的点，单击"完成"后关闭对话框。使用该命令前，如果没有建立坐标系，则系统会根据所选类型自动建立坐标系。

图 7-1-8

用【绘制点】命令绘制的点是固定点，如果你想拖动它，相应的坐标系也会在屏幕上跟着变化，但点的坐标不会改变。

7.2　坐标方法的简单应用

7.2.1　用坐标表示地理位置

问题：根据以下条件画一幅示意图，标出学校和小刚家、小强家、小敏家的位置，并估算这三位同学家离学校的距离。

小刚家：出校门后向东走 1500m，再向北走 2000m；

小强家：出校门向西走 2000m，再向北走 3500m，最后向东走 500m；

小敏家：出校门向南走 1000m，再向东走 3000m，最后向南走 250m。

分析：选取学校位置为坐标原点，以正东方向为 x 轴正方向，以正北方向为 y 轴正方向，建立平面直角坐标系。使用几何画板探究过程如下：

（1）准备工作。新建画板页，使用【绘图】→【定义坐标系】命令，为避免两坐标轴上标注的坐标数据对示意图产生影响，选择 x 轴和 y 轴，利用【显示】→【隐藏轴】命令隐藏系统自动创建的坐标轴，过坐标原点和单位点画直线代替 x 轴，过原点画 x 轴的垂线作为 y 轴，把原点的标签设为 O，把单位点的标签设为 500。

（2）如图 7-2-1，从原点出发，用虚线沿网格线向右画长度为 3 格的线段，再向上画长度为 4 格的线段，线段终点的标签设为 A，则 A 点代表小刚家的位置，选择点 A 和点 O 度量坐标距离 AO，构造算式"500×AO"，则该算式的值即为小刚家到学校的距离（单位：m）。

（3）仿照（2）中的步骤，分别用点线和实线绘制小强和小敏回家的路径及他们家的位置，度量坐标距离并构造算式计算他们家到学校的距离。

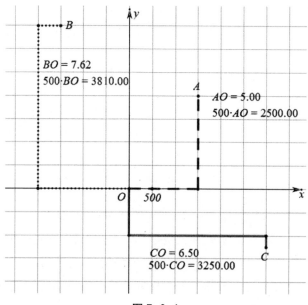

图 7-2-1

7.2.2 轴对称与坐标变化

问题：将坐标为 (0, 0)，(5, 4)，(3, 0)，(5, 1)，(5, -1)，(3, 0)，(4, -2)，(0, 0) 的点用线段依次连接，可得到什么图案？将点的坐标做如下变化，所得图案与原图案相比有什么变化？(1) 纵坐标保持不变，横坐标分别乘以-1；(2) 横坐标保持不变，纵坐标分别乘以-1。

分析：用几何画板来实现这些变化，只需要把每个点的横、纵坐标分别进行一个线性变换即可，下面进行操作。

(1) 在平面直角坐标系中，利用【绘制点】命令绘制点 A (0, 0)，B (5, 4)，C (3, 0)，D (5, 1)，E (5, -1)，F (4, -2)，并按要求连线得到一个鱼形图案。如图 7-2-2。

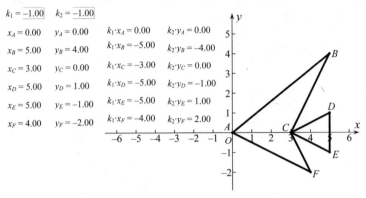

图 7-2-2

（2）创建两个参数：$k_1 = -1.00$ ，$k_2 = -1.00$。

（3）度量点 A 的横坐标 x_A 和纵坐标 y_A，构造算式 $k_1 \cdot x_A$，顺次选择 $k_1 \cdot x_A$ 和 y_A，利用【绘制点 $(x，y)$】命令得到新的点 A'。

（4）对其他的点重复步骤（3）得到其对应的点，把得到的点用线段连接成一个新的鱼形图案。如图 7-2-3。

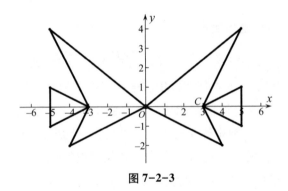

图 7-2-3

观察发现，在各点的横坐标乘以 -1 而纵坐标不变的情况下，所得到的图形与原图形关于 y 轴对称。

思考并验证：（1）在上面第三个步骤中，顺次选择 $k_1 \cdot x_A$ 和 $k_2 \cdot y_A$，利用【绘制点 $(x，y)$】命令得到新的点 A'，其他步骤不变，观察得到的图形，你能得出什么结论？（2）改变 k_1 的值和 k_2 的值，观察图形的变化，如：当 $k_1 = 1$，$k_2 = -1$ 时；当 $k_1 = 2$，$k_2 = -1$ 时；等等。

7.2.3 坐标与探索规律

问题1：如图7-2-4，点 O（0，0），B（0，1）是正方形 OBB_1C 的两个顶点，以它的对角线 OB_1 为一边作正方形 $OB_1B_2C_1$，以正方形 $OB_1B_2C_1$ 的对角线 OB_2 为一边作正方形 $OB_2B_3C_2$，再以正方形 $OB_2B_3C_2$ 的对角线 OB_3 为一边作正方形 $OB_3B_4C_3$，……，依次进行下去，求点 B_6 的坐标和 B_{11} 的坐标。

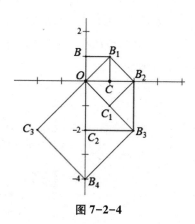

图 7-2-4

分析：这是一类探索点的坐标的规律的问题。为了便于观察出规律，可以把前几个点的坐标进行罗列。

点的序列	坐标	位置	符号
B_1	（1，1）	第一象限	（+，+）
B_2	（2，0）	x 轴正半轴	（+，0）
B_3	（2，-2）	第四象限	（+，-）
B_4	（0，-4）	y 轴负半轴	（0，-）
B_5	（-4，-4）	第三象限	（-，-）
B_6	（-8，0）	x 轴负半轴	（-，0）
B_7	（-8，8）	第二象限	（-，+）
B_8		y 轴正半轴	（0，+）
B_9		第一象限	（+，+）
……	……	……	……

容易发现这些点的位置从第一象限开始绕原点每次顺时针旋转45°角，所以点的坐标的符号容易找到规律，如上表，且每8个点一循环。坐标的绝对值的规律可以结合画图把 B_5、B_6 直接写出，然后我们发现：当下标 n 为偶数时，B_n 的横坐标或纵坐标绝对值可以表示为 $2^{\frac{n}{2}}$，当 n 为奇数时，B_n 的横坐标或纵坐标绝对值可以表示为 $2^{\frac{n-1}{2}}$，这样就可以确定各点的坐标了。

如图7-2-5，在配套课件中，画出了该图形的前几个正方形，选择这些正方形，按键盘上的"+"或"-"可以增加或减少正方形的个数，选择 n，按键盘上的"+"或"-"可以增加或减少 n 的值，当然，也可以直接输入 n 的值，相应的 B_n 的坐标显示在画板上。

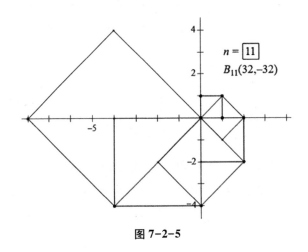

图 7-2-5

问题2：如图7-2-6，在平面直角坐标系中，一个点从原点出发，先向上移动1个单位到达 A_1（0，1）点，然后按向右、向下、向右、向上、向右……的方向不断移动，每次移动1个单位。写出 A_4、A_9 的坐标，指出点从 A_{29} 到 A_{30} 移动的方向。

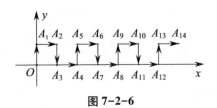

图 7-2-6

如图7-2-7，在配套课件中，选择箭头组成的路径，按键盘上的"+"或"-"可以演示动点移动，从而演示路径不断增加或减少的过程；选择参数 n，按键盘上的"+"或"-"可以改变 n 的大小，也可以直接输入 n 的值，相应的，A_n 和 A_{n+1} 的坐标会显示在画板上，线段 A_nA_{n+1} 会自动用红色箭头表示其移动的方向。比如，图中显示了从 A_{29} 到 A_{30} 移动的位置和方向。

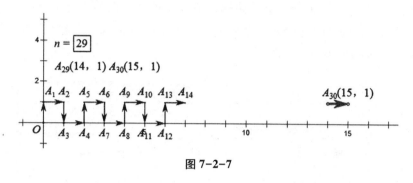

图 7-2-7

7.3 探索无理数

7.3.1 几何画板实验：$\sqrt{2}$ 究竟是多少

动手实验：用两个边长为 1 的正方形，剪拼成一个大的正方形。

此问题可先让学生思考操作，再动画展示。如图 7-3-1，打开配套课件，单击"拼图"按钮，则会动画展示两个小正方形剪拼成大正方形的过程，单击"复位"按钮，则大正方形分割后重新组合为两个小正方形，如图 7-3-2。

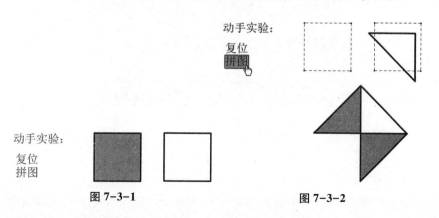

图 7-3-1   图 7-3-2

问题：面积为 2 的正方形，边长 a 究竟是多少呢？

分析：使用几何画板可以体现探索 a 的数值的过程，而这一过程正是新

课标所提倡的。下面给出探究的详细步骤:

(1) 新建画板,用【数据】→【新建参数】命令创建值为 1 的参数 a,用【数据】→【计算】命令调用计算器,构造算式 a^2。选择参数 a,利用【编辑】→【属性】命令调出对话框,把 a 的精确度设为十万分之一。同样的方法把 a^2 的精确度也设为十万分之一。顺序选择 a、a^2,利用【数据】→【制表】命令得到表格,如图 7-3-3。

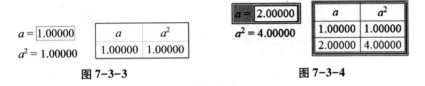

图 7-3-3　　　　　　　　　　　图 7-3-4

(2) 双击表格,在表中添加一行记录,a 值设为 2,则 a^2 的值变成 4,如图 7-3-4。因为 4 已经大于我们需要的 2,这说明,a 的值应在 1 和 2 之间。现在,我们双击表格,在表中添加一行记录,选中参数 a,用【编辑】→【属性】命令再次调出对话框。我们做两个改动,一是在"数值"一页把值改回到 1,二是在"参数"页把"键盘调节(+/-)"改为 0.1 单位,如图 7-3-5。类似的改动下面还要进行多次,单击"确定"退出后,同时选中参数 a 和表格,重复按键盘上的"+",直到表中 a^2 的数据超过 2。

图 7-3-5

(3) 我们发现,当 $a=1.4$ 时,$a^2<2$,而当 $a=1.5$ 时,$a^2>2$,这说明 a 的值介于 1.4 和 1.5 之间。重新调整 a 的参数,把 a 的值改为 1.4,把"键盘调节(+/-)"单位改为 0.01,同时选中 a 和表格,按"+"。继续观察表格数据,当 $a=1.42$ 时,a^2 首次超过 2 的值,这说明 a 介于 1.41 至 1.42 之间。再次调整 a 的参数,把 a 的值改为 1.41,把"键盘调节(+/-)"改为 0.001

个单位，继续刚才的操作。

（4）经过若干次类似的操作后，我们发现，a 的值介于 1.41421 和 1.41422 之间。如图 7-3-6。

$a = \boxed{1.41422}$
$a^2 = 2.00002$

a	a^2		
1.00000	1.00000	1.41000	1.98810
2.00000	4.00000	1.41100	1.99092
1.00000	1.00000	1.41200	1.99374
1.00000	1.00000	1.41300	1.99657
1.10000	1.21000	1.41400	1.99940
1.20000	1.44000	1.41500	2.00223
1.30000	1.69000	1.41400	1.99940
1.40000	1.96000	1.41410	1.99968
1.50000	2.25000	1.41420	1.99996
1.40000	1.96000	1.41430	2.00024
1.41000	1.98810	1.41420	1.99996
1.42000	2.01640	1.41421	1.99999
		1.41422	2.00002

图 7-3-6

由于几何画板精确度最高为十万分之一，探究不能继续进行，如果能够继续进行，会不会到某一位时，a^2 的值恰好是 2 呢？因为若到某一位结束，则说明 a 是有限小数，则它的平方也必定是有限小数，而不可能是整数 2，所以，a 的值必是一个无限的不循环的小数，也就是无理数。至此，结论得出。

说明：上述过程是非常适合在课堂上进行的，它既形象直观，展现了探究的过程，又避免了学生使用计算器探究时的无从下手和过于复杂。有人可能会说，如果使用编程，可以更快速地得到任意精确度的数据，岂不更好，我们的看法是，编程计算虽然快速，但却不易体现运算过程，从而未必适合教学实际。

7.3.2 奇妙的勾股螺线图

图 7-3-7 展示的是勾股螺线图，而第七届国际数学教育大会（简称 ICME-7）的会徽图案（图 7-3-8）正是源于此图，本节让我们借助几何画板走进奇妙的勾股螺线图。

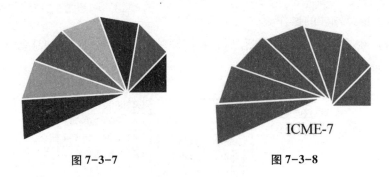

图 7-3-7   图 7-3-8

在几何画板中，可按如下步骤制作勾股螺线图：

（1）新建画板，如图 7-3-9，画线段 a，线段 OA，过 A 画 OA 的垂线，以 A 为圆心、a 为半径画 $\odot A$，与垂线交于点 B，与射线 AO 交于点 C。

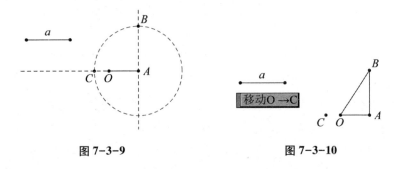

图 7-3-9   图 7-3-10

（2）如图 7-3-10，隐藏图中的圆、垂线和射线，顺序选择点 O 和点 C 创建移动按钮，隐藏点 C，启动按钮，则 $\triangle ABO$ 变为等腰直角三角形。如图 7-3-11，新建参数 $k=1$，构造算式 $k+1$，利用"属性"面板把 k 和 $k+1$ 的"精确度"设为"单位"，用文本工具在空白区域双击，出现输入光标后单击文本工具中的"符号面板"中的根号，再单击算式 $k+1$，得到文本"$\sqrt{2}$"。构造 OB 的中点 M，选择点 M 和文本"$\sqrt{2}$"，按住 Shift 键，利用【编辑】→【合并文本到点】命令，隐藏点 M。

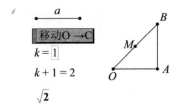

图 7-3-11

（3）选择点 A 和 k，利用【变换】→【迭代】命令，如图7-3-12，弹出对话框后依次点击点 B 和算式 $k+1$，单击"迭代"按钮退出对话框。

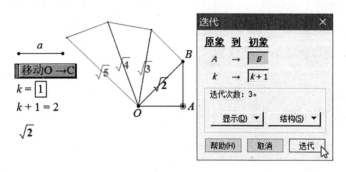

图 7-3-12

（4）选择迭代的像，按键盘上的"+"或"–"，则增加或减少螺线图中的三角形，如图7-3-13。

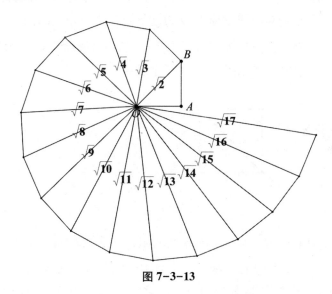

图 7-3-13

借助配套课件，可以通过改变 k 的值，动态观察勾股螺线图的生成过程。通过勾股螺线图的探究，有助于理解利用勾股定理构造长度为" $\sqrt{n}$ "的线段的过程。

7.3.3　在数轴上表示无理数

我们知道，所有的有理数均可在数轴上表示出来。那么对于像 π、$\sqrt{2}$、

$\sqrt{5}$ 等这类的无理数，能不能像有理数那样直观地在数轴上表示出来呢？

配套课件图 7-3-10 展示的是无理数 π 在数轴上表示出来的过程。单击"显示圆"按钮，就会显示一个直径为单位长度 1 的圆。单击"滚动"按钮，圆就会在数轴上滚动一周，恰好圆的周长为 π，所以数轴上对应的点值为 π。当展示结束后顺次单击"隐藏圆"和"归位"按钮以待下次操作观看。

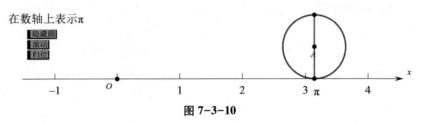

图 7-3-10

配套课件也提供了更一般的无理数，如 $\sqrt{2}$、$\sqrt{5}$ 在数轴上表示的过程，以 $\sqrt{2}$ 的动态展示为例进行说明。依次单击"显示正方形""数轴上显示"按钮，边长为 1 的正方形的对角线以原点 O 为起始点，将对角线的长度在数轴上截取出来，数轴上对应的点值为 $\sqrt{2}$，如图 7-3-11。当展示结束后顺次单击"恢复"和"隐藏正方形"按钮以待下次操作观看。

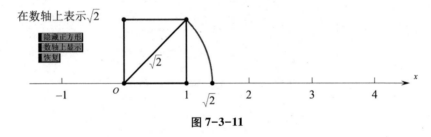

图 7-3-11

利用此类动画设置，将一系列的有理数、无理数与数轴上表示该数的点彼此对应上，对号入座，通过演示，更易领悟到：对于任何一个给定的实数，都能在数轴上找到与其相对应的点。反之，数轴上的每一个点都代表一个实数。

7.3.4 用文本模板创建自动开方工具

自动开方工具的作用是估算一个数的算术平方根，并用规范的格式表达出来，如估算 5 的算术平方根，并显示出 $\sqrt{5} = 2.236$。

操作步骤：

（1）新建画板，确认文本工具栏是否显示在画板中，如果没有显示，利用【显示】→【显示文本工具栏】使之处于显示状态。新建参数 $x=4.00$，调用计算器计算 $\sqrt{x}$ 得到算式 $\sqrt{x}=2.00$。

（2）用【文本工具】在画板的空白处拖出一个文本输入框，出现光标后，用鼠标点击文本工具栏中的数学符号面板中的根号按钮输入一个根号，再单击参数 $x=4.00$，得到文本" $\sqrt{4.00}$ "，在根号外用键盘输入" $=$ "，再单击算式 $\sqrt{x}=2.00$，得到文本" $\sqrt{4.00}=2.00$ "。

（3）利用属性面板调整 x 和 $\sqrt{x}$ 的精确度，如调至"千分之一"，改变 x 的值，观察文本是否随之变化，如图 7-3-12。

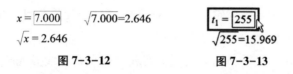

图 7-3-12　　　　　　　图 7-3-13

（4）选择 x 的值和合并后的文本（如图 7-3-12 中的 $x=7.000$ 和 $\sqrt{7.000}=2.646$ ），利用【自定义工具】中的【创建新工具】命令创建名为"开方"的自定义工具。

（5）选择【自定义工具】→【开方】，把鼠标移至画板的任一数值对象上，则自动显示其开方的结果，如图 7-3-13，单击后，结果固定在画板上。

8 变量与一次函数

【技术助学目标】

（1）通过"模拟摩天轮动画"，让学生体会因变量与自变量的对应关系，深刻理解函数的本质。

（2）借助几何画板，让学生经历列表、描点、连线等完整的绘制函数图像的过程，进一步体会函数中变量间的对应关系，体会表格、图像在描述函数关系中的特殊作用。

（3）能借助几何画板中的绘制函数命令绘制函数的图像，会利用"属性"窗口设置诸如自变量的取值范围等属性。

（4）会用轨迹法绘制一次函数的图像，并借助追踪等功能，理解函数图像的完备性和纯粹性，理解一次函数图像的增减性，理解一次函数的图像为什么是直线。

（5）借助几何画板，深入探究 k、b 的取值对一次函数 $y = kx + b$ 图像的影响，体会 k、b 在具体情境中的实际意义和在图像中的几何意义。

（6）借助配套课件理解一次函数图像与对应方程和不等式的关系。

（7）能利用几何画板绘制图像探究一次函数的应用问题，能利用几何画板绘制有实际背景的分段函数的图像。

（8）能借助几何画板探究两个一次函数图像的位置关系，明确两个一次函数的图像互相平行的条件。

【技术学习目标】

（1）会用几何画板新建一个函数，会根据自变量和解析式求函数值，会根据自变量和函数解析式进行列表求值，会根据表格中的数据进行描点。

（2）会借助菜单命令绘制一个已创建的函数的图像，会创建并绘制一个新函数，会设置函数图像的显示范围。

（3）能调用追踪命令、追踪对象的运动轨迹，会用轨迹法绘制函数的图像。

（4）能灵活绘制带参数的函数的图像、绘制有实际背景的分段函数的图像。

（5）能创建函数并用图像法解一元一次方程和不等式，求二元一次方程组的解。

8.1　探究函数的奥秘

8.1.1　摩天轮中的秘密

问题：你坐过摩天轮吗？假如你坐在缓缓转动的摩天轮上，随着时间的变化，你离开地面的高度是如何变化的？

探究过程：

（1）打开配套课件，如图 8-1-1，单击"动画"按钮，摩天轮开始缓缓转动，通过某个轿厢内的点 A，可以模拟某人在摩天轮上的位置，说一说，随着时间的变化，点 A 的高度如何变化。

（2）单击"显示对象"按钮，得到如图 8-1-2 所示的动画画面，仔细观察动画的过程，图中横轴表示时间 t（单位：min），纵轴表示高度 h（单位：m）。点 P 在横轴上移动，其横坐标代表点 A 运动的时间，过点 A 的水平虚线可以显示点 A 当前的高度，过 P 的竖直虚线与过 A 的水平虚线相交于点 M，那么，点 M 可以表示什么？

图 8-1-1

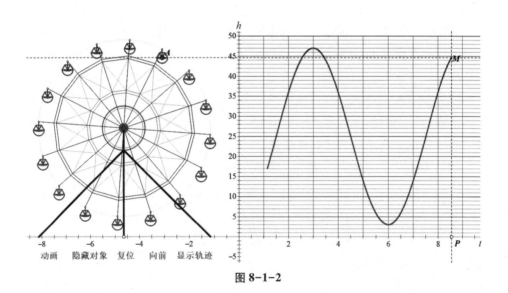

图 8-1-2

（3）单击"复位"按钮，点 P 回到原点，点 A 回到最低点，动画停止，点 M 的痕迹被擦除。

（4）单击"向前"按钮，动画重新开始，再次单击，则动画暂停，再次单击动画继续，如此反复，这样便于我们更完整地观察和理解动画过程。观察图 8-1-3 并思考：几分钟后点 A 到达最高点，最高点离地面多少米？点 A

在摩天轮上转动一周需要几分钟？

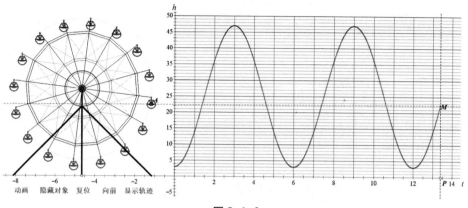

图 8-1-3

（5）单击"显示轨迹"按钮，可以显示点 M 的完整轨迹，如图 8-1-4，拖动点 P，可以观察某一时刻点 A 的位置。观察图 8-1-4，填写下表：

时间 t/min	0	1	2	3	4	5	6	7	……
高度 h/m									……

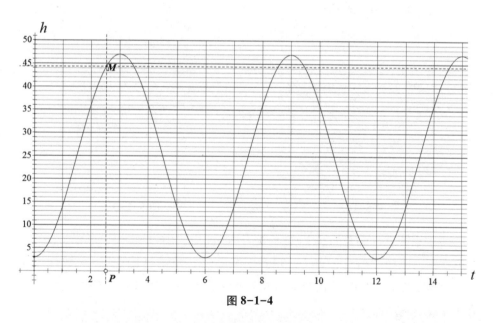

图 8-1-4

（6）对于给定的时间 t，相应的高度 h 确定吗？

（7）对于给定的高度 h，相应的时间 t 确定吗？

8.1.2　在几何画板中创建和编辑函数

在几何画板中可以借助菜单命令方便地创建函数。

例　创建函数 $y = |x| - 2\sqrt{x}$。

步骤如下：

（1）调用【数据】→【新建函数】命令，或直接按快捷键 Ctrl+F，可以调出新建函数对话框，如图 8-1-5。

（2）单击"函数"下拉菜单，选择"abs"，接着在面板上依次单击"x""$-$""2""$*$"，再单击"函数"下拉菜单，选择"sqrt"，接着在面板上依次单击"x"，观察面板上生成的函数式子。如图 8-1-6。

图 8-1-5　　　　　　　　　　　　　　图 8-1-6

（3）系统默认的是 $f(x)$ 的函数表达形式，如图 8-1-7，单击"方程"下拉菜单，选择"符号：$y=$"，得到图 8-1-8，单击"确定"，函数创建完成。创建完成的函数解析式会显示在画板中，可以利用解析式进行函数的求值计算或绘制图像等操作。

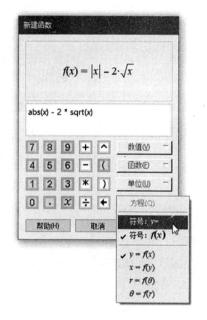

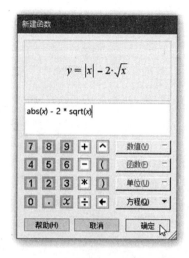

图 8-1-7   图 8-1-8

说明:

(1) 在第二个步骤中,我们两次调用了几何画板的内部函数,分别是绝对值和二次根式,几何画板共有 13 个内部函数,如图 8-1-6 所示。

(2) 用选择箭头工具双击画板上创建的函数解析式,或选中函数解析式后,单击右键,选【编辑函数】命令,或使用【编辑】→【编辑函数】命令,可以重新编辑函数解析式。

(3) 要想更改函数的名称,可以选中函数解析式,利用【编辑】→【属性】命令更改标签,或单击右键,选择【属性】命令,或使用【文本工具】双击解析式。

(4) 如果需要把每次新建的函数都表示成形如 "$y = \cdots\cdots$" 的样式,可以使用菜单命令【编辑】→【参数选项】,如图 8-1-9 所示,在 "文本" 页,勾选 "新函数用符号 '$y=$'" 即可。

图 8-1-9

8.1.3　绘制函数图像

在几何画板中，绘制函数的图像非常方便，下面介绍几种常用的方法。

方法一：选择已创建的函数的解析式，利用【绘图】→【绘制函数】命令，或点右键，选择【绘制函数】命令，如图 8-1-10，即可得到该函数的图像。如图 8-1-11。

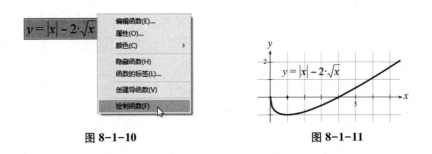

图 8-1-10　　　　　　　　　　　　图 8-1-11

　　方法二：利用【绘图】→【绘制新函数】命令，或按快捷键 Ctrl+G，即可调出"新建函数"对话框，在面板中输入函数式子，确定后自动绘制函数图像，同时函数解析式显示在画板上，重新编辑函数解析式后，其图像会即时更新。

方法三：利用列表描点的方法也可以得到函数的图像。

例　利用描点法绘制函数 $y=\frac{1}{10}x^3$ 的图像。

步骤如下：

（1）新建参数 $x=-3.0$，利用"属性"对话框将"键盘调节"步长设为 0.3。

（2）新建函数 $y=\frac{1}{10}x^3$，按"Alt+="调用计算器，单击屏幕上的函数解析式，接着单击参数 x，如图 8-1-12，按"确定"按钮后计算出其函数值。

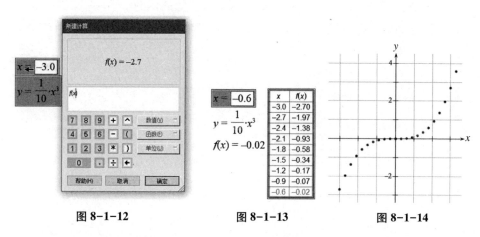

图 8-1-12　　　　　图 8-1-13　　　　　图 8-1-14

（3）选择参数 x 和其函数值，利用【数据】→【制表】命令得到表格，选择参数 x 和表格，按键盘上的"+"，向表格中添加数据，如图 8-1-13，直到 x 的值超过 3。

（4）选择表格，利用【绘图】→【绘制表中数据】命令，弹出对话框后单击"绘制"按钮，描点得到图像，如图 8-1-14。

8.1.4　谁是自变量——对函数本质的理解

问题：如图 8-1-15，$\overset{\frown}{AB}$ 与弦 AB 围成一个弓形，点 P 是该弓形外部的一定点，C 是 $\overset{\frown}{AB}$ 上一动点，连接 PC 交弦 AB 于点 D。

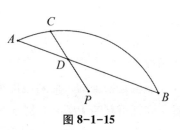

图 8-1-15

（1）对于点 C 在 $\overset{\frown}{AB}$ 上的不同位置，小明根据学习函数的经验，经画图、测量，得到了线段 PC、PD、AD 的长度的几组值，如下表：

	位置1	位置2	位置3	位置4	位置5	位置6	位置7	位置8
PC/cm	3.44	3.30	3.07	2.70	2.25	2.25	2.64	2.83
PD/cm	3.44	2.69	2.00	1.36	0.96	1.13	2.00	2.83
AD/cm	0.00	0.78	1.54	2.30	3.01	4.00	5.11	6.00

在 PC、PD、AD 的长度这三个量中，确定 _____ 的长度是自变量，_____ 的长度和 _____ 的长度都是这个自变量的函数。

（2）在同一平面直角坐标系 xOy 中，如图 8-1-16，画出（1）中所确定的函数的图像。

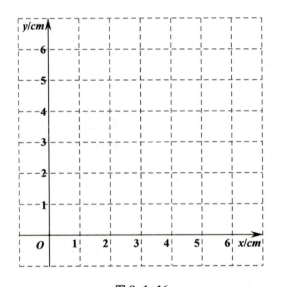

图 8-1-16

（3）结合函数图像，解决问题：当 $PC = 2PD$ 时，AD 的长度约为 _____ cm。

分析：该题是北京市中考题，灵活性强，思维含量高，其中问题（1）涉及函数概念的本质。对于自变量的确定，可以发现，位置5和位置6中，PC 的长度值是相等的，而对应的另外两个变量的值并不相等，因此 PC 不是自变量，同理可判断 PD 也不是自变量，只有当 AD 为自变量时满足"对于自变量的每一个取值，有唯一的因变量与之对应"的要求，故 AD 是自变量。确定了自变量，问题（2）就可以通过手工描点连线得到，再仔细观察图像，经过测量计算可解问题（3）。

借助于几何画板，这类问题可以轻松解决，步骤如下：

（1）精准画图。如图8-1-17，画长度为6cm的线段AB，分别以A、B为圆心，3.44cm、2.83cm为半径画两个圆，两圆相交得点P，以A为中心，以比值4∶6缩放点B得点M，以P为中心，以比值2.25∶1.13缩放点M得到点M′，过A、M′、B构造$\overset{\frown}{AB}$，在$\overset{\frown}{AB}$上任取一点C，连接PC交AB于点D，隐藏点M、M′等辅助对象，画图完毕。

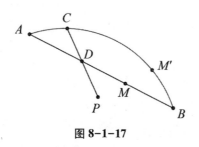

图 8-1-17

（2）如图8-1-18，通过度量距离得到AD、PC、PD的长度值，顺序选择AD和PC的度量值，利用【绘图】→【绘制点（x，y）】命令得到点E，选择点C和点E构造轨迹；顺序选择AD和PD的度量值，利用【绘图】→【绘制点（x，y）】命令得到点F，选择点C和F构造轨迹。这两个轨迹就是原题问题（2）中的图像。

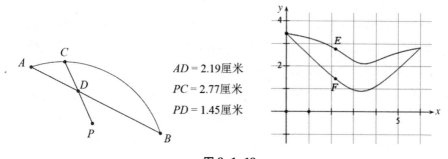

AD = 2.19厘米

PC = 2.77厘米

PD = 1.45厘米

图 8-1-18

（3）计算PC÷PD的值，拖动点C，当该值等于2时，读出AD的值，该值就是原题问题（3）问的答案，它有两个值。

8.2　一次函数的图像

8.2.1　描点法绘制一次函数的图像

虽然几何画板可以根据解析式直接绘制出函数的图像,但在刚开始学习一次函数时,为了让学生深刻理解图像的绘制原理,让学生经历列表、描点、连线等过程,还是很有必要的。使用几何画板进行列表、描点等操作,可以帮助学生避免大量重复性计算和单调乏味的描点操作,而专注于对函数本质的理解。

例　描点法绘制 $y = 2x$ ($-3 \leqslant x \leqslant 3$) 的图像。

步骤如下:

(1) 新建参数 $x = -3.0$,选择参数,单击右键,选"属性",在"参数"选项卡中把"键盘调节 (+/-)"设为"改变以 1 单位"。

(2) 按"Alt+="调用计算器,构造算式 $2*x$,选择参数 x 和其计算值 $2*x$,利用【数据】→【制表】命令得到表格,选择参数 x 和表格,按键盘上的"+",向表格中添加数据,直到 x 的值等于 3。

(3) 选择表格,利用【绘图】→【绘制表中数据】命令,弹出对话框后单击"绘制"按钮,描点得到图像,如图 8-2-1。观察发现,此时图像上的点较少,下面我们增加点的个数。

(4) 选择参数 x 和表格,按键盘上的"-",逐行删除表中数据并使 x 变小,直到 x 的值等于-3。或者,直接手动输入 x 的值为-3,然后在表格上点右键,选删除表中所有数据命令,使表格只有一行数据。

(5) 选择参数,单击右键选"属性",在"参数"选项卡中把"键盘调节 (+/-)"步长变小,比如,设为"改变以 0.1 单位"。选择参数 x 和表格,按键盘上的"+",向表格中再次添加数据,直到 x 的值等于 3。

(6) 选择表格,再次绘制表中数据,得到函数 $y = 2x$ 在 $-3 \leqslant x \leqslant 3$ 的图像上的点,如图 8-2-2,观察发现,这些点在一条直线上。

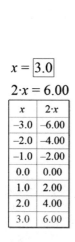

$x = \boxed{3.0}$

$2 \cdot x = 6.00$

x	$2 \cdot x$
−3.0	−6.00
−2.0	−4.00
−1.0	−2.00
0.0	0.00
1.0	2.00
2.0	4.00
3.0	6.00

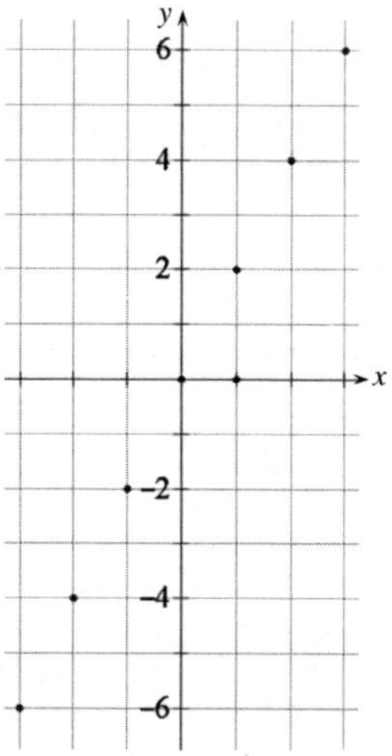

图 8-2-1

$x = \boxed{3.0}$

$2 \cdot x = 6.00$

x	$2 \cdot x$
−3.0	−6.00
−2.9	−5.80
−2.8	−5.60
−2.7	−5.40
−2.6	−5.20
−2.5	−5.00
−2.4	−4.80
−2.3	−4.60
−2.2	−4.40
−2.1	−4.20
−2.0	−4.00
−1.9	−3.80

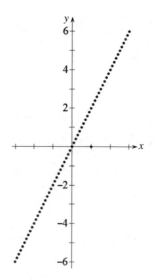

图 8-2-2

使用本例的方法，可以对任何一个一次函数进行列表描点，从而对一次函数的图像有直观的认识。

8.2.2　数学探究：一次函数的图像为什么是一条直线

借助于列表、描点，学生能大致感知一次函数的图像是一条直线，下面做进一步的探讨。

探究一：正比例函数 $y=\dfrac{1}{2}x$ 的图像为什么是直线。

探究过程：

（1）构造函数 $y=\dfrac{1}{2}x$，构造两个不同的参数 x_1 和 x_2，分别计算它们的函数值 $f(x_1)$ 和 $f(x_2)$，描点 $A(x_1,f(x_1))$，$B(x_2,f(x_2))$，如图 8-2-3 或图 8-2-4。

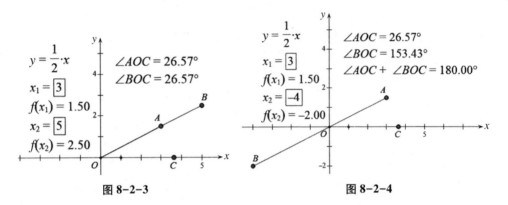

图 8-2-3   图 8-2-4

（2）在 x 轴正半轴上任画一点 C，度量 $\angle AOC$ 和 $\angle BOC$，观察发现，总有 $\angle AOC=\angle BOC$ 或 $\angle AOC+\angle BOC=180°$，因为原点 O 也在函数图像上，说明总有 A、O、B 在同一条直线上，故 B 总在直线 OA 上，或 A 总在直线 OB 上，由 A、B 的任意性可知，正比例函数 $y=\dfrac{1}{2}x$ 的图像是过原点 O 的一条直线。

探究二：一次函数 $y=\dfrac{1}{2}x+1$ 的图像为什么是直线。

（1）在 $y=\dfrac{1}{2}x+1$ 中，令 $y=0$，得 $x=-2$，所以函数图像过点 $D(-2,0)$。在几何画板中画出点 $D(-2,0)$。

（2）构造函数 $y=\dfrac{1}{2}x+1$，构造两个不同的参数 x_1 和 x_2，分别计算它们的函数值 $f(x_1)$ 和 $f(x_2)$，描点 $A(x_1,f(x_1))$，$B(x_2,f(x_2))$，如图 8-2-5 或图 8-2-6。

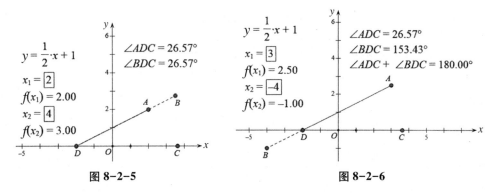

图 8-2-5   图 8-2-6

在 x 轴正半轴上任画一点 C，度量 $\angle ADC$ 和 $\angle BDC$，观察发现，总有 $\angle ADC = \angle BDC$ 或 $\angle ADC + \angle BDC = 180°$，说明总有 A、D、B 在同一条直线上，由 A、B 的任意性可知，正比例函数 $y = \frac{1}{2}x + 1$ 的图像是过 D（-2，0）的一条直线。

探究三：一次函数 $y = kx + b$ 的图像为什么是一条直线。

不妨设 $k > 0$，$a > 0$，设点 A（x_1，y_1），B（$x_1 + a$，y_2），C（$x_1 + 2a$，y_3）在一次函数 $y = kx + b$ 的图像上，则有 $y_1 = kx_1 + b$，$y_2 = k(x_1 + a) + b$，$y_3 = k(x_1 + 2a) + b$，于是，$y_2 - y_1 = ka$，$y_3 - y_2 = ka$。在平面直角坐标系中画点 A、B、C，分别过 A、B 画 x 轴的平行线，过 B、C 画 y 轴的平行线，相交得到点 M、N，如图 8-2-7，则有 $AM = BN = a$，$BM = CN = ka$，$\angle M = \angle N = 90°$，所以 $\triangle ABM \cong \triangle BCN$，于是 $\angle CBN = \angle BAM$，又 $\angle BAM + \angle ABM = 90°$，所以 $\angle CBN + \angle ABM = 90°$，从而 $\angle ABC = 180°$，所以 A、B、C 三点共线。

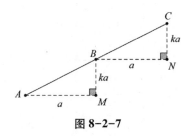

图 8-2-7

假设 $BN = m \neq a$，则 $CN = km$，进而 $\triangle ABM \backsim \triangle BCN$，仍有 $\angle ABC = 180°$，从而 A、B、C 三点共线。据此可知一次函数 $y = kx + b$ 的图像是一条直线。

8.2.3　用"两点法"绘制一次函数的图像

因为"一次函数的图像是一条直线",而"两点确定一条直线",所以只要画出图像上的两个不同的点,再过此两点画出一条直线就得到一次函数的图像。

例　画出函数 $y=-2x$ 和 $y=-2x+3$ 的图像。

（1）列表。

x	0	1
$y=-2x$	0	-2
$y=-2x+3$	3	1

（2）描点、连线。

在几何画板中,使用【绘图】→【绘制点】命令绘制点 (0,0), (1,-2) 并过此两点画一条直线,它就是 $y=-2x$ 的图像;绘制点 (0,3), (1,1) 并过此两点画一条直线,它就是 $y=-2x+3$ 的图像,如图 8-2-8。

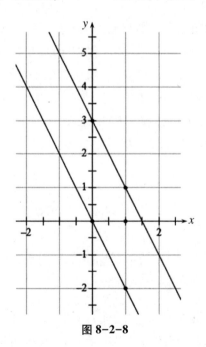

图 8-2-8

8.2.4　追踪与度量：体会一次函数图像的完备性和纯粹性

下面，我们以函数 $y = -\dfrac{1}{3}x$ 为例，通过两个探究活动，来说明函数图像的完备性和纯粹性。

探究一：追踪与轨迹。

（1）在 x 轴上任画一点 A，选择点 A，度量其横坐标 x_A，构造算式 $-\dfrac{1}{3}x_A$，顺序选择 x_A、$-\dfrac{1}{3}x_A$，利用【绘图】→【绘制点（x，y）】命令绘制点 P。

（2）选择点 P，使用【显示】→【追踪绘制的点】命令，则该命令前被打上一个勾，如图 8-2-9，说明点 P 已处于被追踪状态，拖动点 A，则点 P 在屏幕上留下被追踪的痕迹，如图 8-2-10。

图 8-2-9　　　　　　　　　　图 8-2-10

（3）在尽可能大的范围中拖动点 A，观察点 P 的踪迹，可以发现，该踪迹形成一条直线。因为 A 为 x 轴上任意一点，可以认为：对任意的实数 x，点 P（x，$-\dfrac{1}{3}x$）都在这条直线上，即函数 $y = -\dfrac{1}{3}x$ 的图像具有完备性。

（4）选择点 P，再次使用【显示】→【追踪绘制的点】命令，取消该命令前的勾，点 P 解除被追踪状态，选择点 A 和点 P，构造轨迹，得到函数

$y=-\dfrac{1}{3}x$ 的图像，该图像和追踪点 P 得到的踪迹是重合的。使用【显示】→【擦除追踪踪迹】命令擦除点 P 的踪迹。

探究二：度量与计算。

（1）如图 8-2-11，在函数 $y=-\dfrac{1}{3}x$ 的图像上任取一点 Q，选择点 Q，按 Shift 键，使用【度量】→【横 & 纵坐标】命令同时得到其横纵坐标值，把两个坐标值的标签分别改为 x 和 y，构造算式 $-\dfrac{1}{3}x$，比较 y 和 $-\dfrac{1}{3}x$ 的数量关系。

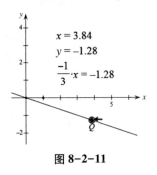

图 8-2-11

（2）拖动点 Q，观察发现，不论 x 和 y 如何改变，总有 $y=-\dfrac{1}{3}x$，由点 Q 的任意性，可以认为函数图像上任意一点的坐标都满足关系式 $y=-\dfrac{1}{3}x$，这就是函数图像的纯粹性。

有了图像的完备性和纯粹性，我们也把函数 $y=-\dfrac{1}{3}x$ 的图像说成直线 $y=-\dfrac{1}{3}x$。

8.3　一次函数的性质和应用

8.3.1　利用图像识别函数的增减性

在学习正比例函数的性质时，学生第一次接触函数的增减性。增减性并非简单到不言自明，而是需要辨析的，尤其在刚开始接触这个性质时。增减性是函数在一个区间上的性质，是一个动态的过程，因此首先需要在动态的过程中让学生辨别理解，然后才能做到"见图像而知其增减性"。可进行如下探究：

（1）画函数 $y=\frac{1}{2}x$ 的图像，在 x 轴上任取一点 A，过 A 作 x 轴的垂线交函数的图像于点 P，隐藏垂线，画线段 PA，如图 8-3-1。

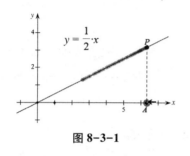

图 8-3-1

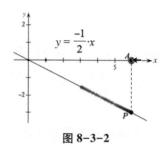

图 8-3-2

（2）思考：自左向右拖动点 A 时，点 P 的横坐标如何变化？此时，点 P 的纵坐标如何变化？如何用规范的语言叙述这一变化。

点拨：数轴上，右边的数大于左边的数，当从左向右拖动点 A 时，点 P 的横坐标逐渐变大，相应的，点 P 的纵坐标也逐渐变大。点 P 的横坐标就是自变量，点 P 的纵坐标就是函数值，自变量的变化带来了函数值的变化，因此这一变化可以表述为：函数值 y 随自变量 x 的增大而增大。

（3）把（1）中的函数改为 $y=-\frac{1}{2}x$，如图 8-3-2，自左向右拖动点 A 时，点 P 的横坐标如何变化？此时，点 P 的纵坐标如何变化？如何用规范的语言叙述这一变化。

点拨：在初中，函数的增减性常用格式化的语句叙述为："y 随 x 的增大而增大"或"y 随 x 的增大而减小"。

（4）换几个函数观察其增减性，你有什么发现？

点拨："y 随 x 的增大而增大"的图像特征是"图像越往右越高"，"y 随 x 的增大而减小"的图像特征是"图像越往右越低"。

（5）分析图 8-3-3 中函数图像的增减性。

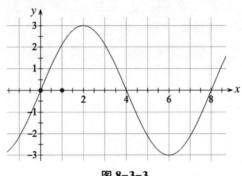

图 8-3-3

点拨：分析图像的增减性有时需要指出自变量的取值范围，如图 8-3-3 中，当 $x<2$ 或 $x>6$ 时，y 随 x 的增大而增大；当 $2 \leqslant x \leqslant 6$ 时，y 随 x 的增大而减小。

8.3.2 斜率 k 与截距 b 对一次函数图像的影响

本节探讨带参数的一次函数图像的绘制方法，并通过图像探讨函数的性质。

例 1 参数法绘制一次函数图像。

步骤如下：

（1）新建参数 $k=0.8$，$b=1.0$，利用【绘图】→【绘制新函数】命令，利用弹出的"新建函数"面板构造函数 $y=kx+b$，其中输入 k、b 时需要单击画板上的参数，确定后得到函数图像，如图 8-3-4。

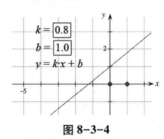

图 8-3-4

（2）通过输入的方式，输入不同的 k 和 b 的值，观察图像的变化；通过选中参数后按键盘上"+"号和"-"号的方式，改变参数 k 和 b 的值，观察图像的变化。

例 2 使用参数滑块绘制一次函数图像。

步骤如下：

（1）建立平面直角坐标系，在 x 轴上任取两点 A、B，过 A、B 作 x 轴的垂线，并参考图 8-3-5 分别在两条垂线上构造线段 AC 和 BD，隐藏两条垂线。

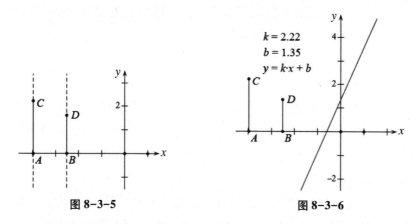

图 8-3-5　　　　　　　　图 8-3-6

（2）选择点 C 和点 D，度量它们的纵坐标，并分别把两个纵坐标的度量值的标签改为 k 和 b，利用这两个参数构造函数 $y=kx+b$ 并绘制函数，得到函数的图像，如图 8-3-6。

（3）拖动点 C 和点 D，观察 k、b 的变化和图像的变化，确认：

k 的值确定直线的方向，只改变 k 值时，图像绕点 $(0，b)$ 旋转：当 $k>0$ 时，图像越往右越高，即 y 随 x 的增大而增大；当 $k<0$ 时，图像越往右越低，y 随 x 的增大而减小；$|k|$ 越大，图像越陡峭，$|k|$ 越小，图像越平缓。

图像经过点 $(0，b)$，也就是说，b 的值就是图像与 y 轴交点的纵坐标；只改变 b 值时，图像上下平移。

说明：在直线 $y=kx+b$ 中，k 是直线的斜率，b 是截距。试进行如下操作：

如图 8-3-7，在几何画板中，任意画直线 AB，选择直线 AB 度量其"斜率"，再次选择直线 AB 度量其"方程"，观察发现，直线的"方程"用 $y=kx+b$ 的形式呈现，其中 k 就是直线的斜率。

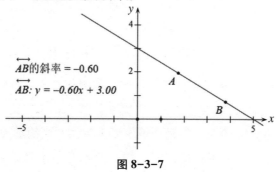

图 8-3-7

8.3.3 现实世界中的一次函数

一次函数在生产生活中的应用非常广泛，借助信息技术和函数的图像可以帮助学生更深刻地理解问题的本质。

例1 探究利润和销量的关系。

试进行如下操作：

（1）建立平面直角坐标系，使用【绘图】→【网格样式】→【矩形网格】命令，把鼠标放在 y 轴的某个刻度标签上，如图8-3-8，当鼠标样式变为上下双向箭头时，向下拖动鼠标，反复操作几次，直到 y 轴上的标签单位变为500，如图8-3-9所示。

（2）利用【绘制点】命令绘制点 A（4，2000），画射线 OA，绘制点 B（0，1000）并画射线 BA，在 x 轴上任画一点，度量其横坐标并把该点和坐标度量值的标签都改为"销量"，过该点画 x 轴的垂线与射线 OA 和 BA 相交，参考图8-3-9，把交点的标签分别设为"收入"和"成本"，度量这两点的纵坐标并把度量值的标签也改为"收入"和"成本"。

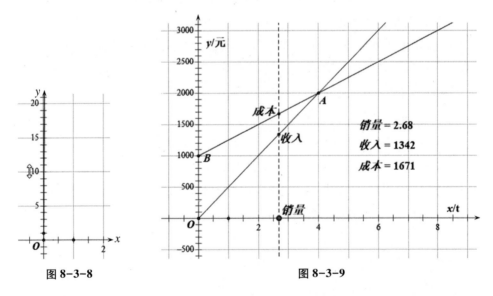

图8-3-8   图8-3-9

（3）我们用图8-3-9来反映某公司产品的销售收入、销售成本与销量的关系。拖动点"销量"，观察"收入""成本"随"销量"的变化情况。当销量为2t时，销售收入是多少元？销售成本是多少元？当销量为6t时呢？

（4）观察与思考：当销量多少时，销售收入等于销售成本，该公司要想盈利（收入大于成本），销售量应满足什么条件？

（5）已知"利润＝收入－成本"，当销量满足什么条件时，利润不低于 500 元？

例2 图 8-3-10①是某公交线路营运利润 y 与乘客量 x 的函数图像。目前这条线路处于亏损状态，在乘客量不会大量增加的情况下，为了扭亏，有关部门举行提高票价的听证会。乘客代表认为：公交公司应节约能源，改善管理，降低运营成本，从而实现扭亏；公交公司认为：运营成本难以下降，提高票价才能扭亏。根据这两种意见，可以把图①分别改画成图②和图③。

（1）说明图①中点 A 和点 B 的实际意义。

（2）你认为图②和图③两个图像中，哪个反映了乘客代表的意见？哪个反映了公交公司的意见？

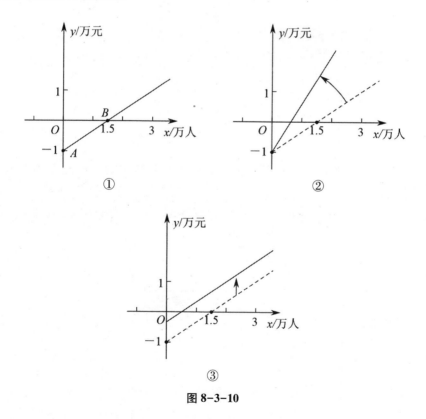

图 8-3-10

分析：图①中，A 点坐标为（0，－1），就是当乘客数为 0 时，也就是在没有票价收入的情况下，利润为－1 万元，从而可知，该公交线路的运营成本为 1 万元。B 点坐标为（1.5，0），表示当乘客数量为 1.5 万人时，利润为 0，此时收支相等。可以推断，票价为 $\dfrac{1}{1.5}$，即 $\dfrac{2}{3}$ 元。据此，可知利润 $y = \dfrac{2}{3}x - 1$ ($x>0$)，这就是图①中的函数的解析式。借助几何画板，可做如下探究：

（1）在平面直角坐标系中绘制点 A $(0，-1)$，B $(1.5，0)$，画射线 AB，并设为虚线。

（2）如图 8-3-11，新建参数 k，输入数值"2/3"，新建参数 $b=1.00$，绘制新函数 $y=kx-b$，这里，我们用 k 表示票价，b 表示成本，y 表示利润。在图像上点右键选"属性"，在"绘图"选项卡中把自变量 x 的"范围"的左端点设为 0，此时图像与射线 AB 重合，如图 8-3-12。

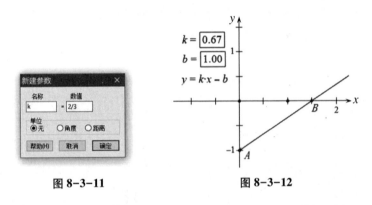

图 8-3-11   图 8-3-12

（3）修改参数 k、b 的属性，把其通过键盘调节时的步长设为 0.1，选择 b，按键盘上的"-"号减小成本 b 的值，观察图像的变化，如图 8-3-13；输入 $b=1$，选择 k，通过键盘上的"+"增加票价的值，观察图像的变化，如图 8-3-14。

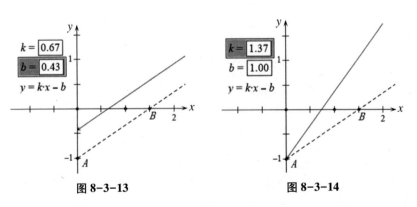

图 8-3-13   图 8-3-14

8.3.4 绘制有实际背景的分段函数的图像

例 某出租车公司的计费方式是：起步费 a（比如，$a=10$）元，在 t 千米以内不再收费；超过 t 千米的部分，再按每千米 b 元（比如，2 元）收费。这个模型用函数表示就是：$y=\begin{cases}a, & 0<x\le t, \\ a+b\ (x-t), & x>t\end{cases}$ 试绘制该函数的图像。

方法一：分段绘制。步骤如下：

（1）用【数据】→【新建参数】命令，构造参数 $a=10$，$b=2$。

（2）建立平面直角坐标系，设原点为 O，在 x 轴的正半轴上取一点 B，选择点 B，度量其横坐标 x_B，将其标签改为 t。画线段 OB，选中线段 OB，利用【构造】→【线段上的点】命令得点 C，选择点 C，度量其横坐标 x_C。

（3）选择点 B，将点 B 按极坐标 0° 平移 1 厘米得到点 B'，作射线 BB'，并构造射线 BB' 上一点 D，度量其横坐标 x_D。

（4）调用计算器，构造算式 $a+b\cdot(x_D-t)$，顺序选择 x_C、a，利用【绘图】→【绘制点 $(x，y)$】命令得到点 E；顺序选择 x_D 和计算值 $a+b\cdot(x_D-t)$，利用【绘图】→【绘制点 $(x，y)$】命令得到点 F。

（5）选择点 C 和点 E，利用【构造】→【轨迹】命令，选择点 D 和点 F，使用同一命令得到函数的图像，如图 8-3-15。

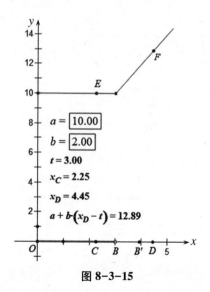

图 8-3-15

这种方法思路自然，但图像是若干段拼接而成，并非一个整体。下面，我们介绍另一种方法。

方法二：整体绘制。整体绘制的基本思路是设法把分段函数写成一个统一的表达式，之后再绘制。此法用到画板提供的内部函数：符号函数

$$\operatorname{sgn}(x)=\begin{cases}1, & x>0,\\0, & x=0,\\-1, & x<0。\end{cases}$$

利用它可以创建一些含有开关特色的式子。

（1）新建参数 $a=10$，$b=2$。

（2）建立平面直角坐标系，设原点为 O，单位点为 A，画射线 OA，在射线上取点 B 和 C，分别度量两点的横坐标 x_B 和 x_C。调用计算器，构造算式 $\dfrac{\operatorname{sgn}(x_C-x_B)+1}{2}$，利用【文本工具】把此式的标签改为 k。可以看出 k 就是一个开关：当 $x_C<x_B$ 时，$k=0$；当 $x_C=x_B$ 时，$k=1/2$；当 $x_C>x_B$ 时，$k=1$。

（3）调用计算器，构造算式：$(1-k)\cdot a+k\cdot[a+b(x_C-x_B)]$，其含义是：当 $k=0$ 时，取值为 a，当 $k=1$ 时，取值为 $a+b(x_C-x_B)$，此式把分段函数统一为一个整体。

（4）顺序选择度量值 x_C 和计算值 $(1-k)\cdot a+k\cdot[a+b(x_C-x_B)]$，利用【绘图】→【绘制点 (x, y)】命令得到点 D，选择点 D 和点 C，利用【构造】→【轨迹】命令得到函数的图像，如图 8-3-16，此图像是一个整体。

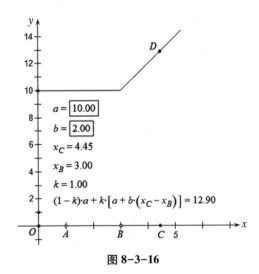

图 8-3-16

8.4　一次函数与方程、不等式

8.4.1　用图像法解二元一次方程组和一次不等式

在一次函数 $y=kx+b$（$k\neq0$）中，如果给 y 一个具体的值，比如，令 $y=0$，便可得到 $kx+b=0$，显然，它是一个一元一次方程，它的解是 $x=-\dfrac{b}{k}$，这样（$-\dfrac{b}{k}$，0）就是一次函数 $y=kx+b$ 上的点，且是图像与 x 轴的交点。反过来，如果已知一个一元一次方程，我们也可以将其化为 $kx+b=0$ 的形式，通过绘制 $y=kx+b$ 的图像与 x 轴的交点求得其解。

例1　解方程 $2x-1=5$。

解法一：原方程化为 $2x-6=0$，构造一次函数 $y=2x-6$，绘制该函数的图像，如图 8-4-1，度量图像与 x 轴交点的横坐标得 $x_A=3.00$，所以方程 $2x-1=5$ 的解是 $x=3$。

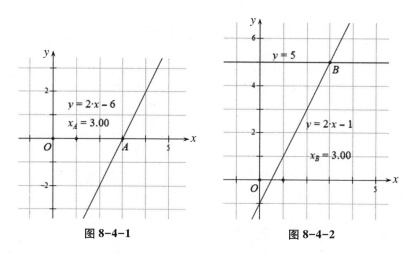

图 8-4-1　　　　　　　图 8-4-2

解法二：构造一次函数 $y=2x-1$，令 $y=5$，便得方程 $2x-1=5$。如图 8-4-2，分别绘制一次函数 $y=2x-1$ 和函数 $y=5$ 的图像，度量图像的交点 B 的横坐标得 x_B，于是方程 $2x-1=5$ 的解是 $x=3$。

说明：（1）观察图 8-4-1 可知，不等式 $2x-6>0$ 的解集为 $x>3$，不等式

$2x-6<0$ 的解集为 $x<3$，观察图 8-4-2 可知，不等式 $2x-1>5$ 的解集是 $x>3$，不等式 $2x-1<5$ 的解集是 $x<3$。

（2）上述两种解法的实质是求两个函数图像的交点坐标，因为交点同时满足两个函数的解析式，所以如果把两个解析式联立成方程组，那么交点的坐标就是方程组的解。比如，上例中，$\begin{cases}x=3\\y=0\end{cases}$ 就是 $\begin{cases}y=2x-6\\y=0\end{cases}$ 的解，$\begin{cases}x=3\\y=5\end{cases}$ 就是 $\begin{cases}y=2x-1\\y=5\end{cases}$ 的解，使用此法，可以用图像法求二元一次方程组的（近似）解。

例 2　解方程组 $\begin{cases}x+y=1,\\y-x=4。\end{cases}$

解：原方程组化为 $\begin{cases}y=-x+1\\y=x+4\end{cases}$，在平面直角坐标系中，分别绘制两个一次函数 $y=-x+1$ 和 $y=x+4$ 的图像，如图 8-4-3。度量交点 C 的横坐标和纵坐标得，$x_C=-1.50$，$y_C=2.50$，所以原方程组的解是 $\begin{cases}x=-1.5\\y=2.5\end{cases}$。

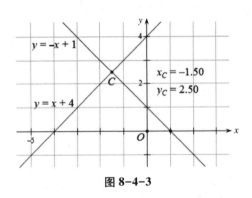

图 8-4-3

观察与思考：观察图 8-4-3，当 x _____ 时，满足 $-x+1>x+4$；当 x _____ 时，满足 $-x+1<x+4$。

8.4.2　两个一次函数图像的位置关系

一次函数的图像是直线，两条直线的位置关系有相交和平行两种，因此两个一次函数的图像也具有相交和平行两种位置关系。

试进行如下操作：

（1）在同一平面直角坐标系中，绘制下列一次函数的图像：

①$y=3x$，$y=3x-2$；②$y=-x+1$，$y=-x-2$；③$y=0.5x-1$，$y=0.5x+1.5$。

观察图像，你有什么发现？

（2）在同一平面直角坐标系中，绘制下列一次函数的图像：

①$y=3x$，$y=-\dfrac{1}{3}x-2$；②$y=-x+1$，$y=x-2$；③$y=0.5x-1$，$y=-2x+1.5$。

观察图像，你有什么发现？

（3）新建四个参数 k_1、k_2、b_1、b_2，在同一平面直角坐标系中绘制函数 $y=k_1x+b_1$，$y=k_2x+b_2$，设置参数，使参数分别满足下列条件，观察图像的位置关系：

①$k_1=k_2$，且 $b_1 \neq b_2$；②$k_1=k_2$，且 $b_1=b_2$；③$k_1 \neq k_2$；④$k_1k_2=-1$。

（4）新建画板，绘制两条互相平行的直线，度量它们的"斜率"或"方程"，观察两斜率的关系；绘制两条互相垂直的直线，度量它们的"斜率"或"方程"，观察两斜率的关系。

通过以上操作，确认：

对于 $y=k_1x+b_1$，$y=k_2x+b_2$，当 $k_1=k_2$，且 $b_1 \neq b_2$ 时，其图像互相平行；当 $k_1=k_2$，且 $b_1=b_2$ 时，图像重合；当 $k_1 \neq k_2$ 时，其图像相交；当 $k_1k_2=-1$ 时，其图像互相垂直。

对于二元一次方程组 $\begin{cases} a_1x+b_1y=c_1 \\ a_2x+b_2y=c_2 \end{cases}$（$b_1 \neq 0$，$b_2 \neq 0$）来说，可化为

$\begin{cases} y=-\dfrac{a_1}{b_1}x+\dfrac{c_1}{b_1} \\ y=-\dfrac{a_2}{b_2}x+\dfrac{c_2}{b_2} \end{cases}$，于是，当 $\dfrac{a_1}{a_2}=\dfrac{b_1}{b_2} \neq \dfrac{c_1}{c_2}$ 时，对应一次函数图像平行，无交点，方程组无解；当 $\dfrac{a_1}{a_2}=\dfrac{b_1}{b_2}=\dfrac{c_1}{c_2}$ 时，对应一次函数图像重合，有无数交点，方程组有无数组解；当 $\dfrac{a_1}{a_2} \neq \dfrac{b_1}{b_2}$ 时，对应一次函数图像相交，方程组有唯一解。

9 动画模拟随机现象

【技术助学目标】

（1）借助配套的几何画板课件，进行模拟实验，感受随机事件的不确定性，并体会随机事件发生的可能性大小。

（2）通过模拟实验，经历掷硬币、掷骰子、转动轮盘、配紫色等游戏的过程，经历实验数据获得的过程，感受随机事件发生的频率的稳定性，理解概率的意义。

（3）通过"生肖相同的概率""蒲丰投针"等模拟实验，体会概率是描述随机现象的数学模型，发展学生的数据分析观念和数学素养。

【技术学习目标】

（1）知道用几何画板可以模拟随机现象。

（2）了解动画按钮中的"随机"选项，了解用几何画板产生随机数的方法。

9.1 几何画板与随机数

在学习概率的过程中，常常需要进行模拟实验，而用计算机进行模拟实验是其中的一种重要形式。所谓模拟实验，就是利用替代物模拟实际事物而进行的实验。用计算机模拟随机实验的关键是让计算机产生随机数。

几何画板软件本身没有直接产生随机数的函数，但我们可以利用参数或点在动画过程中的"随机"选项间接产生随机数,从而使动画模拟随机现象成为可能。本节介绍在几何画板中产生随机数的两种方法。

9.1.1 用参数动画产生随机数

例 1 利用参数动画,产生不同范围内的随机整数。

步骤如下:

(1) 新建参数 $t=1$,通过"属性"窗口将其"精确度"设为"千分之一"。

(2) 选择参数 t,利用【编辑】→【操作类按钮】→【动画】命令,弹出如图 9-1-1 所示的对话框,在"动画"选项卡中,设置方向为"随机",并选中"只播放一次",把"范围"设为"0.0"到"2.0",按确定后得到"动画参数"按钮。

图 9-1-1

(3) 按"Alt+="组合键调用计数器,借助几何画板内部函数构造算式 trunc (t),并把算式的标签改为 a,启动"动画参数"按钮,观察 a 的值,我们发现,每按下一次按钮,a 就会随机地且等可能地出现整数 0 或 1,可见,a 是在区间 [0,1] 上的随机整数。

（4）把鼠标移至"动画参数"按钮上单击右键，选"属性"，再次得到图 9-1-1 中的对话框，把"范围"改为"0.0"到"5.0"，确定后，每次启动按钮，a 就会随机地出现［0，4］上的整数；把"范围"改为"-3.0"到"0.0"，则会得到［-2，0］上的随机整数。

（5）在图 9-1-1 中，把"范围"设为从"1.0"到"6.0"，同时把构造 a 的算式改为 trunc（t）-3，即可得到［-2，2］上的随机整数，且这些整数出现的可能性相同。

说明：步骤（5）中，如果直接把 t 的动画范围改为"-3.0"到"3.0"，也会得到［-2，2］上的随机整数，但是，当随机整数的范围从负数到正数跨越 0 时，所产生的随机整数并不是等可能的，这是由几何画板中取整函数 trunc（）的定义导致的：当 x 在区间［-1，1］取值时，都有 trunc（x）= 0，而当 x 在区间［1，2）取值时，有 trunc（x）= 1，由于区间［-1，1］和［1，2）并不等长，所以产生随机整数 0 和 1 的可能性并不相等。

例 2　计数器工具。

计数器的作用是记录操作的次数。其基本功能是，设置一个变量和两个按钮，一个按钮控制变量的值归零，另一个按钮使变量的值加 1。

步骤如下：

（1）新建参数 $s = 1$，在【数据】菜单中调用计算器，构造算式 $s-s$ 和 $s+1$。

（2）顺序选择参数 s 和计算值 $s-s$，使用【编辑】→【操作类按钮】→【移动】命令，如图 9-1-2，在弹出的对话框中的"移动"选项卡中选择"高速""移动到目标初始位置"，在"标签"页设置标签为"归零"，并选中"在自定义工具中使用标签"，确定后得到"归零"按钮。

（3）顺序选择参数 s 和计算值 $s+1$，仿照上一步创建参数移动按钮"+1"。

（4）隐藏算式 $s-s$ 和 $s+1$，选择参数 s 和两个按钮，创建自定义工具【计数器】。

使用方法：在画板上创建数值参数，选择自定义工具中的【计算器】，单击参数则得两个按钮"归零"和"+1"，连续单击"+1"，则参数的值每次增加 1，单击"归零"，参数值变为 0。

例 3　创建模拟实验：每实验一次，产生一个随机数 0 或 1，并自动记录下实验次数，及产生的数据 0 和 1 的个数。

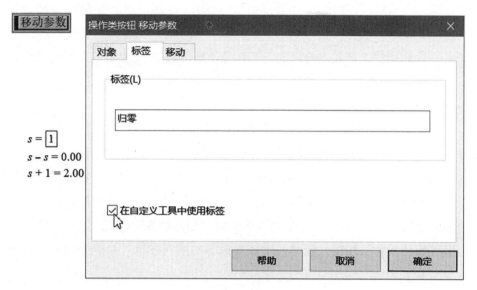

图 9-1-2

步骤如下：

（1）如图 9-1-3，利用例 1 的前三个步骤创建参数 t 和"动画参数"按钮，使 a 可随机取值 0 和 1。

（2）创建计数参数 s，利用例 2 创建的自定义工具【计数器】得到两个按钮"归零"和"+1"。

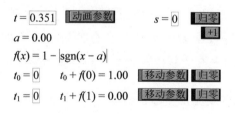

图 9-1-3

（3）新建函数 $f(x) = 1-|\operatorname{sgn}(x-a)|$，其中 a 是在第一步中构造的算式，此函数的作用是判断自变量 x 的值是否等于 a：当 $x=a$ 时，$f(x)=1$，否则 $f(x)=0$。

（4）新建两个参数 t_0 和 t_1，把它们的"精确度"设为"单位"，构造算式 $t_0+f(0)$ 和 $t_1+f(1)$，依次选择参数 t_0 和算式 $t_0+f(0)$，利用【编辑】→【操作类按钮】→【移动】命令，弹出对话框后，把"速度"设为"高速"，并勾选"移动到目标初始位置（M）"，确定后得到"移动参数"按钮；依次选择参数 t_1 和算式 t_1+f（1），同法得到另一个"移动参数"按钮。

（5）选择例 2 中创建的自定义工具【计数器】，单击参数 t_0，得到两个按钮，保留"归零"按钮，删除"+1"按钮；同法对参数 t_1 进行操作，得到另一个"归零"按钮。

（6）顺序选择参数 s、t_0、t_1，利用【数据】→【制表】命令，得到表格，用文本工具把画板上的参数 s 的标签改为"总数"，把 t_0 的标签改为"0"，把 t_1 的标签改为"1"，则表格中相应的表头变为图 9-1-4 的样子。顺序选择画板上的三个"归零"按钮，创建一个依序执行的系列按钮，并把按钮的标签改为"复位"，顺序选择画板上的"动画参数"按钮、"+1"按钮和两个"移动参数"按钮，创建一个依序执行的系列按钮，并把按钮的标签改为"实验 1 次"。

总数	0	1
399	192	207
15	8	7

复位
实验1次

图 9-1-4

（7）如图 9-1-4，单击"复位"按钮，表格中数据归零，单击"实验 1 次"按钮，则 0 或 1 中有一个加 1，同时总数加 1，连续按此按钮，观察 0 和 1 出现的次数。在表格中双击，表格会自动添加一行数据，同时已有数据被记录在表格中，新一行数据会自动复制已有最后一行数据，我们可以继续按"实验 1 次"，也可以先按"复位"使新一行数据清零，再继续进行实验。

9.1.2 利用点的动画产生随机数

例 创建模拟动画：从 1、2、3、4、5 中，任取一个数，取到奇数的概率是多少？

分析：每次实验让计算机等可能地从 1、2、3、4、5 中产生随机数，通过多次实验，用取到奇数的频率估计其概率。

步骤如下：

（1）如图 9-1-5，画水平线段 AB，在 AB 上画点 P，选择点 P，利用【度量】→【点的值】命令得到度量值，把该度量值的标签改为小写字母 p，构造算式 trunc（5*p）+1，把此算式的标签改为 a，精确度改为"单位"，选择点 P 创建"动画点"按钮，并把动画方向设为"随机"且"只播放一次"。

（2）创建计数参数 s，利用 9.1.1 节例 2 创建的自定义工具【计数器】得到两个按钮"归零"和"+1"。

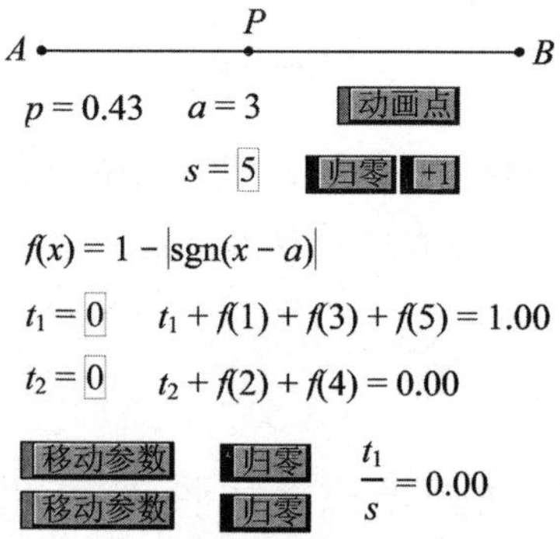

A •————————P————————• B

$p = 0.43$ $a = 3$ 动画点

$s = 5$ 归零 +1

$f(x) = 1 - |sgn(x - a)|$

$t_1 = 0$ $t_1 + f(1) + f(3) + f(5) = 1.00$

$t_2 = 0$ $t_2 + f(2) + f(4) = 0.00$

移动参数 归零 $\dfrac{t_1}{s} = 0.00$

移动参数 归零

图 9-1-5

（3）新建函数 $f(x) = 1 - |sgn(x - a)|$，其中 a 是在第一步中构造的算式。新建两个参数 t_1 和 t_2，把它们的"精确度"设为"单位"，构造算式 $t_1 + f$（1）+f（3）+f（5）和 $t_2 + f$（2）+f（4），依次选择参数 t_1 和算式 $t_1 + f$（1）+f（3）+f（5），利用【编辑】→【操作类按钮】→【移动】命令，弹出对话框后，把"速度"设为"高速"，并勾选"移动到目标初始位置（M）"，确定后得到"移动参数"按钮；依次选择参数 t_2 和算式 $t_2 + f$（2）+f（4），同法得到另一个"移动参数"按钮。

（4）选择自定义工具【计数器】，单击参数 t_1，得到两个按钮，保留"归零"按钮，删除"+1"按钮；同法对参数 t_2 进行操作，得到另一个"归零"按钮。

（5）构造算式 $\dfrac{t_1}{s}$，顺序选择参数 a、t_1、t_2、s 和算式 $\dfrac{t_1}{s}$，利用【数据】→【制表】命令，得到表格，用文本工具把画板上的参数 a 的标签改为"当前"，把 s 的标签改为"总数"，把 t_1 的标签改为"奇数"，把 t_2 的标签改为"偶数"，把算式 $\dfrac{t_1}{s}$ 的标签改为"奇数出现的频率"，则表格中相应的表头变为图 9-1-6 的样子。顺序选择画板上的三个"归零"按钮，创建一个依序执行的系列按钮，并把按钮的标签改为"复位"，顺序选择画板上的"动画点"

按钮、"+1"按钮和两个"移动参数"按钮，创建一个依序执行的系列按钮，并把按钮的标签改为"实验 1 次"。

当前	奇数	偶数	总数	奇数出现的频率
3	180	122	302	0.596
2	254	170	424	0.599

图 9-1-6

（6）如图 9-1-6，单击"复位"按钮，表格中数据归零，连续单击"实验 1 次"按钮，进行实验，在表格中双击，表格会自动添加一行数据，同时已有数据被记录在表格中。

9.2 动画模拟随机性现象（一）

借助几何画板中产生的在某个范围内等可能分布的随机整数，可以设计模拟随机现象的数学实验，下面我们来介绍这些实验。

9.2.1 模拟实验：掷硬币

打开配套课件"掷硬币实验"，出现图 9-2-1 的界面。

图 9-2-1

（1）单击"复位"按钮，表格中最后一行数据清零，单击"投掷 1 次"按钮，如果显示硬币正面的图片，表示此次投掷中"正面朝上"，同时"正面次数"自动加 1，总数自动加 1；如果显示硬币反面的图片，表示此次投掷中"反面朝上"，同时"反面次数"自动加 1，总数自动加 1。多次单击"投掷 1 次"按钮，表格中自动记录投掷总数和出现正面和反面的次数。

（2）双击表格，表格中会自动添加一行数据，同时原有数据被固化在原来的一行中，固化后的数据显示是深色的，自动添加的一行中也会复制已有数据，数据用浅色显示，表示此行数据是"当前的""活动的"，此时，单击"投掷1次"可以继续实验，同时更新后的数据被记录在表格最下面一行，如果单击"复位"，则当前行数据清零，可以重新实验。

（3）按住Shift键并双击表格，会删除表中倒数第2行数据，"当前行"的数据会被保留，在表格中单击右键，可使用如"添加表中数据"或"删除表中数据"命令，删除后的数据无法恢复。

（4）关闭课件前，保存一下文件，再次打开课件时，上次模拟实验的数据仍然保留，可以继续进行模拟实验。

思考如下问题，并利用模拟实验验证：

（1）掷一枚质地均匀的硬币，连续投掷100次，正面朝上的次数一定是50次吗？

（2）图9-2-1显示，如果在一次模拟实验时，投掷101次硬币，正面向上出现了49次。那么，把数据清零，重新开始模拟实验，再投掷101次硬币，那么正面向上仍是49次吗？

（3）小明用质地均匀的硬币做了5次掷硬币实验，其中有3次正面朝上，2次正面朝下，能认为正面朝上的概率是$\frac{3}{5}$吗？

（4）小明从一定高度随机地掷一枚质地均匀的硬币，他已经掷了两次硬币，结果都是"正面朝上"，那么，你认为小明第三次掷硬币时，"正面朝上"与"反面朝上"的可能性相同吗？如果不同，哪种可能性大？

（5）投掷质地均匀的硬币，实验次数越多，正面朝上的次数和反面朝上的次数就越接近。这种说法对吗？

9.2.2 模拟实验：同时投掷两枚硬币

打开配套课件"同时投掷两枚硬币"，得到如图9-2-2所示的画面。

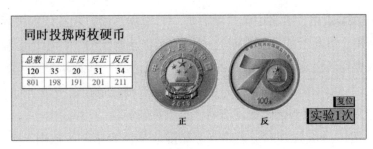

图 9-2-2

（1）单击"复位"按钮，表格中最后一行的数据清零，单击"实验1次"，两枚硬币依次出现正面图案或反面图案，得到1次实验的数据，表格中在其组合情况（"正正""正反""反正""反反"）栏加1，实验总数自动加1。继续单击"实验1次"可连续进行模拟实验。

（2）双击表格可以添加一行数据，添加后可以选择继续实验，数据累加，也可以"复位"清零后重新开始实验；按 Shift 键后双击表格，可以删除一行数据。

思考如下问题，并利用模拟实验验证：

（1）小明、小颖和小凡都想去看周末电影，但只有一张电影票，三人决定一起做掷硬币游戏，谁获胜谁就去看电影。游戏规则如下：连续掷两枚质地均匀的硬币，若两枚正面朝上，则小明获胜；若两枚反面朝上，则小颖获胜；若一枚正面朝上且另一枚反面朝上，则小凡获胜。你认为这个游戏公平吗？如果不公平，应如何修改游戏规则？

（2）小明和小颖做掷硬币游戏，规则是：连续掷两枚质地均匀的硬币，若两枚都是正面朝上或反面朝上则小明获胜，否则小颖获胜。你认为这个游戏公平吗？如果不公平，应如何修改游戏规则？

9.2.3 模拟实验：掷骰子

打开配套课件"掷骰子"，出现如图 9-2-3 所示的界面。

图 9-2-3

单击"复位"按钮,当前行的数据清零,单击"实验1次",画面上的骰子显示滚动动画后停留,停留画面的"点数"就是本次投掷的结果,表格中相应位置的数据加1,总数同时加1,以此可以进行多次掷骰子实验。

思考如下问题,并利用模拟实验验证:

(1)任意掷一枚质地均匀的骰子,下列哪些事件是必然事件、不可能事件或随机事件?事件1:掷出的点数不超过6;事件2:掷出的点数为10;事件3:掷出的点数为1。

(2)掷一枚质地均匀的骰子,会出现哪些可能的结果?每种结果出现的可能性相同吗?

(3)任意掷一枚质地均匀的骰子,掷出的点数大于4的概率是多少?掷出的点数是偶数的概率是多少?掷出的点数小于7的概率是多少?掷出的点数大于7的概率是多少?

打开配套课件"连续掷两枚骰子",出现如图9-2-4的界面。

图 9-2-4

单击"实验 1 次"按钮，图中的两枚骰子依次显示滚动动画后停留在某个面上，图片下方通过算式显示着两枚骰子的点数之和，表格中相应的点数之和位置上的数据加 1，总次数加 1，多次单击"实验 1 次"后，表格中记录着从 2 到 12 所有"点数之和"出现的次数及总的实验次数。

双击表格可以添加一行数据，按 Shift 键后双击表格会删除一行数据，单击"复位"按钮，当前行的数据清零，可以重新开始实验。

思考如下问题，并利用模拟实验验证：

（1）投掷一枚质地均匀的骰子，每投掷两次作为一次实验，求出两次的"点数之和"并记录。小明进行了 207 次实验并记录了各点数之和出现的次数，发现点数之和"6"出现的次数最多，为 33 次，小亮进行了 27 次实验并记录了各点数之和出现的次数，发现也是"6"出现的次数最多，为 6 次。由此是否可以断定该实验中，点数之和为 6 这一事件出现的概率最大？

（2）两人一起做游戏，游戏规则是：每人从正整数 2、3、4、……、12 中任选一个数，然后两人各投掷一次质地均匀的骰子，谁事先选择的数等于两人掷得的点数之和谁就获胜；如果掷得的点数之和与两个事先选择的数都不相等，就再做一次上述游戏，直至决出胜负。如果你是游戏者，且取得优先选数的资格，你会选择哪个数？

（3）小明和小颖做掷骰子游戏，两人各掷一枚质地均匀的骰子，若两人掷得的点数之和为奇数，则小明获胜，否则小颖获胜。这个游戏对双方公平吗？

（4）掷两枚质地均匀的骰子，求两枚骰子点数之和为偶数的概率。

9.2.4 模拟实验：随机转动的轮盘

用几何画板可以模拟转盘游戏。在配套课件"转盘游戏"中，设置了若干页面，不同页面可以实现不同的游戏功能。

根据游戏的不同需求，常常需要把转盘平均分为若干份，配套课件中设置了从 2 等分到 10 等分的转盘，以备需要，如图 9-2-5。下面以 5 等分的转盘为例说明使用方法。

图 9-2-5

（1）如图 9-2-6，轮盘的盘面被 5 等分，在每一份上单击右键可以更改其颜色，拖动标有"1"的扇形所在弧的端点处的小点，可以手动转动盘面，调整画面的初始位置，拖动指针顶端的小点可以手动转动指针，单击"转动 1次"按钮，指针保持不动而转盘随机转动后停止。

图 9-2-6

（2）单击"课件维护"按钮，出现如图 9-2-7 所示的画面，这里可以通过按钮隐藏和显示盘面的文字，还可以编辑盘面文字，方法是：用文本工具直接把画板上的数字改为需要的文字，则盘面上的文字也随之更改。更改完成后再次单击"课件维护"按钮，关闭文本编辑界面。

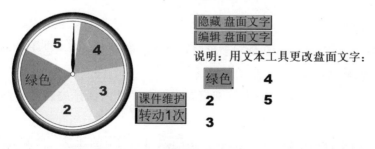

图 9-2-7

（3）课件还设置了一个由参数 n 控制的空白转盘，如图 9-2-8，直接输入 n 的值，转盘被自动 n 等分，如果转盘上出现白色区域，选择白色在顺时针方向的相邻区域，并按"Ctrl+1"组合键，则空白区域被填充，大片空白可以连续填充，填充后可以手动更改填充色。

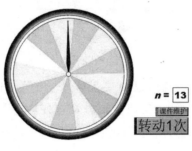

图 9-2-8

（4）课件还设置了把盘面分为 2 份、3 份、4 份和 5 份的自由划分方案。以 3 份为例，如图 9-2-9，拖动每个扇形的弧的端点可以自由改变区域的大小，单击"课件维护"按钮，除了可以隐藏、显示和编辑盘面文字，还可以通过输入圆心角的度数精确划分盘面区域。

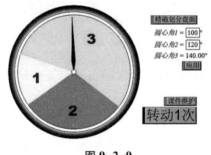

图 9-2-9

试进行如下活动：

活动一：如图 9-2-10 是一个可以自由转动的转盘，利用这个转盘与同学做游戏，游戏规则是：

（1）自由转动转盘，每人分别将转出的数字填入横排的四个方格中的任意一个。

（2）继续转动转盘，每人再将转出的数填入剩下的任意一个方格中。

（3）转动四次转盘后，每人将得到一个"四位数"。

（4）比较两人得到的"四位数"，谁的大谁就获胜。

图 9-2-10

多做几次上面的游戏，在游戏过程中，你的策略是什么？你积累了什么样的获胜经验？

活动二：转动如图 9-2-11 所示的转盘，并记录下各个数字出现的次数。

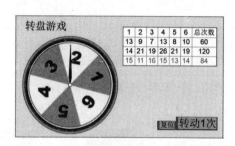

图 9-2-11

（1）小明转了 120 次转盘，结果"4"出现的次数最多，所以他认为如果再转一次转盘，转出 4 的可能性最大，你同意他的看法吗？

（2）求转出的数是"2"的倍数的概率。

（3）求转出的数是"3"的倍数的概率。

活动三：完成如下任务：

（1）请你对图 9-2-9 中的转盘进行适当设置，使得自由转动这个转盘，当它停止转动时，指针落在红色区域的概率为 $\frac{4}{9}$，落在白色区域的概率为 $\frac{1}{3}$，落在黄色区域的概率为 $\frac{2}{9}$。

（2）请你对图 9-2-8 中的转盘进行适当设置，使得自由转动这个转盘，当它停止转动时，指针落在红色区域的概率为 $\frac{4}{9}$，落在白色区域的概率为 $\frac{1}{3}$，落在黄色区域的概率为 $\dfrac{2}{9}$。

（3）请你对图 9-2-8 中的转盘进行适当设置，使得自由转动这个转盘，当它停止转动时，指针落在红色区域的概率为 $\dfrac{3}{8}$，落在白色区域的概率为 $\dfrac{3}{8}$，落在黄色区域的概率为 $\dfrac{1}{8}$。

9.2.5 模拟实验：配紫色

打开配套的课件"配紫色"，得到如图 9-2-12 所示的画面，单击"实验 1 次"，两个转盘分别转动，停止后指针所指的颜色被显示在中间的区域，如果恰好一边是红色另一边是蓝色，则红色和蓝色的重叠区域便是紫色。表格中记录着在多次实验中出现的各种颜色组合的次数和实验总次数，以及配成紫色的频率，当次数足够大时，我们可以用频率逼近概率。

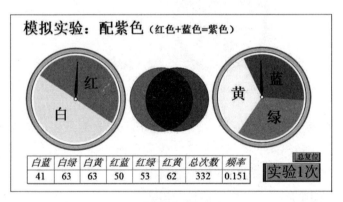

图 9-2-12

思考如下问题，并利用模拟实验加以验证：

（1）用图 9-2-12 中的转盘进行实验，配成紫色的概率是多少？

（2）如何设置一下两个转盘的颜色，使得配成紫色的概率为 $\dfrac{1}{3}$？

9.3 动画模拟随机性现象（二）

9.3.1 模拟实验：停落在黑砖上的概率

打开配套课件"停落在黑砖上的概率"，出现如图 9-3-1 所示的画面。画面上有一块 4×4 的地板空间，设想小球从一定的高度落下并在该区域内自由滚动，之后随机地停留在某块方砖上，该实验可模拟小球停留在黑砖上的概率。单击"实验 1 次"，黄色的小球随机出现在画面上，如果停在了黑砖上，图中卡通举出"YES"字样，次数被累加在表格中，否则举出"NO"字样。每次实验后表格中即时更新停落在黑砖上的频率。

思考并利用模拟实验验证：

在图 9-3-1 的地砖上，小球停留在黑砖上的概率是多少？如果地砖是如图 9-3-2 所示的形状，小球停留在黑砖上的概率又是多少呢？

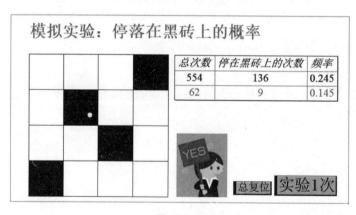

图 9-3-1

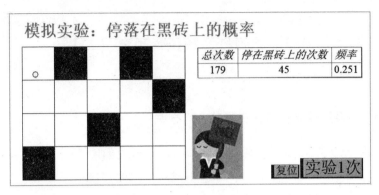

图 9-3-2

9.3.2　模拟实验：生肖相同的概率

打开配套课件"生肖相同的概率"，出现如图 9-3-3 所示的画面。画面的左侧罗列了 a、b、c、d、e、f 共 6 个参数，单击"实验 1 次"，系统自动随机地给这 6 个参数赋值，每个参数独立地获得 1~12 的某个整数并显示在画面上，如果这 6 个整数中有相同的数值，画面显示"√"，表格中的"有相同数次数"和"实验总次数"自动加 1，否则画面显示"×"，表格中只有"实验总次数"加 1，每实验 1 次有相同数的频率自动刷新。

图 9-3-3

思考下列问题，并用模拟实验进行探索：

（1）如果用 1~12 的不同整数分别代表 12 种不同的生肖，利用该模拟实验可以估算"6 人中有 2 个人生肖相同"的概率，根据你的探索，这个概率大约是多少？（精确到百分之一）

（2）小明进行了 230 次实验，得到有相同数的频率为 0.778，小亮进行了

350 次实验，得到的频率为 0.774，能否说明小亮的结果一定比小明的结果更接近该问题的概率？

（3）你几月过生日？如果要调查"6 个人中有 2 个人同月过生日"的概率大约是多少？可否利用如图 9-3-3 所示的课件进行模拟实验？

9.3.3　模拟实验：蒲丰投针

18 世纪，法国数学家蒲丰（又译布丰）提出了著名的"投针问题"：

在平面上画有一组间距为 a 的平行线，将一根长度为 l（$l \le a$）的针任意掷在这个平面上，求此针与平行线中任一条相交的概率。

蒲丰本人证明了这个概率是：$p = \dfrac{2l}{\pi a}$，由于它与圆周率 π 有关，于是人们想到利用投针试验来估计圆周率的值，即设在 n 次投针实验中有 m 次针与平行线相交，则 $p \approx \dfrac{m}{n}$，于是 $\dfrac{2l \cdot n}{am}$ 可用于模拟 π 的值。

打开配套课件"蒲丰投针"，单击画面上的"复位"按钮，显示如图 9-3-4 的界面。画面的主体部分画有若干条平行线，拖动平行线区域左上角的点可以改变平行线间的纵向宽度，拖动右下角的点可以改变平行线的横向长度，拖动左侧竖线上位于最下面一格中的点可以改变"投针"的长度。

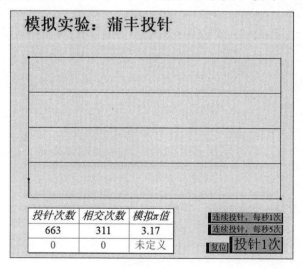

图 9-3-4

单击"投针 1 次"按钮，在随机位置按随机的方向投出一根针并显示在画面上，多次单击"投针 1 次"，会出现如图 9-3-5 的画面，表格中记录了投针的次数及针与平行线相交的次数，并实时刷新模拟的 π 值。课件还设置了连续投针的按钮，方便我们进行大次数的投针实验。

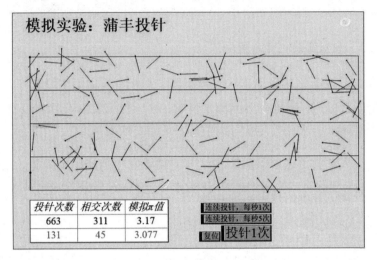

图 9-3-5

　　请你进行模拟实验，并在这一过程中观察模拟的 π 值整数位逐渐稳定在"3"上，十分位逐渐稳定在"1"上，百分位逐渐稳定在"4"上的过程，体会用频率模拟概率的合理性。

10　平移变换与旋转变换

【技术助学目标】

（1）借助几何画板绘制平移后的图形，理解图形平移的要素及图形平移的性质。

（2）借助动态演示理解图形平移与坐标之间的关系，在此基础上进一步理解两次及多次平移的合成变换与坐标之间的关系。

（3）借助几何画板绘制旋转后的图形，理解图形旋转的要素及图形旋转的性质，识别一个图形能否经原图形旋转得到。

（4）借助几何画板动态演示理解平移与旋转的合成变换。

（5）借助几何画板绘制中心对称图形，理解中心对称的性质，探索关于原点对称的点的坐标的关系。

（6）借助几何画板动态实验，识别构成复杂图案的基本图形和图形间的几何变换，理解构图规则。

（7）能利用几何画板，借助平移、旋转、轴对称等变换，设计简单的几何图案。

【技术学习目标】

（1）会用平移、旋转等命令，对图形进行平移和旋转变换。

（2）会用标记向量、标记角度命令实现图形的动态变换。

（3）能在几何画板中创建自定义变换，会使用自定义变换。

10.1 技术助学图形的平移

在平面内,将一个图形沿某个方向移动一定的距离,这样的图形运动称为平移。

在几何画板中,任意画一个点、一条线段或一个三角形的内部,使用"移动箭头工具"拖动这个点、这条线段或这个三角形的内部在画板上移动,这个拖动的过程就是平移。我们发现,平移不改变图形的形状。

在几何画板中,如何在保留原有图形的前提下,绘制平移后的图形呢?

10.1.1 用几何画板绘制平移后的图形

在几何画板中,绘制平移后的图形有两种方式:静态和动态。静态平移就是按固定的平移方向和距离平移,平移后的图形和原图形的相对位置是固定不变的;动态平移就是按标记的向量平移,平移后的图形的位置可随标记向量的改变而改变。

例1 按固定的方向和距离平移。

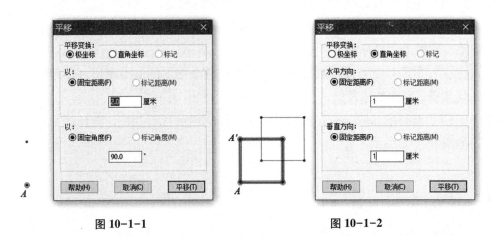

图 10-1-1 　　　　　　　　　　　图 10-1-2

(1)新建画板,如图10-1-1,画任意点 A,选择点 A,使用【变换】→【平移】命令,弹出如图10-1-1所示的对话框,在这个对话框中,勾选"极坐标",输入平移的距离2厘米,输入平移的角度90°,画板上就会预览到平移后的图形,单击"平移"按钮后就可以得到平移后的图形点 A'。

（2）选择点 A 和点 A'，按极坐标 $0°$ 平移 2 厘米，得到另外两个点，把这 4 个点顺次连接得到一个边长为 2 厘米的正方形。

（3）框选该正方形及其顶点，再次使用【变换】→【平移】命令，在弹出的对话框中选择"直角坐标"，如图 10-1-2，把水平距离和垂直距离都设为 1 厘米，单击"平移"，观察正方形平移后的图形。

（4）把平移后正方形的 4 个顶点和平移前的对应点分别连接，得到一个长方体。拖动这个长方体的顶点或棱，你能改变它的大小和形状吗？

例 2　按标记的向量平移。

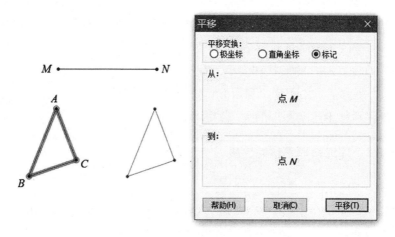

图 10-1-3

（1）如图 10-1-3，任意画一条线段 MN，按顺序依次选择点 M、N，利用【变换】→【标记向量】命令，则几何画板自动把以 M 为起点、N 为终点的向量标记为平移的向量。

（2）画任意 $\triangle ABC$，用拖框的方法选择该三角形及其顶点，利用【变换】→【平移】命令，在弹出的对话框中勾选"标记"，然后按"平移"按钮，即可得到平移后的 $\triangle A'B'C'$。

（3）用线段连接 $\triangle ABC$ 和 $\triangle A'B'C'$ 的对应顶点，并把线段设为虚线。构造 $\triangle ABC$ 的内部，在线段 AA' 上任取点 P，标记向量 AP，把 $\triangle ABC$ 的内部按标记的向量平移，如图 10-1-4。

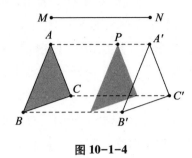

图 10-1-4

（4）拖动点 M 或点 N，观察△$A'B'C'$ 的位置的变化，确认：从△ABC 平移到△$A'B'C'$，平移的方向是从 M 指向 N 的方向，平移的距离是线段 MN 的长度。

（5）改变△ABC 的形状和大小，观察△$A'B'C'$ 的变化；拖动点 P 从 A 到 A'，确认。平移后的△$A'B'C'$ 和△ABC 是能够完全重合的。

结论：平移不改变图形的大小和形状。

10.1.2 探究图形平移的性质

利用图 10-1-4，进行如下探究：

（1）拖动点 P，使点 P 从点 A 的位置移动到点 A' 的位置，找出△ABC 三边的对应边和对应角。隐藏三角形的内部和点 P。

（2）参考图 10-1-5，度量△ABC 的三边的长度，度量△$A'B'C'$ 的三边的长度，观察对应边的长度有何关系。拖动点 A、B 或点 C 改变△ABC 的大小和形状，再次观察对应边的长度的关系。

（3）度量线段 AB 和 $A'B'$ 的斜率，观察两个斜率的值，说明 AB 和 $A'B'$ 有何位置关系。

（4）度量∠ABC 和∠$A'B'C'$ 的度数，观察两个角的关系，其他两对对应角也有这样的关系吗？如何验证？

（5）猜测线段 MN、AA'、BB'、CC' 的位置关系和数量关系，并在几何画板中进行验证。

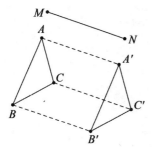

$AB = 2.97$厘米　　AB的斜率 $= 2.29$
$A'B' = 2.97$厘米　　$A'B'$的斜率 $= 2.29$

$\angle ABC = 38.42°$
$\angle A'B'C' = 38.42°$

$\overline{MN} = 3.41$厘米　　$\overline{MN}$的斜率 $= -0.34$
$\overline{BB'} = 3.41$厘米　　$\overline{AA'}$的斜率 $= -0.34$

图 10-1-5

通过以上探究，我们得到：一个图形经过平移得到另一个图形后，对应线段平行且相等，对应角相等，对应点的连线平行且相等。

参考图 10-1-6，思考：一个图形经过平移得到另一个图形后，对应线段有没有可能在同一条直线上？对应点的连线有没有可能在同一条直线上？请在几何画板中进行探究。

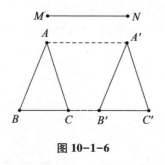

图 10-1-6

10.1.3 变化的鱼：位置与坐标

下面探究图形的平移与坐标变化之间的关系。

1. 图形平移导致的坐标变化

在平面直角坐标系中，一个图形沿 x 轴方向平移 a（$a>0$）个单位长度后的图形与原图形对应点的坐标之间有什么关系？如果图形沿 y 轴方向平移 b（$b>0$）个单位长度呢？

（1）打开配套课件，如图 10-1-7，图中有一个位置固定的 $\triangle ABC$ 和它平移后的 $\triangle A'B'C'$，它们的顶点的坐标显示在画板中，拖动 $\triangle A'B'C'$ 的内部，使之与 $\triangle ABC$ 重合，此时两个三角形的坐标是一致的，如图 10-1-8 所示。

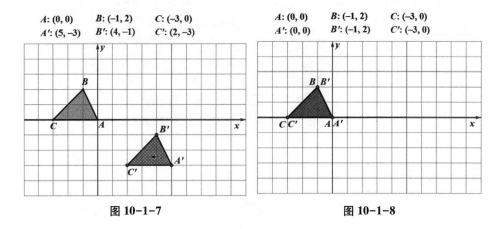

图 10-1-7		图 10-1-8

（2）如图 10-1-9，拖动△$A'B'C'$的内部，使之沿 x 轴正方向平移 1 个单位，观察其坐标有何变化。平移 2 个单位、5 个单位呢？如果沿 x 轴的反方向向左平移呢？

（3）如图 10-1-10，首先拖动△$A'B'C'$的内部，使之与△ABC 重合，沿 y 轴正方向拖动△$A'B'C'$的内部使之向上平移 1 个单位，观察其坐标有何变化？平移 2 个单位、5 个单位呢？如果沿 y 轴的反方向向下平移呢？

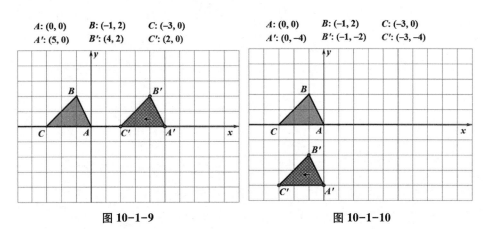

图 10-1-9	图 10-1-10

多次进行上述探究，你得到了什么结论？

结论：在平面直角坐标系中，一个图形沿 x 轴方向平移 a（$a>0$）个单位长度后，图形上点的横坐标都加 a，纵坐标不变；如果图形沿 y 轴方向平移 b（$b>0$）个单位长度，图形上点的纵坐标都加 b，横坐标不变；一个图形沿 x 轴方向平移 a 个单位长度，且沿 y 轴方向平移 b 个单位长度，图形上点的横坐标加 a 而纵坐标加 b。

如图 10-1-11，打开配套课件"变化的鱼-1"，验证上述结论。

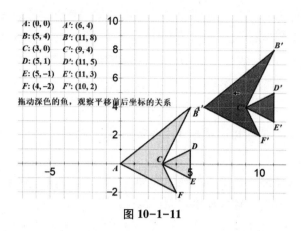

图 10-1-11

2. 坐标变化导致的图形平移

如果一个图形上所有点的横坐标都加 a，纵坐标都加 b，得到的图形会如何变化呢?

如图 10-1-12，打开配套课件"变化的鱼-2"，屏幕上有 A、B、C、D、E、F 六个点，这六个点的坐标显示在画板上，按 A、B、C、D、E、C、F、A 的顺序连线得到的"鱼"形图案也显示在画板上并用浅色填充，画板上有两个参数 a 和 b，把六个点中每个点的横坐标都加 a，纵坐标都加 b 后得到六个新的点 A'、B'、C'、D'、E'、F'，按图 10-1-12 的方式连线得到的"鱼"形图案也显示在画板上并用深色填充。

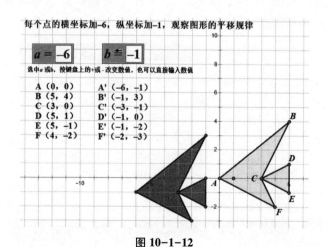

图 10-1-12

选中 a 或 b，按键盘上的"+"或"-"可以改变 a、b 数值，也可以直接输入 a 和 b 的数值，六个新点和深色的"鱼"形图案的位置也会相应改变。

试进行如下探究：

（1）改变 a、b 的值，使 $a=0$，$b=0$，则两个"鱼"形图案重合在一起。

（2）改变 a 的值，每次增加 1，观察"鱼"形图案的位置如何变化，每次减少 1 呢？

（3）改变 b 的值，每次增加 1，观察"鱼"形图案的位置如何变化，每次减少 1 呢？

结论：如果图形上每个点的横坐标加 a，纵坐标加 b，则原图形沿 x 轴方向平移 a 个单位，沿 y 轴方形平移 b 个单位。

3. 平移的合成和分解

把点 A 向右平移 3 厘米得到点 B，点 B 再向下平移 2 厘米得到点 C，这是两次平移，这两次平移可以合成 1 次平移，即从 A 到 C 的平移，平移的方向是从 A 指向 C 的方向，平移的距离是线段 AC 的长度。反过来，任意方向的一次平移也都可以分解为 x 轴方向和 y 轴方向上的两次平移。

在几何画板中，可以验证上述结论：

方法一：选择点 A，利用【平移】命令，在对话框中选直角坐标，水平方向距离输入 3，垂直方向距离输入 -2，平移后即得点 C。

方法二：两次平移到达点 C 后，度量 AC 的长度和 $\angle BAC$ 的度数，计算 $-\angle BAC$ 的度数，并把 AC 的长度和"$-\angle BAC$"分别标记为距离和角度，可以把点 A 一次性平移到点 C，如图 10-1-13。

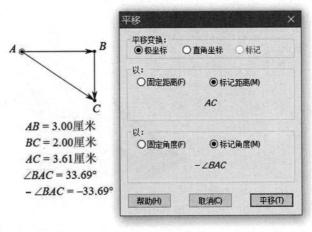

图 10-1-13

10.1.4　造桥选址问题的深度探索

造桥选址问题是一个典型的方案类最短途问题，充分地、多角度地探索可为学生搭建起解决问题的脚手架，帮学生积累丰富的数学活动经验。

1. 造桥选址问题

如图 10-1-14，A、B 两地在一条河的两岸，现要在河上造一座桥 MN。桥造在何处才能使从 A 到 B 的路径 $AMNB$ 最短？（假定河的两岸是平行的直线，桥要与河垂直）

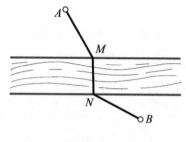

图 10-1-14

这是一个方案类最短途问题，初次接触此问题的学生普遍感到困难。主要难点有二：一是什么是"路径 $AMNB$ 最短"？二是如何画？当然，这两个问题是相关联的。

2. 学生尝试

学生尝试最多的是如下三种：

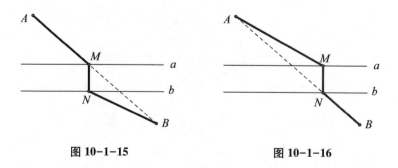

图 10-1-15　　　　　　　　图 10-1-16

学生尝试一：如图 10-1-15，连接 AB，交河岸 a 于点 M，作 $MN \perp b$，交 b 于点 N，则 $AMNB$ 是最短路线。

学生尝试二：与尝试一思路相同，但桥的位置不同，如图 10-1-16。

学生尝试三：把图 10-1-15 和图 10-1-16 结合一下，得到图 10-1-17。

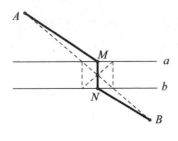

图 10-1-17

3. 师生探索

课堂上，可先让学生交流画法，再采用如下的步骤进行探索。

步骤一：理解什么是"路径 AMNB 最短"。

（1）用几何画板现场画图：画直线 a，过 a 外一点画直线 $b /\!/ a$，用 a 和 b 表示河的两岸，在河岸的两侧各取一点 A 和 B，在 a 上任取一点 M，过 M 作 $MN \perp a$ 交 b 于 N，用 MN 代表桥的位置，连 AM、NB，则 $AMNB$ 可代表从 A 到 B 的路径，如图 10-1-18。

（2）度量线段 AM、MN、NB 的长度，并计算它们的和。

（3）拖动点 M，则 $AM+MN+NB$ 的值发生变化，观察该值，不难发现，它确实存在一个最小值。

结论：确实存在一个桥的位置，使得 $AM+MN+NB$ 最小，此时"路径 $AMNB$ 最短"。

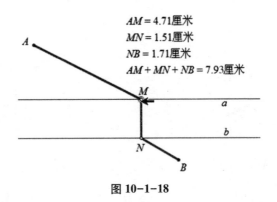

图 10-1-18

步骤二：判断学生的画法是否正确。

在同一个图上按学生的画法画出相应的桥的位置，拖动点 M，观察并制

表记录 $AM+MN+NB$ 的值，如果需要，可以更改 $AM+MN+NB$ 的值的精确度。不难发现，图 10-1-15 和图 10-1-16 中的画法是不正确的。对于图 10-1-17 的画法，有时不易发现其错误，此时，可拖动点 A 或点 B，使 A、B 离河岸的距离明显不等，如图 10-1-19，再次拖动点 M，仔细观察发现：图 10-1-17 中的画法也是错误的。

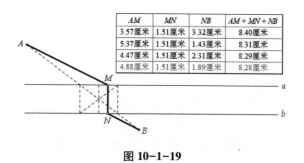

AM	MN	NB	AM + MN + NB
3.57厘米	1.51厘米	3.32厘米	8.40厘米
5.37厘米	1.51厘米	1.43厘米	8.31厘米
4.47厘米	1.51厘米	2.31厘米	8.29厘米
4.88厘米	1.51厘米	1.89厘米	8.28厘米

图 10-1-19

步骤三：寻找正确画法。

怎样确定桥的位置呢？

让学生充分讨论、发言，思维碰撞，并形成共识。如果需要，教师亦可在学生充分思考后做如下提示：

在拖动实验中，不难发现，不论桥 MN 在哪里，MN 的长度即河宽是不变的，也就是说，在拖动点 M 使 $AM+MN+NM$ 变化的过程中，MN 是一个不变值，因此，使 $AM+MN+NB$ 最小也就是使 $AM+NB$ 最小。

进一步，既然河宽 MN 是一定要计算在路径中的，就可以设想先走完这一段，也就是相当于把点 A 按向量 MN 平移到 A'，然后找出 A' 到 B 的最短路径 $A'B$ 就行了。

这样，便有了如下画法（画法一）：

（1）如图 10-1-20，向靠近河岸的方向平移 A 点到 A'，使 $AA' \perp a$，且 AA' 等于河宽。

（2）连接 $A'B$，交直线 b 于点 N，作 $NM \perp a$，交直线 a 于点 M。

（3）连接 AM、MN、NB。

则 MN 即为桥的位置，路径 A—M—N—B 即为从 A 经桥到 B 的最短路径。

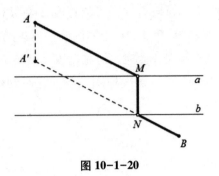

图 10-1-20

步骤四：验证画法的正确性。

（1）实验验证

拖动点 M，观察 $AM+MN+NB$ 的大小的变化情况，确认：当点 N 移动到 $A'B$ 与 b 的交点位置时，$AM+MN+NB$ 的值是最小的，如图 10-1-21。

AM	MN	NB	$AM+MN+NB$
3.58厘米	1.51厘米	3.28厘米	8.37厘米
5.38厘米	1.51厘米	1.38厘米	8.27厘米
4.48厘米	1.51厘米	2.27厘米	8.26厘米
4.85厘米	1.51厘米	1.88厘米	8.24厘米

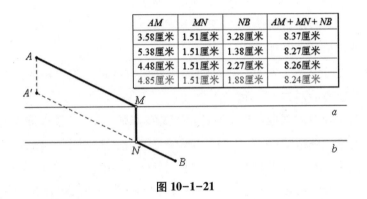

图 10-1-21

（2）证明画法的正确性

如图 10-1-22，假设桥建在另外一个位置 $M'N'$，连接 AM'、$M'N'$、$N'B$，则

$AM'+M'N'+N'B=A'N'+M'N'+N'B=（A'N'+N'B）+M'N'$，

$AM+MN+NB=A'N+MN+NB=（A'N+NB）+MN=A'B+MN$，

因为 $A'N'+N'B>A'B$，而 $M'N'=MN$，

所以 $AM'+M'N'+N'B>AM+MN+NB$。

这就说明，如果桥不建在 MN 的位置，从 A 到 B 的路径就变大，于是桥 MN 的位置，就是使路径最短的位置。

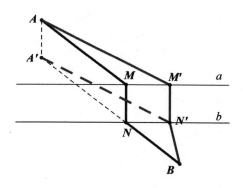

图 10-1-22

步骤五：进一步探究。

（1）对画法的进一步理解。

假如没有河，点 A' 到 B 的最短路线就是线段 $A'B$，现在有了一条河 b，如果要忽略河宽，无非是河把 $A'B$ 分成了 $A'N$ 和 NB，但是题目要求考虑河宽，又相当于把 $A'N$ 平移了一个河的宽度到达了 AM 的位置。如图 10-1-23。

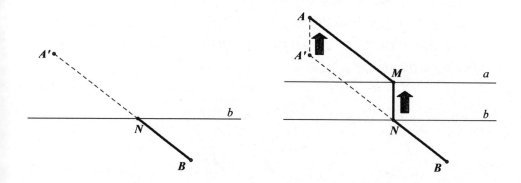

图 10-1-23

（2）对画法的再构造。

画法二：向河岸的方向平移点 B 到 B'，连接 AB' 交 a 于点 M，过 M 作 MN $\perp b$ 交 b 于点 N，则 MN 即为桥的位置，如图 10-1-24。

事实上，画法一和画法二得到的是同一个位置，如图 10-1-25。

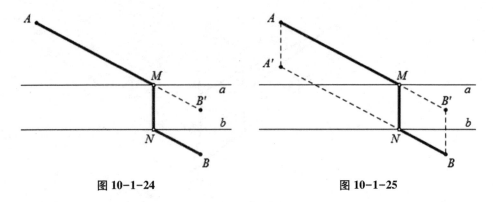

图 10-1-24   图 10-1-25

步骤六：反思，归纳。

怎样说明"最小"或"最短"呢？

本例中，为说明 $AM+MN+NB$ 最小，只要另取一位置 $M'N'$，说明新位置确定的路径比我们确定的位置路径大就可以了。

回想，在七年级曾做过的一个思考题：在四边形 $ABCD$ 的内部确定一点 P，使 $PA+PB+PC+PD$ 最小。解法：如图 10-1-26，连接 AC、BD，两对角线相交于点 P，则点 P 即为所求。

证明：在四边形 $ABCD$ 内另取一点 P'，连接 $P'A$、$P'B$、$P'C$、$P'D$，则有

$P'A+P'B+P'C+P'D=(P'A+P'C)+(P'B+P'D)>AC+BD=(PA+PC)+(PB+PD)=PA+PB+PC+PD$。

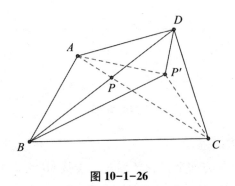

图 10-1-26

两题在说明"最小"时所用的思想方法是一致的。

10.2 技术助学图形的旋转

在配套课件中，有一些旋转的动画，如图 10-2-1，单击相应按钮，就可启动这些动画。

动画点   动画点   动画参数

图 10-2-1

在平面内，将一个图形绕一个定点按某个方向转动一个角度，这样的图形运动叫作旋转，这个定点叫作旋转中心，转动的角叫作旋转角。

在几何画板中，标记一点为旋转中心后，我们可以使用"旋转箭头工具"对任意的图形对象、图片等绕此点进行旋转。可以发现，旋转后原图形运动到了新的位置，但图形的大小和形状没有改变。

在几何画板中，还可以在保留原有图形不变的前提下，利用菜单命令得到其旋转后的图形。

10.2.1 用几何画板绘制旋转后的图形

在几何画板中，可以按固定的角度旋转，也可以按标记的角度旋转。

例 1 按固定的角度旋转。

试进行如下操作：

（1）新建画板，画线段 AB，双击点 A，或选择点 A 后使用【变换】→【标记中心】命令，则点 A 被标记为旋转中心。

（2）选择线段 AB 和点 B，使用【变换】→【旋转】命令，如图 10-2-2，弹出对话框后勾选"固定角度"，并输入 60，此时可预览到 AB 旋转后的图形，单击"旋转"后得线段 AB′，连接 BB′得到一个等边三角形。

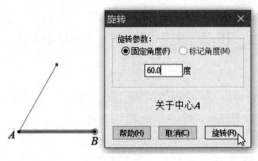

图 10-2-2

思考：在等边△ABB′的基础上，怎样得到一个含 60°角的菱形？

例 2　按标记的角度旋转。

（1）如图 10-2-3，画任意△ABC，在三角形外画任意点 O，过点 A 画 ⊙O，在⊙O 上画点 D，顺序选择点 A、O、D，执行【变换】→【标记角度】命令。

（2）双击点 O 标记为旋转中心，选择△ABC，利用【变换】→【旋转】命令，弹出对话框时勾选"标记"，单击"旋转"得到△DEF，拖动点 D，观察图形旋转的过程。

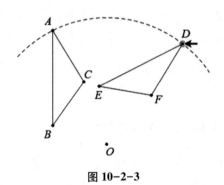

图 10-2-3

10.2.2　探究图形旋转的性质

试进行如下探究：

如图 10-2-4，在配套课件中，拖动点 D 与 A 重合，则△DEF 与△ABC 重合，拖动点 D，则△DEF 绕点 O 旋转，可见点 O 为旋转中心，点 A 与点 D 是一组对应顶点，∠AOD 是一个旋转角，图中还有哪些对应顶点？

（1）图中的对应线段有哪些？度量这些对应线段的长度，你有什么发现？

（2）图中的对应角有哪些？度量这些对应角的度数，你有什么发现？

（3）度量图中的对应点与点 O 的连线的长度，你有什么发现？找出每组对应点与点 O 所形成的夹角，度量这些夹角，观察它们的度数，你有什么发现？

（4）改变△ABC 的形状或大小，拖动点 D 改变旋转角的大小，观察度量值，你认为旋转后的图形有哪些性质？

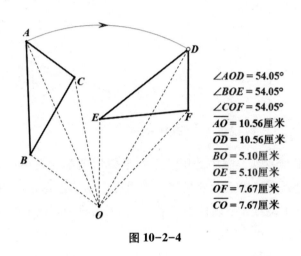

∠AOD = 54.05°
∠BOE = 54.05°
∠COF = 54.05°
$\overline{AO}$ = 10.56厘米
$\overline{OD}$ = 10.56厘米
$\overline{BO}$ = 5.10厘米
$\overline{OE}$ = 5.10厘米
$\overline{OF}$ = 7.67厘米
$\overline{CO}$ = 7.67厘米

图 10-2-4

结论：一个图形和它经过旋转所得到的图形中，对应点到旋转中心的距离相等，任意一组对应点与旋转中心的连线所成的角都等于旋转角，对应线段相等，对应角相等。

在配套课件中，利用如图 10-2-5 所示的图形进行探究，进一步验证上述结论。

实验探究：

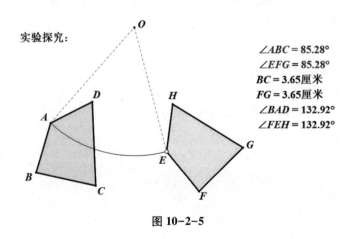

∠ABC = 85.28°
∠EFG = 85.28°
BC = 3.65厘米
FG = 3.65厘米
∠BAD = 132.92°
∠FEH = 132.92°

图 10-2-5

10.2.3 两个树形图案的重合

如图 10-2-6，你能对甲图案进行适当的运动变化，使它与乙图案重合吗？如果能，怎样操作可使它们重合？

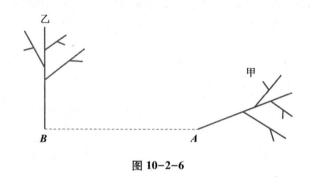

图 10-2-6

仔细观察不难发现，图中的甲、乙两个树形图案的大小形状完全相同，是全等的，问题是要给出运动变换使它们重合。由于乙图是"直立"的，首先想到的就是把甲绕点 A 旋转使之"直立"，然后再平移就可以了。这也是配套课件中给出的第一种方法。

方案一：旋转+平移

甲图案经旋转和平移两种运动变化而与乙重合。

在配套课件的"方案一"中，首先单击"显示对象"按钮，再单击"甲>>乙"按钮，则一个深色的树形图从甲的位置首先旋转"扶正"，然后平移与乙重合，单击"乙>>甲"则演示相反的过程。如图 10-2-7，课件中还有两个滑块，允许我们通过拖动滑块上的黄点手动实现上述过程，使探索过程更具操控性。

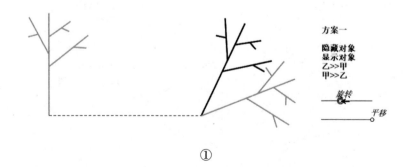

①

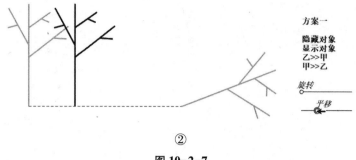

②

图 10-2-7

当然，旋转和平移的顺序可以交换，先将甲平移至乙处再进行旋转变换也是可以的。

方案二：旋转

甲图案也可以只经过一次旋转变换就与乙重合，此时寻找旋转中心就成了问题的关键。

在配套课件的"方案二"中，单击"提示"按钮，动画展现重合过程，整个过程分为两步：

（1）如图 10-2-8，画两组对应点连线的垂直平分线，构造其交点 O，该点就是旋转中心。

（2）显示深色的树形图，并从甲处绕点 O 旋转至乙处。

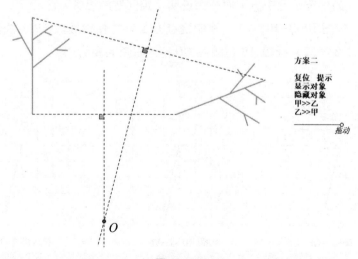

图 10-2-8

这一过程也可以手动操作，如图 10-2-9。

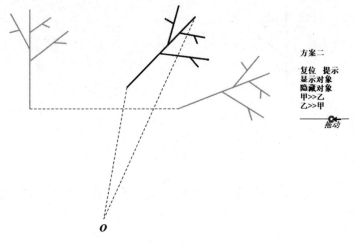

图 10-2-9

思考：一个图形经过任一旋转变换和平移变换后得到另一个图形，这两个图形是否都可以经过一次旋转而重合？如何设计几何画板实验验证你的结论？

10.2.4　网格中的旋转

课本中有许多以网格为背景的旋转问题，同样，这类问题近年来也不断出现在各地的中考试题中。下面举例说明这类问题的思考方法。

例1　如图 10-2-10，（1）你能绕点 O 旋转，使得线段 AB 与线段 CD 重合吗？为什么？（2）线段 AB 与线段 CD 能经过旋转重合吗？

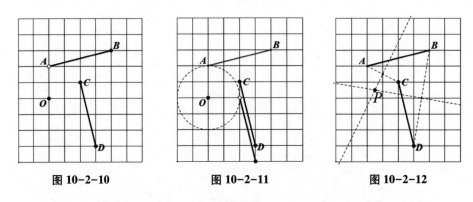

图 10-2-10　　　　图 10-2-11　　　　图 10-2-12

分析：由于图中 OA、OC、OB、OD 彼此不等，所以 AB 和 CD 不能通过绕点 O 旋转而重合。在配套课件中拖动黄色圆点，可演示线段 AB 绕点 O 旋转的过程，比如，可以旋转到如图 10-2-11 所示的位置，从该位置再向上平移一格可以与 CD 重合。也就是 AB 经过旋转和平移两次运动可以与 CD 重合，受本节树形图重合的启发，我们猜测 AB 和 CD 应该能够经过一次旋转而重合。为此我们按图 10-2-12，画 AC 和 BD 的垂直平分线相交于点 P，此时把 AB 绕点 P 顺时针旋转 90°即可与 CD 重合。这一过程可以在配套课件中手动演示。

例 2　如图 10-2-13，在正方形网格中，格点△ABC 绕某点顺时针旋转一个角 α（$0°<\alpha<180°$）得到格点△$A_1B_1C_1$，点 A 与点 A_1，点 B 与点 B_1，点 C 与点 C_1 是对应点，则 α=_____度。

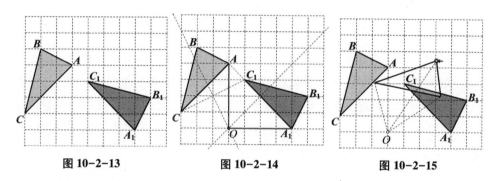

图 10-2-13　　　　　图 10-2-14　　　　　图 10-2-15

分析：和平移不同，旋转问题的难点在于，两个图形能否经过旋转得到往往不能通过观察直接得到，就像本题中的两个三角形。好在此题已经明确告知了两个三角形的旋转关系和对应顶点，所以思路相对简单：先确定旋转中心 O，再把一组对应顶点和 O 相连即可得到旋转角。根据"对应点到旋转中心的距离相等"的性质，旋转中心位于对应点连线的垂直平分线上。

在配套课件上，单击"显示提示"按钮，会画出 AA_1 和 CC_1 的垂直平分线，其交点为旋转中心 O，如图 10-2-14，再把任意一组对应点和 O 相连，比如，连接 AO、A_1O，则∠AOA_1 即为旋转角，显然∠AOA_1 = 90°，问题得解。单击"过渡对象按钮"，选中并拖动黄色圆点，可手动演示旋转过程，如图 10-2-15。

进一步探究：由前面的探索得知，一次旋转和一次平移可以合成为另一个旋转，那么反过来，一次旋转能否分解为一次平移加另一个旋转呢。本例中，点 C 和 C_1 为对应点，如果先把△ABC 平移，使点 C 和 C_1 重合，得到图 10-2-16，观察易知，再经过一次顺时针 90°的旋转就可和另一个三角形重合。这样也可以得到旋转角度是 90°。

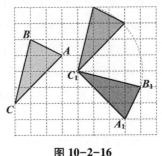

图 10-2-16

10.3　技术助学图形的中心对称

把一个图形绕着某一个点旋转 180°，如果它能够与另一个图形重合，那么就说这两个图形关于这个点对称或中心对称，这个点叫作对称中心。显然，中心对称是旋转的特殊情况，根据旋转的性质，成中心对称的两个图形是全等的，对应边平行且相等，对应角相等。

10.3.1　认识中心对称和中心对称图形

1. 验证两个图形成中心对称

观察图 10-3-1 中的两组图形，左边的图形经过怎样的运动变化就可以与右边的图形重合？

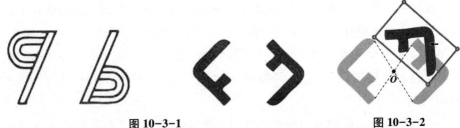

图 10-3-1　　　　　　　　　　　　　　　图 10-3-2

配套课件中，设置了实验探究，并有详细的操作提示：（1）要选用旋转箭头工具，不要选错了工具；（2）先双击点 O，再拖动左侧的图形，观察能否与右侧的图形重合。

根据提示，可以进行旋转操作，如图 10-3-2，通过实际操作，确认：左边的图形绕点 O 旋转 $180°$ 可与右边的图形重合，从而这两个图形是关于点 O 成中心对称的。

2. 验证一个图形是中心对称图形

把一个图形绕某个点旋转 $180°$，如果旋转后的图形能与原来的图形重合，那么这个图形叫作中心对称图形，这个点叫作它的对称中心。

在几何画板中，要验证一个图形是中心对称图形，可用如下方法：

方法一：用观察法找到对称中心，然后把整个图形绕对称中心旋转 $180°$ 后观察是否与原图形重合。这种方法容易产生两个问题：一是对中心对称图形来说，旋转后的图形和原图形重合后会观察不到旋转后的图形的存在；二是一旦中心位置确定不准确，则可能产生误判。

方法二：在画板上任意画一点 O，以此点为中心把一个图形旋转 $180°$ 得到另一个图形，拖动点 O，如果能使两个图形完全重合，则说明原图形是中心对称图形，且重合时点 O 的位置即是该图形的对称中心。如图 10-3-3，配套课件中设置了若干这样的例子供探究使用。

图 10-3-3

10.3.2　探索中心对称图形的性质

如图 10-3-4，把 $\triangle ABC$ 绕点 O 旋转 $180°$ 得到 $\triangle A'B'C'$，则两个三角形关于点 O 成中心对称。在配套课件中，拖动黄色圆点，则可把三角形的内部从一个三角形绕点 O 旋转至另一个三角形，体现中心对称的过程。连接点 O 和两个三角形的各顶点，易知点 A、O、A' 三点是共线的，分别度量各顶点到 O 的距离，观察度量值，改变 $\triangle ABC$ 的形状再次观察度量值。

结论：成中心对称的两个图形，对应点的连线经过对称中心，并被对称中心平分。

思考：图中线段 AB 和 $A'B'$ 有怎样的位置关系和数量关系？如何验证？

实验探究：

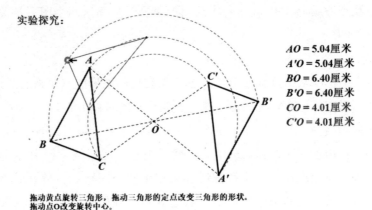

$AO = 5.04$ 厘米
$A'O = 5.04$ 厘米
$BO = 6.40$ 厘米
$B'O = 6.40$ 厘米
$CO = 4.01$ 厘米
$C'O = 4.01$ 厘米

拖动黄点旋转三角形，拖动三角形的定点改变三角形的形状。
拖动点O改变旋转中心。

图 10-3-4

10.3.3　认识旋转对称图形

一般来说，如果把一个图形绕着某一点旋转一定角度（小于360°）后，能够与原来的图形重合，那么这个图形叫作旋转对称图形。

在几何画板中，如何验证一个图形是旋转对称图形呢？

以等边三角形为例，在图 10-3-5 中，△ABC 为等边三角形，任意画两条边上的中线使之相交于点 O，过任一顶点画⊙O，在⊙O 上任画一个点 D，把 △ABC 及其内部绕点 O 按标记的角度 $\angle AOD$ 旋转得到一个三角形，隐藏 △ABC 的内部，拖动点 D，当点 D 与 A 重合时，两个三角形重合，当点 D 与 B 或 C 重合时，两个三角形再次重合，说明旋转角为120°（$\angle AOB$ 或 $\angle AOC$）时，△ABC 与其自身重合，正三角形是旋转对称图形。

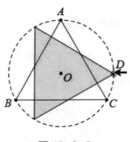

图 10-3-5

在配套课件中，还设置了探求正六边形、五角星、星形等图案的旋转对称性的实验操作，如图 10-3-6。

图 10-3-6

10.3.4 中心对称与图形分割

如图 10-3-7，画任意△ABC，取 AC 边的中点 M，把△ABC 绕点 M 旋转 180°得到△CDA，显然△ABC 和△CDA 是关于点 M 成中心对称的两个图形。这里，如果把四边形 ABCD 看成一个整体，那么它也是中心对称图形，且对称中心不变。反过来，如果把△ABC 和△CDA 看成由过四边形 ABCD 的对称中心的一条直线分割而成的两个图形，那么这两个图形关于 M 成中心对称。事实上，过 M 的任意一条直线把四边形 ABCD 分割成的两部分都是关于 M 成中心对称的，如图 10-3-8。

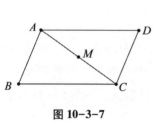

图 10-3-7

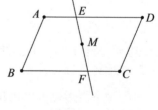

图 10-3-8

这里蕴含着这样的结论：如果把成中心对称的两个图形整体上看成一个图形，那么这个图形仍是中心对称图形，且对称中心不变。反过来，如果用过对称中心的任意一条直线把一个中心对称图形分割成两个图形，那么这两个图形也成中心对称，且对称中心不变。

思考如下问题，并在几何画板中画图验证你的想法：

（1）如何把一个正方形分割成全等的四部分？

（2）如何把图 10-3-9 中的每个图形分割成面积相等的两部分？

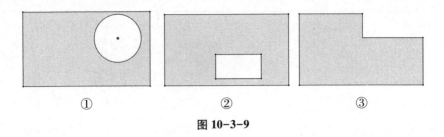

图 10-3-9

分析：（1）本题思路很多，其中一类思考方法就是利用中心对称图形的上述性质。因为正方形是中心对称图形，过对称中心的任意一条直线都可以将其分割为全等的两部分，过对称中心的任意两条互相垂直的直线都可以将其分割成全等的四部分。进而，在正方形的任意一边上任取一点，把该点和对称中心用线段、折线、弧线等相连，再把连线绕中心连续旋转 90° 三次，也可以把正方形分割成全等的四部分，如图 10-3-10。

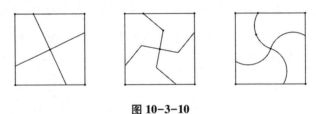

图 10-3-10

（2）图 10-3-9①中的图形本身不是中心对称图形，但可以看成中心对称图形的组合，分别找到它们的中心，过两个中心的直线就可把面积分为相等的两部分。另外两个图形也可以用相同的思路解决。如图 10-3-11。

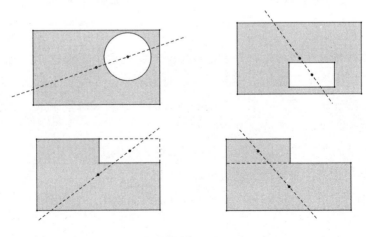

图 10-3-11

10.4　技术支持的图案设计

在初中数学教材中，"图案"是使用频率较高的一个词语，常见如下说法：银行徽标图案、交通标志图案、京剧脸谱图案、钱币图案、商标图案、剪纸图案、花边图案、窗棂图案、镶嵌图案、奥运五环图案等。可见，"图案"是一个外延较为宽泛的概念。

"图案"有广义和狭义之分。《辞海》（缩印本）对"图案"条目的解释是："广义指对某种器物的造型结构、色彩、纹饰进行工艺处理而事先设计的施工方案，制成图样，通称图案……狭义则指器物上的装饰纹样和色彩而言。"初中数学教材中，虽然没有对图案做严格的定义，但大家通常的理解是其狭义的概念，也就是图案是"有装饰意味的花纹或图形"。

使用信息技术支持图案设计教学，主要有以下优点：（1）完成手工绘图难以做到或根本做不到的设计任务；（2）动态展示图案的生成过程，揭示图案蕴含的数学变换；（3）分析复杂的图案，促进问题理解；（4）减少设计者的机械重复性操作，提高绘图效率。

10.4.1　美丽图案细分析

在现实生活中，我们经常见到一些美丽的图案，如图 10-4-1，你能用平移、旋转或轴对称分析图案的形成过程吗？

图 10-4-1

分析图案的形成过程，大致就是：先找到基本图案，然后分析基本图案经过怎样的几何变换得到了整个图案。事实上，如果我们能在几何画板中画出图案，则图案的形成过程也就清楚了，下面以图 10-4-1 中左侧第一个图案为例来分析。

1. 先来绘制这个图案

（1）新建画板，如图 10-4-2，画水平线段 AB 并设为中等实线，构造其中点 C，把点 C 绕点 A 旋转 120° 得到点 D，把点 B 按标记向量 AD 平移得到点 E，构造 □ABED 及其内部。

（2）如图 10-4-3，以 BE 为对称轴，把 □ABED 及其内部反射得到 □BG-FE，隐藏线段 BE，构造 EF 的中点 H，把点 F 绕点 H 旋转 60° 得到点 O。

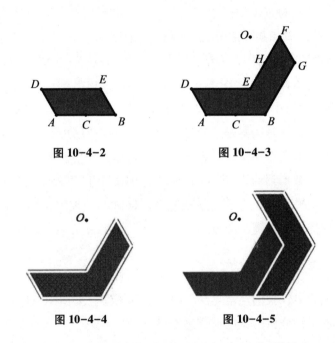

图 10-4-2　　　　　　图 10-4-3

图 10-4-4　　　　　　图 10-4-5

（3）隐藏除点 O 外的其他点，把线段的颜色设为背景色（通常为"白色"），双击点 O 标记为旋转中心，如图 10-4-4，拖框选中除点 O 外的图形，把所选图形绕点 O 旋转 60° 得到图 10-4-5，接着连续旋转 4 次，得到图 10-4-6。

图 10-4-6

分析：从作图过程可以看出，这个图形是由图 10-4-4 中选中的基本图案旋转而成，旋转中心是点 O，旋转角是 $60°$，旋转次数为 5 次。也可以把图 10-4-2 中的平行四边形看成基本图案，则图案的形成过程经过了轴对称和旋转两种变换。当然，我们在绘制平行四边形的过程中，使用了平移变换，所以在几何画板中绘制此图实际要用到平移、旋转、轴对称三种变换。

2. 图案的进一步分析

在上述绘图过程中，旋转中心 O 相对于图案是一个固定的点，绘制的图形除可以调整大小和位置之外，是一个静态的图案。如果我们绘制图案时，直接用点工具在画板上绘制一个自由点 O，再把图 10-4-4 中的基本图案旋转 5 次，就会得到一个可以变形的动态图案，此时拖动点 O 到不同的位置，就可以得到不同的图案，如图 10-4-7。也就是说，这些图案都是按相同的基本图案旋转 5 次得到，唯一不同的是旋转中心不同。大家可以按本节所述步骤自己绘图操作实验，也可以直接在配套课件中进行操作实验。

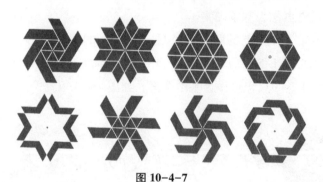

图 10-4-7

10.4.2 爬虫图案深探究

例1 欣赏图 10-4-8 的图案，并分析这个图案的形成过程。

图 10-4-8

（本例选自北师大版初中数学教材八年级下册第三章"图形的平移与旋转"第4节"简单的图案设计"。）

借助几何画板，可以对本例进行深度探究，过程如下。

探究一：整体感知，探索发现。

仔细观察图10-4-8，你有哪些发现？

通过观察、交流、展示、质疑、补充等环节，通过追问、反问、评价等对话形式，通过指一指、比画一下等活动形式，期望学生能有如下发现：

图案中有许多"爬虫"；"爬虫"有三种颜色；每只"爬虫"的形状、大小是相同的；"爬虫"对平面构成密铺；同色的"爬虫"之间是平移关系，不同色的相邻"爬虫"之间是旋转关系……

探究二：探究基本图案及构图方式。

看似复杂的图案，其实是由"基本图案"经过平移、旋转等几何变换得到的，你认为爬虫图案中的"基本图案"是什么呢？

（1）单只爬虫作为基本图案。

图案中共有三种颜色的爬虫，每只完整爬虫的大小和形状都是相同的，如果不考虑颜色，任何一只爬虫都可经过平移和旋转得到其他爬虫，因此，可以把其中的任意一只爬虫作为基本图案，如图10-4-9。

图 10-4-9

图10-4-9中的"基本图案"经旋转后再涂上不同的颜色，可得不同的爬虫组合，如图10-4-10。请找出如图10-4-10所示的各图中的旋转中心和旋转角度。

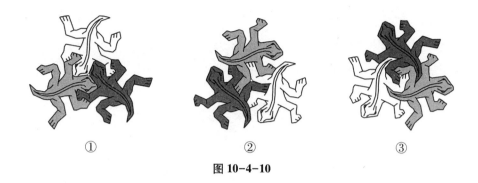

① ② ③

图 10-4-10

你能在图 10-4-8 中找到哪些可作为旋转中心的点？这些点的分布有什么规律吗？

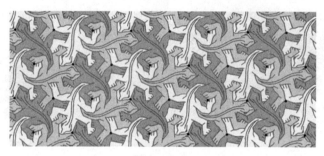

图 10-4-11

点拨：如图 10-4-11 中的各点都可以作为旋转中心，这些点都是一个正三角形网格的格点。

（2）三只爬虫的组合作为"基本图案"。

爬虫图案中，同色的爬虫之间是平移关系。请在图 10-4-11 中找出两条同色的爬虫，并说明平移的方向和距离。

如果把图 10-4-10 中的每个组合看成基本图案，怎样平移能得到爬虫图案呢？

点拨并演示：如图 10-4-12，分别以 A_1、A_2 为起点和终点，把该基本图案平移 2 次，再分别以 A_1、A_3 为起点和终点，把所得图形平移 2 次就得到图 10-4-13。

图 10-4-12

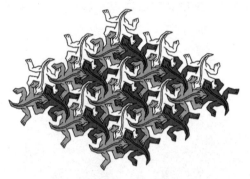

图 10-4-13

图 10-4-14

你能把图 10-4-10①用其他方法平移，也得到类似于图 10-4-13 的图案吗？提示：可参考图 10-4-14，事实上这样的点有许多组。

借助几何画板，把图 10-4-10 中各图作为基本图案，平移得到爬虫图案。

（3）多边形框中的"基本图案"。

除了图 10-4-9 和图 10-4-10 中的基本图案，你还能在图 10-4-8 中找到其他基本图案吗？

图 10-4-15

图 10-4-16

点拨：借助于图 10-4-11 中的点，可以选择一些多边形（比如，图 10-4-15 中的正六边形）内部的图案作为基本图案，经平移构成爬虫图案，如图

10-4-16。

思考：图 10-4-15 中菱形实线框内的图案能作为"基本图案"吗？

探究三：再探"基本图案"。

我们曾学过七巧板：在正方形纸板上按一定的方式画线分割，就可得到一副七巧板。本例中的爬虫能不能用类似的方法得到呢？

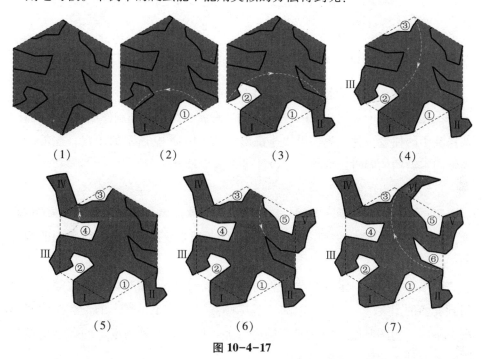

|（1）|（2）|（3）|（4）|
|（5）|（6）|（7）|

图 10-4-17

如图 10-4-17，把一张正六边形纸板分割成 7 块，再分别把某一块纸板旋转到另一个位置，就可以构成一副爬虫图的轮廓。结合图 10-4-17（2）—（7），指出每个图中旋转前后的对应图形，旋转中心，旋转方向和旋转角。

配套课件中，设置了按钮，可以用动画演示这个过程。

探究四：在拼图游戏中理解图案结构。

（1）单只爬虫作为基本图案的拼图游戏。

在几何画板中，把图 10-4-9 中的三种爬虫分别制作成自定义工具，交替使用这三个工具，可拼成如图 10-4-18 所示的图案。

图 10-4-18　　　　　　　　　　　　图 10-4-19

（2）爬虫组合作为基本图案的拼图游戏。

在几何画板中，把图 10-4-10 中的三种爬虫组合分别制作成自定义工具，选择其中的任意一种工具，可快速拼出如图 10-4-19 所示的图案，在进一步理解图案结构的同时，享受图案设计带来的成就感。

小结：盘点图案欣赏的方法。

爬虫图案是一种镶嵌图案，从数学的角度来欣赏，就要能识别镶嵌图案，会分析图中的"基本图案"，弄清楚图案中的数学变换，并感受图案中的构思和创意。

基本图案经过一定的数学变换——平移、旋转、轴对称、缩放等，可以得到美丽的图案。一个图案中的"基本图案"往往不是唯一的，选择的基本图案不同，构图所使用的几何变换也可能不同。弄清楚图案中的数学变换是理解图案结构和欣赏图案的基础。

图案中往往包含着一些精巧的构思和创意，这些构图的依据是几何原理，创意则来源于自然和生活，因此，优美的图案是联结数学与自然的桥梁，既让人感受到数学的真，也让人感受到自然的美，是真善美的统一。

10.4.3　自定义变换巧应用

在图案设计中，有时需要多次重复同一个动作，比如，把一个图形按同样的向量平移若干次，这时，使用几何画板中的自定义变换就可以快速完成这些重复动作。

例 1　使用自定义变换进行平移构图。

步骤如下：

（1）创建自定义变换：新建画板，画线段 *AB*，并顺序选择 *A*、*B* 标记为

向量，画任意点 C，按标记的向量平移得到点 C'，选择点 C 和点 C'，利用
【变换】→【创建自定义变换】命令，弹出如图 10-4-20 所示的对话框，根
据提示输入自定义变换名称，点击"确定"，自定义变换创建成功。此时，单
击【变换】菜单，就会发现我们刚创建的自定义变换出现在最下面一行中，
且被设置了快捷键 Ctrl+1。此时可以隐藏点 C 和 C'。

图 10-4-20

（2）画一条折线，选中折线，在键盘上连续按 Ctrl+1 组合键，则折线按
标记的向量连续平移构成图案，拖动点 B 或点 A 改变向量的方向和距离，或
拖动折线的端点改变折线的形状，观察图案的变化，如图 10-4-21。

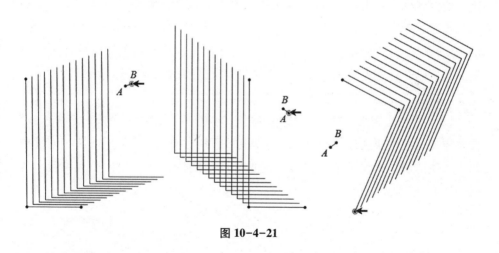

图 10-4-21

（3）画任意三点并构造过三点的弧，选中这段弧，在键盘上连续按 Ctrl+1
组合键构造图案，拖动点 B 或点 A 改变向量的方向和距离，或拖动弧上的点
改变弧的形状，观察图案的变化，如图 10-4-22。

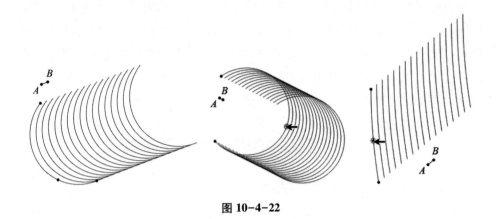

图 10-4-22

可见，自定义变换可以像正常菜单命令一样适用于不同的图形对象。

例 2　使用自定义变换进行旋转构图。

（1）创建自定义变换。在画板上任画一点 O，双击点 O 将其标记为中心，在点 O 附近任画一点 P，把点 P 绕点 O 旋转 15° 得到点 P'，选择点 P 和 P'，利用【变换】→【创建自定义变换】命令，弹出对话框后，根据提示输入自定义变换名称，点击"确定"，自定义变换创建成功。隐藏点 P 和 P'。

此时，单击【变换】菜单，在最下面一行中查看快捷键，本例中的快捷键是 Ctrl+2。几何画板中自定义变换的快捷方式是系统自动生成的，无须设置，其规则是：在本页中创建的第 1 个自定义变换的快捷键是 Ctrl+1，创建的第 2 个自定义变换的快捷键是 Ctrl+2，以此类推。

（2）使用自定义变换。如图 10-4-23，在点 O 附近画一个圆，选中该圆，按自定义变换的快捷键 Ctrl+2，就会得到该圆绕点 O 旋转 15° 后的圆，连续按同一个快捷键，很快画出一圈圆，改变中心 O 的位置或圆的大小和位置，观察图案的变化。

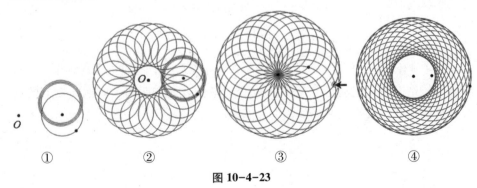

①　　　　②　　　　③　　　　④

图 10-4-23

（3）删除点 O 附近的圆，用自定义工具在点 O 附近画一个椭圆，连续使用自定义变换得到图案，改变圆心的位置，或椭圆的形状位置，观察图案的变化，如图 10-4-24。

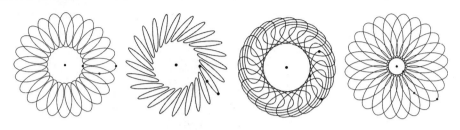

图 10-4-24

（4）把一个圆和一个椭圆同时选中，连续使用创建的自定义变换，可得图 10-4-25 中的太阳花图案。

图 10-4-25

说明：本例中创建的自定义变换是固定角度（15°）的旋转，也可以根据需要创建更为灵活的按标记的角度旋转的自定义变换。

例 3　多次变换合成的自定义变换。

（1）新建画板，如图 10-4-26，画线段 AB 并在其上画点 C，顺序选择点 A、B、C，使用【变换】→【标记比】命令；画一个圆并构造圆心角 $\angle DEF$，标记 $\angle DEF$ 为旋转角。

（2）画任意点 O、P，以 O 为中心把点 P 按标记比缩放得到点 P'，把点 P' 按标记角旋转得到点 P''，选择点 P 和 P''，创建自定义变换。隐藏点 P、P' 和 P''。

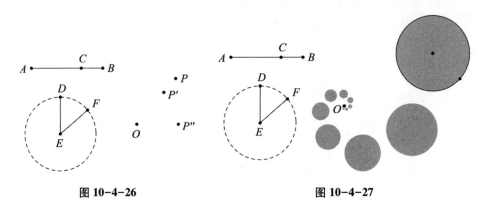

图 10-4-26   图 10-4-27

（3）在【变换】菜单中查看自定义变换的快捷键。在点 O 的附近画一个圆并构造其内部，选中圆的内部，连续使用自定义变换的快捷键得到一组圆构成的图案，如图 10-4-27。

（4）拖动点 C 改变缩放比，拖动点 F 改变旋转角，改变圆的大小和位置，观察图案的变化，如图 10-4-28 所示。

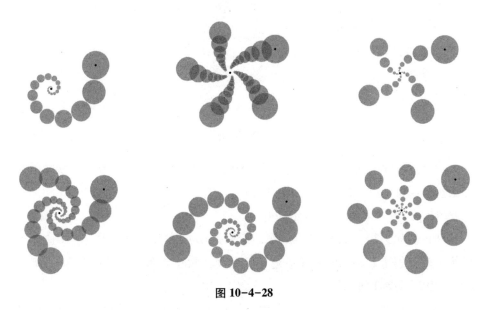

图 10-4-28

11　直角三角形与勾股定理

【技术助学目标】

（1）借助几何画板的度量计算等功能，探索直角三角形的性质：直角三角形两个锐角互余；直角三角形斜边的中线等于斜边的一半。探索直角三角形的角平分线、高线、中线及其交点的相关性质。

（2）借助几何画板探索判定两个直角三角形全等的 HL 定理。

（3）借助动态演示和实验操作，多角度探索勾股定理。

（4）借助几何画板，用拼图证法、达·芬奇证法、五巧板等多种方法验证勾股定理。

（5）借助几何画板动态演示，探索勾股定理在实际问题中的应用。

（6）用几何画板制作七巧板并探索其相关特点、性质，借助几何画板进行七巧板的趣味拼图。

（7）借助几何画板的数学实验探究，说明直角三角形的两边之比是内角的函数。

（8）借助几何画板探索特殊角的三角函数值。

（9）借助几何画板的实验操作，探索锐角三角函数的性质及互为余角的三角函数的关系，同角的正弦、余弦、正切之间的关系。

（10）借助几何画板，绘制三角函数的图像。

【技术学习目标】

（1）会创建和使用能"自动匹配画板对象"的自定义工具。

（2）熟悉几何画板的迭代功能，会用"迭代"命令，"添加新的映射"

命令，"深度迭代"命令，会使用几何画板的迭代功能创建复杂动态图形。

（3）会用参数设置动态颜色。

（4）会用几何画板的内部函数构造三角函数 $\sin x$，$\cos x$，$\tan x$ 的算式或函数。

11.1 用几何画板探索直角三角形

11.1.1 直角三角形两锐角的关系

探究一：直角三角形的两锐角互余。

这一性质很容易证明。事实上，因为三角形的内角和等于180°，而直角三角形中的直角是90°，所以两个锐角的和等于180°-90°=90°，即得：直角三角形的两锐角互余。

在几何画板中，可以利用度量功能验证这一性质。

方法一：如图 11-1-1，画线段 BC，以 BC 为直角边构造 Rt△ABC，度量两个锐角∠BAC 和∠CBA 的度数，并构造算式，计算两锐角之和。拖动点 A，观察度量值及算式的值的变化，我们发现，虽然两锐角的度数随点 A 的移动不断变化，但它们的和始终保持90°不变，从而结论得以验证。

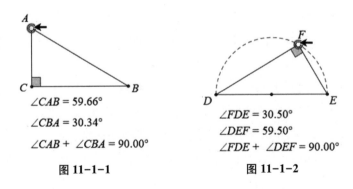

图 11-1-1　　　　　　　　　图 11-1-2

方法二：参考图 11-1-2，以 DE 为斜边构造 Rt△DEF，度量∠D 和∠E 的度数，构造算式求出∠D 和∠E 的和，拖动点 F，观察发现：虽然∠D 和∠E 的度数随点 F 位置的移动不断变化，但它们的和始终保持90°不变，从而结论得以验证。

探索二：在直角三角形中，如果一个锐角等于30°，那么它所对的直角边等于斜边的一半

如图11-1-3，画△ABC，使∠ACB=90°，∠BAC=30°，度量BC和AB的长度，你有什么发现？双击AC标记镜面（对称轴），把△ABC进行反射（轴对称）变换得到△AB′C，思考：点B、C、B′三点共线吗？△ABB′是什么三角形？由此得到什么结论？

结论：在直角三角形中，如果一个锐角等于30°，那么它所对的直角边等于斜边的一半。

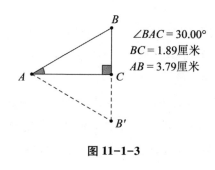

∠BAC = 30.00°
BC = 1.89厘米
AB = 3.79厘米

图11-1-3

11.1.2　直角三角形的高、中线和角平分线

我们知道，任意三角形的三条高所在的直线相交于一点，三条中线相交于一点，三条角平分线相交于一点。显然这些结论对于直角三角形仍是成立的，那么这些性质在直角三角形中有什么特别之处吗？试进行如下探究：

（1）新建画板，如图11-1-4，画一个直角三角形并尝试画出它的三边的高，我们发现：任意一条直角边就是另一条直角边上的高，所以直角顶点A就是两条高的交点，而斜边上的高也是过直角顶点的，所以直角三角形三条高的交点就是其直角顶点A。这是直角三角形区别于锐角三角形和钝角三角形的一个性质。

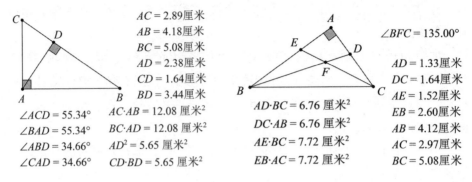

$AC = 2.89$厘米
$AB = 4.18$厘米
$BC = 5.08$厘米
$AD = 2.38$厘米
$CD = 1.64$厘米
$BD = 3.44$厘米

$\angle ACD = 55.34°$　$AC \cdot AB = 12.08$ 厘米^2
$\angle BAD = 55.34°$　$BC \cdot AD = 12.08$ 厘米^2
$\angle ABD = 34.66°$　$AD^2 = 5.65$ 厘米^2
$\angle CAD = 34.66°$　$CD \cdot BD = 5.65$ 厘米^2

图 11-1-4

$\angle BFC = 135.00°$

$AD \cdot BC = 6.76$ 厘米^2
$DC \cdot AB = 6.76$ 厘米^2
$AE \cdot BC = 7.72$ 厘米^2
$EB \cdot AC = 7.72$ 厘米^2

$AD = 1.33$厘米
$DC = 1.64$厘米
$AE = 1.52$厘米
$EB = 2.60$厘米
$AB = 4.12$厘米
$AC = 2.97$厘米
$BC = 5.08$厘米

图 11-1-5

　　如图 11-1-4，画 Rt$\triangle ABC$ 斜边 BC 上的高 AD，度量图中的所有锐角，你有什么发现？度量所有线段的长度，构造算式 $AC \cdot AB$，$BC \cdot AD$，AD^2，$CD \cdot BD$，观察这些算式的值，你有什么发现？

　　(2) 如图 11-1-5，画 Rt$\triangle ABC$，并构造两个锐角的角平分线 BD 和 CE，设其交点为 F，度量 $\angle BFC$，改变 $\triangle ABC$ 的形状，你有什么发现？思考：为什么总有 $\angle BFC = 135°$？度量图中各线段的长度并构造算式 $AD \cdot BC$，$DC \cdot AB$，$AE \cdot BC$，$EB \cdot AC$，你又有什么发现？

　　(3) 如图 11-1-6，画 Rt$\triangle ABC$，并画出各边的中线 AD、BE、CF 和它们的交点 G，度量图中各线段的长度，观察与发现：CG 的长度和 GF 的长度有什么关系？AG 和 GD 呢？BG 和 GE 呢？你怎样验证这些关系？三条中线把 $\triangle ABC$ 分割成了 6 个小三角形，度量它们的面积，你有什么发现？思考：为什么会有这样的关系？

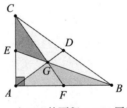

$\triangle EGC$的面积 $= 1.04$ 厘米^2
$\triangle FGB$的面积 $= 1.04$ 厘米^2
$CG = 2.44$厘米
$GF = 1.22$厘米
$CB = 5.14$厘米
$AD = 2.57$厘米

图 11-1-6

11.1.3 直角三角形斜边的中线

（1）如图 11-1-7，画 Rt△ABC，并画斜边 BC 的中线 AD，度量 AD 和 BC 的长度，观察它们的关系并构造算式验证这种关系。因为 $CD=BD$，把△ADC 绕点 D 旋转 $180°$ 得到△$A'DB$，结合图 11-1-7，你能否证明 $AD=\dfrac{1}{2}BC$。结论：直角三角形斜边上的中线等于斜边的一半。

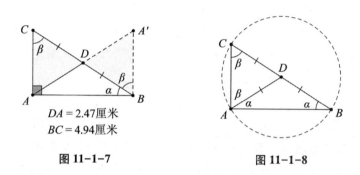

$DA=2.47$ 厘米
$BC=4.94$ 厘米

图 11-1-7

图 11-1-8

（2）如图 11-1-8，画线段 BC 并构造其中点 D，过 B 画 $\odot D$，则 BC 是 $\odot D$ 的直径，在圆上任画一点 A，连接 AC、AB、AD，其中 AD 是 $\odot D$ 的半径，则△ABC 具有这样的特点：一边 BC 的中线 AD 等于 BC 的一半。结合图中标注的角，说明图中的 $\angle BAC=90°$。结论：如果一个三角形一边上的中线等于这边的一半，那么这个三角形是直角三角形。

11.2 用几何画板探索勾股定理

勾股定理是平面几何中的重要定理，它揭示了直角三角形三边之间的数量关系，既是对直角三角形性质的拓展，又为后续学习四边形、函数、解直角三角形等知识做准备。它紧密联系了数学中两个最基本的量——数与形，能够把形的特征转化为数量关系，堪称数形结合的典范，在理论上有着重要的地位，在现实世界中也有着广泛的应用。

勾股定理承载着厚重的历史文化因素。在我国古代，人们将直角三角形中，短的直角边叫作勾，长的直角边叫作股，斜边叫作弦。据我国古算书《周髀算经》记载，约公元前 1100 年，人们已经知道，如果勾是三，股是四，那么弦是五。在国外，相传在公元前 550 年前后，希腊的毕达哥拉斯学派首先证明了勾股定理，因此在国外人们通常称这一定理为毕达哥拉斯定理。

勾股定理的教学历来深受重视，信息技术的发展也为探索和应用勾股定理提供了更优越的工具和手段。本节将提供一些借助技术支持探索勾股定理的思路和案例。

11.2.1 网格的快速绘制

工欲善其事，必先利其器。探索勾股定理离不开画图，除了直角三角形，还常常需要绘制网格、正方形、弦图等，快速绘制这些图形既能为探索勾股定理提供便利和前提，也能使师生把更多宝贵的精力用于探索定理本身。

例 1　利用几何画板快速绘制网格。

步骤如下：

（1）新建画板，画点 A，把点 A 按极坐标 90°平移 1cm 得到点 B，选择点 A 和点 B，创建自定义变换"$A \rightarrow B$ 变换"，系统自动设置快捷键"Ctrl+1"；把点 A 按极坐标 0°平移 1cm 得到点 C，选择点 A 和点 C，创建自定义变换"$A \rightarrow C$ 变换"，系统自动设置快捷键"Ctrl+2"。

（2）如图 11-2-1，选择点 B，连续按"Ctrl+1"4 次得到 4 个点，设最后一个点的标签为 B'，画线段 AB' 并设为浅色细虚线，选择点 B 到 B' 之间的 5 个点和线段 AB'，连续按"Ctrl+2"5 次，得到网格中的竖线及大部分格点；选择点 C，连续按"Ctrl+2"4 次得到 4 个点，设最后一个点的标签为 C'，画线段 AC' 并设为浅色细虚线，选择线段 AC' 并按"Ctrl+1"5 次，得到一个完整的 5cm×5cm 的网格及其格点。把网格中的格点设为"最小"。

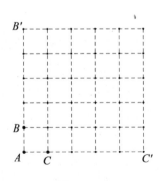

图 11-2-1

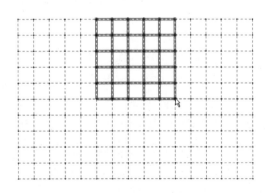

图 11-2-2

（3）隐藏各点的标签，框选网格及格点，创建自定义工具"5cm×5cm 网格"。选择此工具，只需几次单击，就可以快速绘制出诸如 10cm×5cm，35cm×20cm 等横纵网格数都是 5 的倍数的更大的网格。

说明：（1）例 1 的步骤仅是一个举例，即使不创建自定义工具，也可以用此法快速绘制出 $m×n$（m，n 为整数）的网格。（2）此例创建的网格中的小正方形以 1cm 为边长，好处是可以在后续探索勾股定理时，度量面积等不用换算单位。当然，如果不涉及度量，也可以绘制更为灵活的单位长度可调整的网格。

例 2　快速绘制可调大小的网格。

步骤如下：

（1）如图 11-2-3，新建画板，画点 A，把点 A 按极坐标 90°平移 1cm 得到点 A'，构造射线 AA'，任意画一条线段 a，以 A 为圆心、a 为半径画圆交射线 AA' 于点 B，把点 B 绕点 A 旋转-90°得点 C，隐藏⊙A 及点 A'。

（2）把本例中的 A、B、C 代替例 1 中的 A、B、C，按例 1 的步骤创建自定义变换，并绘制一个以点 A 为左下角端点的 5×5 的网格，其中网格中每个小正方形的边长都等于 a。在线段 a 上点右键选"属性"，在弹出的对话框中勾选"在自定义工具中使用标签"。如图 11-2-4，选择线段 a（注意不要选择线段 a 的两个端点）和网格，创建自定义工具，把工具名称设为"5×5 网格"，并勾选"显示脚本视图（S）"选项，单击确定按钮。

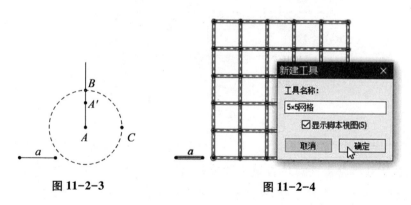

图 11-2-3　　　　　　　　　图 11-2-4

（3）如图 11-2-5，在脚本视图中，双击作为"前提条件"的"距离 a"，在弹出的对话框中勾选"自动匹配画板中的对象"，确定后观察脚本视图，我们发现，"距离 a"已经由"前提条件"变为"假设"，如图 11-2-6 所示，关闭脚本视图。

图 11-2-5

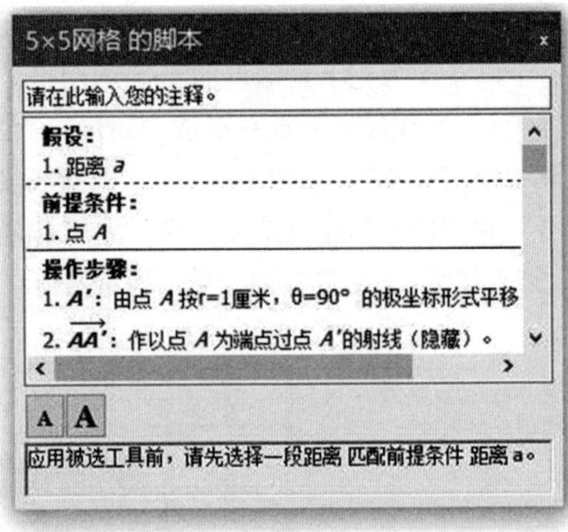

图 11-2-6

（4）使用刚创建的自定义工具"5×5 网格"，如果画板上已经存在标签为
a 的线段，在屏幕上任意位置单击即可画出一个 5×5 的网格；如果当前画板
上没有标签为 a 的线段，则在画板上前两次单击会首先画出一条线段 a，再次
单击画出一个 5×5 的网格，可以连续绘制出 $5m×5n$（m、n 为整数）的网格，
画出网格后拖动线段 a 的端点，单位网格的大小随 a 的改变而改变。如图 11-
2-7。

图 11-2-7

以上介绍了网格的绘制方法。事实上，几何画板中的坐标是自带网格的，配合直角坐标网格和自动吸附网格功能进行数学探究也是一个不错的选择。但是因为自带的坐标网格充满了整个屏幕，干扰了其他对象的显示，所以绘制网格在许多场合仍然是需要的。

例3 创建自定义工具：正方形。

步骤如下：如图 11-2-8，画线段 AB，把线型设为"中等"，以 A 为中心把点 B 和线段 AB 旋转 90° 得到线段 AB'，以 B' 为中心把点 A 和线段 AB' 旋转 90° 得到线段 $B'A'$，连接 $A'B$，得到正方形 $ABA'B'$，构造其内部。隐藏各点的标签，选中正方形及其内部创建自定义工具"正方形"。使用此工具，在画板上画一条线段的同时，自动画出以该线段为边的正方形及其内部，快捷高效，非常实用。

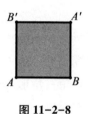

图 11-2-8

在探讨勾股定理的过程中，由 4 个直角三角形拼成的"弦图"是个使用较多的图形，可以创建成自定义工具方便使用。

例4 绘制"弦图"。

步骤如下：

（1）如图 11-2-9，画线段 AB，以 AB 为直径画 $\odot O$，在 $\odot O$ 上画任一点 C，连接 AC、BC 得到 Rt$\triangle ABC$，构造 $\triangle ABC$ 的内部。

（2）以 O 为中心，把点 B 旋转 90° 得到点 P，以 P 为中心把 $\triangle ABC$ 及其内部连续旋转 90° 三次，隐藏点 O、$\odot O$、点 P，隐藏点的标签，创建自定义工具"弦图"。

使用此工具，在画板上从一点拖动到另一点，即能快速绘出弦图，拖动直角三角形的直角顶点，即可改变弦图的形状，如图11-2-10所示。

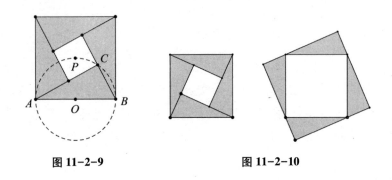

图11-2-9　　　　　　　　图11-2-10

11.2.2　探索勾股定理

探索勾股定理可以有各种不同的思路，本节给出一种思路，并重点说明在探索过程中技术的使用方法。

环节一：创设情境，提出问题

问题：两船从同一地点出发，甲船向正北方向航行，乙船向正东方向航行，一段时间后，甲船距出发地3海里，乙船离出发地4海里，此时两船相距多远？

学生思考、画图、探索、求解。

环节二：师生互动，交流探究

画图，并把问题转化为已知直角三角形的两直角边求斜边的问题。

学生可以通过测量得出结果5海里。

问题变式：如图11-2-11，把数字3、4分别改为4、4，则测量不再准确。那么有没有一个方法使结果准确？

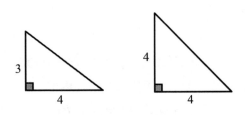

图11-2-11

比如，在方格纸中求出以斜边为边长的正方形的面积。如果其面积是准确的，则边长就是准确的。

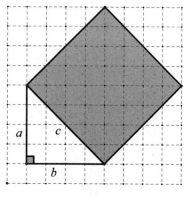

图 11-2-12

如图 11-2-12，创建表格，记录直角边 a、b 的边长和正方形（以斜边为边长）的面积：4，4，32。

原问题中直角三角形两边长为 3，4，求斜边，能用求面积的方法解决吗？怎么求？请你在图 11-2-13 方格纸上试一试。

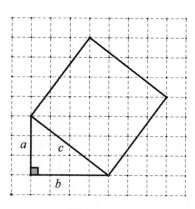

图 11-2-13

解法一：如图 11-2-14，用大正方形面积减去四个直角三角形的面积：

$$(3+4)^2 - 4 \times \frac{1}{2} \times 4 \times 3 = 49 - 24 = 25$$

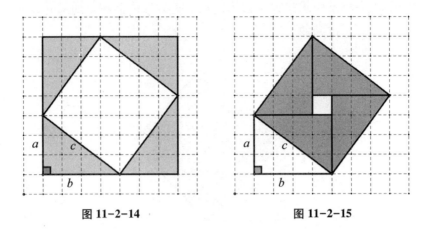

图 11-2-14   图 11-2-15

解法二：如图 11-2-15，用中间小正方形的面积加上四个直角三角形的面积：

$$(4-3)^2+4\times\frac{1}{2}\times4\times3=1+24=25$$

记录直角边 a、b 的边长和正方形的面积（斜边平方）：3，4，25。

环节三：探索发现，验证猜想

请你在方格纸上求出当两直角边长分别是 1、3 时，以斜边为边长的正方形的面积。

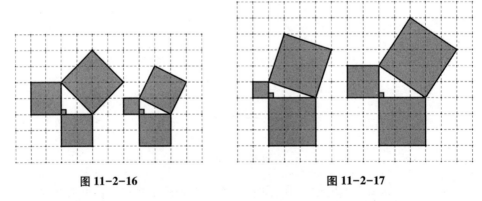

图 11-2-16   图 11-2-17

参考图 11-2-16 和图 11-2-17 进行更多探究，并填写表格：

直角边 a	直角边 b	斜边平方
4	4	32
3	4	25
1	3	10
1	2	5
2	3	13
1	4	17
……	……	……

你能否发现其中的规律?

我们发现,总有:$a^2+b^2=c^2$。

环节四:在更多直角三角形中验证

刚才的探索被限定在网格中,边长都是整数,对于任意的直角三角形,上述发现是否正确呢?

如图 11-2-18,在几何画板中画一个直角三角形,度量其三边 a、b、c,构造算式 a^2+b^2 和 c^2,并制表,改变三角形的边长,双击表格添加数据,验证:对任意直角三角形,总有 $a^2+b^2=c^2$。

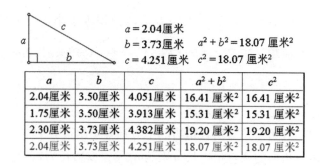

图 11-2-18

环节五:在任意三角形中尝试

如图 11-2-19,画任意△ABC,度量三边的长 a、b、c,使 c 为最长的边,构造算式 a^2+b^2 和 c^2,我们发现,当∠$C \neq 90°$时,结论 $a^2+b^2=c^2$ 不成立。

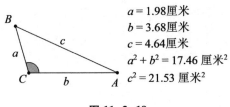

$a = 1.98$厘米
$b = 3.68$厘米
$c = 4.64$厘米
$a^2 + b^2 = 17.46$ 厘米^2
$c^2 = 21.53$ 厘米^2

图 11-2-19

环节六：整理分析，得出结论

绘制弦图 11-2-20，大正方形的面积是：$(a+b)^2 = a^2 + 2ab + b^2$，另一方面，此面积 $= c^2 + 4 \times \dfrac{1}{2} \times a \times b = c^2 + 2ab$，比较，得 $a^2 + b^2 = c^2$。多么简洁漂亮的式子！

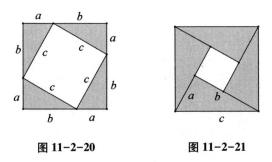

图 11-2-20　　　　图 11-2-21

再探：绘制弦图 11-2-21，大正方形的面积等于小正方形的面积加上 4 个直角三角形的面积，于是：$c^2 = (b-a)^2 + 4 \times \dfrac{1}{2} \times a \times b = a^2 - 2ab + b^2 + 2ab = a^2 + b^2$，即 $a^2 + b^2 = c^2$。

环节七：描述定理，巩固延伸

勾股定理：直角三角形两直角边的平方和等于斜边的平方。

如果直角三角形的两直角边长分别为 a、b，斜边长为 c，那么 $a^2 + b^2 = c^2$。

学生自主阅读课本上对勾股定理的介绍，感受勾股定理承载的厚重的历史文化。

11.2.3　勾股定理的拼图证法

勾股定理的证明方法据说多达 400 多种，这里罗列几种简单易理解的拼图证法供参考。

证法一：伽菲尔德证法

利用图 11-2-20 中的弦图，我们已经验证了勾股定理。其实，只用该弦图的一半也可验证勾股定理，这一方法是美国前总统伽菲尔德于 1876 年首先使用的。

如图 11-2-22，利用等面积法，直角梯形面积为 $\frac{1}{2}(a+b)(a+b)$，另一方面，它还是三个直角三角形面积之和，即 $2\times\frac{1}{2}ab+\frac{1}{2}c^2$，于是 $\frac{1}{2}(a+b)(a+b)=2\times\frac{1}{2}ab+\frac{1}{2}c^2$，整理即得 $a^2+b^2=c^2$。

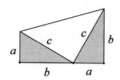

图 11-2-22

证法二：毕达哥拉斯证法

据传毕达哥拉斯当年借助如图 11-2-23 或图 11-2-24 所示的图形验证了勾股定理。

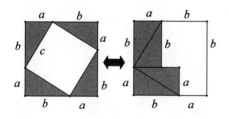

图 11-2-23

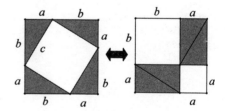

图 11-2-24

证法三：古印度的"无字证明"

如图 11-2-25 中，过右上角的正方形的对称中心画水平线和竖直线将其分为 4 部分，这 4 部分连同左上角的最小正方形一起恰好拼成下方最大的正方形，从而证明勾股定理，真可谓无字而证明。

证法四：等积变形

配套课件中，还有几个通过等积变形验证勾股定理的动画，图 11-2-26

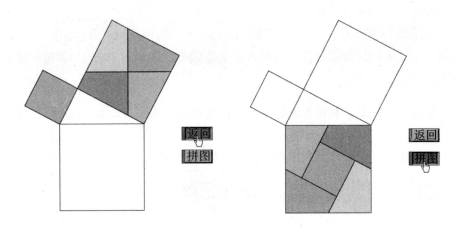

图 11-2-25

是其中之一。在这个动画中，两个小正方形首先变形为与其同底等高的平行四边形，平移后又变形为与其同底等高的长条矩形，整个变形过程保持面积不变，从而验证勾股定理。

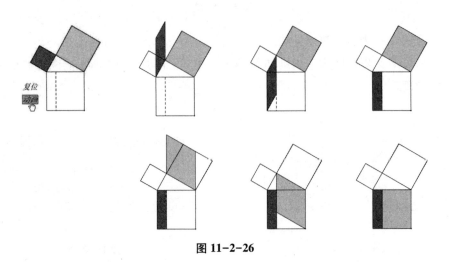

图 11-2-26

证法五：割补法

现行人教版教材中介绍了如图 11-2-27 所示的方法，通过配套课件，可以动态展示勾股定理的验证过程。

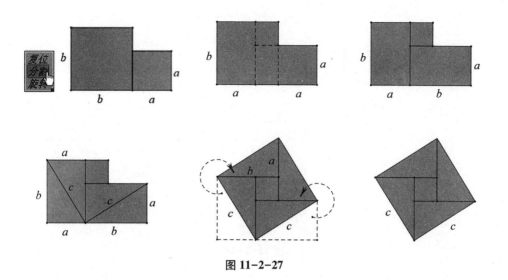

图 11-2-27

证法六：达·芬奇证法

意大利著名画家达·芬奇利用如图 11-2-28 所示的方法巧妙证明了勾股定理，通过配套课件，可以动态展示这一过程：把一块矩形纸板按图 11-2-28①所示，分割出边长为 a 和 b 的两个正方形和直角边长分别为 a 和 b 的两个直角三角形，挖出这两个正方形和直角三角形后留下图 11-2-28②所示的两块，把右侧的一块上下翻转后和左边的一块重新拼靠在一起，得到图 11-2-28⑥所示的图形，比较前后两个图形，易得：$a^2+b^2=c^2$。

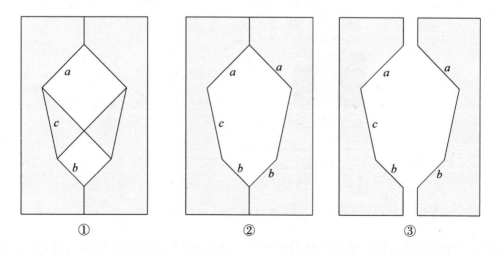

①　　　　　②　　　　　③

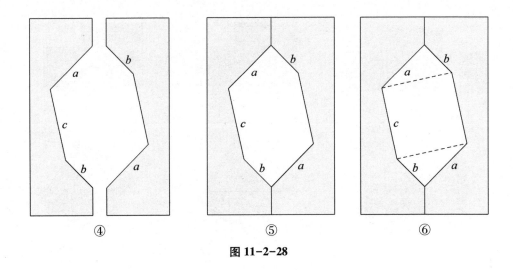

图 11-2-28

11.2.4 探索勾股定理的逆定理

探究一：边长分别为 3、4、5 的三角形是直角三角形吗？

如图 11-2-29，在配套课件中，拖动线段 a、b、c 的右侧端点可以改变线段的长度，以线段 a、b、c 为边长确定的 $\triangle ABC$ 也相应地改变形状，课件实时显示三角形各角的度量值。课件预设了几组边长值，单击按钮，三边长度变为按钮上的数值，还可以拖动标有"1"的粗线段的右端改变单位长度。

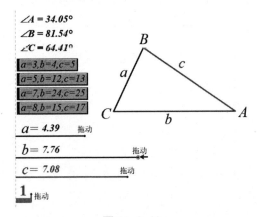

图 11-2-29

单击按钮，使三边长度分别为 $a=3$，$b=4$，$c=5$，观察三角形的三个内角的度数，确认 $\angle C=90°$；如图 11-2-30，单击按钮，使三边长度分别为 $a=5$，

$b=12$，$c=13$，观察三个内角的度数，确认 $\angle C=90°$；当三边长度分别为 7、24、25 时，$\angle C=90°$ 吗？三边长度分别为 8、15、17 呢？图中所给出的 a、b、c 都满足 $a^2+b^2=c^2$ 吗？由此你猜出什么结论？如何证明你的猜想？

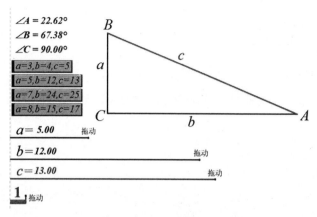

图 11-2-30

探究二：如图 11-2-31，在正方形 $ABCD$ 中，G 为对角线 BD 上的任意点，F 为 DG 的中点，过 G 作 $GE\!\parallel\!AD$ 交 AB 于点 E，连接 FE、FC，探索线段 FE 和 FC 的关系。

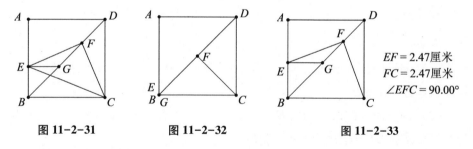

图 11-2-31　　　　图 11-2-32　　　　图 11-2-33

（1）如图 11-2-32，拖动点 G 使之与点 B 重合，此时 FE 和 FC 有何关系？如果点 G 与点 D 重合呢？你猜测有什么结论？

（2）度量 FE 和 FC 的长度，度量 $\angle EFC$ 的大小，验证你的猜测。

（3）利用勾股定理的逆定理，证明你的猜测。

11.3 勾股定理的应用

11.3.1 勾股定理的应用

例 1 如图 11-3-1，已知圆柱的底面周长为 c，高为 h。在圆柱下底面的点 A 有一只蚂蚁，它想吃到上底面与点 A 相对的点 B 处的食物，沿圆柱侧面爬行的最短路程是多少？

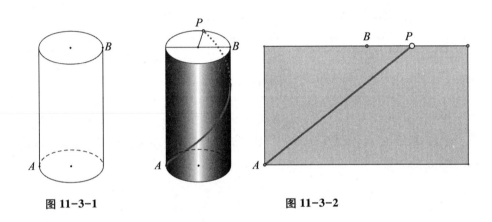

图 11-3-1　　　　　　　　　　　　　图 11-3-2

思考：

（1）如果用长方形纸制作一个符合条件的圆柱，你会怎么做？其展开图的长和宽分别是多少？

（2）圆柱面上的点 A 和点 B 在其展开图中的对应位置如何确定？蚂蚁爬行的最短路径对应到展开图中如何确定？

探究：如图 11-3-2，在配套课件中，圆柱体的右侧是其侧面展开图，拖动展开图的右上角的点可以改变展开图的长和宽，圆柱体的半径和高也相应改变。圆柱面上的点 A 和点 B 与其展开图中的点 A 和点 B 相对应，在展开图的上方一边上有动点 P，线段 AP 对应到圆柱面上是一条曲线，拖动点 P，圆柱上底面的对应点也相应改变，当点 P 与点 B 重合时，该曲线就是蚂蚁从点 A 到点 B 的最短路径，该路径的长度可在展开图中构造直角三角形，用勾股定理求得。

例 2 甲乙两位探险者到沙漠进行探险，上午 8：00 甲从营地先出发，以

6 千米/时的速度向东行走，1 小时后乙从营地出发，以 5 千米/时的速度向北行进。上午 10：00，甲乙二人相距多远？

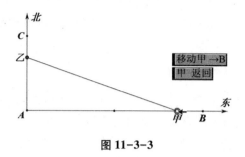

图 11-3-3

探究：如图 11-3-3，配套课件中，A 代表营地，拖动代表甲的点，或启动按钮，可以模拟从 8：00 到 10：00 两人的行进过程。上午 10：00，甲、乙分别到达 B、C，根据题意，$AB=12$，$AC=5$，在 Rt△ABC 中，根据勾股定理可求得 $BC=13$（千米）。

例 3　一架云梯长 25 米，斜靠在一面墙上，底端离墙 7 米。

（1）这个梯子的顶端距地面有多高？

（2）如果梯子的顶端下滑了 4 米，那么梯子的底端在水平方向上也滑动了 4 米吗？

（3）在梯子滑动的过程中，梯子的中点的轨迹是怎样的？

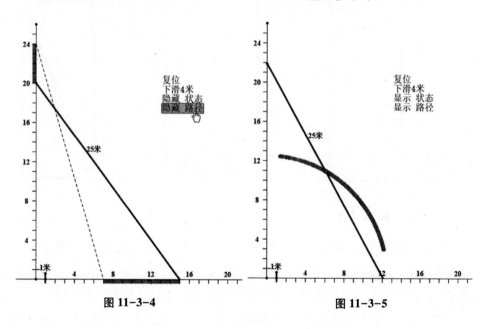

图 11-3-4　　　　　　　　　　　　图 11-3-5

分析：如图 11-3-4，长度为 25 米的云梯，底端离墙 7 米，根据勾股定理，可求得梯子顶端与地面的距离为 $\sqrt{25^2-7^2}=24$ 米，当顶端下滑 4 米后，可求得底端离墙的距离为 $\sqrt{25^2-(24-4)^2}=15$ 米，所以底端滑动了 $15-7=8$ 米，而不是 4 米。在配套课件中，通过按钮可以模拟上述过程。

探究：构造梯子的中点并追踪这一中点，拖动梯子的端点，我们发现，中点的轨迹是一段圆弧。事实上，梯子、墙与地面构成一个直角三角形，而梯子中点与墙角的距离是该直角三角形的中线长，始终等于梯子长度的一半，也就是梯子中点到定点（墙角）的距离等于定长 12.5 米，所以其轨迹是圆弧，如图 11-3-5。

例4 引葭赴岸问题。

《九章算术》中有一道题："今有池一丈，葭生其中央，出水一尺，引葭赴岸，适与岸齐。问水深，葭长各几何？"题意是：有一个边长为 10 尺的正方形池塘，一棵芦苇生长在它的中央，高出水面为 1 尺。如果把该芦苇沿与水池边垂直的方向拉向岸边，那么芦苇的顶部恰好碰到岸边，问水深和芦苇长各是多少？

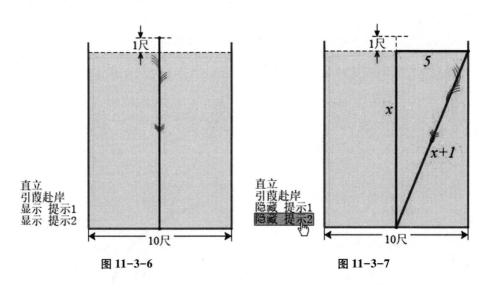

图 11-3-6   图 11-3-7

分析：如图 11-3-6、图 11-3-7，配套课件中，启动按钮可以演示问题所述的过程，根据提示，可设水深为 x 尺，则芦苇长为 $(x+1)$ 尺，由勾股定理得，$x^2+5^2=(x+1)^2$，解得 $x=12$，所以水深为 12 尺，芦苇长为 13 尺。

例5 印度的数学家婆神迦罗在他的著作《丽拉瓦提》中提出这样一个

问题：波平如镜一湖面，半尺高处出红莲，鲜艳多姿湖中立，猛遭狂风吹一边，红莲斜卧水淹面，距根生处两尺远，渔翁发现忙思考，湖水深浅有多少？

此问题的另一个版本是这样叙述的：平平湖水清可鉴，面上半尺生红莲，出泥不染亭亭立，忽被强风吹一边。渔人观看忙向前，花离原位二尺远。能算诸君请解题，湖水如何知深浅？

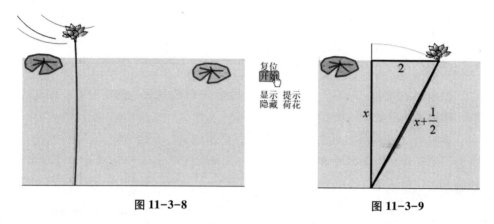

图 11-3-8   图 11-3-9

分析：如图 11-3-8、图 11-3-9，配套课件中，单击"开始"按钮就可启动动画演示题目所述的过程，根据提示就可设未知数并根据勾股定理列出方程，求得水深为 3.75 尺。

11.3.2 从勾股定理到面积关系的拓展

例 1 $\triangle ABC$ 中，$\angle ACB = 90°$，以 $\triangle ABC$ 的三边为边向形外各作一个等边三角形，探究三个等边三角形的面积之间的关系。

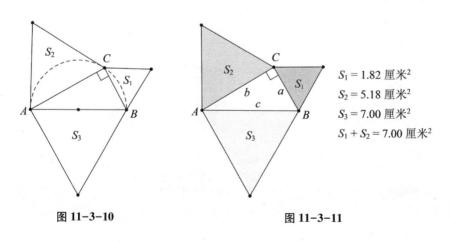

$S_1 = 1.82$ 厘米^2
$S_2 = 5.18$ 厘米^2
$S_3 = 7.00$ 厘米^2
$S_1 + S_2 = 7.00$ 厘米^2

图 11-3-10   图 11-3-11

探究过程：如图 11-3-10，画线段 AB，以 AB 为直径画半圆，在半圆上任画一点 C，连接 AC、BC 得 Rt△ABC，分别以 BC、AC 和 AB 为边向形外作等边三角形，构造三个等边三角形的内部并度量其面积 S_1、S_2 及 S_3，计算 $S_1 + S_2$，观察 $S_1 + S_2$ 与 S_3 的关系。拖动点 C、点 A 或点 B，观察度量值的变化，确认，关系 $S_1 + S_2 = S_3$ 始终成立。

证明：由等边三角形的面积公式，$S_1 = \dfrac{\sqrt{3}}{4}a^2$，$S_2 = \dfrac{\sqrt{3}}{4}b^2$，$S_3 = \dfrac{\sqrt{3}}{4}c^2$，因为

$a^2 + b^2 = c^2$，所以 $\dfrac{\sqrt{3}}{4}a^2 + \dfrac{\sqrt{3}}{4}b^2 = \dfrac{\sqrt{3}}{4}c^2$，即 $S_1 + S_2 = S_3$。

思考：把图 11-3-11 中的等边三角形换成正五边形、正六边形、正七边形，结论还成立吗？

事实上，只要在△ABC 外所画的图形是相似形，且以 BC、AC 和 AB 为对应边，那么三个图形的面积总是满足 $S_1 + S_2 = S_3$，可利用配套课件进行探究，如图 11-3-12—图 11-3-15。

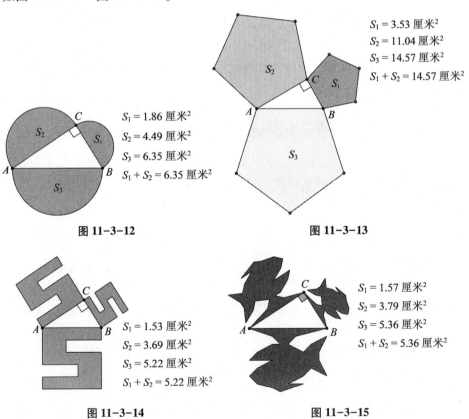

$S_1 = 3.53$ 厘米²
$S_2 = 11.04$ 厘米²
$S_3 = 14.57$ 厘米²
$S_1 + S_2 = 14.57$ 厘米²

$S_1 = 1.86$ 厘米²
$S_2 = 4.49$ 厘米²
$S_3 = 6.35$ 厘米²
$S_1 + S_2 = 6.35$ 厘米²

图 11-3-12

图 11-3-13

$S_1 = 1.53$ 厘米²
$S_2 = 3.69$ 厘米²
$S_3 = 5.22$ 厘米²
$S_1 + S_2 = 5.22$ 厘米²

$S_1 = 1.57$ 厘米²
$S_2 = 3.79$ 厘米²
$S_3 = 5.36$ 厘米²
$S_1 + S_2 = 5.36$ 厘米²

图 11-3-14

图 11-3-15

例2 已知，△ABC 中，∠A、∠B 和∠C 的对边分别为 a、b、c，如果 ∠C 为锐角，比较 a^2+b^2 与 c^2 的大小关系。如果∠C 为钝角呢？

探究步骤：

（1）画任意△ABC，度量三边 a、b、c 的长度及∠C 的度数，计算 a^2+b^2 与 c^2。

（2）以 C 为直径构造半圆，拖动点 C，当点 C 位于半圆上时，显然有 ∠C＝90°，此时满足勾股定理，即 $a^2+b^2=c^2$；当点 C 位于圆外时，如图 11-3-16，有∠C<90°，观察 a^2+b^2 与 c^2 的大小，确认，总有 $a^2+b^2>c^2$；当点 C 位于圆内时，如图 11-3-17，有∠C>90°，观察 a^2+b^2 与 c^2 的大小，确认，总有 $a^2+b^2<c^2$。

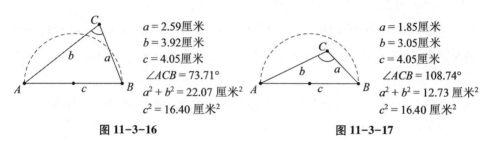

图 11-3-16

$a=2.59$厘米
$b=3.92$厘米
$c=4.05$厘米
∠$ACB=73.71°$
$a^2+b^2=22.07$ 厘米²
$c^2=16.40$ 厘米²

图 11-3-17

$a=1.85$厘米
$b=3.05$厘米
$c=4.05$厘米
∠$ACB=108.74°$
$a^2+b^2=12.73$ 厘米²
$c^2=16.40$ 厘米²

（3）如图 11-3-18，构造 Rt△AB'C，设直角为∠C，$AC=b$，$B'C=a$，则 有 $B'A^2=a^2+b^2$，以 a 为半径构造⊙C，在圆上任取一点 B，连接 AB 得△ABC，设 $AB=c$，拖动点 B，当∠ACB 为锐角时，观察 c 与 $B'A$、a^2+b^2 与 c^2 的大小，确认总有 $a^2+b^2>c^2$；当∠ACB 为钝角时，如图 11-3-19，观察 a^2+b^2 与 c^2 的大小，确认总有 $a^2+b^2<c^2$。

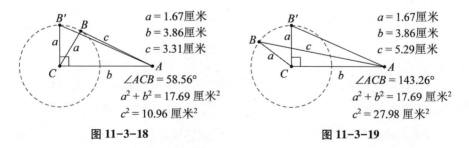

图 11-3-18

$a=1.67$厘米
$b=3.86$厘米
$c=3.31$厘米
∠$ACB=58.56°$
$a^2+b^2=17.69$ 厘米²
$c^2=10.96$ 厘米²

图 11-3-19

$a=1.67$厘米
$b=3.86$厘米
$c=5.29$厘米
∠$ACB=143.26°$
$a^2+b^2=17.69$ 厘米²
$c^2=27.98$ 厘米²

（4）利用图 11-3-18 和图 11-3-19 也可以确认上述命题的逆命题成立，即△ABC 中，如果 $a^2+b^2>c^2$，那么∠C 为锐角；如果 $a^2+b^2<c^2$，那么∠C 为钝角。

11.3.3 "斜边、直角边"定理

判定两个直角三角形全等，除了使用全等三角形判定定理"边边边""边角边""角边角""角角边"，还可以使用"斜边、直角边"定理，即 HL 定理。

探究如下：

如图 11-3-20，在几何画板中画 Rt△ABC，设 $AB=c$，$AC=b$，$BC=a$，$\angle C=90°$。画任意点 F，以 F 为顶点画 $\angle MFN=\angle C$，以 F 为圆心、a 为半径画圆交射线 FM 于点 E，以 E 为圆心、c 为半径画圆交射线 FN 于点 D，画线段 DE、EF、FD 得到 Rt△DEF。隐藏辅助对象，拖动（或转动）△DEF，确认：△DEF 与 △ABC 能够完全重合。

在 Rt△DEF 和 Rt△ABC 中，$EF=BC=a$，$DE=AB=c$，$\angle F=\angle C=90°$，由勾股定理，$DF=\sqrt{c^2-a^2}=b$，所以 $DF=AC$，根据"边边边"定理知，△DEF ≌ △ABC。

结论：斜边和一条直角边分别相等的两个直角三角形全等（简写成："斜边、直角边"或"HL"）。

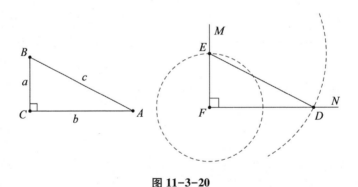

图 11-3-20

说明：在上述作图过程中，如果△ABC 不是直角三角形，如图 11-3-21，则会画出两个三角形：△DEF 和 △D'EF 都满足 $EF=BC=a$，$DE=D'E=AB=c$，$\angle F=\angle C$，但显然△D'EF 不能与△ABC 重合，这就是说，如果两个三角形的两边和其中一边的对角分别相等，并不能保证这两个三角形全等，这也是三角形全等的判定定理中没有"边边角"的原因。但如果两边的对角中有直角，则满足"HL"定理，就能保证这两个直角三角形全等。

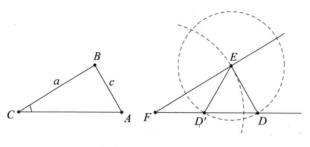

图 11-3-21

11.3.4　奇妙的勾股树

以直角△ABC 的各边向形外作正方形，就得到了图 11-3-22①，根据图中两个小正方形的面积之和等于大正方形的面积，我们可以验证勾股定理。这个图还可以按一定的方式"生长"，比如，在图 11-3-22①中，我们把两个小正方形看成较大的正方形"生长"出来的，且生长出的两个正方形与原正方形围成了直角△ABC；进一步，如果图①中的两个小正方形又按同样的方式各自生长出两个新的更小的正方形，就得到了图②；继续生长若干次后，就会得到图③。由于这个图形像一棵树，人们称之为"勾股树"，也叫作"毕达哥拉斯树"。

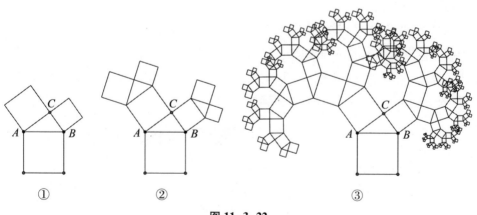

①　　　　　　②　　　　　　③

图 11-3-22

用几何画板可以方便地制作勾股树的动画，为问题探究提供方便，步骤如下：

（1）如图 11-3-23，画线段 DE，以 D 为中心把点 E 旋转 90°得到点 A，

以 A 为中心把点 D 旋转 $90°$ 得到点 B，连线得到正方形 $DEBA$，构造 AB 的中点 M，顺序选择点 M、B、A 构造圆上的弧，在弧上画点 C，隐藏点 M 和弧。

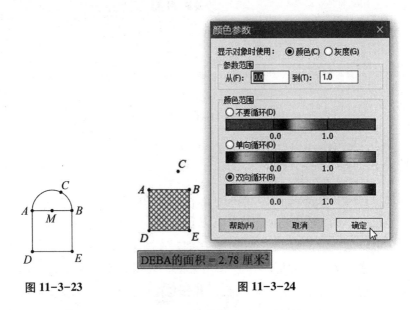

图 11-3-23　　　　　　　　　图 11-3-24

（2）如图 11-3-24，构造正方形 $DEBA$ 的内部并度量其面积，选择正方形内部与其度量值，利用【显示】→【颜色】→【参数】命令，弹出对话框后单击"确定"，则正方形内部的颜色与其面积的度量值得以关联。隐藏度量值。

（3）如图 11-3-25，顺序选择点 D、E，利用【变换】→【迭代】命令，弹出对话框后再依次单击画板上的点 A、C，再单击对话框中的"结构"按钮，单击"添加新的映射"，如图 11-3-26，之后再依次单击画板上的点 C、B，按"迭代"按钮后，得到勾股树。

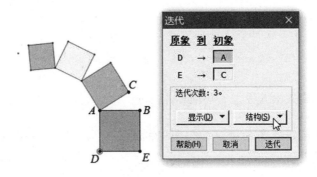

图 11-3-25

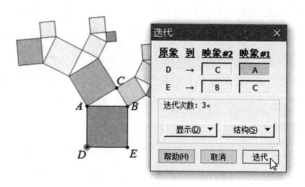

图 11-3-26

（4）如图 11-3-27，选择迭代得到的图形，按键盘上的"+"或"-"可以增加或减少迭代次数，拖动点 C，观察勾股树的变化。也可以选择点 C 后制作动画按钮，通过按钮控制动画。

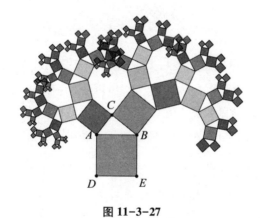

图 11-3-27

11.4　五巧板与七巧板

11.4.1　青朱出入图与五巧板

公元 263 年，数学家刘徽在作《九章算术注》时，依据其"割补术"制作了"青朱出入图"并验证了勾股定理。原图早已失传，但后人依据其"出入相补、以盈补虚"的原理，还原了此图。

刘徽是这样描述此图的："勾自乘为朱方，股自乘为青方，令出入相补，各从其类，因就其余不动也，合成弦方之幂。"其大意是，如图 11-4-1，对一个任意直角三角形，以"勾"为边作红色正方形（称为朱方），以"股"为边作青色正方形（称为青方）。将朱方、青方两个正方形对齐底边排列，以"弦"为边的正方形框把青方和朱方分割为五部分，框外的两处青色部分叫"青出"，红色部分叫"朱出"，把"青出"和"朱出"分别移入框内标有"青入"和"朱入"的相应位置，恰好拼接为以"弦"为边的正方形（弦方）。

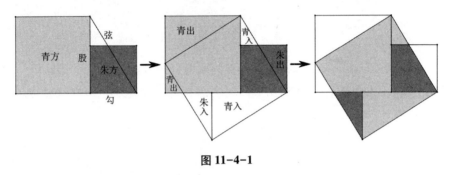

图 11-4-1

我们把一个正方形按图 11-4-1 中的"弦方"所示分割成 5 块，就得到一个"五巧板"，利用"五巧板"拼图，可以验证勾股定理。

配套课件中，动画显示了"五巧板"的制作过程，还给出了若干种拼图验证勾股定理的方法，如图 11-4-2，还设置了手动拼图的游戏，如图 11-4-3。

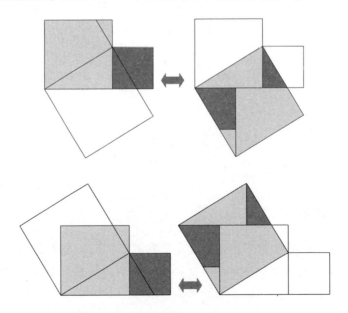

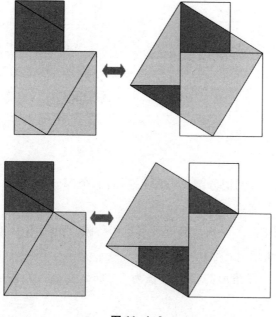

图 11-4-2

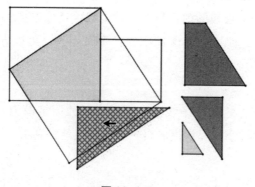

图 11-4-3

11.4.2　用几何画板制作七巧板

七巧板是我们熟悉的益智玩具，其结构简单却蕴含着极深的数学奥秘，几千年来人们对它的喜爱不减，研究不断。

把一个正方形薄板按图 11-4-4（1）或（2）所示的一种方式画虚线，然后再参考图 11-4-5 画实线，按实线分割正方形就得到一副七巧板，如图 11-4-6。

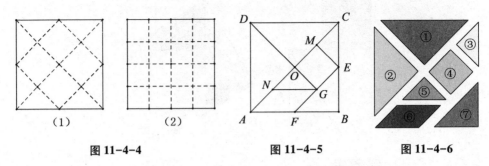

图 11-4-4   图 11-4-5   图 11-4-6

为方便研究，我们把分割正方形得到的七个部分按图 11-4-6 的方式编号。不难发现如下结论：

（1）七巧板中的七块板只有三种形状：等腰直角三角形（5 个），正方形（1 个），平行四边形（1 个）。

（2）如果最小三角形的直角边长为 1，那么七块板的各边长只有四种情况：1，$\sqrt{2}$，2，$2\sqrt{2}$。

（3）如果最小三角形的面积为 1，那么七块板的面积只有三种情况：1，2，4，七块板的总面积是 16。

（4）七巧板中七块板的内角只有三种度数：45°，90°，135°。

在几何画板中，使用配套课件中的自定义工具，可以方便地得到一副七巧板。

方法如下：

（1）新建画板，绘制一条线段，并把线段的标签设为 a，这条线段的长度将作为七巧板中最小的一块板的直角边长，也就是图 11-4-6 中③号板的直角边长。

（2）选择自定义工具"七巧板编号示意图"，在画板中单击，则显示图 11-4-6。

（3）选择自定义工具"七巧板 1"，在画板中单击，则自动绘出①号板，同时自动产生两个按钮"1 归位"和"1 旋转"，单击"1 归位"按钮，①号板会按图 11-4-6 中的①号板的方向摆放，每单击"1 旋转"一次，①号板会绕直角顶点逆时针旋转 45°。自动生成的每块板中都有两个点，生成七巧板时单击的那个点会作为旋转中心，另一个顶点处的黄色小圆点是调节点，拖动它可使该板绕中心任意旋转。拖动直角顶点或三角形内部可以移动生成七巧板。

（4）同样的方法可以生成另外 6 块七巧板。一副七巧板生成后，就可以在几何画板中用七巧板拼各种图案了，如图 11-4-7。

注意：⑥号板有两个自定义工具"七巧板 6（1）"和"七巧板 6（2）"，前者得到图 11-4-6 中的⑥号板，后者得到其翻折后的图形，以模拟实际拼图时的翻折动作。

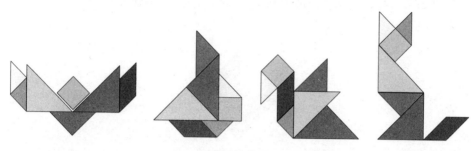

图 11-4-7

例 1 （2020 年烟台市中考题）七巧板是我们祖先的一项创造，被誉为"东方魔板"。在一次数学活动课上，小明用边长为 4cm 的正方形纸板制作了如图 11-4-5 所示的七巧板，并设计了下列四幅作品——"奔跑者"。其中阴影部分的面积为 5cm² 的是（   ）。

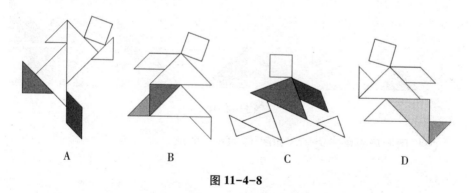

图 11-4-8

分析：用几何画板中的七巧板工具依次拼成以上各图，按图示把相应部分的内部隐藏即可得到题目中的各图案。

参考图 11-4-4 的网格和图 11-4-6 可知，最小的等腰直角三角形（③号板和⑤号板）的面积为 1，平行四边形（⑥号板）、正方形（④号板）、中等的等腰直角三角形（⑦号板）的面积为 2，最大的等腰直角三角形（①号板和②号板）的面积为 4，据此，A 中的阴影部分面积为 2+2＝4，B 为 1+2＝3，

C 为 4+2=6，D 为 4+1=5，可知应选 D。

11.4.3　用七巧板拼多边形

如果把七巧板中最小的一块等腰直角三角形的直角边长作为单位长度，以此单位长度构造网格，那么网格中的七巧板如图 11-4-9 所示。利用上节所述的自定义工具，可以在网格中利用七巧板或其一部分拼多边形。

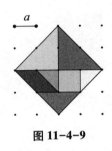

图 11-4-9

郝四柱老师研究了用七巧板拼多边形的各种情况①，下面我们用几何画板把这些情况呈现出来。

（1）用七巧板拼三角形。拼成的三角形如图 11-4-10 所示。

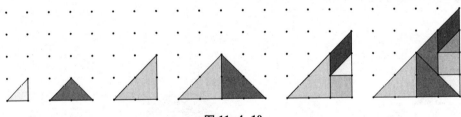

图 11-4-10

（2）用七巧板拼四边形。如图 11-4-11 所示。

---

① 郝四柱．有多少个凸多边形能由一副七巧板或其一部分来拼成［J］．数学通报，2015，54（10）：58-61．

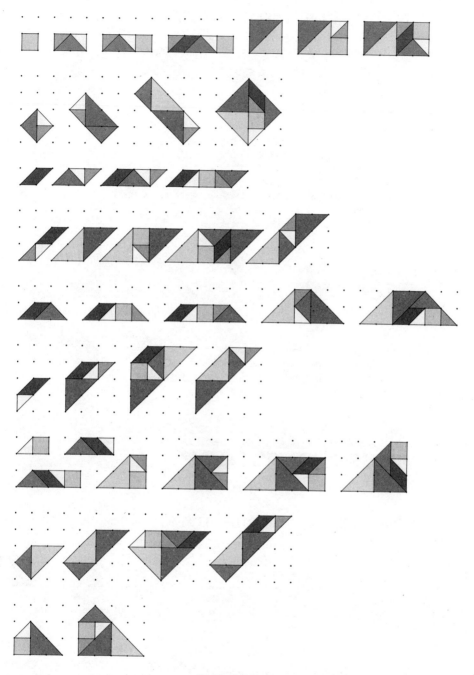

图 11-4-11

（3）用七巧板拼五边形。如图 11-4-12 所示。

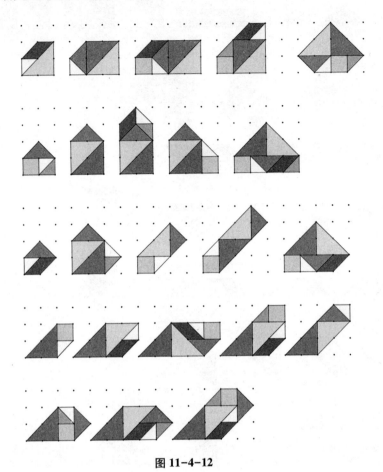

图 11-4-12

（4）用七巧板拼六边形。如图 11-4-13 所示。

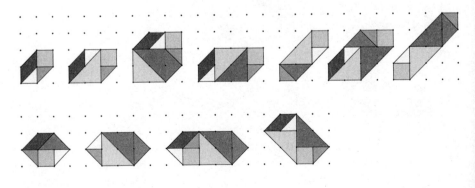

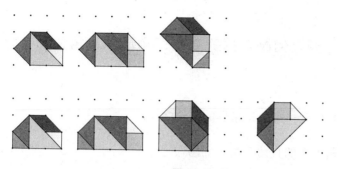

图 11-4-13

（5）用七巧板拼七边形。用七巧板中的 6 块板可以拼成如图 11-4-14 所示的七边形。

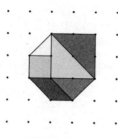

图 11-4-14

用七巧板不能拼成八边形及边数多于 8 的多边形。

1942 年，浙江大学王福春、熊全治两位教授在《美国数学月刊》发表了《关于七巧板的一个定理》一文，得出结论[①]：如果限定拼多边形时必须用上一副七巧板的全部七块板，那么一副七巧板可以拼成 1 个三角形，或 6 个四边形，或 2 个五边形，或 4 个六边形，事实上，这些图案都包含在图 11-4-10 至图 11-4-14 的各图中。

张景中院士曾指出，七巧板有不少问题至今还没有解决，有待人们进一步去研究。有些问题涉及组合学，即使用计算机恐怕也暂时难以得到解决。[②]也正因如此，千百年来，七巧板不断吸引着一批又一批的爱好者去研究、去探索。

---

① 王福春，熊全治著. 一副七巧板能拼出多少个凸多边形 [J]. 常文武，译. 高中数理化，2011（2）：20-21.

② 张景中主编，吴鹤龄编著. 七巧板、九连环和华容道 [M]. 北京：科学出版社，2004：10.

11.5　用几何画板探究直角三角形的边角关系

11.5.1　数学探究：直角三角形的两边之比

探究一：锐角不变的直角三角形的两边之比。

（1）如图 11-5-1，在几何画板中，新建画板，画线段 AC，过 C 作 AC 的垂线并在垂线上画点 B，连接 AB、BC 得 Rt△ABC。设 $\angle A$、$\angle B$、$\angle C$ 的对边分别是 a、b、c，那么，所谓直角三角形的两边之比就有如下 6 种情况：$\dfrac{a}{b}$、$\dfrac{b}{a}$、$\dfrac{a}{c}$、$\dfrac{c}{a}$、$\dfrac{b}{c}$、$\dfrac{c}{b}$，因为这 6 个比中有三对互为倒数，所以为了简化，我们只需研究 3 个比就可以了。度量 a、b、c 的长度，并构造算式 $\dfrac{a}{b}$、$\dfrac{a}{c}$、$\dfrac{b}{c}$，度量 $\angle A$ 的度数。

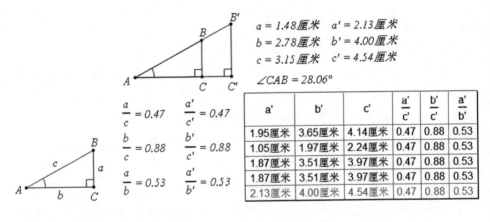

$a = 1.48$ 厘米　$a' = 2.13$ 厘米
$b = 2.78$ 厘米　$b' = 4.00$ 厘米
$c = 3.15$ 厘米　$c' = 4.54$ 厘米

$\angle CAB = 28.06°$

$\dfrac{a}{c} = 0.47$　$\dfrac{a'}{c'} = 0.47$

$\dfrac{b}{c} = 0.88$　$\dfrac{b'}{c'} = 0.88$

$\dfrac{a}{b} = 0.53$　$\dfrac{a'}{b'} = 0.53$

a'	b'	c'	$\dfrac{a'}{c'}$	$\dfrac{b'}{c'}$	$\dfrac{a'}{b'}$
1.95厘米	3.65厘米	4.14厘米	0.47	0.88	0.53
1.05厘米	1.97厘米	2.24厘米	0.47	0.88	0.53
1.87厘米	3.51厘米	3.97厘米	0.47	0.88	0.53
1.87厘米	3.51厘米	3.97厘米	0.47	0.88	0.53
2.13厘米	4.00厘米	4.54厘米	0.47	0.88	0.53

图 11-5-1　　　　　　　　　图 11-5-2

（2）在射线 AB 上画点 B'，过 B' 画 AC 的垂线交射线 AC 于 C'，设 $B'C' = a'$，$AC' = b'$，$AB' = c'$，度量 a'、b'、c' 的长度，并计算 $\dfrac{a'}{b'}$、$\dfrac{a'}{c'}$、$\dfrac{b'}{c'}$，依次选择 a'、b'、c'、$\dfrac{a'}{b'}$、$\dfrac{a'}{c'}$、$\dfrac{b'}{c'}$ 制表，拖动点 B'，向表中添加数据，观察各比值。

我们发现，随着点 B' 位置的变化，$\triangle AB'C'$ 的边长是变化的，但边长之比：$\dfrac{a'}{b'}$、$\dfrac{a'}{c'}$、$\dfrac{b'}{c'}$ 始终没有发生变化，且有 $\dfrac{a'}{b'}=\dfrac{a}{b}$，$\dfrac{a'}{b'}=\dfrac{a}{c}$，$\dfrac{b'}{c'}=\dfrac{b}{c}$。

事实上，Rt$\triangle ABC$ 和 $\triangle A'B'C'$ 中，$\angle A$ 是公共角，$\angle C'=\angle C$，故而 $\triangle ABC \backsim \triangle A'B'C'$，从而对应的边长之比是相等的。这说明，锐角不变的直角三角形，其边长之比并不会随边长长度的改变而改变。

（3）如图 11-5-3，把 $\angle CAB$ 标记为旋转角，画射线 DM 并按标记的角旋转，则得 $\angle D=\angle A$，在旋转后的射线上取点 E 向射线 DM 作垂线，设垂足为 F，构造 Rt$\triangle DEF$，度量 $\triangle DEF$ 的各边之比，确认：这些比值与 $\triangle ABC$ 中的对应的比值是相等的。这说明，锐角一定的直角三角形的各边之比是确定的。

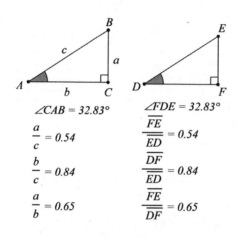

图 11-5-3

探究二：直角三角形各边之比随锐角的变化而变化。

（1）如图 11-5-2 所示，拖动点 B 改变 $\angle A$ 的大小，如图 11-5-4，观察 $\triangle ABC$ 和 $\triangle AB'C'$ 的各边之比，我们发现，结论 $\dfrac{a'}{b'}=\dfrac{a}{b}$，$\dfrac{a'}{c'}=\dfrac{a}{c}$，$\dfrac{b'}{c'}=\dfrac{b}{c}$ 仍然是成立的，但这些比值随着 $\angle A$ 的变化而变化。

（2）如图 11-5-3 所示，拖动点 B 改变 $\angle A$ 的大小，如图 11-5-5，观察 $\triangle ABC$ 和 $\triangle DEF$ 的各边之比，我们发现，不论角度如何变化，始终都有 $\dfrac{EF}{ED}=\dfrac{a}{c}$，且这个比值是随角度的变化而变化的。

以上观察说明，直角三角形中的两边之比，与锐角 A 的大小有关，而与

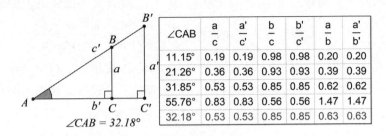

∠CAB	$\dfrac{a}{c}$	$\dfrac{a'}{c'}$	$\dfrac{b}{c}$	$\dfrac{b'}{c'}$	$\dfrac{a}{b}$	$\dfrac{a'}{b'}$
11.15°	0.19	0.19	0.98	0.98	0.20	0.20
21.26°	0.36	0.36	0.93	0.93	0.39	0.39
31.85°	0.53	0.53	0.85	0.85	0.62	0.62
55.76°	0.83	0.83	0.56	0.56	1.47	1.47
32.18°	0.53	0.53	0.85	0.85	0.63	0.63

图 11-5-4

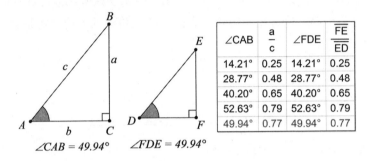

∠CAB	$\dfrac{a}{c}$	∠FDE	$\dfrac{\overline{FE}}{\overline{ED}}$
14.21°	0.25	14.21°	0.25
28.77°	0.48	28.77°	0.48
40.20°	0.65	40.20°	0.65
52.63°	0.79	52.63°	0.79
49.94°	0.77	49.94°	0.77

图 11-5-5

三角形的大小无关，给定一个锐角的度数，都有唯一的一个比值 $\dfrac{a}{c}$ 与之对应，所以比值 $\dfrac{a}{c}$ 是锐角 A 的函数。同样比值 $\dfrac{b}{c}$、$\dfrac{a}{b}$ 等也是锐角 A 的函数，我们把这些比值分别叫作锐角 A 的正弦、余弦和正切，即 $\sin A = \dfrac{a}{c}$，$\cos A = \dfrac{b}{c}$，$\tan A = \dfrac{a}{b}$，它们都是锐角 A 的三角函数。

探究三：特殊角的三角函数值。

（1）如图 11-5-6，画射线 AM 并以 A 为中心旋转 30° 得射线 AN，在 AN 上任取一点 B，作 $BC \perp AM$ 于点 C，连接 AB、BC、AC 得到 Rt$\triangle ABC$，度量 $\dfrac{a}{c}$、$\dfrac{b}{c}$、$\dfrac{a}{b}$，并把度量值的精确度设为千分之一，拖动点 B，观察度量值，确认三个比值不随 B 点的变化而变化。

（2）利用【数据】→【计算】命令调用计数器，使用几何画板内部函数计算 sin30°、cos30° 和 tan30°，并把它们的精确度设为千分之一，比较这三个

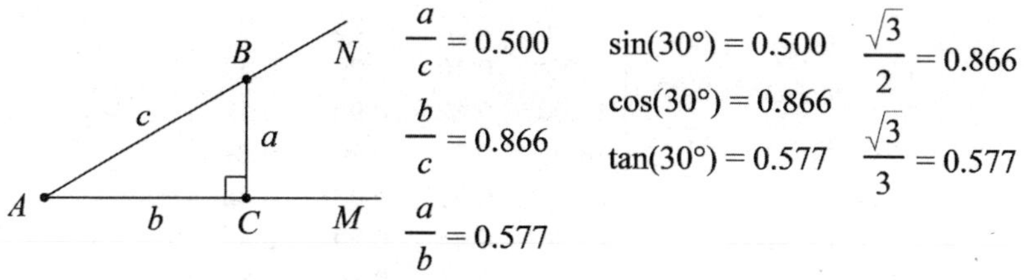

$$\frac{a}{c} = 0.500 \qquad \sin(30°) = 0.500 \qquad \frac{\sqrt{3}}{2} = 0.866$$

$$\cos(30°) = 0.866$$

$$\frac{b}{c} = 0.866 \qquad \tan(30°) = 0.577 \qquad \frac{\sqrt{3}}{3} = 0.577$$

$$\frac{a}{b} = 0.577$$

图 11-5-6

计算值和上一步度量得到的线段之比，确认它们是相等的。

（3）在 Rt△ABC 中，因为∠C＝90°，∠A＝30°，所以 c＝2a，根据勾股定理可求得 b＝$\sqrt{3}$a，这样，根据定义即可求得 sin30°、cos30° 和 tan30° 的准确值，因为这些准确值中含有根号，而画板上的度量值和计算值都是用小数形式表示，为便于比较，调用计数器计算 $\frac{\sqrt{3}}{2}$ 和 $\frac{\sqrt{3}}{3}$，确认：sin30°＝$\frac{1}{2}$，cos30°＝$\frac{\sqrt{3}}{2}$，tan30°＝$\frac{\sqrt{3}}{3}$。

同法可以探究 45° 和 60° 角的三角函数值。

11.5.2　探索锐角三角函数的性质

探究一：锐角三角函数的性质。

（1）如图 11-5-7，在几何画板中新建角度参数 α，设置其属性，使其键盘调节时每次以 5 个单位变化，调用计数器构造算式 sinα、cosα、tanα，选择 α 和 3 个算式制表，选择 α 和表格，连续按键盘上的 "+"，直到 α 的值超过 90°。观察表中数据，随着 α 的增大，sinα、cosα、tanα 的值如何变化？

（2）清空表中数据，手动把 α 的值改为 0°，把键盘调节时 α 改变的步长设置为 2.5°，选择 α 和表格，连续按键盘上的 "+"，直到 α 超过 90°，观察表中数据，确认：当 0°＜α＜90° 时，sinα 随角度 α 的增大而增大，cosα 随 α 的增大而减小，tanα 随 α 的增大而增大。

$\alpha = \boxed{91.00}°$

$\sin(\alpha) = 1.00$

$\cos(\alpha) = -0.02$

$\tan(\alpha) = -57.29$

α	$\sin(\alpha)$	$\cos(\alpha)$	$\tan(\alpha)$
1.00°	0.02	1.00	0.02
6.00°	0.10	0.99	0.11
11.00°	0.19	0.98	0.19
16.00°	0.28	0.96	0.29
21.00°	0.36	0.93	0.38
26.00°	0.44	0.90	0.49
31.00°	0.52	0.86	0.60
36.00°	0.59	0.81	0.73
41.00°	0.66	0.75	0.87
46.00°	0.72	0.69	1.04
51.00°	0.78	0.63	1.23
56.00°	0.83	0.56	1.48
61.00°	0.87	0.48	1.80
66.00°	0.91	0.41	2.25
71.00°	0.95	0.33	2.90
76.00°	0.97	0.24	4.01
81.00°	0.99	0.16	6.31
86.00°	1.00	0.07	14.30
91.00°	1.00	−0.02	−57.29

图 11-5-7

（3）如图 11-5-8，画 $\angle AOB = 90°$，在 $\angle AOB$ 内部画一个半径为 1 个单位长度的弧交 OA 于点 C，交 OB 于点 D，在弧线上任画一点 P，过 P 作 $PM \perp OA$ 于点 M，设 $\angle AOP$ 为 θ，则在 $\text{Rt}\triangle POM$ 中，$\angle PMO = 90°$，$OP = 1$，$\sin\theta = \dfrac{PM}{OP} = PM$，$\cos\theta = \dfrac{OM}{OP} = OM$，$\tan\theta = \dfrac{PM}{OM}$。拖动点 P，使点 P 由 C 点向 D 点移动，则 θ 逐渐变大，在这个过程中，PM 由小变大，OM 由大变小，$\dfrac{PM}{OM}$ 由小变大。

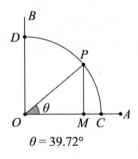

$\theta = 39.72°$

图 11-5-8

通过探究，可得如下结论：

①当 $0°<\theta<90°$ 时，$\sin\theta$ 随角度 θ 的增大而增大，$\cos\theta$ 随 θ 的增大而减小，$\tan\theta$ 随 θ 的增大而增大。

②当 $0°<\theta<45°$ 时，$\sin\theta<\cos\theta$，$\tan\theta<1$；当 $\theta=45°$ 时，即 $\sin\theta=\cos\theta$，$\tan45°=1$；当 $45°<\theta<90°$ 时，$\sin\theta>\cos\theta$，$\tan\theta>1$。

③当 $0°<\theta<90°$ 时，$\sin\theta<1$，$\cos\theta<1$。

④$\tan\theta=\dfrac{\sin\theta}{\cos\theta}$。

⑤$\sin^2\theta+\cos^2\theta=1$。

探究二：三角函数的图像。

我们曾研究过函数的图像，既然三角函数是"函数"，那么我们可否绘制三角函数的图像呢？试进行如下探究：

（1）新建画板，利用【绘图】→【绘制新函数】命令，弹出如图 11-5-9 所示的对话框，单击"函数"，选择 sin，然后单击面板上的 x，单击"确定"后，弹出图 11-5-10 所示的对话框，单击"是"，得到函数 $y=\sin x$ 的图像。同法可以在同一坐标系中绘制 $y=\cos x$ 的图像，如图 11-5-11。

图 11-5-9

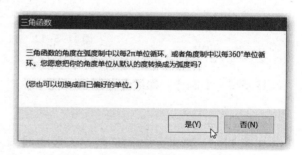

图 11-5-10

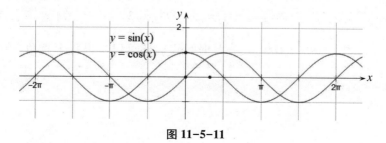

图 11-5-11

277

我们注意到，横轴的标签出现了"π"等，这说明此时的角度单位是"弧度"而不是初中常用的"角度"。尽管如此，我们也能看出，正弦函数的图像是一条波浪形曲线，且呈现出周期性起伏。

（2）如果在图 11-5-10 所示的对话框中，我们选择了"否"，几何画板也可以画出正弦函数的图像，但看到的可能是类似于一段线段。此时，我们把网格样式改为矩形网格，拖动坐标轴上的刻度标签拉长纵轴的单位长度，减小横轴的单位长度，再拖动图像末端的箭头以扩展图像的范围，则得到如图 11-5-12 所示的图像，我们注意到，除标签之外，其形状和图 11-5-11 是相同的，且在 0°到 90°之间，$y = \sin x$ 随 x 的增大而增大。从函数图像上还可以看出，自变量 x 可在实数范围内任意取值，说明正弦函数中的角度并不局限于"锐角"，甚至还可以取负值。

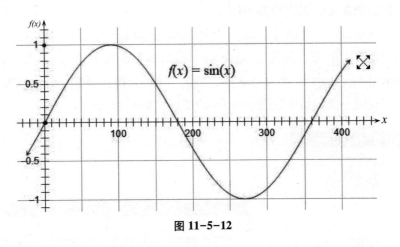

图 11-5-12

11.5.3　小制作：螺线图和侧倾器

制作 1：螺线图

如图 11-5-13 所示的图形就是勾股螺线图。这个图形由一连串的直角三角形拼成，其中 $OA_1 = A_1A_2 = A_2A_3 = \cdots\cdots = A_8A_9$，如果设 $OA_1 = 1$，那么由勾股定理容易得到：$OA_1 = 1 = \sqrt{1}$，$OA_2 = \sqrt{2}$，$OA_3 = \sqrt{3}$，……，$OA_n = \sqrt{n}$，所以在 $\text{Rt}\triangle OA_n A_{n+1}$ 中，$\tan \angle A_n OA_{n+1} = \dfrac{1}{\sqrt{n}}$，据此我们还可以求出每个直角三角形的内角。

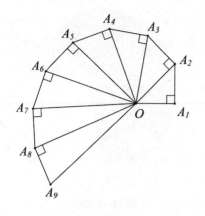

图 11-5-13

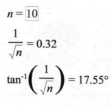

n	$\tan^{-1}\left(\dfrac{1}{\sqrt{n}}\right)$
1	45.00°
2	35.26°
3	30.00°
4	26.57°
5	24.09°
6	22.21°
7	20.70°
8	19.47°
9	18.43°
10	17.55°

图 11-5-14

试进行如下探究:

（1）新建画板，创建参数 $n=1$，调用计算器构造算式 $\tan^{-1}\left(\dfrac{1}{\sqrt{n}}\right)$，其中 $\tan^{-1}(\ )$ 通过单击计算器面板上的"函数"后选择"arctan"得到，这是根据正切值求角度的函数，类似的函数还有"arcsin"和"arcos"。

（2）选择 n 和算式 $\tan^{-1}\left(\dfrac{1}{\sqrt{n}}\right)$ 制表，按键盘上的"+"号增加 n 的同时向表中添加数据，如图 11-5-14，观察表中数据，我们发现，$\angle A_3OA_4=30°$，第 8 个三角形中的 $\angle A_8OA_9$ 首次低于 20°。

在 7.3.2 节，我们曾利用迭代命令绘制了勾股螺线图，下面我们稍加改进，绘制一个拥有动态颜色的螺线图。步骤如下:

（1）如图 11-5-15，新建画板，画线段 a，画线段 OA，过点 A 作 OA 的垂线，以点 A 为圆心、a 为半径构造圆，构造垂线与圆的一个交点 B，构造 $\triangle OAB$ 及其内部，度量 OA 的长度，以 OA 的度量值作为参数为 $\triangle OAB$ 内部涂色。

（2）选择点 A，利用【变换】→【迭代】命令，构造从点 A 到点 B 的迭代，选择迭代的象，按"+"或"－"增加或减少迭代数量。

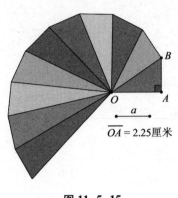

图 11-5-15 　　　　　　　　　　　　图 11-5-16

（3）以点 O 为圆心、a 为半径画圆，与射线 OA 交于点 M，构造点 A 到点 M 的移动按钮，单击按钮，则图形变为图 11-5-16，此时 $OA = AB$。

说明：除了使用迭代绘制勾股螺线图，还可以通过构建一边定长的直角三角形工具，使用工具快速绘制如图 11-5-13 所示的勾股螺线图。

制作 2：测倾器

测倾器可以用来测量目标点的仰角或俯角。简易测倾器主要是由类似量角器的半圆形度盘、支架和铅锤组成。在配套课件中，拖动测倾器上的黄点，使度盘的直径对准目标点，就可以从铅垂线在刻度盘上的刻度读出目标点的仰角或俯角。如图 11-5-17，目标点的仰角是 25°，图 11-5-18 中，目标点的俯角为 30°。

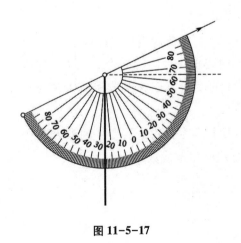
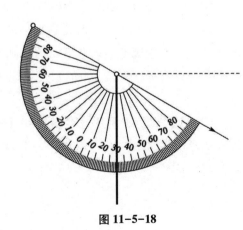

图 11-5-17 　　　　　　　　　　　　图 11-5-18

用几何画板制作测倾器的要点如下：

（1）如图 11-5-19，在新建画板上画点 O，把点 O 按 -90° 平移 1cm 得到点 A，把点 O 按 0° 平移 1cm 得到点 B，画射线 OA 和 OB，则 OA 可代表铅垂线，OB 可代表水平线。

（2）在射线 OB 上取一点 C，过点 C 画 $\odot O$，在 $\odot O$ 上画点 P，画射线 PO 交圆于另一点 Q，标记 O 为中心，把点 P 绕中心 O 旋转 5° 得到点 E，把点 E 按 9∶10 缩放得到点 E'，构造线段 EE'，把点 P 绕中心 O 旋转 10° 得到点 F，把点 F 按 8∶10 缩放得到点 F'，构造线段 FF'。

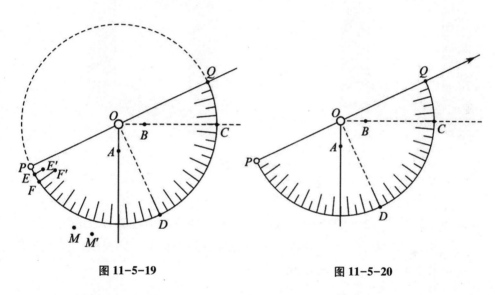

图 11-5-19　　　　　　　　　　图 11-5-20

（3）在圆外画任意点 M，把点 M 绕点 O 旋转 10° 得到点 M'，选择点 M 和 M' 创建自定义变换，系统默认的快捷键为"Ctrl+1"，选择线段 EE' 和 FF' 并连续按组合键"Ctrl+1"快速绘出度盘上的刻度线。

（4）把点 P 绕点 O 旋转 90° 得到点 D，画线段 OD，隐藏辅助对象，得到如图 11-5-20 所示的简易测倾器。图中，因为 $OA \perp OC$，$OD \perp OQ$，所以 $\angle COQ = \angle DOA$，这就是利用铅垂线 OA 所指的刻度能直接读出倾斜角 $\angle COQ$ 的原因。

把度盘进一步美化，即可做出图 11-5-17 所示的测倾器。

11.5.4　数学探究：设计遮阳篷

任务描述：为一个面向正南的窗户设计安装一个遮阳篷，使它既能最大限度地遮挡住夏天炎热的阳光，又能最大限度地使冬天温暖的阳光射入室内。

　　就北半球的居民而言，冬至这一天的正午时刻，太阳光与地面的夹角最小（设为 α），夏至这一天的正午时刻，太阳光与地面的夹角最大（设为 β），如图 11-5-21。

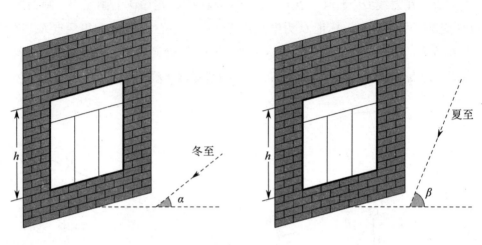

图 11-5-21

　　（1）如图 11-5-22 是遮阳篷的示意图，其中 *AB* 代表窗户，折线 *BCD* 表示直角型遮阳篷，配套课件中，拖动点 *C* 可以调节遮阳篷的安装位置，拖动点 *D* 可以调节遮阳篷 *CD* 的长度。图中的虚线为平行的太阳光线，拖动点 *P* 可以调节太阳光线和地面的夹角。

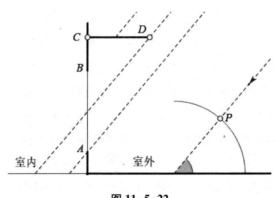

图 11-5-22

　　（2）在我们生活的某一时刻，太阳光线与地面的夹角是一定的。拖动点 *D*（或点 *C*），观察光线通过窗户进入室内的情况：如图 11-5-23，遮阳篷对阳光无任何遮挡，阳光可以最大限度地进入室内；如图 11-5-22，遮阳篷遮挡了部分阳光；如图 11-5-24，遮阳篷充分阻挡了阳光，使阳光不能进入室内。

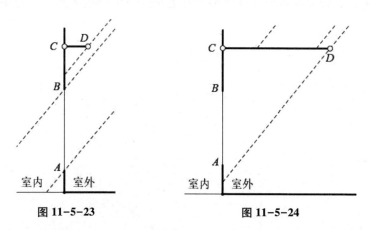

图 11-5-23   图 11-5-24

（3）要设计和安装遮阳篷，就是要求出 BC 和 CD 的长度。我们不妨设 BC 为 x，CD 为 y，可以利用的条件是：窗户高 AB 为 h（m），冬至日、夏至日太阳光线与地面的夹角分别为 α、β。现在我们跨越时空，把冬至日和夏至日的阳光画到同一个图中。如图 11-5-25，冬至日，太阳光与地面夹角为 α 时，要求遮阳篷能最大限度地使冬天温暖的阳光射入室内，则有 $x \geqslant y \cdot \tan\alpha$；夏至日，太阳光与地面的夹角为 β 时，要求遮阳篷能最大限度地遮挡夏天炎热的阳光，则有 $x+h \leqslant y \cdot \tan\beta$。

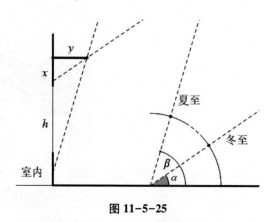

图 11-5-25

（4）如图 11-5-26，若要求在冬至日使阳光正好最大限度地射入室内，而夏至日使阳光正好不射入室内，则有 $\begin{cases} x = y \cdot \tan\alpha \\ x+h = y \cdot \tan\beta \end{cases}$，解得，$x = \dfrac{\tan\alpha}{\tan\beta - \tan\alpha}h$，

$y = \dfrac{h}{\tan\beta - \tan\alpha}$。配套课件中，可以手动改变光线与地面的夹角，可以手动改变

遮阳篷的位置和长度，还设置了一个"最佳位置"的按钮，单击该按钮，会

自动按上述解来调节遮阳棚的位置和长度。

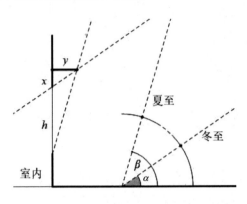

图 11-5-26

（5）配套课件还设置了一个三维空间的界面，让我们能通过旋转观察的

视图，通过与课件的多维互动，更直观、多角度地理解遮阳篷的设计原理，

如图 11-5-27。

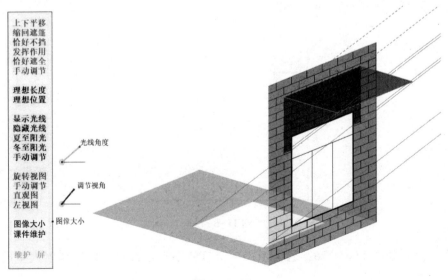

图 11-5-27

例1 已知某地区冬天太阳最低时，光线与水平线的夹角为34°，夏天正午太阳最高时，光线与水平线的夹角为76°，如图 11-5-28，现在要为一个高为 150 cm 的窗户 AB 设计一个遮阳篷，如果要求遮阳篷 BCD 中∠BCD 为直角，且使光线正好在冬天最大限度地射入室内，而在夏天正好不射入室内，求 BC、CD 的长度。（精确到 1cm）

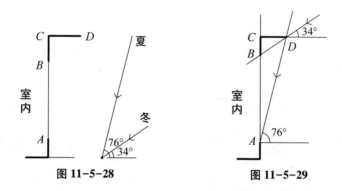

图 11-5-28　　　　　　　图 11-5-29

解：如图 11-5-29，设 BC=x，CD=y，在 Rt△ADC 和 Rt△DBC 中，由题意得

$$\begin{cases} 150+x=y\cdot\tan76° \\ x=y\cdot\tan34° \end{cases}$$

解得 $y=\dfrac{150}{\tan76°-\tan34°}\approx45$（cm），$x=y\cdot\tan34°\approx30$（cm）。

即 BC 约为 30cm，CD 约为 45cm。

12 四边形与镶嵌

【技术助学目标】

（1）借助几何画板，探索平行四边形的性质，探索平行四边形的判定方法。

（2）借助几何画板，探索多边形的内角和与外角和。

（3）在几何画板中，利用多种方法绘制矩形、菱形、正方形，探究矩形、菱形、正方形的性质，探究矩形、菱形、正方形的判定方法。

（4）借助几何画板探究三角形的中位线定理与中点四边形的性质。

（5）借助几何画板，探索正多边形镶嵌的条件和分类，探索任意四边形镶嵌的方法，能利用正多边形设计镶嵌图案。

【技术学习目标】

（1）进一步熟悉自定义工具的使用方法。

（2）能熟练创建并使用自定义工具绘制平行四边形、矩形、菱形、正方形。

（3）能创建并使用自定义工具快速绘制正多边形。

（4）能熟练使用旋转、平移、反射、缩放等变换，设计简单的镶嵌图案。

12.1　用几何画板探索四边形

12.1.1　探索平行四边形的性质

定义：两组对边分别平行的四边形叫作平行四边形。

根据平行四边形的定义，我们可以在几何画板中绘制平行四边形并创建成自定义工具。步骤如下：

（1）如图 12-1-1，新建画板，画线段 AB、AC，过点 B 作 AC 的平行线，过点 C 作 AB 的平行线，两条平行线交于点 D，隐藏直线 BD、CD，画线段 BD 和 CD，得□$ABDC$。

（2）选择□$ABDC$，在自定义工具中选择【创建新工具】命令，弹出对话框后，输入"平行四边形"，确定后自定义工具创建完成。

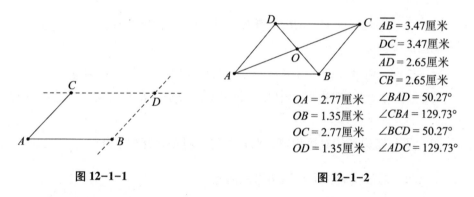

图 12-1-1　　　　　　　　　图 12-1-2

下面我们来探究平行四边形的性质。

探究一：

（1）如图 12-1-2，新建画板，选择【自定义工具】→【平行四边形】命令，绘制□$ABCD$，度量四条边的长度、度量四个内角的度数。

（2）构造对角线 AC 和 BD，构造 AC 和 BD 的交点 O，度量距离 OA、OB、OC、OD，观察它们之间的关系。

（3）拖动点 B 或 C，改变平行四边形，观察度量值，确认：始终有 $AB=CD$，$AD=BC$，$\angle ABC=\angle CDA$，$\angle DAB=\angle BCD$，$OA=OC$，$OB=OD$。

探究二：

（1）如图 12-1-3，画□ABCD，画对角线 AC、BD 并构造其交点 O，把对角线设为虚线。

（2）构造以 AC 为直径的半圆，在半圆上画点 P，标记角度 COP，以点 O 为中心，按标记的角度旋转□ABCD，拖动点 P，观察旋转后的图形能否与原□ABCD 重合。

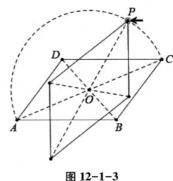

图 12-1-3

（3）隐藏半圆，改变□ABCD 的形状和大小，再次拖动点 P，观察旋转后的图形与原图形能否重合。

通过探究，确认：把 □ABCD 绕点 O 旋转 180°后，能和它本身重合。

结论：（1）平行四边形是中心对称图形，两条对角线的交点是它的对称中心。

（2）平行四边形的对边相等、对角相等、对角线互相平分。

12.1.2 验证实验：平行四边形的判定

实验一：两组对边相等的四边形是平行四边形。

（1）如图 12-1-4，画线段 AB、BC，以点 A 为圆心、BC 为半径画圆，以点 C 为圆心、AB 为半径画圆，构造两圆的交点 D，连接 AD、CD 得到四边形 ABCD，隐藏两圆。

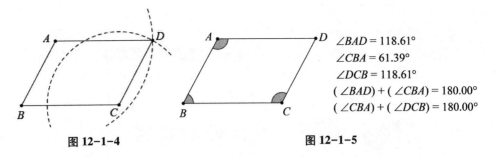

图 12-1-4　　　　　　　　　　　图 12-1-5

（2）如图 12-1-5，度量四边形 *ABCD* 的内角，构造算式计算 ∠*BAD*+
∠*CBA*，计算 ∠*CBA*+∠*DCB*，观察度量值和计算值，拖动点 *A* 或点 *C* 改变四
边形 *ABCD* 的形状，再次观察度量值和计算值，我们发现，尽管四边形 *ABCD*
的各内角会发生变化，但始终有：∠*BAD*+∠*CBA* = 180°，∠*CBA*+∠*DCB* =
180°，也就是始终有 *AD* // *BC*，*AB* // *CD*，根据平行四边形的定义知四边形
ABCD 是平行四边形。

结论：两组对边分别相等的四边形是平行四边形。

任意画一条对角线即可证明这一结论。

如图 12-1-6 和图 12-1-7，在配套课件中，四边形的边长 *a*、*b*、*c*、*d* 可
以随意调节，单击"使 *d*=*b*"按钮和"使 *c*=*a*"按钮，则四边形变为平行四
边形，拖动四边形右上角的顶点（边 *b* 和 *c* 的公共点）可以改变四边形的内
角，但四边形始终是平行四边形。

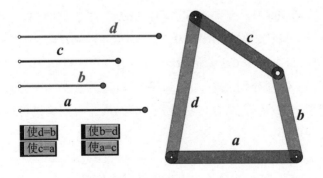

图 12-1-6

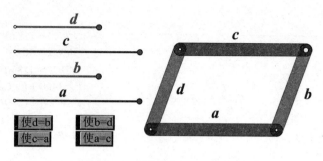

图 12-1-7

实验二：一组对边平行且相等的四边形是平行四边形。

（1）如图 12-1-8，画线段 BC，在 BC 外任画一点 A，过点 A 作 BC 的平行线，以点 A 为圆心、BC 为半径画圆，构造圆与平行线的任意一个交点 D，连接 AB、CD、AD 得到四边形 $ABCD$，隐藏平行线和圆。

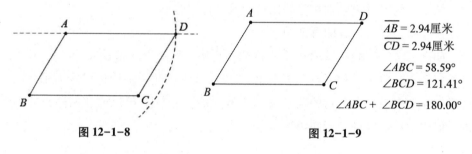

$\overline{AB} = 2.94$厘米

$\overline{CD} = 2.94$厘米

$\angle ABC = 58.59°$

$\angle BCD = 121.41°$

$\angle ABC + \angle BCD = 180.00°$

图 12-1-8　　　　　　　　图 12-1-9

（2）度量 AB 和 CD，度量 $\angle ABC$ 和 $\angle BCD$ 并求它们的和，拖动点 A 或点 C，观察度量值，确认始终有 $AB = CD$，且 $\angle ABC + \angle BCD = 180°$。

实验表明：四边形 $ABCD$ 满足 $AB = CD$，结合作法得知 $AD = BC$，所以四边形 $ABCD$ 的两组对边分别相等，即为平行四边形；另一方面，由 $\angle ABC + \angle BCD = 180°$ 得 $CD \parallel AB$，结合作法得知 $AD \parallel BC$，由定义也可以得到四边形 $ABCD$ 是平行四边形。

结论：一组对边平行且相等的四边形是平行四边形。

实验三：对角线互相平分的四边形是平行四边形。

（1）如图 12-1-10，画线段 a、b，画任意点 O，以点 O 为圆心、a 为半径画圆，在圆上取点 A，画射线 AO 交圆于另一点 C，则有 $OA = OC$；以点 O 为圆心、b 为半径画圆，在圆上取点 B，画射线 BO 交圆于另一点 D，则有 $OB = OD$。隐藏两圆及射线。

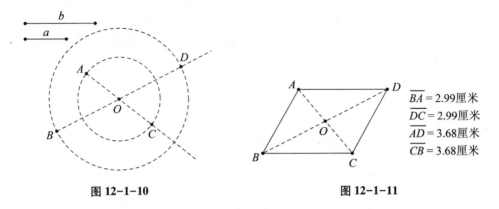

图 12-1-10　　　　　　　　　　　图 12-1-11

（2）以 A、B、C、D 为顶点画四边形，画对角线 BD 和 AC，则该四边形是满足"对角线互相平分"的四边形，度量四边形 ABCD 的四条边的长度，拖动点 A、点 B 改变图形形状，拖动 a、b 改变对角线的长度，观察四条边长度的变化，确认：始终有 AB＝CD，AD＝BC，这说明，四边形 ABCD 是平行四边形。

结论：对角线互相平分的四边形是平行四边形。

如图 12-1-12，在配套课件中，两根木条的中点重叠，且两根木条都可以绕重叠的中点旋转，以两根木条为对角线画四边形，则此四边形满足条件"对角线互相平分"，且不难验证和证明此四边形就是平行四边形。

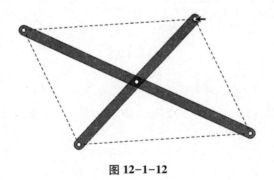

图 12-1-12

12.1.3　生活中的平行四边形

平行四边形具有不稳定性，这一性质在生活中具有广泛的应用，如推拉门、伸缩衣帽架、消防云梯、折叠椅、简易谱架等。这里介绍两种放缩尺的制作过程。

例1　放缩尺一

如图 12-1-13 所示是一个简易放缩尺，其核心部分是一个平行四边形，固定点 O 在平行四边形一边的延长线上，顶点 P 在一个图形的边沿上运动时，另一边延长线上的点 Q 就会绘制出放大后的图形。

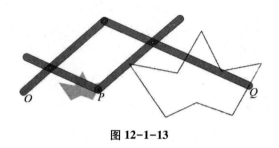

图 12-1-13

制作步骤：

（1）如图 12-1-14，画线段 a、b、c，画任意点 O、P，以点 O 为圆心、a 为半径画圆，以点 P 为圆心、b 为半径画圆，构造两圆的一个交点 A，隐藏两圆。

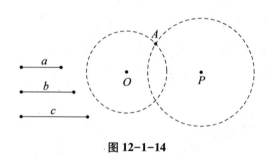

图 12-1-14

（2）如图 12-1-15，画射线 OA、OP，以点 A 为圆心、c 为半径画圆交射线 OA 于点 B，以 A、B、P 为顶点画 $\square ABCP$，延长 BC 交射线 OP 于点 Q。

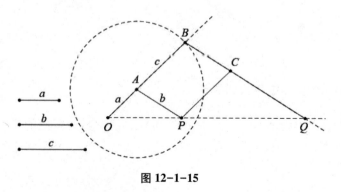

图 12-1-15

（3）隐藏射线和圆，参考图 12-1-16 在点 P 附近绘制一个多边形并构造其内部，选择点 P 和多边形内部，使用命令【编辑】→【合并点到多边形】，选择点 P 创建动画按钮，追踪点 Q，启动动画按钮，则点 Q 绘制出放大了的多边形。根据需要，可以调整线段 a、b、c 的长度。

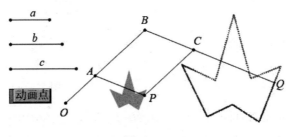

图 12-1-16

（4）用"木条"工具修饰图 12-1-16 中的放缩尺，即得图 12-1-13 中所示的放缩尺。

例 2　放缩尺二

如图 12-1-17，以 O 点为公共顶点的两个平行四边形组成了一个放缩尺。把 O 点固定，当 P 点在一个图案上移动时，Q 点就可以绘制出缩放后的图案。

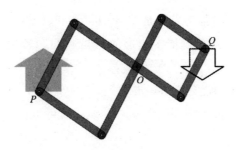

图 12-1-17

制作步骤：

（1）如图 12-1-18，画线段 a、b，我们将用 a、b 表示放缩尺中两个平行四边形的边长。画任意点 O、P，分别以点 O、P 为圆心、a 为半径画两个等圆，构造两圆的交点 A、B，画射线 AO、BO，以点 O 为圆心、b 为半径画圆交射线 AO、BO 于点 C、D，隐藏圆和射线。

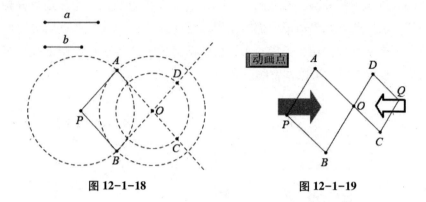

图 12-1-18   图 12-1-19

（2）构造四边形 $OAPB$，以 C、O、D 为顶点构造□$CODQ$，参考图 12-1-19，在点 P 附近绘制一个多边形并构造其内部，把点 P 合并到多边形上，构造 P 点的动画，追踪点 Q，启动动画，则点 Q 描绘出放缩后的多边形。可以看出，当 $a>b$ 时，多边形被缩小，当 $a<b$ 时，多边形被放大。

（3）用"木条"工具修饰图 12-1-19，即得到如图 12-1-17 所示的放缩尺。

12.1.4　探索多边形的内角和

求多边形内角和的基本思路是"分割"和"转化"：如果能把多边形分割成若干个三角形，就可以把多边形的内角和问题转化为三角形的内角和问题。

探究一：过一个顶点分割多边形。

过多边形的一个顶点画多边形的对角线，就可以把一个多边形分割成若干个三角形。

配套课件中，有一个参数 n 控制的 n 边形，选择参数 n，按键盘上的"+"和"-"可改变 n 的值，相应的图形也随之变化，如图 12-1-20 所示。

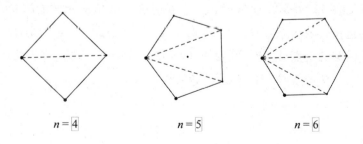

$n=$ ④ $n=$ ⑤ $n=$ ⑥

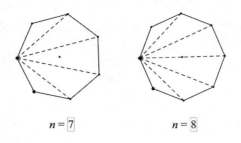

$n = \boxed{7}$ $n = \boxed{8}$

图 12-1-20

填写如下表格：

多边形的边数	4	5	6	7	8	……	10	……	n
三角形的个数	2	3	4	5	6	……	8	……	$n-2$

我们发现，从 n 边形的一个顶点出发画对角线，可将 n 边形分成 $(n-2)$ 个三角形，从而 n 边形的内角和是 $(n-2) \times 180°$。

探究二：过多边形内一点分割多边形。

配套课件中，有一个参数 n 控制的 n 边形，选择参数 n，按键盘上的"＋"和"－"可改变 n 的值，相应的图形也随之变化，如图 12-1-21 所示。

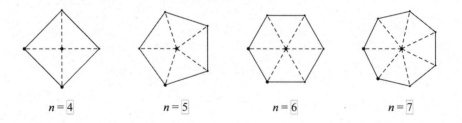

$n = \boxed{4}$ $n = \boxed{5}$ $n = \boxed{6}$ $n = \boxed{7}$

图 12-1-21

我们发现，过 n 边形内部一点和各顶点连线，就可以把 n 边形分割成 n 个三角形，但这些三角形的内角和比 n 边形的内角和多了一个周角，所以 n 边形的内角和等于 $n \times 180° - 360°$，即 $(n-2) \times 180°$。

拼图试验：四边形的内角和等于 360°。

如图 12-1-22，配套课件中，有一个四边形，可以拖动任意一个顶点改变其形状，单击"拼图"按钮，$\angle 2$ 和 $\angle 4$ 绕其一边的中点旋转 180° 后拼在 $\angle 1$ 旁边，$\angle 3$ 沿对角线平移后其顶点和 $\angle 1$ 的顶点重合，我们发现，四个内角恰好拼成了一个周角，如图 12-1-23，从而验证了四边形的内角和等于360°。单击"复位"按钮后，∠2、∠3 和∠4 返回，重新拼成原来的四边形。

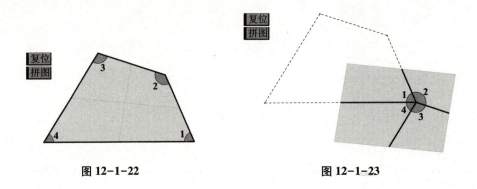

图 12-1-22　　　　　　　　　　图 12-1-23

12.1.5　探索多边形的外角和

在每个顶点处取多边形的一个外角，它们的和叫作多边形的外角和。图 12-1-24 中三角形的外角和可表示成∠1+∠3+∠5，注意不要理解成了∠1 到∠6 这 6 个外角的和。

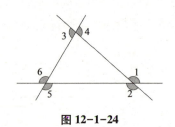

图 12-1-24

探究一：三角形的外角和。

（1）如图 12-1-25，在画板中画一个三角形并构造其三个外角，度量三个外角并求它们的和，拖动三角形的顶点，观察度量值的变化，确认：三角形的外角和始终等于 360°。

（2）打开配套课件，如图 12-1-26，单击"演示"按钮，则表示∠2 和∠3 的扇形区域分别平移到点 A 处，和∠1 恰好拼成一个周角，从而可知，∠1+∠2+∠3=360°。

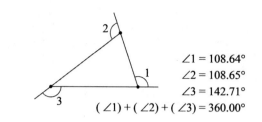

$$\angle 1 = 108.64°$$
$$\angle 2 = 108.65°$$
$$\angle 3 = 142.71°$$
$$(\angle 1) + (\angle 2) + (\angle 3) = 360.00°$$

图 12-1-25

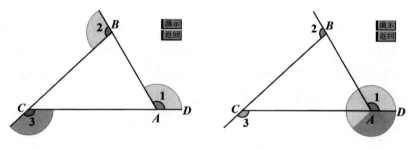

图 12-1-26

（3）受上步演示动画的启发，如图 12-1-27，过点 A 作 $AE \parallel BC$，则 $\angle BAE = \angle 2$，$\angle EAD = \angle 3$，于是 $\angle 1 + \angle 2 + \angle 3 = \angle 1 + \angle BAE + \angle EAD = 360°$。

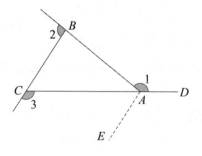

图 12-1-27

探究二：多边形的外角和。

（1）如图 12-1-28，画一个五边形，每个顶点处构造多边形的一个外角，度量这些外角的度数并求和，拖动多边形的任意顶点改变多边形，观察度量值，确认：五边形的外角和等于 360°。把五边形换成四边形、六边形、七边形等进行同样的探究。

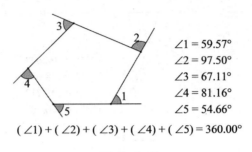

$\angle 1 = 59.57°$
$\angle 2 = 97.50°$
$\angle 3 = 67.11°$
$\angle 4 = 81.16°$
$\angle 5 = 54.66°$
$(\angle 1) + (\angle 2) + (\angle 3) + (\angle 4) + (\angle 5) = 360.00°$

图 12-1-28

（2）打开配套课件，如图 12-1-29，单击"演示"按钮，表示 $\angle 2$ 的扇形从点 B 平移到点 A 处，表示 $\angle 3$ 的扇形从点 C 平移到点 G 再平移到点 A 处，表示 $\angle 4$ 的扇形从点 D 平移到点 A 处，动画显示，$\angle 1$、$\angle 2$、$\angle 3$、$\angle 4$ 在点 A 处形成一个周角，所以 $\angle 1 + \angle 2 + \angle 3 + \angle 4 = 360°$。

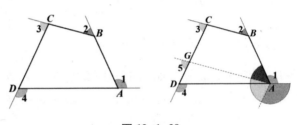

图 12-1-29

（3）设想一个生活情境：小刚沿五边形广场周围的小路，按逆时针方向跑步。小刚每从一条小路转到下一条小路时，跑步方向改变的角是哪个角？他每跑完一圈，跑步方向改变的角一共有几个？它们的和是多少？这其实就是求五边形的外角的问题。打开配套课件，如图 12-1-30，单击"演示"按钮进行动画演示：动态过程中，把每个外角收集记录在一个动点处，返回原地时，所有外角和凑成一个周角。所以五边形的外角和等于 $360°$。

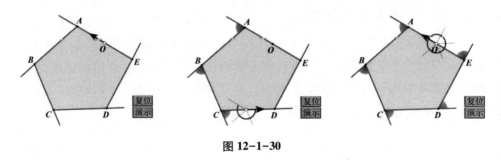

图 12-1-30

（4）如图 12-1-31，配套课件中让一个六边形保持形状不变且不断收拢缩小，在缩小的过程中，四边形的各个外角的大小没有发生改变，最终六边形的所有外角的顶点收拢到一点时这些外角恰好构成一个周角，这个过程说明，六边形的外角和等于 360°。在配套课件中，使用四边形、五边形试一试，也可以得出同样的结论。

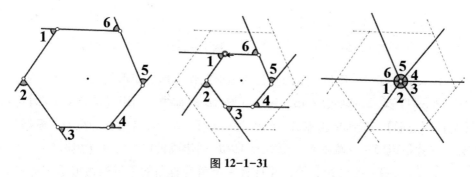

图 12-1-31

结论：多边形的外角和都是 360°。

12.2 探索特殊的平行四边形

12.2.1 定义与画法：菱形、矩形、正方形

下面我们根据特殊平行四边形的定义来用几何画板绘制这些图形。

定义 1：有一组邻边相等的平行四边形叫作菱形。菱形的画法如下：

如图 12-2-1，画线段 AB，以点 A 为圆心、AB 为半径画 $\odot A$，使用在 12-1-1 中创建的自定义工具【平行四边形】，依次单击点 A、B 和圆上任意一点 D，得到 $\square ABCD$，根据定义，它就是菱形。隐藏 $\odot A$，把菱形 $ABCD$ 创建成自定义工具【菱形】。

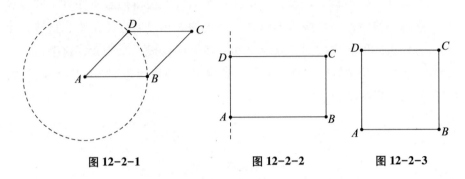

图 12-2-1　　　　　　图 12-2-2　　　　　　图 12-2-3

定义 2：有一个角是直角的平行四边形叫作矩形。矩形的画法如下：

如图 12-2-2，画线段 AB，过点 A 画 AB 的垂线，利用【自定义工具】→【平行四边形】，依次单击点 A、B 和垂线上任一点 D，得到▱ABCD，根据定义，它就是矩形。隐藏垂线，把矩形 ABCD 创建成自定义工具【矩形】。

定义 3：有一组邻边相等，并且有一个角是直角的平行四边形是正方形。正方形的画法如下：

如图 12-2-3，画线段 AB，以点 A 为中心，把点 B 旋转 90°得到点 D，利用【自定义工具】→【平行四边形】，依次单击点 A、B 和点 D，得到▱ABCD，根据定义，它就是正方形。把正方形 ABCD 创建成自定义工具【正方形】。

12.2.2　菱形、矩形的性质和判定

1. 菱形

菱形是特殊的平行四边形，因此具有平行四边形的所有性质——对边平行且相等、对角相等、对角线互相平分等。此外，根据菱形的定义，还可以推导其所具有的一些特殊性质，利用几何画板，可以验证这些性质。

如图 12-2-4，利用【自定义工具】→【菱形】绘制菱形 ABCD，画两条对角线并构造其交点 O，度量其四边的长度，度量两条对角线形成的夹角如∠AOD 的度数，度量对角线与菱形的边所形成的角的度数。拖动点 D 改变菱形的形状，观察这些度量值，不难发现菱形具有下列性质：

菱形的四条边都相等；菱形的对角线互相垂直，且每条对角线平分一组对角。

探究一：如图 12-2-5，画线段 AC 并在其上构造点 P，使点 P 靠近点 C，按向量 PA 平移点 C 得到点 C'，过点 P 构造⊙A，过点 C'构造⊙C，构造两圆

的交点 B、D，连接 AB、BC、CD、DA 得到四边形 $ABCD$。拖动点 P，观察四边形 $ABCD$ 的形状。

由画法知，$AB=BC=CD=DA$，故四边形 $ABCD$ 为平行四边形，因为邻边 $AB=AD$，所以 $\square ABCD$ 是菱形。

结论：四条边相等的四边形是菱形。

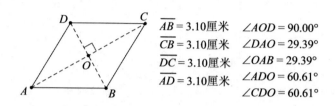

$$\overline{AB}=3.10\text{厘米} \qquad \angle AOD=90.00°$$
$$\overline{CB}=3.10\text{厘米} \qquad \angle DAO=29.39°$$
$$\overline{DC}=3.10\text{厘米} \qquad \angle OAB=29.39°$$
$$\overline{AD}=3.10\text{厘米} \qquad \angle ADO=60.61°$$
$$\angle CDO=60.61°$$

图 12-2-4

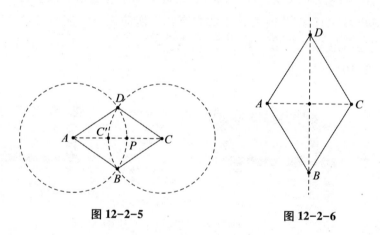

图 12-2-5   图 12-2-6

探究二：如图 12-2-6，画线段 AC 并构造其垂直平分线，在其垂直平分线上构造点 D，构造点 D 关于 AC 的对称点 B，连接 AB、BC、CD、DA 得到四边形 $ABCD$。拖动点 D，观察四边形 $ABCD$ 的形状。

由画法知，$AB=BC=CD=DA$，故四边形 $ABCD$ 是菱形。

结论：对角线互相垂直平分的四边形是菱形。进而，对角线互相垂直的平行四边形是菱形。

2. 矩形

如图 12-2-7，利用【自定义工具】→【矩形】绘制矩形 $ABCD$，选择工具箱中的【标识工具】，在每一顶点处按下鼠标并拖至矩形内部释放，则顶角被标上直角符号，说明该角为直角。画对角线 AC 和 BD，度量它们的长度，

拖动点 B、点 D 改变矩形的形状，观察长度之间的关系，如图 12-2-8，确认线段 AC 和 BD 始终相等。

结论：矩形的四个角都是直角；矩形的对角线相等。

根据矩形的形状，很容易证明这些结论。

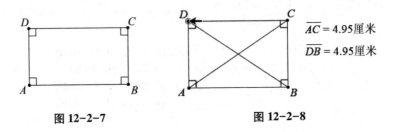

图 12-2-7   图 12-2-8

探究一：如图 12-2-9，在配套课件中，有一个平行四边形框架，拖动框架左侧的两条线段可以改变框架的边长，拖动框架右上角的顶点可以使框架变形，对角线 a、b 以及内角 α 也随之变化。拖动该点，观察当对角线 $a = b$ 时，对应的内角 α 的度数，我们发现，此时 $\angle\alpha = 90°$，说明框架变为矩形，如图 12-2-10。

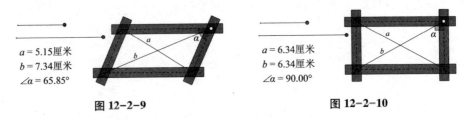

图 12-2-9   图 12-2-10

探究二：如图 12-2-11，画线段 AC 并构造其中点 O，在 AC 上画点 P，过点 P 构造 $\odot O$，在 $\odot O$ 上画点 D，画射线 DO 交 $\odot O$ 于另一点 B，构造四边形 $ABCD$。由画法知，四边形 $ABCD$ 的对角线互相平分，说明它是平行四边形。度量 $\angle ADC$ 的度数。

拖动点 P 改变对角线 BD 的长度，当点 P 与点 A（或点 C）重合时，$\square ABCD$ 的对角线相等，此时拖动点 D，观察发现，总有 $\angle ADC = 90°$，如图 12-2-12，说明 $\square ABCD$ 为矩形。

结论：对角线相等的平行四边形是矩形。

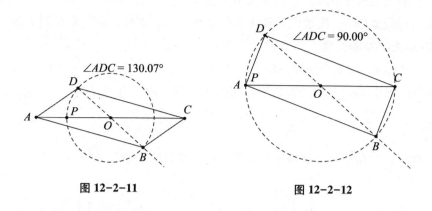

图 12-2-11   图 12-2-12

12.2.3 三角形的中位线与中点四边形

1. 三角形的中位线

定义：连接三角形两边中点的线段叫作三角形的中位线。

探究一：如图 12-2-13，画△ABC，构造三边的中点并连接各边中点，得到中位线 EF、DE、DF。度量 EF、BD、ED、FB 的长度，拖动△ABC 的顶点改变三角形的形状，观察所度量的四条线段的大小关系。我们发现，始终有：$EF=BD$，$ED=BF$，这说明图中四边形 BDEF 是平行四边形。同样，还可以探得四边形 EFDC、四边形 AEDF 也是平行四边形，进而得到，三条中位线把三角形分成的四个三角形全等；$EF/\!/BD$，且 $EF=\dfrac{1}{2}BC$。

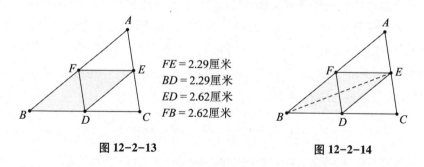

FE = 2.29厘米
BD = 2.29厘米
ED = 2.62厘米
FB = 2.62厘米

图 12-2-13   图 12-2-14

如图 12-2-14，在图 12-2-13 的基础上，画中线 BE，由于四边形 BDEF 是平行四边形，于是可得其对角线 DF 和 BE 互相平分。

结论：三角形的一条中位线与第三边上的中线互相平分。

探究二：如图 12-2-15，构造△ABC 的中位线 EF，以 AC 为直径构造半圆，在半圆上取点 P，标记角度 $\angle AEP$ 为旋转角，把 $\triangle AEF$ 绕点 E 按标记的角旋转得到 $\triangle PEG$，拖动点 P 从 A 点移动到 C 点，则把 $\triangle AEF$ 旋转到了图 12-2-16 中 $\triangle CEG$ 的位置。

由作图知，$\triangle CEG \cong \triangle AEF$，于是 $\angle G = \angle AFE$，所以 $CG // AB$，又 $CG = AF = FB$，所以四边形 $CGFB$ 是平行四边形，$FG = BC$，于是 $EF // BC$，且 $EF = \dfrac{1}{2}BC$。

结论：三角形的中位线平行于第三边，并且等于第三边的一半。

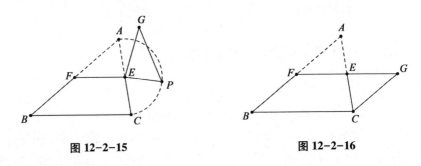

图 12-2-15   图 12-2-16

2. 中点四边形

依次连接任意一个四边形各边中点，所得的四边形叫作这个四边形的中点四边形。下面我们根据不同类型的四边形，探讨其中点四边形的形状。

探究一：如图 12-2-17，画四边形 $ABCD$，构造各边中点并连接得到中点四边形 $EFGH$，度量中点四边形各边的长度。改变四边形 $ABCD$ 的形状，观察中点四边形各边长度的关系。我们发现，不论四边形 $ABCD$ 形状如何，中点四边形 $EFGH$ 满足 $HE = FG$，$EF = GH$，即中点四边形两组对边相等，这说明四边形 $EFGH$ 是平行四边形。

连接 AC、BD，如图 12-2-18，易知 EH 是 $\triangle ABD$ 的中位线，GF 是 $\triangle CBD$ 的中位线，GH 是 $\triangle DAC$ 的中位线，EF 是 $\triangle BAC$ 的中位线，于是有 $EH = GF = \dfrac{1}{2}BD$，$GH = EF = \dfrac{1}{2}AC$，且 $EH // GF // BD$，$GH // EF // AC$，故四边形 $EFGH$ 是平行四边形，且其两邻边的夹角等于四边形 $ABCD$ 对角线的夹角。

结论 1：任意四边形的中点四边形都是平行四边形。

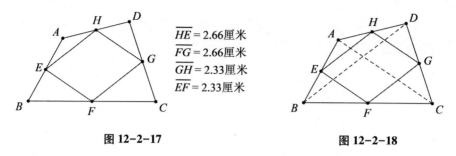

$\overline{HE}$ = 2.66厘米
$\overline{FG}$ = 2.66厘米
$\overline{GH}$ = 2.33厘米
$\overline{EF}$ = 2.33厘米

图 12-2-17　　　　　　　图 12-2-18

探究二：如图 12-2-19，画线段 BD，过其上一点画其垂线，在垂线上取两点 A、C，以线段 AC 和 BD 为对角线构造四边形 ABCD，构造四边形 ABCD 的中点四边形 EFGH，度量中点四边形的内角，你有什么发现？

由探究一的结论知，四边形 EFGH 是平行四边形，且 GH // AC，GF // BD，因为 AC⊥BD，所以 GH⊥GF，所以 □EFGH 是矩形。

结论：对角线互相垂直的四边形的中点四边形是矩形。

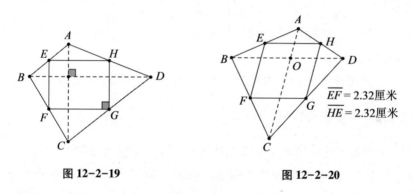

$\overline{EF}$ = 2.32厘米
$\overline{HE}$ = 2.32厘米

图 12-2-19　　　　　　　图 12-2-20

探究三：如图 12-2-20，画线段 BD 并在其上任取一点 O，过任意点 A 画射线 AO，以点 A 为圆心、BD 为半径画圆交射线 AO 于点 C，隐藏射线和圆，以 AC 和 BD 为对角线构造四边形 ABCD，再构造其中点四边形 EFGH，度量中点四边形各边的长度，你有什么发现？

我们发现，四边形 EFGH 的四边相等。事实上，由画图过程知，AC = BD，又因为 $EH = \frac{1}{2}BD$，$EF = \frac{1}{2}AC$，所以 EF = EH，从而 □EFGH 是菱形。

结论：对角线相等的四边形的中点四边形是菱形。

探究四：如图 12-2-21，画一个菱形并构造其中点四边形，度量中点四边形的内角，你有什么发现？画一个筝形并构造其中点四边形，度量中点四边形的内角，你有什么发现？

由于菱形和筝形的对角线是互相垂直的，根据本节的结论 2 知，它们的中点四边形是矩形。

结论：连接菱形（或筝形）各边中点所得的四边形是矩形。

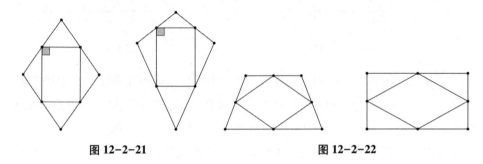

图 12-2-21　　　　　　　　　　　　　　　图 12-2-22

探究五：如图 12-2-22，画一个矩形并构造其中点四边形，度量中点四边形各边的长度，你有什么发现？画一个等腰梯形并构造其中点四边形，度量中点四边形各边的长度，你有什么发现？

由于矩形和等腰梯形的对角线是相等的，根据本节的结论 3 知，它们的中点四边形是菱形。

结论：连接矩形（或等腰梯形）各边中点所得的四边形是菱形。

12.2.4　探索折纸模型

例 1　两张等宽的纸条交叉重叠在一起，探究重叠部分的形状。

如图 12-2-23 是配套课件的画面，两张纸条交叉在一起，重叠部分形成四边形 $ABCD$。拖动画面左侧的线段可以调节纸条的宽度，拖动纸条的短边上的线段或点可以调节纸条的长度，拖动纸条上的黄色小点可以单独旋转每张纸条。

度量四边形 $ABCD$ 的各边长，旋转任意一张纸条，观察度量值，我们发现，四条边始终相等，猜测四边形 $ABCD$ 为菱形。事实上，根据题意，四边形 $ABCD$ 的两组对边分别平行，所以它是平行四边形，设纸条的宽度为 h，则 $\square ABCD$ 的面积 $S=BC \cdot h=AB \cdot h$，从而 $AB=BC$，故 $\square ABCD$ 是菱形。

例 2　用一张矩形纸片折剪出一个菱形或正方形。

分析：把一张矩形纸片按如图 12-2-24 所示的方式对折两次，然后剪下一个角，就可以得到一个菱形。

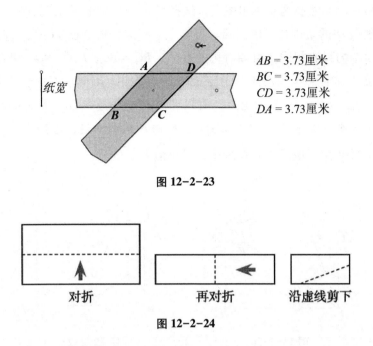

AB = 3.73厘米
BC = 3.73厘米
CD = 3.73厘米
DA = 3.73厘米

图 12-2-23

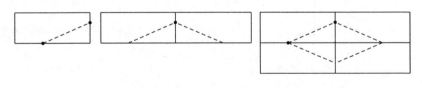

对折　　　　再对折　　　沿虚线剪下

图 12-2-24

　　画一个矩形来模拟折叠两次后的纸片，如图 12-2-25，在其右、下两边上各画一点并连接这两点，我们设想用剪刀沿这条线段剪下一个直角三角形，把图形沿右侧边沿反射，再把整个图形沿下侧边沿反射，最后得到的图形相当于展开后的纸片。由作图知，图中的虚线四边形即为剪下来的四边形，它四条边相等，所以是菱形。改变剪痕的位置，则菱形的形状随之改变，当剪痕与折起来的纸边的夹角为45°时，菱形变为正方形。

图 12-2-25

　　例3（1）如图 12-2-26，E 为矩形纸片 ABCD 的 AD 边上的一个动点，沿 BE 折叠矩形使 C、D 两点分别折叠到点 C'、D'的位置，探究当 E 点在 AD 上移动时，D'点的轨迹的形状。

　　（2）如图 12-2-27，矩形纸片 ABCD 中，AB = 6，BC = 8，E 为 AB 中点，F 为 BC 上一点，沿 EF 折叠△EFB，使点 B 折叠到 B'点，求点 B'到 C 点的最小距离。

分析：（1）根据题意画出图形，选择点 E、D' 构造轨迹，如图 12-2-28，我们发现点 D' 的轨迹是一段圆弧。事实上，C' 点的轨迹也是一段圆弧，且和 D' 点的轨迹的圆心相同。由轴对称的性质，$BC'=BC$，$BD'=BD$，因此点 C'、D' 都满足"到定点 B 的距离等于定长"这一条件，因此它们的轨迹是圆弧；

（2）由题意，$EB'=3$，E 为定点，所以动点 B' 的轨迹是以点 E 为圆心、3 为半径的一段弧。如图 12-2-29，选择点 F 和 B' 构造轨迹，连接 EC 与轨迹交于一点，当 B' 位于该点时 $B'C$ 最小，最小值为 $\sqrt{73}-3$。

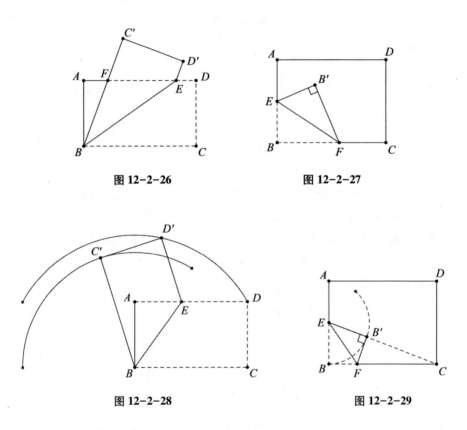

图 12-2-26

图 12-2-27

图 12-2-28

图 12-2-29

12.2.5　探索定值模型

例 1　如图 12-2-30，在矩形 $ABCD$ 中，$AB=3$，$AD=4$，P 是 AD 上不与 A 点和 D 点重合的一个动点，过点 P 分别作 AC 和 BD 的垂线，垂足为点 E 和 F，求 $PE+PF$ 的值。

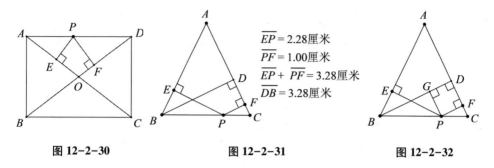

$\overline{EP}=2.28$厘米
$\overline{PF}=1.00$厘米
$\overline{EP}+\overline{PF}=3.28$厘米
$\overline{DB}=3.28$厘米

图 12-2-30   图 12-2-31   图 12-2-32

分析：因为矩形的两条对角线相等且互相平分，所以不难由已知条件求得 $OA=OD=\dfrac{5}{2}$，连接 OP，利用等面积法得到：$S_{\triangle OAD}=S_{\triangle OAP}+S_{\triangle ODP}$，于是有 $\dfrac{1}{2}\times4\times\dfrac{3}{2}=\dfrac{1}{2}\times\dfrac{5}{2}\times PE+\dfrac{1}{2}\times\dfrac{5}{2}\times PF$，从而 $PE+PF=\dfrac{12}{5}$。事实上，本题中的 $\triangle OAD$ 是等腰三角形，题目的本质是探讨等腰三角形底边上任意一点到两腰的距离之和，我们不妨在更一般的等腰三角形中进行探究。

探究一：如图 12-2-31，画等腰 $\triangle ABC$，在底边 BC 上任画一点 P，过 P 作两腰的垂线段 PE 和 PF，度量 PE、PF 的长度并计算 $PE+PF$，拖动点 P，我们发现，当点 P 在 BC 上移动时，$PE+PF$ 始终是一个定值；作一腰上的高 BD，度量 BD，观察 $PE+PF$ 和 BD 的关系，改变 $\triangle ABC$ 的形状，确认始终有 $PE+PF=BD$。事实上，这一结论很容易利用等面积法证明，或借助于图 12-2-32 利用全等三角形来证明。

结论：等腰三角形底边上任意一点到两腰的距离之和等于一腰上的高。

探究二：如图 12-2-33，画等边 $\triangle ABC$，在等边三角形内任画一点，作点 P 到三边的垂线段，度量三条垂线段的长度并求它们的和。拖动点 P，我们发现，这个和是一个定值。度量 $\triangle ABC$ 的高 h（任一顶点到对边的距离），比较 h 和垂线段之和的关系，改变 $\triangle ABC$ 的边长，确认始终有：$PD+PE+PF=h$。设法证明这一结论。

结论：等边三角形内任意一点到三边的距离之和等于等边三角形的高。

例 2　正方形 $ABCD$ 的对角线相交于点 O，正方形 $A'B'C'O$ 与正方形 $ABCD$ 的边长相等。在正方形 $A'B'C'O$ 绕点 O 旋转的过程中，两个正方形重叠部分的面积与正方形 $ABCD$ 的面积有什么关系？

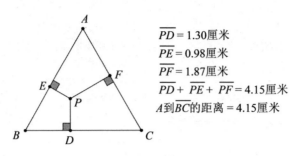

$\overline{PD}=1.30$厘米

$\overline{PE}=0.98$厘米

$\overline{PF}=1.87$厘米

$\overline{PD}+\overline{PE}+\overline{PF}=4.15$厘米

A到$\overline{BC}$的距离$=4.15$厘米

图 12-2-33

如图 12-2-34，画正方形 $ABCD$，构造其对角线的交点 O，以点 O 为圆心、AB 为半径画圆，构造圆的任意一条半径 OA'，以 OA' 为一边画正方形 $A'B'C'O$，构造两个正方形的重叠部分（四边形的内部）并涂上黄色，拖动点 A' 使 OA' 转过正方形 $ABCD$ 的一个顶点，重叠部分消失；如图 12-2-35，重新构造重叠部分并涂上黄色，再次转动点 A'，重复以上过程，共需要构造四次重叠部分，隐藏圆，度量各重叠部分的面积，确认：在正方形 $A'B'C'O$ 旋转的过程中，重叠部分的面积不变。

事实上，当 OA' 过点 B 时，重叠部分变为 $\triangle OBC$，其面积显然是正方形 $ABCD$ 面积的 $\dfrac{1}{4}$，而对图 12-2-34 来说，易证 $\triangle OBE\cong\triangle OCF$，于是重叠部分的面积等于 $\triangle OBC$ 的面积，即正方形 $ABCD$ 面积的 $\dfrac{1}{4}$。

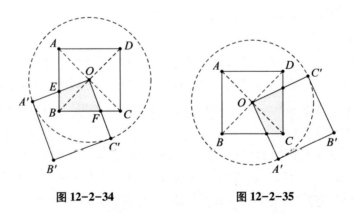

图 12-2-34　　　　　图 12-2-35

思考：在例 2 中，重叠部分的面积与正方形 $A'B'C'O$ 的边长有关吗？其实是无关的，即使任意画一个 $\text{Rt}\angle A'OC'$，角的内部与正方形 $ABCD$ 的重叠部分仍是正方形面积的$\frac{1}{4}$。

进一步做如下探究：

（1）如图 12-2-36，以等边 $\triangle ABC$ 的重心 O 为顶点构造 $\angle MON = 120°$，构造角的内部与等边三角形的重叠部分并度量其面积，我们发现，在 $\angle MON$ 旋转过程中，重叠部分的面积始终不变，并且是三角形面积的$\frac{1}{3}$。

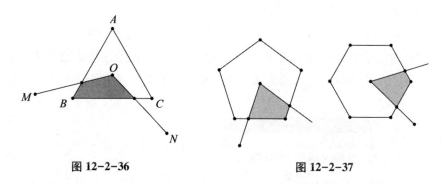

图 12-2-36   图 12-2-37

（2）如图 12-2-37，以正五边形各边垂直平分线的交点为顶点画一个 72° 的角，当角绕其顶点旋转时，度量并验证：角的内部和正五边形的重叠部分面积不变，是正五边形面积的$\frac{1}{5}$。

（3）仿照前面的步骤，在正六边形、正八边形中做类似的探究，你有什么发现？

12.3　正多边形与镶嵌

用形状相同或不同的平面封闭图形，把一块地面既无缝隙，又不重复地全部覆盖，在几何里叫作平面镶嵌。本节我们用几何画板创建工具，探究镶嵌的规律。

12.3.1　自定义工具组：正多边形

前面，我们曾用不同方式绘制正方形等正多边形，并把它们创建成自定义工具，对同一个图形来说，不同的画法和工具适用于不同的应用场景。本节，我们结合镶嵌的特点来创建正多边形工具。

在探究镶嵌的条件或创作镶嵌图案时，常需要不同多边形的边重合在一起，因此，本节我们根据一边来绘制正多边形并创建相应工具。

例1 创建正五边形工具。步骤如下：

（1）如图12-3-1，画线段AB，用它作为正五边形的第一条边，双击点A将其标记为中心，选择线段AB和点B，使用【变换】→【旋转】命令，弹出对话框后选固定角度并在输入框中输入$(5-2)*180/5$，单击"旋转"按钮后得到线段$B'A$，这是正五边形的第二条边。

（2）双击点B'，选择线段$B'A$和点A，再次使用【变换】→【旋转】命令，弹出对话框后我们发现系统自动把输入框中的角度的默认值变为108°，这也是在上一步中我们输入的算式的值，单击"旋转"后得到第三条边$A'B'$。

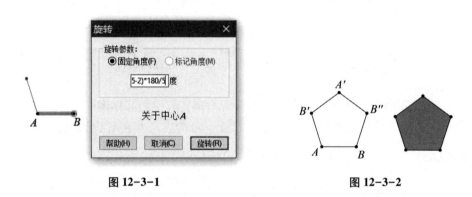

图12-3-1   图12-3-2

（3）重复以上步骤，用第三条边$A'B'$旋转出第四条边$B''A'$，之后把B''和点B连接得到最后一条边，正五边形绘制完毕。

（4）隐藏各顶点的标签，把得到的正五边形创建成自定义工具"正五边形"，绘制正五边形的内部，并把正五边形及其内部创建成自定义工具"正五边形内部"，如图12-3-2。

说明：在以上第一个步骤中，我们输入了正五边形一个内角的计算公式，当然你也可以直接输入108°，但对正七边形等多边形来说，不易算出其精确值，所以还是直接输入公式更方便。

使用例1的方法，可以创建边数为n的正多边形工具，其中n常用的是3、4、5、6、7、8、10，在镶嵌中也会涉及n为9、11、12、15、18、24、42的情况，把它们都创建成自定义工具，组成一个工具组。

下面以正八边形为例来说明使用正多边形工具进行拼图实验的基本方法：

如图 12-3-3，从【自定义工具】中选择【正八边形】工具，在画板上拖出一个正八边形，接着，在已画出的正八边形的一个顶点上按下鼠标，按一定方向拖至另一个相邻的顶点处释放鼠标，则另一个正八边形被画出，重复这一过程，就可以绘制出需要的图案。注意画出的图形的位置与鼠标按下后拖动的方向有关。

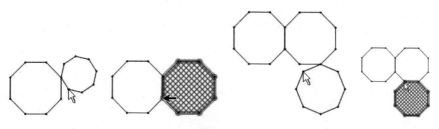

图 12-3-3

12.3.2 探索正多边形的镶嵌

1. 用同一种正多边形进行镶嵌

选用我们创建的正多边形工具或正多边形内部工具进行拼图，观察单独使用同一种正多边形能否在一个点的周围实现镶嵌。如图 12-3-4 所示，我们发现，用 6 个正三角形、4 个正方形、3 个正六边形在一个点周围实现了镶嵌，而正五边形、正七边形、正八边形等不能实现镶嵌。

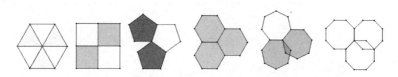

图 12-3-4

事实上，要在一点周围实现镶嵌，正多边形的内角要在该点处恰好围成 $360°$。以正六边形为例，其一个内角为 $120°$，而 $3×120°=360°$，所以 3 个正六边形可以在一点周围实现镶嵌。对正五边形来说，一个内角为 $108°$，$3×108°<360°$，而 $4×108°>360°$，也就是说，用正五边形围在一点周围，用 3 个不够完全覆盖而用 4 个就会重叠，所以它不能实现镶嵌。当正多边形边数大于 6 时，由于每个内角大于 $120°$ 而小于 $180°$，所以用 2 个不能完全覆盖而用 3 个就会重叠，故而边数多于 6 的同一种正多边形不能实现镶嵌。

结论：在一个点周围能够单独实现镶嵌的正多边形只有 3 种：正三角形、

正方形、正六边形。

2. 用两种正多边形的组合进行镶嵌

（1）正三角形和正方形。因为正三角形的每个内角是60°，正方形的每个内角是90°，设用 x 个正三角形和 y 个正方形可以在一点周围实现镶嵌，则有 $60x+90y=360$，化简得 $2x+3y=12$，因为 x、y 是正整数，可得 $x=3$，$y=2$。也就是用 3 个正三角形和 2 个正方形可以在一点周围实现镶嵌。此结论可以使用我们创建的自定义工具拼图验证，如图 12-3-5。

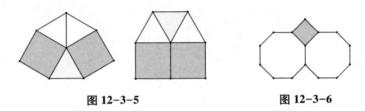

图 12-3-5   图 12-3-6

（2）正四边形与正八边形。因为正四边形的每个内角是90°，正八边形的每个内角是135°，设用 x 个正四边形和 y 个正八边形可以在一点周围实现镶嵌，则有 $90x+135y=360$，化简得 $2x+3y=8$，因为 x、y 是正整数，解得 $x=1$，$y=2$。也就是用一个正四边形和两个正八边形可以在一点周围实现镶嵌。用我们创建的自定义工具拼图验证，如图 12-3-6。

用类似的方法可以探讨用正三角形和正六边形、正三角形和正十二边形、正五边形和正十边形等不同组合的镶嵌，如图 12-3-7。

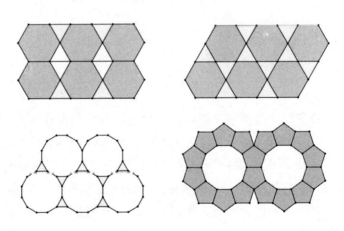

图 12-3-7

3. 用两种以上正多边形的组合进行镶嵌

用正多边形工具在几何画板中画出如图 12-3-8 所示的图案，分析这些图案中在一个点周围的镶嵌使用了哪几种正多边形。你能再设计几种用不同正多边形镶嵌的图案吗？

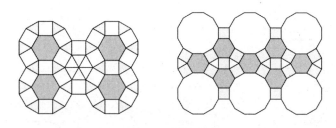

图 12-3-8

4. 正多边形在一个点周围实现镶嵌的各种情况

根据研究，用正多边形在一个点周围实现镶嵌共有 21 种情况，如图 12-3-9 所示。其中括号内的数字包含了正 n 边形的一些信息，比如，（3，9，18）表示正三角形、正九边形、正十八边形在一点周围实现了镶嵌。

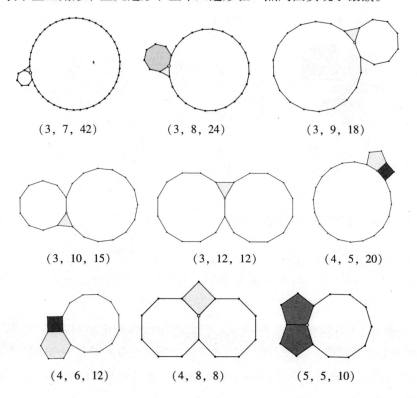

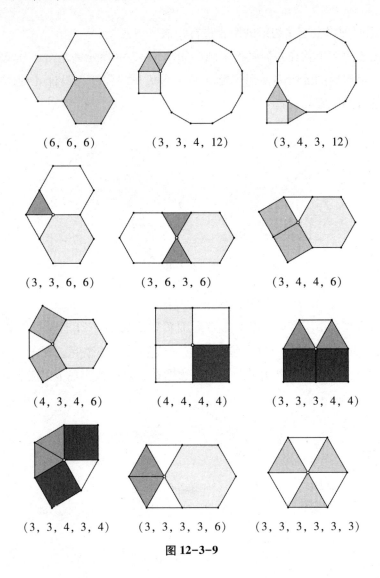

(6, 6, 6)　　　　(3, 3, 4, 12)　　　　(3, 4, 3, 12)

(3, 3, 6, 6)　　　　(3, 6, 3, 6)　　　　(3, 4, 4, 6)

(4, 3, 4, 6)　　　　(4, 4, 4, 4)　　　　(3, 3, 3, 4, 4)

(3, 3, 4, 3, 4)　　　　(3, 3, 3, 3, 6)　　　　(3, 3, 3, 3, 3, 3)

图 12-3-9

12.3.3　探索任意多边形的镶嵌

1. 任意四边形的镶嵌

因为任意四边形的内角和都是 360°，所以如果把四个内角拼在一个点的周围，就可以在该点周围实现镶嵌。试做如下探究：

如图 12-3-10，画一个四边形，构造相邻两边的中点 D、E，分别以点 D、E 为中心把四边形旋转 180° 得到两个四边形，把得到的其中一个四边形绕其一边的中点 F 旋转 180° 再得到一个四边形，这四个四边形就在一点周围实现了镶嵌。仔细观察图中的四个四边形，相邻的两个四边形是旋转关系，即关于它们公共边的中点成中心对称，不相邻的两个四边形是平移关系，平移的向量由其对角线确定。

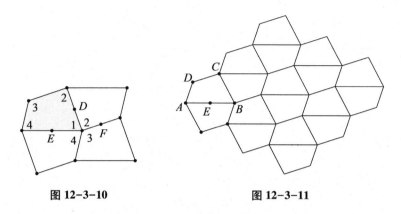

图 12-3-10　　　　　　　　　　图 12-3-11

根据以上探究所得的规律，可以绘制任意四边形构成的镶嵌图案，步骤如下：

（1）如图 12-3-11，画四边形 *ABCD*，构造 *AB* 边的中点 *E*，以点 *E* 为中心把四边形 *ABCD* 旋转180°，标记向量 *AC*，把整个图形按标记向量连续平移若干次；标记向量 *DB*，再把整个图形按标记的向量连续平移若干次，即得到由四边形 *ABCD* 镶嵌而成的图案。

（2）拖动四边形 *ABCD* 的顶点或边，观察图案的变化。

2. 任意三角形的镶嵌

对任意三角形来说，只要绕其一边的中点旋转180°，就可得到一个平行四边形。对于平行四边形，只需标记其一边为向量，按标记的向量平移即可实现平面镶嵌，如图 12-3-12。另一方面，如果我们把任意三角形沿其一边反射，则可得到四边形（筝形），而四边形的镶嵌在上例中已经解决，从而，任意三角形均可实现平面镶嵌，如图 12-3-13 所示。

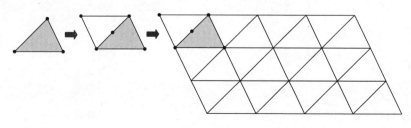

图 12-3-12

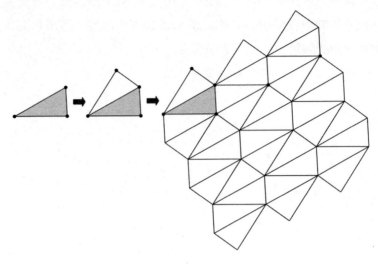

图 12-3-13

3．"箭头"的镶嵌

把正方形适当剪拼可以得到一个"箭头"状的凹多边形，利用平移可以实现该多边形对平面的镶嵌。制作步骤如下：

（1）如图 12-3-14，画正方形 $ABCD$，构造 AB 和 BC 的中点 E、F，构造对角线 AC 的两个四等分点 G 和 H，把靠近点 A 的四等分点 G 绕点 E 旋转 $180°$ 得到点 G'，把点 H 绕点 F 旋转 $180°$ 得到点 H'，构造凹七边形 $ADCHH'G'$ G 及其内部，把这个"箭头"状的多边形内部的颜色设为黄色。

（2）如图 12-3-15，以 E 为中心把"箭头"及其内部旋转 $180°$，把得到的"箭头"内部设为红色。

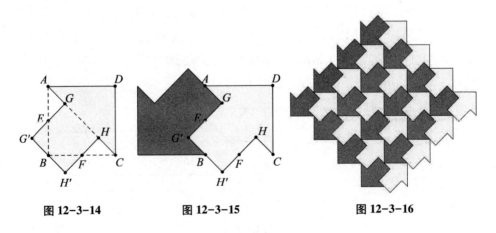

图 12-3-14   图 12-3-15   图 12-3-16

（3）标记向量 *AC*，把两个"箭头"按标记的向量平移若干次，标记向量 *BD*，把整个图形再平移若干次，隐藏所有点，得到图 12-3-16。

参考以上思路和步骤，可以制作动画，展现从正方形割补为"箭头"，再平移为镶嵌图案的动态过程。配套课件中提供了这一动画。

12.3.4 设计地砖图案

例 1 现有如图 12-3-17 所示的一种瓷砖，请用其中的 4 块瓷砖，设计出美丽的"基本图案"，然后利用"基本图案"，通过变换，得到更加美丽、更大的镶嵌图案。

图 12-3-17

分析：用 4 块相同的瓷砖可以有多种不同的方式组合得到"基本图形"，再经平移得到更大的镶嵌图案，图 12-3-18 中列出了一些具体的例子。

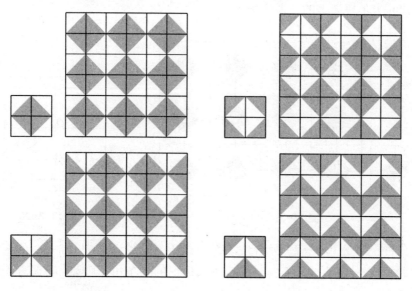

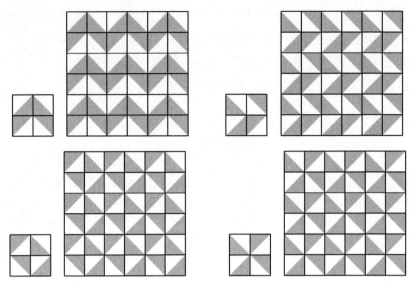

12.3.18

例2 如图 12-3-19，图中左侧是一块带"基本图案"的正方形瓷砖，用这种瓷砖铺地，可拼成右侧的图案，产生了正八边形和正方形镶嵌的效果。请画出正方形瓷砖上的"基本图案"。

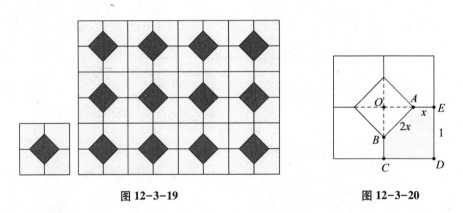

图 12-3-19   图 12-3-20

分析：如图 12-3-20 所示，设点 O 是正方形瓷砖的中心，C、E 是两条邻边的中点，AB 是拼成镶嵌图案后正八边形的一条边，则 AE 就是边长的一半。设 $DE = 1$，$AE = x$，则 $AB = 2x$，在等腰直角 $\triangle OAB$ 中，可知 $OA = \sqrt{2}x$，因为 $OA + AE = OE = DE = 1$，所以得 $\sqrt{2}x + x = 1$，解得 $x = \sqrt{2} - 1$，于是得到如下画法：

（1）如图 12-3-21，画正方形并构造各边的中点，构造两条对边中点的

连线相交于点 O，连接两条邻边的中点得线段 CE，以点 C 为圆心、CO 为半径画弧交 CE 于点 F，以 E 为圆心、EF 为半径画弧交 OE 于点 A。这里，如果设 $OE=1$，则 $CE=\sqrt{2}$，$AE=EF=\sqrt{2}-1$。

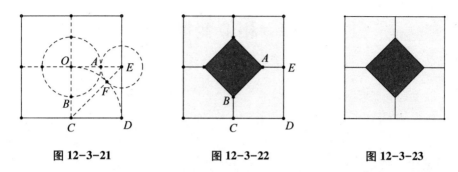

图 12-3-21   图 12-3-22   图 12-3-23

（2）以 O 为圆心、OA 为半径画圆交 OC 于点 B，绘制圆 O 与正方形对边连线的另外两个交点，参考图 12-3-22 画线、涂色，隐藏辅助对象，得到图 12-3-23，这就是我们绘制的瓷砖，选择该图，创建为自定义工具"瓷砖 1 号"，使用该工具，即可拼成图 12-3-19 中的镶嵌图案。

除了"瓷砖 1 号"，我们也可以设计"瓷砖 2 号"，拼出正八边形和正方形的镶嵌效果。

如图 12-3-24，画正方形 $ABCD$，分别以点 B、D 为圆心、以边长 AB 为半径画弧交对角线 BD 于 E、F 两点，过点 E 作 AD 和 CD 的垂线并构造垂足，过 F 作 AB 和 BC 的垂线并构造垂足，参考图 12-3-24 画线、涂色，隐藏辅助对象，即得到"瓷砖 2 号"，用该瓷砖即可拼成图 12-3-25 中的镶嵌图案。

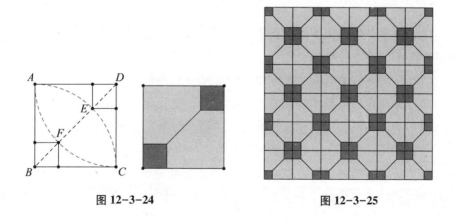

图 12-3-24   图 12-3-25

13　相似变换

【技术助学目标】

（1）借助几何画板，探索平行线分线段成比例公理，体会其合理性。

（2）借助几何画板动态探索相似三角形的基本图形"A 型图"和"Z 型图"，帮助学生深刻理解它们的联系和区别。

（3）借助几何画板深入探索三角形相似的条件和性质。

（4）借助几何画板探究"黄金分割"的定义、作图及应用。

（5）借助几何画板绘制位似图形、探索位似的性质及应用。

（6）借助几何画板绘制并深入探索简单的分形图，了解数学在描述自然方面的独特作用，感受和欣赏数学之美。

【技术学习目标】

（1）掌握几何画板中的变换工具（平移工具、旋转工具、缩放工具）的使用方法。

（2）掌握几何画板中的基本变换中【缩放】命令的使用方法。

（3）掌握几何画板中的动态变换中【标记比】命令的使用方法。

（4）会用几何画板自定义工具进行"黄金分割"尺规作图。

（5）会用几何画板绘制位似图形。

（6）会用几何画板的"迭代功能"和"深度迭代"功能绘制简单的分形图案。

13.1 图形的相似

13.1.1 用几何画板探究平行线截出的比例线段

1. 工具准备：快速绘制等宽的平行线

在探索平行线截出的比例线段时，常需要绘制多条宽度可调的等宽的平行线，步骤如下：

（1）如图 13-1-1，画点 A 并把点 A 按 $90°$ 平移 1 厘米得到点 A'，构造直线 AA' 并构造其上一点点 B，按顺序选择 A、B 两点并标记为平移向量，画任意点 C 并按标记的向量平移得到点 C'，选择点 C 和 C'，利用【变换】→【创建自定义变换】命令，把自定义变换的名称设为"等距平移"，如图 13-1-2，按"确定"键后通过【变换】菜单确认刚创建的自定义变换的快捷键为"Ctrl+1"。保留点 A、B，隐藏点 C、C'、A' 和直线 AA'。

图 13-1-1   图 13-1-2   图 13-1-3

（2）过点 A 画一条直线并设为虚线，选择该直线，利用键盘按组合键 "Ctrl+1"，则自动画出一条过点 B 的直线，连续按 "Ctrl+1"，则快速画出一组平行线。拖动点 B 可以调整平行线间的距离，如图 13-1-3。

2. 探究平行线截出的比例线段

探究一：

如图 13-1-4，画三条等距的平行线 $l_1 \parallel l_2 \parallel l_3$，画一条直线 m 与三条平行线 l_1、l_2、l_3 分别相交于 A、B、C 三点，度量 AB 和 BC 的长度，改变平行线间的距离，确认始终有 $AB=BC$。

事实上，过点 B 作平行线的垂线分别交 l_1、l_3 于点 E、F，因为平行线等宽，所以 $BE = BF$，进而 $\triangle BAE \cong \triangle BCF$，所以 $AB = BC$。

结论：一条直线被一组等距的平行线所截，截得的线段相等。

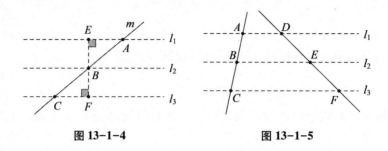

图 13-1-4　　　　　　　　　　图 13-1-5

探究二：

（1）如图 13-1-5，画三条等距的平行线 $l_1 /\!/ l_2 /\!/ l_3$，画两条直线与三条平行线 l_1、l_2、l_3 相交，设交点分别是 A、B、C 和 D、E、F，则根据"结论"知，$AB = BC$，$DE = EF$，于是有 $\dfrac{AB}{BC} = \dfrac{DE}{EF}$。

（2）如图 13-1-6，两条直线被四条等距的平行线所截，根据"结论"知：$AB = BG = GC$，所以 $\dfrac{AB}{BC} = \dfrac{AB}{2BG} = \dfrac{1}{2}$，同理可得 $\dfrac{DE}{EF} = \dfrac{1}{2}$，所以 $\dfrac{AB}{BC} = \dfrac{DE}{EF}$。

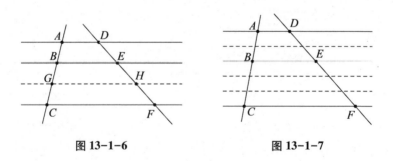

图 13-1-6　　　　　　　　　　图 13-1-7

（3）如图 13-1-7 中有一组等距的平行线，仿照以上步骤，探究图中 $\dfrac{AB}{BC}$ 和 $\dfrac{DE}{EF}$ 的关系，你有什么结论和猜想？

探究三：

（1）如图 13-1-8，任画三条平行线，画两条直线分别与这三条平行线相交，设交点分别为 A、B、C 和 D、E、F，度量所截得的线段的长度，并计算

$\dfrac{AB}{BC}$ 和 $\dfrac{DE}{EF}$ 的值，观察它们的关系，改变三条平行线间的距离，或改变直线 AB

和 DF 的方向和位置，确认，始终有 $\dfrac{AB}{BC}=\dfrac{DE}{EF}$。

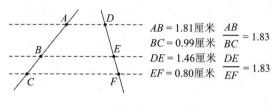

$AB = 1.81$ 厘米 $\dfrac{AB}{BC} = 1.83$

$BC = 0.99$ 厘米

$DE = 1.46$ 厘米 $\dfrac{DE}{EF} = 1.83$

$EF = 0.80$ 厘米

图 13-1-8

（2）如图 13-1-8 所示，探究 $\dfrac{BC}{AC}$ 和 $\dfrac{EF}{DF}$ 的关系，你有什么结论？

通过以上探究我们得到：$\dfrac{AB}{BC}=\dfrac{DE}{EF}$，$\dfrac{AB}{AC}=\dfrac{DE}{DF}$，$\dfrac{BC}{AC}=\dfrac{EF}{DF}$，有人为了便于记

忆，把这三个等式说成是"上比下等于上比下，上比全等于上比全，下比全

等于下比全"。

结论：两条直线被一组平行线所截，所得的对应线段成比例。

在现行初中数学课本中，这个结论属于"基本事实"，可称为"平行线分

线段成比例公理"。

13.1.2 探索"A 型图"和"Z 型图"

"A 型图"和"Z 型图"是在研究相似三角形问题时常见的基本图形，具

有重要的应用价值。如图 13-1-9，过 $\triangle ABC$ 一边所在直线 AB 上的一点 D 作

另一边 BC 的平行线，与第三边所在的直线 AC 相交，就形成了"A 型图"或

"Z 型图"。当点 D 位于线段 AB 或 AB 的延长线上时，该图的形状像大写字母

"A"，故名"A 型图"；当点 D 位于 BA 延长线上时，该图的形状像大写字母

"Z"，故名"Z 型图"。"A 型图"或"Z 型图"虽然根据外形的直观差别而

有不同的名称，但其构图方式是一致的。拖动点 D 至不同的位置，就会从"A

型图"变为"Z 型图"，反之亦然，如图 13-1-10。

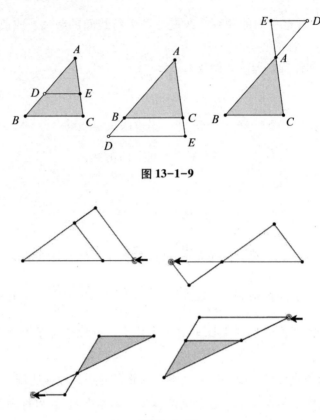

图 13-1-9

图 13-1-10

下面我们从不同的角度对"A 型图"和"Z 型图"中的比例关系进行探究。

探究一：

（1）如图 13-1-11，两条直线被一组平行线所截，交点分别为 A、D、B 和 F、E、C，拖动两条截线中的一条，比如，直线 FC，使点 F 和点 A 重合，则得到"A 型图"，如图 13-1-12；拖动一条截线，使点 E 和点 D 重合，得到"Z 型图"，如图 13-1-13。

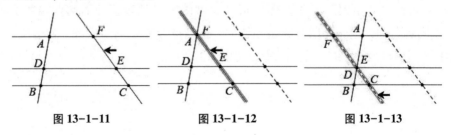

图 13-1-11   图 13-1-12   图 13-1-13

（2）利用基本事实"两条直线被一组平行线所截，所得的对应线段成比例"，可知，在上面的3个图中，都有如下关系：$\dfrac{AD}{DB}=\dfrac{FE}{EC}$，$\dfrac{AD}{AB}=\dfrac{FE}{FC}$，$\dfrac{DB}{AB}=\dfrac{EC}{FC}$。

探究二：

（1）如图13-1-14，过"A型图"中的点A作BC的平行线，则图中就出现了三条平行线，该图即可看成由"两条直线AB和AC被一组平行线所截"得到的图形，利用平行线分线段成比例公理，有：$\dfrac{AD}{DB}=\dfrac{AE}{EC}$，$\dfrac{AD}{AB}=\dfrac{AE}{AC}$，$\dfrac{DB}{AB}=\dfrac{EC}{AC}$。

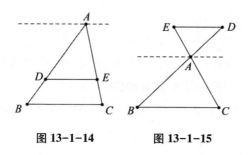

图 13-1-14   图 13-1-15

（2）如图13-1-15，过"Z型图"中的点A作BC的平行线，则图中也出现了三条平行线，该图也可看成由"两条直线AB和AC被一组平行线所截"得到的图形，利用平行线分线段成比例公理，有：$\dfrac{AD}{DB}=\dfrac{AE}{EC}$，$\dfrac{AD}{AB}=\dfrac{AE}{AC}$，$\dfrac{DB}{AB}=\dfrac{EC}{AC}$。

探究三：

如图13-1-16，△ABC中，DE//BC，则DE和△ABC构成"A型图"，于是有$\dfrac{AD}{AB}=\dfrac{AE}{AC}$。

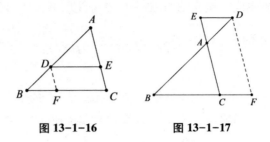

图 13-1-16   图 13-1-17

过 D 作 $DF /\!/ AC$，则 DF 和 $\triangle BAC$ 也构成"A 型图"，于是有 $\dfrac{AD}{AB} = \dfrac{FC}{BC}$，

因为 $DE /\!/ BC$，$DF /\!/ AC$，所以四边形 $DECF$ 为平行四边形，所以 $DE = FC$，

于是得到：$\dfrac{AD}{AB} = \dfrac{AE}{AC} = \dfrac{DE}{BC}$。

结论：平行于三角形的一边，并且与其他两边相交的直线，所截得的三角形的三边与原三角形的三边对应成比例。

思考：这一结论对于图 13-1-17 还成立吗？先在几何画板中画图验证，再加以证明。

13.1.3 实验与探究：画框和画芯相似吗

例 1 张老师有一张尺寸为 50cm×35cm 的矩形画芯需要加框装裱。

（1）现有画框 1，装框后如图 13-1-18①所示，画芯各边到画框外围的宽度均增加了 7.5cm，请问，这个画框（指外围尺寸，下同）与画芯相似吗？

（2）如果用如图 13-1-18②中的画框 2 装裱，则画芯左右两边各增加了 15cm，上下两边各增加了 7.5cm，这个画框与画芯相似吗？

（3）如果张老师要定做一个画框，使画框与画芯相似，若画框的高限定为 50cm，那么画框的长应是多少？

①   ②

图 13-1-18

分析：这是一个多边形相似问题。根据定义：各角相等、各边成比例的两个多边形叫作相似多边形。对两个矩形来说，各角都是直角，自然满足"各角相等"的条件，因此这里只需看是否满足"各边成比例"，因为题目已经给出了各边之长，所以通过简单计算就可解答该问题。

解：（1）画芯的长高之比为 $\frac{50}{35}=\frac{10}{7}$，画框 1 的长高之比为 $\frac{50+7.5\times2}{35+7.5\times2}=\frac{13}{10}$，因为 $\frac{10}{7}\neq\frac{13}{10}$，所以两个矩形不满足"各边成比例"，画框 1 和画芯不相似。

（2）因为 $\frac{50+15\times2}{35+7.5\times2}=\frac{8}{5}$，而 $\frac{10}{7}\neq\frac{8}{5}$，所以画框 2 和画芯不相似。

（3）设画框左右边沿到画芯左右两边的距离均为 a cm 时，画框与画芯相似，则 $\frac{50}{35}=\frac{50+2a}{50}$，解得 $a=\frac{75}{7}$，此时画框的长为 $50+2a=\frac{500}{7}$，约为 71.43cm。

实际教学中，为了增加直观性，可以按如下步骤画图演示：

（1）如图 13-1-19，画水平线段 AB，以 A 为中心把点 B 按 $\frac{35}{50}$ 缩放得到点 B'，把点 B' 绕点 A 旋转 90° 得到点 D，隐藏点 B'，以 AB 和 AD 为邻边构造矩形 $ABCD$，构造 BC、CD 边的中点 E、F。

（2）构造矩形 $ABCD$ 的中心 O 并标记为缩放中心，新建两个参数 a、b，我们用 a 表示左右两边增加的宽度，b 表示上下两边增加的高度，构造算式 $\frac{25+a}{25}$ 并标记比，按此比缩放点 E 得到点 E'，构造算式 $\frac{17.5+b}{17.5}$ 并标记比，按此比缩放点 F 得到点 F'，以 E'、F' 为两邻边的中点构造矩形。

$a=\boxed{10.00}$ $\frac{25+a}{25}=1.40$
$b=\boxed{7.50}$
$\frac{17.5+b}{17.5}=1.43$

$a=\boxed{10.71}$
$b=\boxed{7.50}$

图 13-1-19   图 13-1-20

（3）复制表示画芯的图片，顺序选择点 A、B、D 后粘贴，隐藏辅助对象，输入 a 和 b 的值，则画面呈现装框后的效果图。特别的，在 a 的输入框中输入"75/7"，在 b 的输入框中输入 7.50，则得画框和画芯相似的情况，如

图 13-1-20。

如图 13-1-21，在配套课件中，有一个内部涂为黄色的矩形，其长和宽分别为 a 和 b，把该矩形的左右两边都增加 x、上下两边都增加 y 得到一个更大的矩形，拖动黄色矩形右下角的顶点可以改变内部矩形的长和宽，拖动外部两边上的黄点可以改变 x 或 y 的大小，系统自动显示两个矩形的边长之比及 x 与 y 的比。探究发现：只有当 $\dfrac{x}{y}=\dfrac{a}{b}$ 时，所得的更大的矩形才能和原矩形相似。

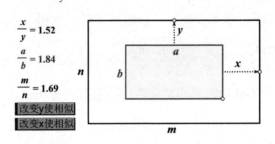

$$\frac{x}{y}=1.52$$
$$\frac{a}{b}=1.84$$
$$\frac{m}{n}=1.69$$

改变y使相似
改变x使相似

图 13-1-21

13.1.4 探索三角形相似的条件

根据定义，三角分别相等，三边成比例的两个三角形叫作相似三角形。考虑到三角形的内角和等于 180°，所以两个三角形只要"两角分别相等"，则必然满足"三角相等"，这意味着在实际判别时，"三角相等、三边成比例"这 6 个条件其实是可以弱化的。所谓探索三角形相似的条件，就是要找到至少满足哪些条件就必定同时满足定义中的 6 个条件，从而使两个三角形相似。

1. 两角对应相等

探究一：

在实际教学过程中，利用先特殊后一般的思路，可以先指定一些具体的角进行探究。步骤如下：

（1）如图 13-1-22，新建两个角度参数 α 和 β，画线段 BC，构造 $\triangle ABC$，使得 $\angle B=\angle\alpha$，$\angle C=\angle\beta$；画线段 EF，构造 $\triangle DEF$，使得 $\angle E=\angle\alpha$，$\angle F=\angle\beta$，则 $\triangle ABC$ 和 $\triangle DEF$ 满足"两角对应相等"，度量两三角形各角的度数和各对应边之比。

（2）给定一些特殊角的值，如：$\alpha=60°$，$\beta=60°$；$\alpha=30°$，$\beta=60°$；$\alpha=45°$，$\beta=90°$；$\alpha=50°$，$\beta=100°$等进行验证。使用方法：对于特殊角组成的三角形，先让学生想一想，或利用纸笔演算，得出结论，再在几何画板中进行

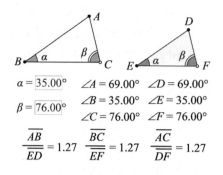

$\alpha = \boxed{35.00°}$ $\angle A = 69.00°$ $\angle D = 69.00°$

$\beta = \boxed{76.00°}$ $\angle B = 35.00°$ $\angle E = 35.00°$

$\angle C = 76.00°$ $\angle F = 76.00°$

$\dfrac{\overline{AB}}{\overline{ED}} = 1.27$ $\dfrac{\overline{BC}}{\overline{EF}} = 1.27$ $\dfrac{\overline{AC}}{\overline{DF}} = 1.27$

图 13-1-22

验证；对于不是特殊角的可以直接在几何画板中进行验证：输入角度后，拖动点 C 或点 F，观察是否满足"三角相等，三边成比例"。

直接输入角度的值，往往给人这样的感觉：这些三角形是特殊的，不具有一般性。下面进行的探究中，我们通过动态拖动的方式给出 α 和 β，在一定程度上消解这一问题。

探究二：

（1）如图 13-1-23，画点 O，把点 O 按 0° 平移 2cm 得点 O'，构造线段 OO'，再把点 O 平移 1.5cm 得点 P，把点 P 绕点 O 旋转 180° 得点 P'，顺序选择点 O、P、P' 构造圆上的弧，在弧上画一点 Q，把 $\angle POQ$ 标记为旋转角，把线段 OO' 按标记的角度绕点 O 旋转，用标识工具给 $\angle POQ$ 加标识并把标签设为 α，隐藏 O'、P' 及圆弧，这样，拖动点 Q 就可以任意改变 $\angle \alpha$ 的大小。仿照上述步骤再创建一个角并把标签设为 β。

（2）如图 13-1-24，画线段 BC，进而构造 $\triangle ABC$，使得 $\angle B = \angle \alpha$，$\angle C = \angle \beta$；画线段 $B'C'$，进而构造 $\triangle A'B'C'$，使得 $\angle B' = \angle \alpha$，$\angle C' = \angle \beta$。

（3）度量 $\triangle ABC$ 和 $\triangle A'B'C'$ 各边之比，拖动改变 $\angle \alpha$ 和 $\angle \beta$ 的大小，观察度量值，确认，两个三角形始终满足：各角相等、各边成比例。

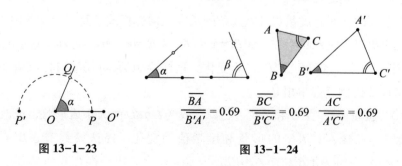

$\dfrac{\overline{BA}}{\overline{B'A'}} = 0.69$ $\dfrac{\overline{BC}}{\overline{B'C'}} = 0.69$ $\dfrac{\overline{AC}}{\overline{A'C'}} = 0.69$

图 13-1-23   图 13-1-24

（4）如图 13-1-25①，拖动点 B 与点 B' 重合，拖动点 C 到边 $B'C'$（或其延长线）上，因为 $\angle B = \angle B'$，所以此时的顶点 A 落在边 $A'B'$（或其延长线）上，因为 $\angle C = \angle C'$，所以 $AC \parallel A'C'$，于是根据 13-1-2 中探究三的结论，知 $\dfrac{AB}{A'B'} = \dfrac{BC}{B'C'} = \dfrac{AC}{A'C'}$，从而 $\triangle ABC \backsim \triangle A'B'C'$。

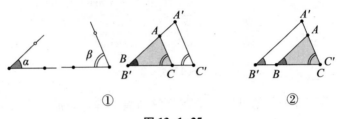

①   ②

图 13-1-25

说明：有的版本的教材（如北师大版）中，在此内容之前没有我们在 13.1.2 探究三中的结论，也就是在图 13-1-25①中，只能推得 $\dfrac{AB}{A'B'} = \dfrac{BC}{B'C'}$，无法直接得到 $\dfrac{BC}{B'C'} = \dfrac{AC}{A'C'}$，此时可以再次拖动 $\triangle ABC$，使 $\angle C$ 和 $\angle C'$ 重合在一起，如图 13-1-25②，得到 $\dfrac{BC}{B'C'} = \dfrac{AC}{A'C'}$，进而得到 $\dfrac{AB}{A'B'} = \dfrac{BC}{B'C'} = \dfrac{AC}{A'C'}$，从而说明 $\triangle ABC \backsim \triangle A'B'C'$。

2. 两边对应成比例，一角对应相等

探究三：

（1）如图 13-1-26，在几何画板中画点 O，把点 O 按 0° 平移 3cm 得点 O'，画线段 OO'，在 OO' 上画两点并把其标签分别设为 1 和 K，顺序选择点 O、1、K 度量比，把比的标签设为 k。在下面的步骤中，我们将用 k 表示两个三角形的对应边之比。

（2）画 $\triangle ABC$，度量边 AB、AC 的长度，构造算式计算 $k \cdot AB$ 和 $k \cdot AC$，构造 $\triangle A'B'C'$，使 $\angle A' = \angle A$，$A'B' = k \cdot AB$，$A'C' = k \cdot AC$。拖动点 K 或标签为 1 的点改变 k 值，观察 $\triangle A'B'C'$ 的变化。这样绘制的 $\triangle A'B'C'$ 和 $\triangle ABC$ 满足：两边对应成比例且夹角相等。

（3）度量 $\angle B$、$\angle C$ 和 $\angle B'$、$\angle C'$，改变 $\triangle ABC$ 的大小或形状，或改变比例系数 k，观察 $\triangle A'B'C'$ 的形状和度量值的变化，确认始终有 $\angle B' = \angle B$，$\angle C' = \angle C$，从而 $\triangle A'B'C' \backsim \triangle ABC$。

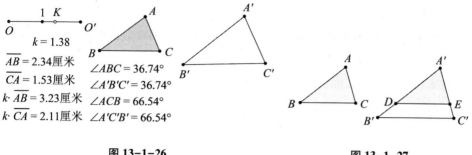

<table>
<tr><td>1   K</td></tr>
</table>

$k = 1.38$

$\overline{AB} = 2.34$厘米 $\angle ABC = 36.74°$

$\overline{CA} = 1.53$厘米 $\angle A'B'C' = 36.74°$

$k \cdot \overline{AB} = 3.23$厘米 $\angle ACB = 66.54°$

$k \cdot \overline{CA} = 2.11$厘米 $\angle A'C'B' = 66.54°$

图 13-1-26   图 13-1-27

（4）如图 13-1-27，若△ABC 和△A'B'C'满足 $\dfrac{AB}{A'B'} = \dfrac{AC}{A'C'}$，且∠A = ∠A'，则可在 A'B'（或其延长线）上截取 A'D = AB，作 DE // B'C' 交 A'C' 于 E，可证△A'DE∽△A'B'C'且△A'DE≌△ABC，于是△ABC∽△A'B'C'。

结论：两边对应成比例且夹角相等的两个三角形相似。

探究四：

（1）按本节探究三中的第一个步骤创建滑块得到系数 k。

（2）画△ABC，度量∠B，AB 和 AC，构造算式计算 k·AB 和 k·AC，画∠B' = ∠B，在∠B'的一边上截取 A'B' = k·AB，以 A'为圆心、k·AC 为半径画圆与∠B'的另一边相交于 C'和 D，参考图 13-1-28 构造△A'B'C'，度量∠C 和∠C'。

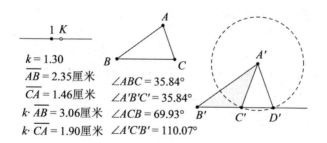

$k = 1.30$

$\overline{AB} = 2.35$厘米 $\angle ABC = 35.84°$

$\overline{CA} = 1.46$厘米 $\angle A'B'C' = 35.84°$

$k \cdot \overline{AB} = 3.06$厘米 $\angle ACB = 69.93°$

$k \cdot \overline{CA} = 1.90$厘米 $\angle A'C'B' = 110.07°$

图 13-1-28

（3）改变△ABC 的形状或 k 的值，观察度量值。我们发现：△ABC 和△A'B'C'满足 $\dfrac{AB}{A'B'} = \dfrac{AC}{A'C'}$，且∠B = ∠B'，但∠C ≠ ∠C'，所以两个三角形不相似。进一步探究发现，图 13-1-28 中的△ABC∽△A'B'D'。

结论：两边对应成比例且一边的对角相等的两个三角形不一定相似。

3. 三边成比例

探究五：

（1）按本节探究三中的第一个步骤创建滑块得到系数 k。

（2）如图 13-1-29，画△ABC，度量其三边的长 AB、AC、BC，构造算式计算 $k \cdot AB$、$k \cdot AC$ 和 $k \cdot BC$，画△$A'B'C'$，使得 $A'B'=k \cdot AB$，$A'C'=k \cdot AC$，$B'C'=k \cdot BC$，度量△ABC 和△$A'B'C'$ 各内角的度数。

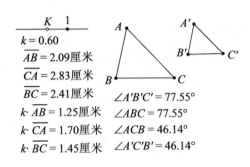

图 13-1-29

（3）改变△ABC 的大小或形状，或改变比例系数 k，观察△$A'B'C'$ 的形状和度量值的变化，确认始终有 $\angle B' = \angle B$，$\angle C' = \angle C$，从而 △$A'B'C' \backsim$△ABC。

结论：三边成比例的两个三角形相似。

13.1.5　探索图形相似的性质

探究一：如图 13-1-30，画任意△ABC，画△$A'B'C'$，使得 $\angle B' = \angle B$，$\angle A'C'B' = \angle ACB$，则△$ABC \backsim$△$A'B'C'$，在△$ABC$ 中，作高线 AD、中线 AE、角平分线 AF，在△$A'B'C'$中，作高线 $A'D'$、中线 $A'E'$、角平分线 $A'F'$，度量 $\dfrac{AB}{A'B'}$、$\dfrac{AD}{A'D'}$、$\dfrac{AE}{A'E'}$、$\dfrac{AF}{A'F'}$。

改变△ABC 的形状，观察四个比值的关系，拖动点 C' 改变△$A'B'C'$ 的大小，观察比值的变化。我们发现，始终有 $\dfrac{AB}{A'B'} = \dfrac{AD}{A'D'} = \dfrac{AE}{A'E'} = \dfrac{AF}{A'F'}$。用推理的方法说明结论的正确性。

结论：相似三角形对应高的比、对应中线的比、对应角平分线的比都等于相似比。

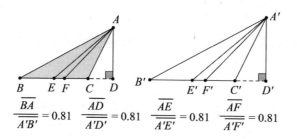

$$\frac{\overline{BA}}{\overline{A'B'}} = 0.81 \qquad \frac{\overline{AD}}{\overline{A'D'}} = 0.81 \qquad \frac{\overline{AE}}{\overline{A'E'}} = 0.81 \qquad \frac{\overline{AF}}{\overline{A'F'}} = 0.81$$

图 13-1-30

思考：既然相似三角形对应角平分线的比等于相似比，那么对应角的三等分线的比是否等于相似比呢？下面我们来探究。

探究二：画 $\triangle ABC \backsim \triangle A'B'C'$，新建参数 $n=3$，度量 $\angle BAC$ 的度数，计算 $\dfrac{\angle BAC}{n}$ 的值，在 $\triangle ABC$ 中构造 $\angle BAD = \dfrac{\angle BAC}{n}$，使 D 在 BC 边上，在 $\triangle A'B'C'$ 中构造 $\angle B'A'D' = \dfrac{\angle BAC}{n}$，使 D' 在 $B'C'$ 边上，度量 $\dfrac{AB}{A'B'}$、$\dfrac{AD}{A'D'}$。

改变 $\triangle ABC$ 的形状，观察度量值的关系，改变 $\triangle A'B'C'$ 的大小，观察度量值的变化；改变 n 的值，观察度量值的关系。确认始终有 $\dfrac{AB}{A'B'} = \dfrac{AD}{A'D'}$。

结论：相似三角形的对应角的 n 等分线（$n=3$，4，5……）的比等于相似比。

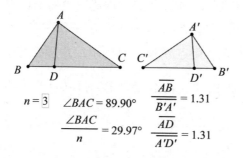

$$n = \boxed{3} \qquad \angle BAC = 89.90° \qquad \frac{\overline{AB}}{\overline{B'A'}} = 1.31$$

$$\frac{\angle BAC}{n} = 29.97° \qquad \frac{\overline{AD}}{\overline{A'D'}} = 1.31$$

图 13-1-31

探究三：如图 13-1-32，画 $\triangle ABC \backsim \triangle A'B'C'$，在边 BC 上任取一点，顺序选择点 B、C、D 度量比，以 B' 为中心，按度量比缩放点 C' 得点 D'，构造

线段 AD、$A'D'$，度量$\dfrac{AB}{A'B'}$、$\dfrac{AD}{A'D'}$。

拖动点 D，观察度量值的关系，改变$\triangle A'B'C'$的大小，观察度量值的变化，确认始终有$\dfrac{AB}{A'B'} = \dfrac{AD}{A'D'}$。

在这个实验中，我们把点 D 和 D' 叫作相似三角形的对应点，相应地 AD 和 $A'D'$ 是两个相似三角形的对应线段。我们发现，该对应线段的比等于相似比。特别的，当点 D 位于 BC 的中点时，比值$\dfrac{AD}{A'D'}$就是对应中线的比；点 D 位于$\angle BAC$ 的平分线上时，比值$\dfrac{AD}{A'D'}$就是对应角平分线的比。

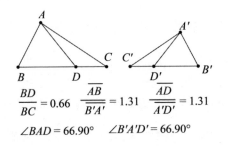

$$\dfrac{BD}{BC} = 0.66 \qquad \overline{\dfrac{AB}{B'A'}} = 1.31 \qquad \overline{\dfrac{AD}{A'D'}} = 1.31$$

$$\angle BAD = 66.90° \qquad \angle B'A'D' = 66.90°$$

图 13-1-32

探究四：如图 13-1-33，画$\triangle ABC \backsim \triangle A'B'C'$，顺序选择点 A、B、C 构造三角形的内部，顺序选择点 A'、B'、C' 构造三角形的内部，选择$\triangle ABC$ 的内部构造边界上的点 P，度量 P 的"点的值"，选择该度量值和$\triangle A'B'C'$的内部在$\triangle A'B'C'$上绘制点 P'，则点 P 和 P' 是两个三角形的对应点。重复以上步骤绘制另一对对应点 Q 和 Q'，构造线段 PQ 和 $P'Q'$，度量$\dfrac{AB}{A'B'}$、$\dfrac{PQ}{P'Q'}$。改变$\triangle ABC$ 的大小或形状，或改变$\triangle A'B'C'$的大小，观察度量值的变化和关系，拖动点 P 或点 Q，观察度量值的变化和关系，确认始终有$\dfrac{AB}{A'B'} = \dfrac{PQ}{P'Q'}$。

结论：相似三角形对应线段的比等于相似比。

探究五：如图 13-1-34，画$\triangle ABC \backsim \triangle A'B'C'$，构造两个三角形的内部，选择两个三角形的内部度量周长，构造算式计算周长之比；度量两个三角形的面积，构造算式计算面积之比，度量对应边之比，构造算式计算对应边之

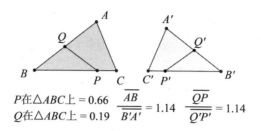

$$P在\triangle ABC上 = 0.66 \quad \overline{\frac{AB}{B'A'}} = 1.14 \quad \overline{\frac{QP}{Q'P'}} = 1.14$$
$$Q在\triangle ABC上 = 0.19$$

图 13-1-33

比的平方。

改变△ABC 的大小或形状，或改变△A′B′C′ 的大小，观察度量值的变化和关系，你有什么发现？如何说明结论的正确性？

结论：相似三角形周长的比等于相似比，面积的比等于相似比的平方。

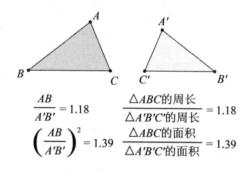

$$\frac{AB}{A'B'} = 1.18 \qquad \frac{\triangle ABC的周长}{\triangle A'B'C'的周长} = 1.18$$
$$\left(\frac{AB}{A'B'}\right)^2 = 1.39 \qquad \frac{\triangle ABC的面积}{\triangle A'B'C'的面积} = 1.39$$

图 13-1-34

探究六：如图 13-1-35，画五边形 ABCDE∽五边形 A′B′C′D′E′，构造两个五边形的内部，选择两个五边形的内部度量周长，构造算式计算周长之比；度量两个五边形的面积，构造算式计算面积之比，度量对应边之比，构造算式计算对应边之比的平方。

改变五边形 ABCDE 的大小或形状，或改变五边形 A′B′C′D′E′ 的大小，观察度量值的变化和关系，你有什么发现？

把图中的五边形改为四边形、六边形、……，按以上步骤操作，你有什么发现？

结论：相似多边形周长的比等于相似比，面积的比等于相似比的平方。

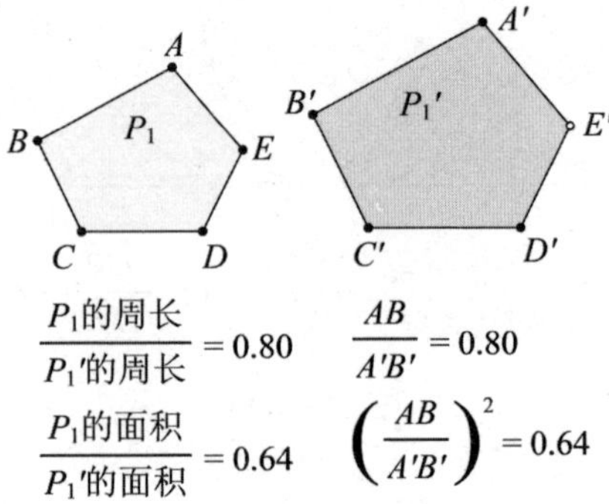
A
B
E
P_1
C
D
A′
B′
P_1'
E′
C′
D′
$\frac{P_1\text{的周长}}{P_1'\text{的周长}}=0.80$
$\frac{AB}{A'B'}=0.80$
$\frac{P_1\text{的面积}}{P_1'\text{的面积}}=0.64$
$\left(\frac{AB}{A'B'}\right)^2=0.64$

图 13-1-35

13.2 神奇的“黄金分割”

13.2.1 黄金分割：定义及画法

1. 黄金分割与黄金比

如图 13-2-1，线段 AB 上的一点 C，把线段 AB 分割为两部分 AC 和 BC，如果 AC 是 AB 与 BC 的比例中项，即$\frac{AB}{AC}=\frac{AC}{BC}$，那么点 C 叫作线段 AB 的黄金分割点，该点所形成的分割称为黄金分割，AC 与 AB 的比叫作黄金比或黄金数。

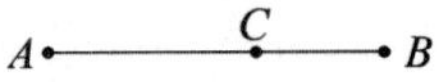
A
C
B

图 13-2-1

设 $AB=1$，$AC=x$，则 $BC=1-x$，根据黄金分割的定义，可得$\frac{1}{x}=\frac{x}{1-x}$，即 $x^2=1-x$，解方程并考虑 $x>0$，即得黄金比 $x=\frac{\sqrt{5}-1}{2}\approx0.618$.

2. 画法

画法一：在几何画板中画线段 AB，构造算式 $\dfrac{\sqrt{5}-1}{2}$ 并标记为缩放比，以 A 为中心，把点 B 按标记比缩放得点 C，点 C 就是线段 AB 的一个黄金分割点，以 B 为中心，把点 A 按标记比缩放得点 D，点 D 就是线段 AB 的另一个黄金分割点。

画法二：如图 13-2-2，画线段 AB 并构造中点 M，把点 M 绕点 B 旋转-90°得点 D，连接 AD，过点 B 画⊙D 交 AD 于 E，过点 E 画⊙A 交 AB 于点 C，保留点 A、B、C 和线段 AB，隐藏其他辅助对象，创建自定义工具"黄金分割"。

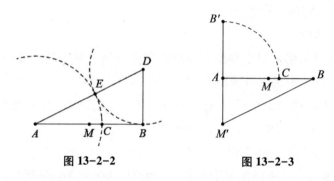

图 13-2-2　　　　　　　图 13-2-3

画法三：如图 13-2-3，画线段 AB 并构造中点 M，把点 M 绕点 A 旋转-90°得点 M'，标记角度 $\angle BM'A$，以 M' 为中心把点 B 按标记的角度旋转得点 B'，以 A 为中心把点 B' 旋转-90°得黄金分割点 C。

画法四：如图 13-2-4，画正方形 $ABCD$，构造边 BC 的中点 F，连 DF，作 $\angle ADF$ 的平分线交 AB 于 G，则点 G 是 AB 的一个黄金分割点，顺序选择点 A、B、G 度量比，确认 $\dfrac{AG}{AB}$ 等于黄金比 0.618。

事实上，如图 13-2-5，设 $AB=1$，则 $CF=\dfrac{1}{2}$，求得 $DF=\dfrac{\sqrt{5}}{2}$，在 DF 上截取 $DA'=DA$，则 $\triangle GAD\cong\triangle GA'D$，$A'F=\dfrac{\sqrt{5}}{2}-1$，连接 GA'，设 $AG=A'G=x$，在 $Rt\triangle A'GF$ 和 $Rt\triangle BGF$ 中，利用 $A'G^2+A'F^2=GF^2=GB^2+BF^2$ 列方程，即可求得 $x=\dfrac{\sqrt{5}-1}{2}$，即点 G 为 AB 的黄金分割点。

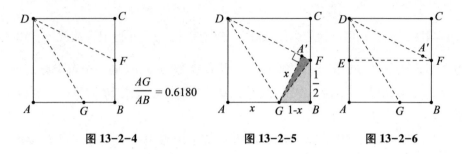

$$\frac{AG}{AB} = 0.6180$$

图 13-2-4   图 13-2-5   图 13-2-6

根据这一画法，可以利用正方形纸片折出一边的黄金分割点。如图 13-2-6，对折正方形纸片 $ABCD$ 得折痕 EF，展开后再折出折痕 DF，展开后过顶点 D 再次折叠纸片，使 DA 边落到 DF 上，压实后得折痕 DG 与 AB 的交点 G，则点 G 即为 AB 的黄金分割点。

3. 黄金分割尺

黄金分割尺是用来测量和绘制线段的黄金分割点的工具，下面我们在几何画板中绘制这一工具。步骤如下：

（1）如图 13-2-7，画线段 a，画线段 AB，分别以 A、B 为圆心，a 为半径画弧（圆），构造两弧（圆）交点 O。

（2）选择本节创建的自定义工具【黄金分割】，顺次单击点 A、O 得线段 AO 的黄金分割点 D，再顺次单击点 B、O 得线段 BO 的黄金分割点 E，标记向量 OE，把点 D 按标记的向量平移得点 D'，连接 ED'，作射线 DD' 交 AB 于点 C，则点 C 是 AB 的一个黄金分割点。

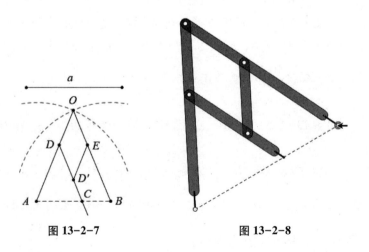

图 13-2-7   图 13-2-8

（3）隐藏圆弧（圆）、射线，把图中的线段用木条图案装饰，得图 13-2-8，使用时，把两侧木条上的针尖分别和需要测量的线段的端点重合，则中间木条上的针尖指向该线段的黄金分割点。

13.2.2　黄金矩形与黄金三角形

1. 黄金矩形

如果一个矩形的宽与长的比等于黄金比，这样的矩形叫黄金矩形。黄金矩形给人以匀称、舒适的美感，一些著名的建筑，如古希腊的帕特农神庙的轮廓被设计成黄金矩形。

（1）如图 13-2-9，用上节创建的自定义工具【黄金分割】画线段 AB，则自动画出其黄金分割点 E，以 A 为中心，把点 E 旋转 90° 得点 D，标记向量 AD，把线段 AB 及点 E 平移得线段 DC 和点 F，连接 AD、BC、EF，得黄金矩形 $ABCD$，把图 13-2-9 创建成自定义工具"黄金矩形"。

由作图知，四边形 $AEFD$ 为正方形，设 $AB=1$，则 $AE=BC=\dfrac{\sqrt{5}-1}{2}$，于是

$EB=1-\dfrac{\sqrt{5}-1}{2}$，计算知 $\dfrac{EB}{BC}=\dfrac{\sqrt{5}-1}{2}$，可见矩形 $EBCF$ 也是黄金矩形。

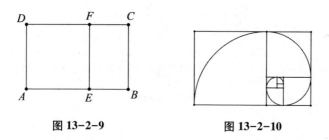

图 13-2-9　　　　　　　　图 13-2-10

（2）在图 13-2-9 中，以 E 为圆心构造弧 $\overparen{AF}$，顺序选择点 A、B，利用【变换】→【迭代】命令，在弹出的对话框中依次单击点 F、E，创建 $A{\rightarrow}F$、$B{\rightarrow}E$ 的迭代，增加迭代次数，隐藏点的标签，得图 13-2-10。图中有一条由圆弧连接而成的曲线，叫黄金螺旋线。把图 13-2-10 创建成自定义工具"黄金螺旋线"。

易知，在黄金矩形中，若短边长度为 1，则长边为 $\dfrac{\sqrt{5}+1}{2}$，据此，利用长方形纸条可以通过折纸的方式得到黄金矩形，方法如下：

参考图 13-2-11①折出正方形 *AFED*，展开后再按图②所示的方式对折得折痕 *MN*，展开后折出折痕 *ME*，再按图③所示的方法折叠，使 *ME* 与 *AF* 所在边重合，设 *E* 点落在点 *B* 的位置，过 *B* 折出矩形 *ABCD*，如图 13-2-12，则矩形 *ABCD* 即为黄金矩形。

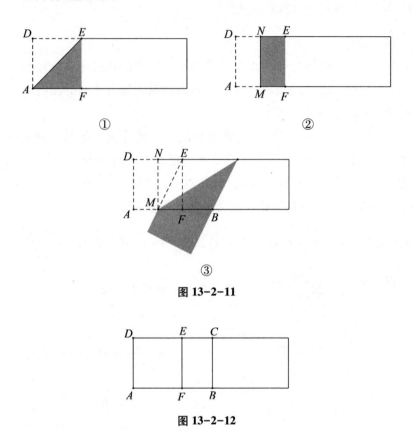

图 13-2-11

图 13-2-12

2. 黄金三角形

顶角为 36° 的等腰三角形叫黄金三角形。

如图 13-2-13，在 △*ABC* 中，*AB* = *AC*，∠*A* = 36°，故 △*ABC* 为黄金三角形。作 ∠*B* 的平分线交 *AC* 于 *D*，则 ∠*CBD* = ∠*DBA* = 36°，且 *BC* = *BD* = *AD*，于是 △*BCD* 也是一个黄金三角形，且有 △*ABC* ∽ △*BCD*，所以 *AC* : *BC* = *BC* : *CD*，又 *BC* = *AD*，于是 *AC* : *AD* = *AD* : *CD*，所以 *D* 是 *AC* 的黄金分割点。

在几何画板中，可快速绘制图 13-2-13：画线段 *BC*，以 *B* 为中心把线段 *BC* 旋转 36° 得线段 *BD*，以 *D* 为中心，把线段 *DB* 旋转 -108° 得线段 *DA*，连接 *AB*、*CD* 即得图 13-2-13。进一步，以 *D* 为圆心画弧 $\overset{\frown}{AB}$，构造 *B*→*C*，*C*→*D*

的迭代，即可得到图 13-2-14，这说明，连续分割黄金三角形，可以得到一串黄金三角形，且可以构造一条螺旋线。

如图 13-2-15，用自定义工具【黄金分割】绘制线段 OA 及其黄金分割点 P，过点 O 构造 $\odot P$，过点 A 构造 $\odot O$，两圆相交于点 B、C，连接线段 AB、AC、OB、OC，则 $\triangle OAB$、$\triangle OAC$ 均为黄金三角形，且 AB 和 AC 是 $\odot O$ 的内接正十边形的边，据此，可以绘制圆的内接正十边形。

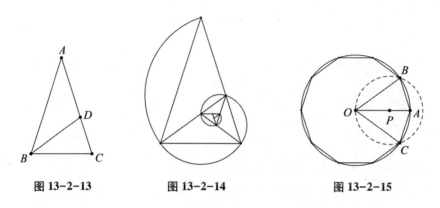

图 13-2-13   图 13-2-14   图 13-2-15

3. 黄金梯形

上底与腰长相等且下底和对角线相等的等腰梯形叫黄金梯形。

如图 13-2-16，黄金梯形 $ABCD$ 中，$\triangle ABC$ 和 $\triangle CDB$ 皆为黄金三角形。若 $OA=OD=a$，$AB=AD=DC=CO=BO=b$，$BC=BD=AC=c$，则 $a:b=b:c=\dfrac{\sqrt{5}-1}{2}$。

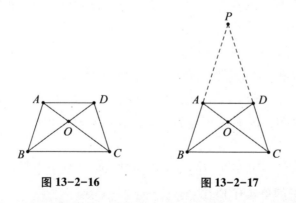

图 13-2-16   图 13-2-17

如图 13-2-17，延长黄金梯形的两腰交于点 P，则 $\triangle PAD \cong \triangle CAB$，$\triangle PAD$ 是黄金三角形，$\triangle PBC$ 也是黄金三角形，且 A 为 PB 的黄金分割点，

所以黄金梯形也可以理解为由黄金三角形切割而成的。

13.2.3 深度探究：正五角星

五角星，特别是正五角星，是我们常见的图形，我国的国旗上就有 1 个大五角星和 4 个小五角星，以下探究正五角星中蕴含的数学奥秘。

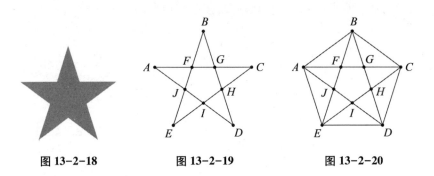

图 13-2-18   图 13-2-19   图 13-2-20

图 13-2-18 所示的正五角星具有如下性质：

（1）是轴对称图形，它有 5 条对称轴。

（2）是旋转对称图形：绕其中心每旋转 72°可与其自身重合。

（3）每个角都是 36°。

为了说明正五角星的每个角都是 36°，我们画出图 13-2-19。图中，$\angle BGF = \angle A + \angle D$，$\angle BFG = \angle C + \angle E$，所以 $\angle A + \angle D + \angle C + \angle E + \angle B = \angle BGF + \angle BFG + \angle B = 180°$，从而每个角等于 36°。

在图 13-2-19 中，我们发现五角星的边围出了一个正五边形 $FGHIJ$，事实上，正五角星也可以看成由正五边形通过连接对角线的方式构成的，如图 13-2-20。

探究一：图 13-2-20 中的角。

（1）36°的角：在每个顶点处有 3 个，共有 15 个。

（2）72°的角：每两个相邻的 36°角组成一个 72°的角，这样，每个顶点处有两个 72°的角，以 F 为顶点的角中，有一对对顶角是 72°，这样，图中 72°的角共有 20 个。

（3）108°的角：正五边形的每个内角是 108°，加上中间正五边形的内角的对顶角，108°的角共有 15 个。

（4）图中只有 36°、72°和 108°的角，度数之比为 1∶2∶3。

探究二：图 13-2-20 中的线段。

（1）按线段的长度来分组，图中共有 4 组长度相等的线段，我们不妨把它们的长度从小到大分别设为 a、b、c、d。

第 1 组：$a=FG=GH=HI=IJ=JF$，共 5 条；

第 2 组：$b=AF=FB=BG=GC=CH=HD=DI=IE=EJ=JA$，共 10 条；

第 3 组：$c=AE=AI=AG=AB（BA）=BJ=BH=BC（CB）=CF=CI=CD（DC）=DG=DJ=DE（ED）=EH=EF=EA$，共 15 条；

第 4 组：$d=AC=CE=EB=BD=DA$，共 5 条。

（2）如图 13-2-21 所示，有 3 种大小不一的顶角为 36° 的黄金三角形，它们的底和腰的长度分别是 a 和 b、b 和 c、c 和 d，根据黄金三角形的性质，它们的底和腰的比为黄金比，也就是说图 13-2-20 中所有线段的长度都满足：$a:b=b:c=c:d=\dfrac{\sqrt{5}-1}{2}$。

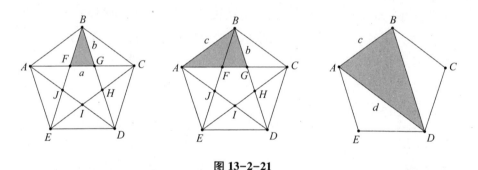

图 13-2-21

探究三：图 13-2-20 中的三角形。

图中的所有三角形皆为等腰三角形，可按顶角分为两类。

（1）顶角为 36° 的等腰三角形，如图 13-2-21 所示，它们的底与腰之比为黄金比，这样的三角形按大小分 3 组：

第 1 组：$\triangle BFG \cong \triangle CGH \cong \triangle DHI \cong \triangle EIJ \cong \triangle AJF$，共 5 个；

第 2 组：$\triangle AEI \cong \triangle AGB \cong \triangle BAJ \cong \triangle BHC \cong \triangle CBF \cong \triangle CID \cong \triangle DCG \cong \triangle DJE \cong \triangle EDH \cong \triangle EFA$，共 10 个；

第 3 类：$\triangle ADC \cong \triangle BED \cong \triangle CAE \cong \triangle DBA \cong \triangle EBC$，共 5 个。

显然，所有这些三角形都是相似的。

（2）以 108° 为顶角的等腰三角形，如图 13-2-22 所示，它们的腰与底的比是黄金比，按大小分成两组：

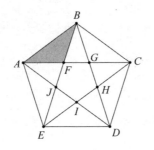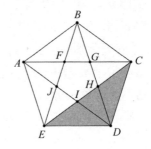

图 13-2-22

第 1 组：△AFB ≌ △BGC ≌ △CHD ≌ △DIE ≌ △EJA，共 5 个；

第 2 组：△BAC ≌ △CBD ≌ △DCE ≌ △EDA ≌ △AEB ≌ △JDB ≌ △FEC ≌ △GAD ≌ △HBE ≌ △ICA，共 10 个。

显然，所有这些三角形也都是相似的。

探究四：图 13-2-20 中的四边形。

（1）如图 13-2-23，图中"藏"有两类各 5 个全等的等腰梯形：

第 1 类：下底（较长的底）与腰相等，上底与下底之比为黄金比；

第 2 类：上底（较短的底）与腰相等，下底与对角线相等，上底与下底之比为黄金比，是黄金梯形。

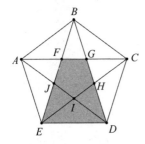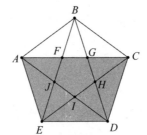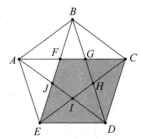

图 13-2-23

（2）图中有 5 个全等的菱形。

探究五："A 型图"和"Z 型图"。

梯形和菱形中都含有平行线，平行线还可帮助我们在图 13-2-23 中发现"A 型图"和"Z 型图"，它们都是我们非常熟悉的有关相似三角形的基本图形，如图 13-2-24 所示。

利用这些"A 型图"和"Z 型图"，我们又可以从另一个角度找到图中的

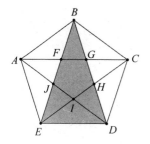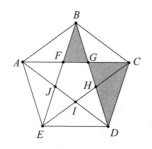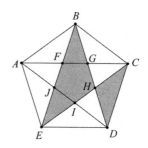

图 13-2-24

黄金比，进而发现：除五角星的 5 个顶点外，图中其他的所有点都是某条线段的黄金分割点。

13.2.4 迭代法求黄金比

黄金比 $\dfrac{\sqrt{5}-1}{2}$ 具有一些特殊的性质，比如，黄金比的倒数为 $\dfrac{\sqrt{5}+1}{2}$，而 $\dfrac{\sqrt{5}+1}{2}=\dfrac{\sqrt{5}-1}{2}+1$，用近似数来表示这一性质就是：$\dfrac{\sqrt{5}+1}{2}\approx 1.618=1+0.618$ $\approx\dfrac{1}{0.618}$。

这一性质可以从求得黄金比的方程看出：长度为 1 的线段上的黄金分割点，把线段分成较长的线段 x 和较短的线段 $1-x$ 两部分，则有 $x^2=1-x$，两边除以 x 即得 $x=\dfrac{1}{x}-1$，也就是 $\dfrac{1}{x}=1+x$，$1.618=1+0.618$。

利用方程 $x^2=1-x$ 还可以得到一些有趣的结论，进而利用这些结论用迭代的方法求得黄金比。

探究一：由 $x^2=1-x$ 得，$x=\sqrt{1-x}$，把等号右边的 x 替换成 $\sqrt{1-x}$ 并重复这一过程即得：

$$x=\sqrt{1-\sqrt{1-\sqrt{1-\sqrt{\cdots\cdots}}}}$$

下面我们利用此式来求得黄金比，步骤如下：

（1）如图 13-2-25，在几何画板中新建参数 x，使 $x<1$，构造函数 $f(x)=\sqrt{1-x}$，调用计算器在弹出的计算面板上单击 $f(x)$，再单击 x，求得 $f(x)$ 的值，通过"属性"面板把 $f(x)$ 的精确度设为万分之一。

$x = \boxed{0.123}$ $\qquad$ $x = \boxed{0.987}$

$f(x) = \sqrt{1-x}$ $\qquad$ $f(x) = \sqrt{1-x}$

$f(x) = 0.9365$ $\qquad$ $f(x) = 0.1140$

n	$f(x)$		n	$f(x)$
0	0.9365		0	0.1140
1	0.2520		1	0.9413
2	0.8649		2	0.2424
3	0.3676		3	0.8704
4	0.7952		4	0.3600
5	0.4525		5	0.8000
6	0.7399		6	0.4472
7	0.5100		7	0.7435
8	0.7000		8	0.5064
9	0.5477		9	0.7025
10	0.6725		10	0.5454
11	0.5723		11	0.6742
12	0.6540		12	0.5708
13	0.5882		13	0.6552
14	0.6417		14	0.5872
15	0.5986		15	0.6425
16	0.6336		16	0.5979
17	0.6053		17	0.6341
18	0.6282		18	0.6049
…	…		…	…
49	0.6180		49	0.6181
50	0.6180		50	0.6180

图 13-2-25

（2）选择 x，创建 $x \rightarrow f(x)$ 的迭代，得到由两列数据组成的表格，左侧 n 为迭代次数，右侧为对应的函数值 $f(x)$。选择表格，连续按键盘上的"+"，每按一次，表格中的数据增加 1 行。我们发现，当 $x = 0.123$ 时，迭代次数超过 49 时，$f(x)$ 稳定（收敛）在 0.6180，当 $x = 0.987$ 时，迭代次数超过 50 时，$f(x)$ 逐渐稳定在 0.6180。

探究二：

（1）由 $x^2 = 1-x$ 得，$x(x+1) = 1$，进而 $x = \dfrac{1}{1+x}$ 把等号右边的 x 替换成 $\dfrac{1}{1+x}$ 并重复这一过程即得：

$$x = \cfrac{1}{1+\cfrac{1}{1+\cfrac{1}{1+\cdots\cdots}}}$$

仿照探究一的步骤，创建参数 x 和函数 $f(x) = \dfrac{1}{1+x}$，创建 $x \to f(x)$ 的迭代，也可以得到黄金比，如图 13-2-26。

$x = \boxed{31.42}$

$f(x) = \dfrac{1}{1+x}$

$f(x) = 0.0308$

n	$f(x)$
0	0.0308
1	0.9701
2	0.5076
3	0.6633
4	0.6012
5	0.6245
6	0.6156
7	0.6190
8	0.6177
9	0.6182
10	0.6180
11	0.6181
12	0.6180
13	0.6180

图 13-2-26

$x = \boxed{0.578}$

$f(x) = \dfrac{1}{\sqrt{1+\dfrac{1}{x}}}$

$g(x) = \sqrt{2-\sqrt{2+x}}$

$f(x) = 0.6052$

$g(x) = 0.6280$

n	$f(x)$	$g(x)$
0	0.6052	0.6280
1	0.6140	0.6212
2	0.6168	0.6190
3	0.6177	0.6183
4	0.6179	0.6181
5	0.6180	0.6181
6	0.6180	0.6180
7	0.6180	0.6180

图 13-2-27

（2）还可以建立函数 $f(x) = \dfrac{1}{\sqrt{1+\dfrac{1}{x}}}$，$g(x) = \sqrt{2-\sqrt{2+x}}$ 等仿照以上步骤迭代出黄金比，如图 13-2-27。

探究三：斐波那契数列与黄金比。

数列：1，1，2，3，5，8，13，21，34，55，89，144，233，……称为斐波那契数列，它常被用来模拟兔子繁殖中的兔子数量，或某些植物生长中的叶片数量。该数列的特点是，前两项都为1，从第3项开始，每一项都是其前两项之和。这个数列和黄金比有什么关系呢？探究如下：

如图 13-2-28，在几何画板中，新建参数 $a_1 = 1$，$a_2 = 1$，构造算式计算 a_1 $+a_2$ 和 $\dfrac{a_1}{a_2}$，选择 a_1、a_2，创建 $a_1 \rightarrow a_2$，$a_2 \rightarrow a_1 + a_2$ 的迭代，选择得到的数据表，按键盘上的 "+" 向表中自动添加数据，观察表中数据的变化情况。

$$a_1 = \boxed{1}$$
$$a_2 = \boxed{1}$$
$$a_1 + a_2 = 2$$
$$\frac{a_1}{a_2} = 1.0000$$

n	$a_1 + a_2$	$\dfrac{a_1}{a_2}$
0	2	1.0000
1	3	0.5000
2	5	0.6667
3	8	0.6000
4	13	0.6250
5	21	0.6154
6	34	0.6190
7	55	0.6176
8	89	0.6182
9	144	0.6180
10	233	0.6181
11	377	0.6180
12	610	0.6180
13	987	0.6180
14	1597	0.6180

图 13-2-28

分析：在以上步骤中，迭代表中间一列的数据即从第 3 项开始的斐波那契数列，第 3 列数据是相邻两项中前项与后项的比，我们发现，这个比从第 11 次迭代开始稳定在 0.6180。

结论：当项数足够多时，斐波那契数列相邻两项的前项与后项的比稳定于黄金比。

13.2.5　发现生活中的美

黄金分割在生活中有很多应用，有些可以通过几何画板进行探究，帮助学生加深对问题的理解。

探究一：黄金分割点的位置。

在许多文献中，都提到了建筑中或人体中的黄金分割问题，可按如下方式探究或验证：

（1）资料显示，上海东方明珠电视塔的上球体位于塔身的黄金分割点处。查找一幅东方明珠的清晰的图片，粘贴到几何画板中，如图 13-2-29，然后用 13-2-1 中创建的自定义工具【黄金分割】画一条从塔底到塔顶的线段 AB，观察线段上的黄金分割点 C 的位置，确认点 C 和上球体的位置相当。同法，验证加拿大多伦多电视塔的景观楼位于塔身的黄金分割点上，如图 13-2-30。

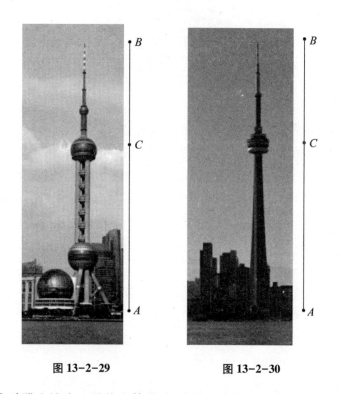

图 13-2-29   图 13-2-30

（2）古希腊人认为，最美人体的头顶到肚脐的长度与肚脐至足底的长度之比是黄金比，著名的"断臂维纳斯"便是如此。如图 13-2-31，查找一幅断臂维纳斯的清晰的图片粘贴到几何画板中，用自定义工具【黄金分割】画一条从足底到头顶的线段，对比黄金分割点 C 与图片上肚脐的位置是否重合。

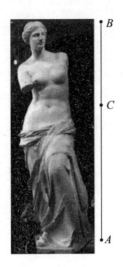

图 13-2-31

（3）人们认为，最美人体的头顶至咽喉的长度与咽喉至肚脐的长度之比也是黄金比。在图 13-2-31 所示的图片上，用自定义工具【黄金分割】画一条从肚脐到头顶的线段，确认黄金分割点 C 的位置与图片上咽喉的位置重合。

（4）有人认为，当人的眼眉到咽喉的距离与头顶到咽喉的距离之比为黄金比时脸部最美，用自定义工具【黄金分割】验证断臂维纳斯雕像中的脸部是否符合这一特征。

探究二：名画中的黄金分割。

资料显示，意大利著名画家达·芬奇的名画《蒙娜丽莎》中有一些比符合黄金比。找一幅清晰的《蒙娜丽莎》的图片粘贴到几何画板中。

（1）用自定义工具【黄金分割】验证是否符合：眼眉到咽喉的距离与头顶到咽喉的距离之比为黄金比。

（2）相传《蒙娜丽莎》的脸部被包围在一个黄金矩形中。参考图 13-2-32，用自定义工具【黄金矩形】画一个黄金矩形，观察脸部的比例，观察眼眉在黄金矩形中的位置。

图 13-2-32

图 13-2-33

（3）参考图 13-2-33，用自定义工具【黄金螺旋线】在图片的相应位置画一条黄金螺旋线，把线条设为黄色，观察名画中各部位与螺线的相对位置，观察其中的黄金比，感悟其美感。

（4）有人说，名画《蒙娜丽莎》整幅画的画布是一个黄金矩形。试用自定义工具【黄金矩形】验证这一说法是错误的。

在前面，我们曾用迭代的方法创建了自定义工具"黄金螺旋线"，迭代法的好处是简洁快速，迭代次数可控性好，缺点是得到的图形不能直接用于变换。下面我们用拼图法来绘制螺线图案。

探究三：设计螺线图案。

（1）新建画板，用自定义工具【黄金矩形】绘制黄金矩形 ABCD 及分割线 EF，顺序选择 E、F、A 构造圆上的弧得 $\overset{\frown}{AF}$，如图 13-2-34，把该图创建为自定义工具"黄金矩形+弧"。

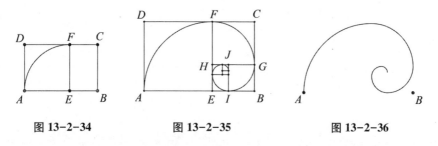

图 13-2-34   图 13-2-35   图 13-2-36

（2）如图 13-2-35，选择刚创建的自定义工具【黄金矩形+弧】，先单击 $\overset{\frown}{AF}$ 的端点 F，再单击点 E，系统自动画出 $\overset{\frown}{FG}$ 和分割线 GH，再依次单击 G、H

画出$\overset{\frown}{GI}$，重复这一过程，得到一条由圆弧连接而成的黄金螺旋线。

（3）选择工具栏中的【线段】工具，按 Ctrl+A 选择所有线段并隐藏，选择【点】工具，按 Ctrl+A 选择所有点，单击点 A、B 释放掉 A、B 两点，隐藏其他所有点，得图 13-2-36。

（4）如图 13-2-37，画一条线段作为对称轴，把螺旋线作反射变换，调整对称轴的位置或点 A、B 的位置，得一系列图案。

图 13-2-37

（5）画点 O，把螺旋线绕点 O 连续旋转 60°，5 次旋转后得花形图案，调整点 O、A 或 B，观察图案的变化，如图 13-2-38 所示。

图 13-2-38

探究四：斐波那契螺线。

（1）如图13-2-39，画线段 AB，以 AB 为边构造正方形 $ABCD$，以 B 为圆心画弧 $\overarc{AC}$，选择正方形和弧，创建自定义工具"正方形+弧"。

（2）选择刚创建的自定义工具【正方形+弧】依次单击点 C 和 B，系统自动画出正方形 $BCEF$ 和 $\overarc{CF}$，再依次单击 F、A 画出 $\overarc{FG}$，再依次单击 G、D 画出 $\overarc{GH}$，继续这些动作，画出的弧构成一条螺旋线，如图13-2-40。

这样画出的弧圆心角都是 $90°$，设 $AB=1$，则这些弧的半径依次为1，1，2，3，5，8，13，21，……，恰好构成斐波那契数列，所以这条螺旋线叫斐波那契螺线。保留点 A、B 和螺线，隐藏其他对象，如图13-2-41，创建自定义工具"斐波那契螺线"。

斐波那契螺线和前面绘制的黄金螺旋线同为螺旋线，都是由一些圆心角为 $90°$ 的圆弧连接而成，整体形状看上去有些相似，但两者也有明显的区别，如：黄金螺线的相邻半径之比始终为黄金比，是无理数，而斐波那契螺线的相邻半径之比皆为整数之比，是有理数，在起始部分（细节部分）两者差别较大；在以上绘制螺线的方式上，黄金螺线是由外及里（内卷），而斐波那契螺线是由内向外（外扩）。

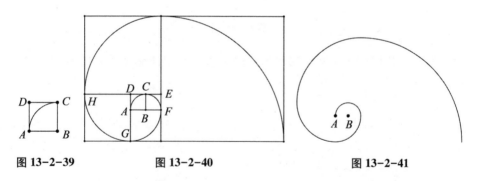

图13-2-39   图13-2-40   图13-2-41

（3）把点 B 绕点 A 旋转 $20°$ 得点 B'，构造 $B \rightarrow B'$ 的迭代，图13-2-42是迭代次数为4时形成的图案，增加或减少迭代次数，观察图案的变化。

（4）在平面内画任意点 O，把图13-2-41中的螺线绕点 O 连续旋转 $20°$ 形成闭环，改变点 A、B、O 的位置，观察图案的变化，如图13-2-43。

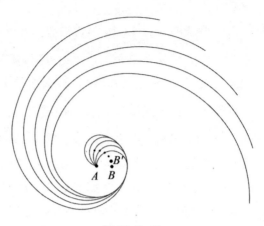

图 13-2-42

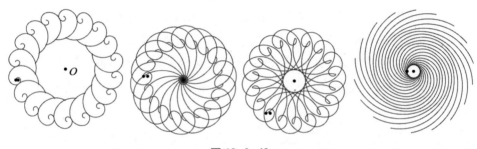

图 13-2-43

（5）如图 13-2-44 所示的图案，也都渗透了斐波那契数列的元素。试绘制这些图案。

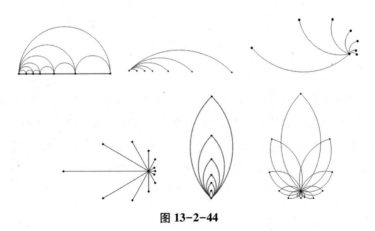

图 13-2-44

13.3　缩放与位似

13.3.1　利用缩放变换绘制位似图形

位似的本质是缩放，在几何画板中绘制位似图形就是对原图形进行缩放。根据缩放比给定方式的不同，可以有 3 种绘图的方法。

画法一：按固定的缩放比缩放。

如图 13-3-1，画点 O 并标记为中心，画一个图形并选择这个图形，利用菜单命令【变换】→【缩放】，在弹出的对话框中勾选"固定比"并输入比值，单击"缩放"按钮后得到缩放后的图形。

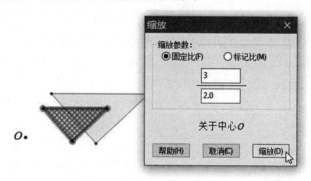

图 13-3-1

画法二：创建参数作为缩放比。

（1）如图 13-3-2，新建参数 k 并标记为缩放比，画点 O 并标记为中心，绘制需要缩放的图形（如四边形 $ABCD$），选择图形，利用菜单命令【变换】→【缩放】，弹出对话框后勾选"标记比"，单击"缩放"按钮后得到缩放后的图形。

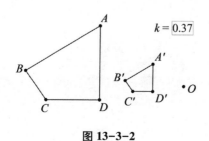

图 13-3-2

357

（2）改变点 O 的位置，观察图形的变化，当点 O 位于多边形内部时，如图 13-3-3 所示；改变 k 的值，观察图形的变化，当 $k<0$ 时，缩放得到的图形如图 13-3-4 所示。

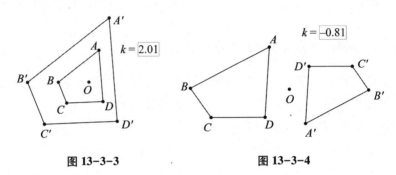

图 13-3-3 图 13-3-4

画法三：用线段之比作为缩放比。

（1）如图 13-3-5，画一个自由点 O 并标记为中心，画一个五边形，过其一个顶点 A 构造直线 AO，在直线 AO 上画点 A'，顺序选择点 O、A、A'，利用【变换】→【标记比】命令，这个比其实就是线段之比 $OA':OA$，选择五边形进行缩放得到缩放后的图形。

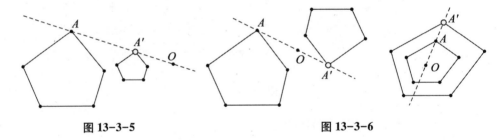

图 13-3-5 图 13-3-6

（2）拖动点 A' 改变缩放比，观察图形的变化；拖动点 O 改变缩放中心，观察图形的变化，如图 13-3-6。

（3）选一张图片粘贴进几何画板中，在图片上选一点 A，参考步骤（1）可对图片进行缩放，也可以对图片进行多次缩放，如图 13-3-7 所示。

图 13-3-7

13.3.2 探索位似的性质

如果两个相似多边形任意一组对应顶点 P，P' 所在的直线都经过同一点 O，且有 $OP' = k \cdot OP$（$k \neq 0$），那么这样的两个多边形就是位似多边形，点 O 是其位似中心。

试在几何画板中进行如下探究：

（1）新建画板，如图 13-3-8，画 $\triangle ABC$ 和自由点 O，在直线 AO 上画点 A'，顺序选择点 O、A、A' 标记比，以 O 为中心按标记比把 $\triangle ABC$ 进行缩放变换得到 $\triangle A'B'C'$。

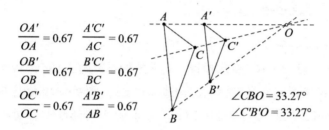

图 13-3-8

（2）画直线 BB'、CC'，确认它们都经过点 O，顺序选择点 O、A、A' 度量比 $\dfrac{OA'}{OA}$，同法度量 $\dfrac{OB'}{OB}$、$\dfrac{OC'}{OC}$，拖动点 A'，观察度量值的变化，确认 $\dfrac{OA'}{OA} = \dfrac{OB'}{OB} = \dfrac{OC'}{OC}$，这说明用这种画法画出的 $\triangle A'B'C'$ 和 $\triangle ABC$ 是符合位似定义的，从而是位似的。

（3）度量 $\triangle A'B'C'$ 和 $\triangle ABC$ 的三边之比，确认它们是相等的且等于 $\dfrac{OA'}{OA}$，所以两个位似三角形是相似的，它们的相似比等于对应顶点到位似中心的距离之比。

（4）拖动点 A' 靠近点 A，观察两个三角形的对应边之间的位置关系，度量 $\angle CBO$ 和 $\angle C'B'O$，改变 $\triangle ABC$ 的形状，观察两个角度的度量值，确认这对同位角始终相等，所以 $BC \parallel B'C'$。

（5）如图 13-3-9，画一个四边形或五边形并按上述步骤进行探究，确认：位似多边形对应点连线都经过位似中心；两个位似多边形一定相似，它们的相似比等于对应顶点与位似中心的距离的比；位似多边形的对应边分别平行。

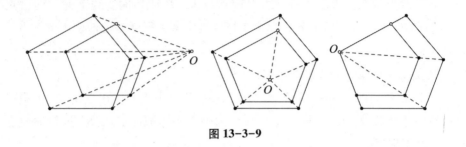

图 13-3-9

13.3.3 发现规律：坐标与位似

试进行如下探究：

（1）如图 13-3-10，新建画板，定义坐标系，画△ABC，新建参数 $k=2$，度量点 A 的横坐标 x_A 和纵坐标 y_A，构造算式 $k \cdot x_A$ 和 $k \cdot y_A$，顺序选择 $k \cdot x_A$ 和 $k \cdot y_A$，使用【绘图】→【绘制点（x，y）】命令得到点 A'。同法绘制点 B'、C'，构造△$A'B'C'$。

（2）构造△ABC 的内部，选择△ABC 的内部构造△ABC 边界上的点 D，度量其横纵坐标，参考步骤（1），把横纵坐标都乘以 k 后构成新坐标绘制点 D'。拖动点 D，确认 D' 点的轨迹就是△$A'B'C'$。

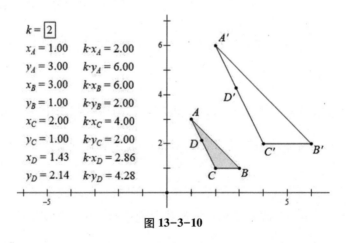

$k = \boxed{2}$

$x_A = 1.00 \quad k \cdot x_A = 2.00$

$y_A = 3.00 \quad k \cdot y_A = 6.00$

$x_B = 3.00 \quad k \cdot x_B = 6.00$

$y_B = 1.00 \quad k \cdot y_B = 2.00$

$x_C = 2.00 \quad k \cdot x_C = 4.00$

$y_C = 1.00 \quad k \cdot y_C = 2.00$

$x_D = 1.43 \quad k \cdot x_D = 2.86$

$y_D = 2.14 \quad k \cdot y_D = 4.28$

图 13-3-10

（3）如图 13-3-11，度量△$A'B'C'$ 和△ABC 的三条对应边之比，观察每对对应边之比与 k 的关系，改变 k 的值，观察图形的变化和度量值的变化，

确认：△A'B'C'和△ABC三边对应成比例，且边长之比等于 | k | 。画直线 A'A、B'B、C'C、D'D，拖动顶点改变△ABC的形状，拖动点 D 改变对应点的位置，确认：对应点的连线都经过原点 O，从而△ABC和△A'B'C'是位似的。

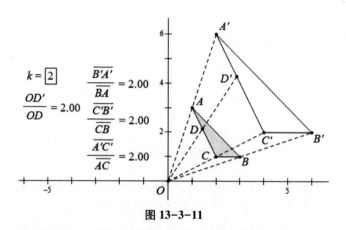

图 13-3-11

（4）顺序选择点 O、D、D'度量比得到$\dfrac{OD'}{OD}$，改变 k 的值，或拖动点 D，观察这个比值和 k 的关系，确认：$\dfrac{OD'}{OD}$ = | k | 。

（5）如图 13-3-12，画任意四边形 ABCD，构造其内部，选中内部构造其边界上一点 P，度量 P 点的横坐标 x_P 和纵坐标 y_P，在 x 轴上原点附近构造一点 K，度量其横坐标并把 K 点横坐标的标签设为 k，构造算式并绘制点 Q（$k \cdot x_P$，$k \cdot y_P$），选择点 P 和点 Q 构造轨迹得到一个四边形。从以上画图过程知，该四边形是由四边形 ABCD 各点的坐标乘以 k 后得到的对应四边形。选择四边形 ABCD 的 4 个顶点，以原点为中心、以 k 为标记比缩放，确认所得的对应点恰好为 Q 点的轨迹所形成的四边形的各顶点。拖动 K 点，或改变四边形 ABCD，观察图形的变化，确认：两个四边形是位似的，位似中心是原点。

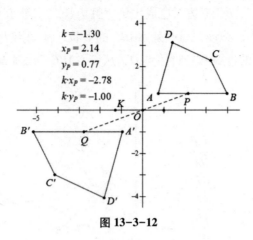

图 13-3-12

结论：在平面直角坐标系中，将一个多边形的每个顶点的横坐标、纵坐标都乘以同一个数 k（$k \neq 0$），所对应的图形与原图形位似，位似中心是坐标原点，相似比是 $|k|$，每对对应点到原点的距离之比也等于相似比。

13.3.4　位似应用举例

例 1　用位似画立体图形。

绘制立体图形时，为增加直观性，有时需要用透视法，透视法的几何原理就是位似。下面我们绘制一个长方体：

（1）如图 13-3-13，画正方形 $ABCD$，在正方形外画一点 O，连接 O 与正方形的各顶点，在线段 OA 上画点 E，过 E 画 AD、AB 的平行线，分别交 OD、OB 于 F、H，过 F 画 AB 的平行线交 OC 于 G。

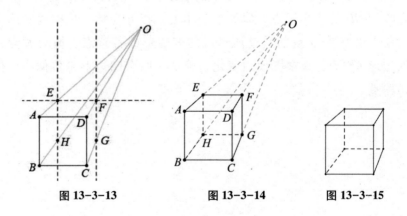

图 13-3-13　　　　图 13-3-14　　　　图 13-3-15

（2）参考图 13-3-14，利用得到的顶点绘制长方体，隐藏各平行线，拖动点 O 或点 E，观察图形的变化。隐藏点 O 及辅助线，得如图 13-3-15 所示的长方体的直观图。

这样绘制的立体图形，因为与点 O 的相对位置不同，呈现出不同的形状，如图 13-3-16，摆在一起的三个立方体呈现出一定的空间属性。如图 13-3-17，该图表示的是正方形内的位似，该图给人一种纵深的空间感。在绘画中常用透视法来表现空间关系。

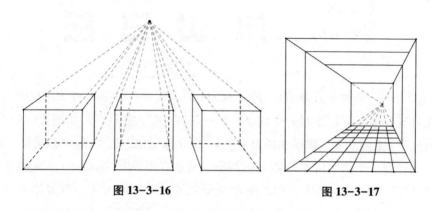

图 13-3-16　　　　　　　　图 13-3-17

利用位似还可以设计美术字。如图 13-3-18 所示，先在网格中绘出平面字体，再利用与例 1 相同的方法，即可绘制出立体效果。

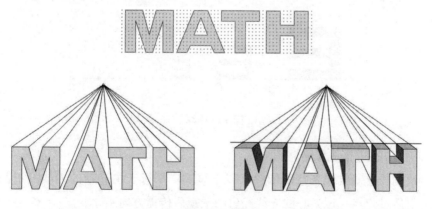

图 13-3-18

例 2　视力表与位似。

（1）绘制"E"字图案。"E"字图案在视力表中叫"视标"，根据国家标准，"E"字形视标的外围轮廓为正方形，每条笔画的宽度为视标宽度的五分之一，据此得其画法：画线段 AB，把 AB 五等分，以此为基础绘制 5×5 的网格，按图 13-3-19 的方式顺次选择"E"字的各个顶点构造多边形内部，即得到"E"字图案，隐藏线段 AB 及除 A、B 外的其他点，创建成自定义工具"E 字图案"，使用时，选择该工具，按从 A 到 B 的不同的方向拖动，即可绘制出不同方向的"E"字图案，如图 13-3-20 所示。

图 13-3-19　　　　　　　　图 13-3-20

（2）画一条水平直线 OA，过 A 画 OA 的垂线并在其上取点 B，利用自定义工具【E 字图案】绘制一个以 AB 为一边的"E"字图案，如图 13-3-21，在直线 OA 上画点 C，顺序选择点 O、A、C 并标记比，以 O 为中心缩放"E"字图案得到一个新的位于 C 点的新图案，构造直线 OB，拖动点 C，观察新得到的"E"字图案，确认它和原图案是位似的。同样的方法，可以绘制更多的"E"字图案。在视力表中，该图的意义在于：如果眼睛位于点 O，那么利用位于点 A 的"E"字和位于点 C 的"E"字所测得的视力是相同的。

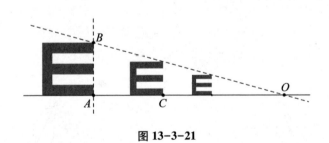

图 13-3-21

例 3　凸透镜成像光路图。

绘制凸透镜成像光路图依赖于以下事实：平行于主光轴的光线经过凸透镜折射后过焦点；过光心的光线经过凸透镜后传播方向不改变。

（1）如图 13-3-22，画一条水平的直线代表主光轴，在主光轴上画点 O 代表光心，过点 O 画一条竖直的以 M 为端点的线段代表透镜，在主光轴上画点 F 代表透镜的焦点，在主光轴上画点 A 并画一个与 OA 垂直的箭头 AB 代表一个物体。

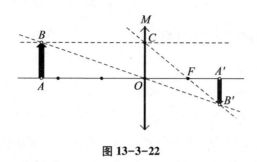

图 13-3-22

（2）过 B 点作 OA 的平行线交 OM 于 C，画直线 CF、BO 交于点 B'，顺序选择点 O、B、B' 标记比，以 O 为中心，把箭头 AB 按标记比缩放得到箭头 A' B'，$A'B'$ 就是物体 AB 经过透镜 OM 所成的像。

（3）隐藏图中代表光线的直线，绘制相应的线段或射线并标记箭型标识代表光线的方向，如图 13-3-23，作焦点 F 关于透镜的对称点并以 O 为中心按 $2:1$ 缩放这个对称点，拖动点 A 至不同的位置，观察"像"的位置、大小和方向的变化，探究凸透镜的成像规律，如图 13-3-24。

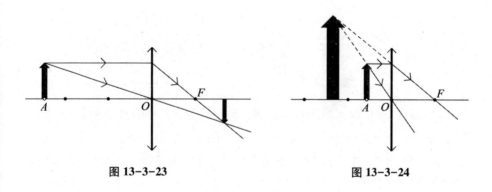

图 13-3-23   图 13-3-24

13.4 分形图：数学与艺术的会合

本节我们介绍分形图，分形图的一个突出特征就是自相似：局部与整体具有相似关系。

法国文学家福楼拜在 19 世纪曾预言："越往前走，艺术越要科学化，同时科学越要艺术化，两者在山麓分手，回头又在山顶会合。"分形图在以精确的几何方法描述这个世界的同时，也让我们感受到艺术和数学的会合。

13.4.1　科克曲线与雪花曲线

例 1　绘制科克曲线。

如图 13-4-1，把一条线段三等分，以中间的一段为一边向线段的一侧作一个等边三角形，然后去除中间这一段，得到由 4 条线段连成的一个图形。然后，把得到的每条线段重复同样的操作，得到一个新的图形。继续这一操作，所得到的图形就是科克（Koch）曲线。用几何画板绘制科克曲线的步骤如下：

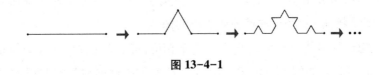

图 13-4-1

（1）如图 13-4-2，新建参数 $n=2$，画线段 AB 并构造其两个三等分点 C、D，把点 D 绕点 C 旋转 $60°$ 得点 E。

$n=\boxed{2}$　图 13-4-2　　　　$n=\boxed{2}$　图 13-4-3

（2）按住 Shift 键，顺序选择点 A、B 和参数 n，利用【变换】→【深度迭代】命令，弹出对话框后，单击 A、C，单击"结构"按钮，选中"仅没有点的象"，单击"结构"，选【添加新的映射】，创建 $A \to C$，$B \to E$ 的映射，再次添加新的映射两次，分别创建 $A \to E$，$B \to D$ 和 $A \to D$，$B \to B$ 的映射，单击"显示"按钮，选"最终迭代"，单击"迭代"按钮退出。

（3）隐藏线段 AB，点 C、D、E，选择其余对象，创建自定义工具"科克曲线"，选中"显示脚本视图"，在弹出的对话框中，双击先决条件中的"度量值 n"，弹出 n 的属性对话框，选中"自动匹配画板中的对象"，单击"确定"退出，关闭脚本对话框。

（4）选择刚创建的工具，在画板中按下鼠标，拖动后释放鼠标即可得到一条科克曲线，如图 13-4-3，选择 n，按键盘上的"+"或"-"，则曲线随 n 的增减而变化。

说明：使用此工具时，画板上需要有一个名为 n 的参数或度量值。

例 2　绘制雪花曲线。

雪花曲线是在等边三角形的三边上各生长出一条科克曲线得到的。步骤如下：

（1）新建参数 n，画两个自由点 A、B，把点 B 绕点 A 旋转 $60°$ 得到点 B'，这样 A、B、B' 形成一个等边三角形的三个顶点。

（2）选择例 1 中创建的自定义工具【科克曲线】，在点 A 处按下鼠标，拖至 B' 释放鼠标，得到一条科克曲线，在点 B' 处按下鼠标，拖至 B 点释放，得到另一条曲线，再从点 B 拖至点 A 得到第三条曲线，三条科克曲线围成一个封闭的图形——雪花曲线。

（3）选择参数 n，按 "+" 或 "-" 改变其值，观察曲线的变化，如图 13-4-4。这里，每条科克曲线都是向 $\triangle ABB'$ 外生长的。

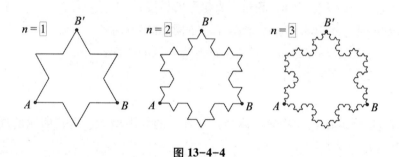

图 13-4-4

（4）重新画一个等边三角形的三个顶点 D、E、F，使用自定义工具【科克曲线】，按逆时针的顺序依次单击 D、E；E、F；F、D，得到 3 条向内生长的科克曲线，这 3 条曲线构成一个反雪花曲线，如图 13-4-6。

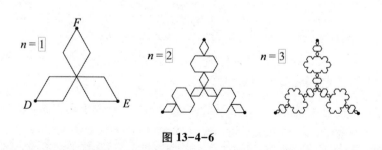

图 13-4-6

例 3　探究雪花曲线的周长和面积。

以图 13-4-4 所示的雪花曲线为例。

(1) 设线段 AB 的长度为 1cm，则 $n=1$ 时，每条科克曲线的长度为 $\frac{4}{3}$cm，这表明，每生长一次（n 增加 1），科克曲线的长度就变为原来的 $\frac{4}{3}$，此时雪花曲线的周长为 $3\times\frac{4}{3}$cm；$n=2$ 时，每条科克曲线长度为 $\left(\frac{4}{3}\right)^2$cm，雪花曲线的周长为 $3\times\left(\frac{4}{3}\right)^2$cm，依次类推，可知雪花曲线的周长为 $3\times\left(\frac{4}{3}\right)^n$cm。

(2) 创建参数 n，构造算式 $3\times\left(\frac{4}{3}\right)^n$，选择 n 和算式创建表格，选择 n 和表格，按键盘上的"+"向表格中添加数据，观察数据随 n 的变化情况，感悟雪花曲线周长 c 的增长速度。如：

$n=1$ 时，$c=4$cm，相当于一块橡皮的长度；

$n=7$ 时，$c=22.47$cm，超过一支铅笔的长度；

$n=14$ 时，$c=168.37$cm，相当于一个同学的身高；

$n=33$ 时，$c=39819$cm，约为标准跑道一周的长度；

$n=74$ 时，$c=5.28\times10^9$cm，超过地球赤道的长度；

……

通过这样的比较，让学生体会：随着 n 的无限增大，雪花曲线的周长也会无限增大。

(3) 雪花曲线的面积。增加 n 的值，我们发现雪花曲线所围成的面积总是被限制在一个有限的区域中，比如，图 13-4-7 的圆中，所以其面积是有限的。

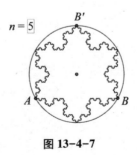

$n=\boxed{5}$

图 13-4-7

这样，我们得到了关于雪花曲线的一个有悖于常识的结论：可以无限增大的周长却只包围着有限的面积！

13. 4. 2　分形树

所有分形树都可以看成由"种子"生长而得到的，种子也叫生长元，规定了生长的规则，按照生长规则经过若干次生长，种子就长成了一棵有特色的分形树。

例 1　对称型分形树。

图 13-4-8 中，列出了一棵对称型分形树的生长过程，其绘制过程如下：

（1）绘制生长元。参考图 13-4-8，画竖直线段 AB，以 A 为中心把点 B 按 7:4 的比例缩放得到点 C，以 B 为中心把点 C 按 1:2 的比例缩放得到点 D，把点 D 绕点 B 旋转 60°得点 E，把点 D 绕点 B 旋转-60°得点 F，隐藏点 D。

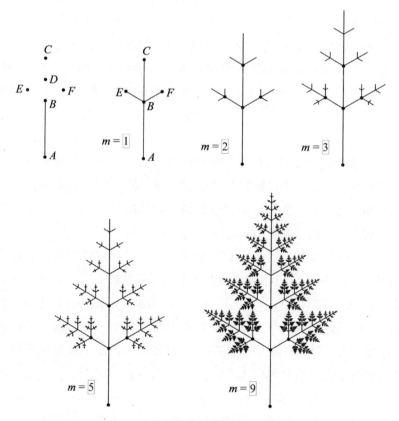

图 13-4-8

（2）创建迭代。新建参数 m，按 Shift 键，选择点 A、B 和 m 创建深度迭代，利用多映射方式，迭代规则为：$A \to B$，$B \to E$；$A \to B$，$B \to C$；$A \to B$，$B \to$

F，迭代后即得分形树。选择 m，通过键盘上的"+"或"-"，改变分形树的生长次数，观察图案的变化。

本例中生长元确定的构图规则非常简单，迭代得到分形树的过程相对较为"缓慢"，便于我们从 $m=1$，2，3 的各图中体会生长的过程：线段 AB 按预设规则得到了 3 条新线段 BE、BC 和 BF，然后每条新线段再按同样的规则得到三条线段，重复这一过程，就得到了一棵分形树。整棵树局部之间及局部和整体之间都是相似的。

例 2 非对称型分形树。

图 13-4-9 展示了一棵非对称型分形树的生长过程，下面我们来绘制这棵树。

（1）绘制生长元。参考图 13-4-9，画竖直线段 AB，以 A 为中心，把点 B 按 7：10 的比例缩放得点 C，把点 B 按 6：10 的比例缩放得点 D；把点 B 绕点 C 旋转-37°得点 B'，把点 B 绕点 D 旋转 41°得点 E，以 D 为中心把点 E 按 13：10 的比例缩放得点 E'；把点 D 绕点 B 旋转-160°得点 D'，以 B 为中心把点 D' 按 13：10 的比例缩放得点 F，把点 F 绕点 B 旋转-55°得点 F'。隐藏点 E 和 D'，生长元绘制完毕。这里，图中的虚线是为了便于看出点和点之间的关系，非构图所必需，可以不画。

（2）创建迭代。新建参数 n，按 Shift 键，选择点 A、B 和 n 创建深度迭代，利用多映射方式，迭代规则为：$A \rightarrow D$，$B \rightarrow E'$；$A \rightarrow C$，$B \rightarrow B'$；$A \rightarrow B$，$B \rightarrow F$；$A \rightarrow B$，$B \rightarrow F'$，迭代后即得分形树。通过键盘上的"+"或"-"，改变分形树的生长次数，观察图案的变化。

说明：本例中生长元的构图看似麻烦，其实可以这样理解：生长元的作用是规定从线段 AB 开始生长出用虚线表示的几条线段，但是这些线段需要已有线段 AB 经过缩放、旋转等变换得到，所以绘制生长元的过程就是一直在确定从点 A、B 怎么得到点 C、D、E'、F 和 F' 的过程。当然，读者可以自己调整具体的缩放比和旋转角度，经过尝试你就会发现，生长元即使是微小的改动，也会带来分形树形状的巨大变化。

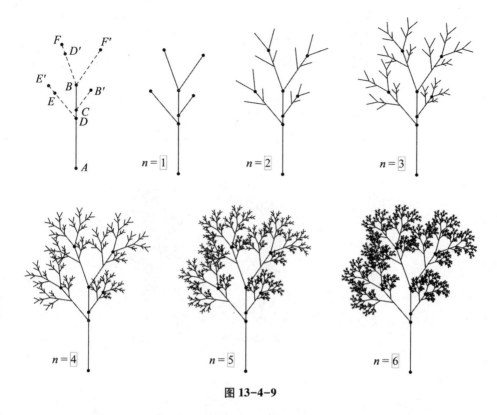

图 13-4-9

例 3 绘制图 13-4-10 中的分形植物。

（1）绘制生长元。画竖直线段 AB，构造 AB 的中点 C，把点 B 绕点 C 旋转 30°得点 B'，把点 C 绕点 B 旋转 150°得点 C'，点 C' 继续绕点 B 旋转 30°得点 C''。

（2）创建迭代。新建参数 n，按 Shift 键，选择点 A、B 和 n 创建深度迭代，利用多映射方式，迭代规则为：$A{\to}A$，$B{\to}C$；$A{\to}C$，$B{\to}B'$；$A{\to}C$，$B{\to}B$；$A{\to}B$，$B{\to}C'$；$A{\to}B$，$B{\to}C''$，迭代后即得分形树。改变分形树的生长次数，观察图案的变化。

例 4 绘制图 13-4-11 中的分形植物。

（1）画生长元。如图 13-4-11，画竖直的线段 AB，以 A 为中心，把点 B 旋转 23°得到点 C，把点 C 按 0.55 的缩放比缩放得到点 C'，把点 B 旋转−19°得到点 D，把点 D 按 0.67 的缩放比缩放得到点 D'。以 B 为中心，把点 A 旋转 180°得到点 E，把点 E 按 0.60 的缩放比缩放得到点 E'，隐藏点 C、D、E，这样，线段 AC'、AD'、BE' 和 AB 共同构成了生长元。

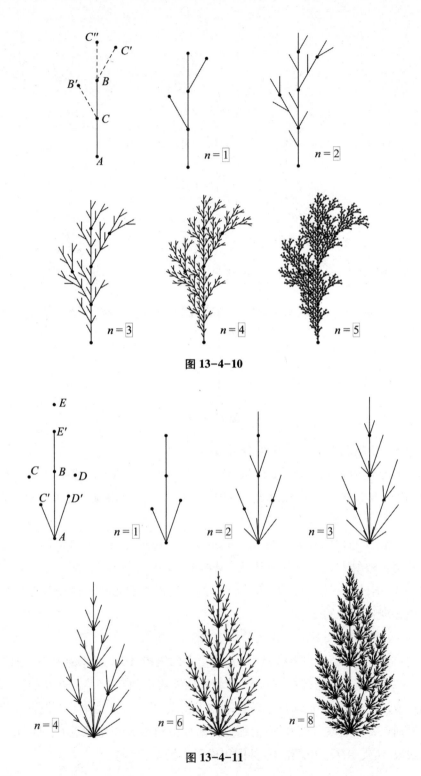

图 13-4-10

图 13-4-11

（2）创建迭代。新建参数 n，按 Shift 键，选择点 A、B 和 n 创建深度迭代，利用多映射方式，迭代规则为：$A{\rightarrow}A$，$B{\rightarrow}C'$；$A{\rightarrow}A$，$B{\rightarrow}D'$；$A{\rightarrow}B$，$B{\rightarrow}E'$，迭代后即得分形树。改变分形树的生长次数，观察图案的变化。

13.4.3　谢尔宾斯基地毯

谢尔宾斯基是波兰数学家，他制作的一种分形图被称为谢尔宾斯基地毯，其形状包括三角形、矩形等。

例 1　谢尔宾斯基三角形。

谢尔宾斯基三角形的制作过程是这样的：如图 13-4-12，借助中位线把一个涂色的三角形分为 4 个全等的小三角形，挖去中间的一个小三角形，然后，对剩下的 3 个小三角形再分别重复以上做法，就会得到越来越复杂的一个镂空的地毯状分形图——谢尔宾斯基三角形。

图 13-4-12

在几何画板中的制作步骤如下：

如图 13-4-13，画 $\triangle ABC$ 并构造其内部，构造 $\triangle ABC$ 各边的中点 D、E、F，顺序选择点 A、B、C 构造迭代，迭代的方式是把点 A、B、C 分别映射到 A、D、F；D、B、E；F、E、C，并选择"最终迭代"，确定后隐藏 $\triangle ABC$ 的内部即得图 13-4-14，选择该图，通过按键盘上的"+"和"−"改变迭代的次数，观察图案的变化。

说明：谢尔宾斯基三角形的构图方式并不是唯一的，如下方法也能构造出谢尔宾斯基三角形。

如图 13-4-15，画线段 AB，把点 B 绕点 A 旋转 $60°$ 得点 B'，以 B' 为中心分别把点 A、B 按 $1:2$ 的缩放比缩放得点 D、E，构造多映射迭代，使 A、B 分别映射到 D、A；B、E；D、E，设置只显示"最终迭代"，隐藏线段 AB，则得到由若干首尾相接的线段组成的一条折线，该折线构成谢尔宾斯基三角形。

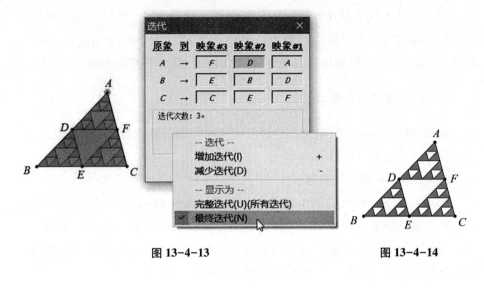

图 13-4-13   图 13-4-14

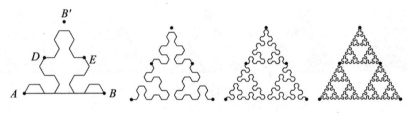

图 13-4-15

例 2 谢尔宾斯基方毯。

如图 13-4-16，把一个涂色的正方形分割成 9 个全等的小正方形，挖去中间的一个小正方形，然后对剩下的 8 个小正方形再分别重复以上做法，得到的图形再重复以上步骤，就会得到越来越复杂的一个镂空分形图——谢尔宾斯基方毯。

图 13-4-16

下面我们用平行四边形代替上图中的正方形，绘制一个谢尔宾斯基方毯，步骤如下：

（1）画线段 BC、BA 并以 BC、BA 为邻边画一个平行四边形 $ABCD$，构造各边的三等分点，通过连接对边相应三等分点的方法把平行四边形平分为 9 个小平行四边形，按图 13-4-17 的方式给格点标注字母。

（2）构造四边形 $ABCD$ 的内部，构造参数 $n=2$，隐藏图 13-4-17 中所有线段，按住 Shift 键，顺序选择点 B、C、A 创建多映射深度迭代，映射规则为：把点 B、C、A 分别映射到 K、L、A；L、M、O；M、N、P；G、H、K；I、J、M；B、E、G；E、F、H；F、C、I。显示方式选择"最终迭代"，确定后隐藏四边形 $ABCD$ 的内部，得图 13-4-18，选择该图，通过按键盘上的"+"和"−"改变迭代的次数，观察图案的变化。

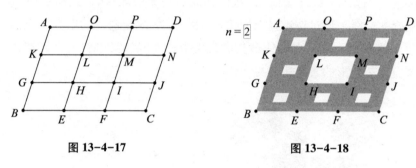

图 13-4-17　　　　　　　　图 13-4-18

（3）隐藏除 A、B、C、D 外的各点，选择得到的图案和 n，创建自定义工具"谢尔宾斯基方毯"。

（4）绘制一个正方体的直观图，并按图 13-4-19 的方式标注字母，选择刚创建的自定义工具【谢尔宾斯基方毯】，依次点击 Q、R、T；T、S、U；S、R、V 得到由三张谢尔宾斯基方毯构成的立方体，如图 13-4-20。

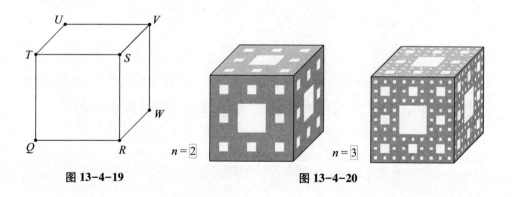

图 13-4-19　　　　　　　图 13-4-20

13.4.4 龙曲线

如图 13-4-21 所示的分形图因其特殊的外观被称为"龙曲线"。看似复杂的龙曲线，其实是由等腰直角三角形生长而来的：一个等腰直角三角形由一条斜边生长出两条直角边，新长出的每条边再作为等腰直角三角形的斜边生长出两条更短的直角边，不断重复即得龙曲线。下面是其画法：

如图 13-4-22，画线段 AB 并构造其中点 C，以 C 为中心把点 A 旋转 $90°$ 得点 D，则点 D 是以 AB 为斜边的等腰直角三角形的直角顶点。隐藏点 C，顺序选择点 A、B，创建多映射迭代，迭代规则为：$A \rightarrow A$，$B \rightarrow D$；$A \rightarrow B$，$B \rightarrow D$。显示方式选择"最终迭代"，迭代完成后隐藏线段 AB，龙曲线就画出来了。选择龙曲线，通过按键盘上的"+"和"-"改变迭代的次数，观察图案的变化。图 13-4-23 是龙曲线最初的几次生长情况，可以看出它们都是由一些等腰直角三角形的直角边连接而成的。

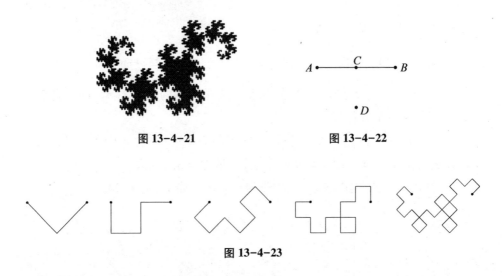

图 13-4-21   图 13-4-22

图 13-4-23

设 $AB=1$，则 $AD+BD=\sqrt{2}$，也就是每生长一次，龙曲线的长度就会变为原来的 $\sqrt{2}$ 倍，因此，经过 n 次生长后，龙曲线的长度就会变为 $(\sqrt{2})^n$。

14　反比例函数与二次函数

【技术助学目标】

（1）让学生借助几何画板制表、绘制表中数据等功能，经历列表、描点等绘制函数图像的过程，为探究二次函数、反比例函数的图像和性质积累经验。

（2）让学生经历用函数解析式绘制函数图像的过程，增加对函数图像的直观感知。

（3）让学生经历把问题中的变量值转化为坐标，借助点的轨迹绘制函数图像的过程，体会反比例函数和二次函数是描述问题的重要数学模型。

（4）经历创建参数或利用滑块参数绘制动态函数图像的过程，并在这一过程中理解系数对反比例函数及二次函数图像的影响。

（5）借助几何画板，让学生经历探索反比例函数图像和性质的过程，帮助学生理解反比例函数图像的对称性及分布特点，探索反比例函数的增减性，探索反比例系数的几何意义。

（6）借助几何画板，让学生经历探索二次函数图像和性质的过程，帮助学生掌握二次函数图像的对称性，掌握二次函数图像的平移规律，掌握二次函数的增减性、顶点坐标、对称轴方程、最大（小）值等性质。

（7）借助几何画板在同一直角坐标系中绘制两个函数的图像，直观探究函数图像交点的个数、坐标及对应方程、不等式的解。

（8）借助几何画板探究二次函数与一元二次方程的关系，理解求方程近似解的方法，并能用几何画板绘制图像求方程的近似解。

【技术学习目标】

（1）在几何画板环境中，会用制表、绘制表格功能绘制函数图像，会通过改变参数的属性，来调整描点的疏密。

（2）会根据函数解析式绘制函数图像，会利用新建参数或创建滑块参数，绘制带有参数的反比例函数、二次函数的图像。

（3）会把简单实际问题中的变量值转化为动点坐标，利用构造轨迹绘制函数图像。

（4）会设置函数图像的属性。

（5）会使用几何画板的"迭代"功能描点绘制函数图像，会创建自定义工具绘制过一点的双曲线，会使用自定义工具绘制过三点的抛物线，会使用自定义工具求一元二次方程的近似解。

14.1 反比例函数的图像

14.1.1 用几何画板绘制反比例函数的图像

1. 描点法绘制 $y = \dfrac{12}{x}$ 的图像

（1）新建函数 $f(x) = \dfrac{12}{x}$，新建参数 $x = -12.0$，构造算式计算 $f(x)$，通过"属性"对话框，设置参数 x 的数值精确度为：十分之一，键盘调节（+/-）步长为：1单位。依次选中 x、$f(x)$，利用菜单命令【数据】→【制表】得到表格。选择 x 和表格，通过键盘上的"+"向表中添加记录，直至 $x = 12.0$ 止。选择表格，用默认方式绘制表中数据，得图14-1-1。我们发现，坐标平面内的这些点比较稀疏，下面我们继续描点使点变得稠密。

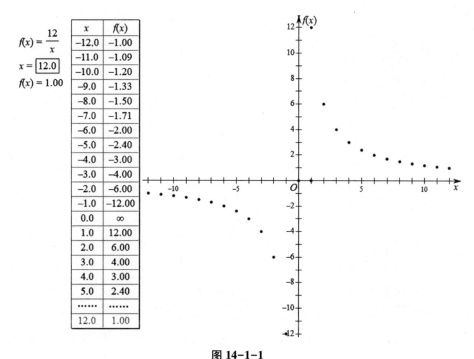

$$f(x) = \frac{12}{x}$$

$$x = \boxed{12.0}$$

$$f(x) = 1.00$$

x	$f(x)$
−12.0	−1.00
−11.0	−1.09
−10.0	−1.20
−9.0	−1.33
−8.0	−1.50
−7.0	−1.71
−6.0	−2.00
−5.0	−2.40
−4.0	−3.00
−3.0	−4.00
−2.0	−6.00
−1.0	−12.00
0.0	∞
1.0	12.00
2.0	6.00
3.0	4.00
4.0	3.00
5.0	2.40
······	······
12.0	1.00

图 14-1-1

（2）右击表格，删除表中所有数据（不要删除表格本身），重新输入 x 的值−12.0，设置参数 x 的键盘调节（+/−）步长为：0.5 单位，选择 x 和表格，通过键盘上的"+"向表中添加记录，直至 $x = 12.0$ 止。选择表格，用默认方式绘制表中数据，得图 14-1-2。我们发现，此时所描出的点变得更加密集，但点的分布不够均匀。

（3）重新选择表格绘制表中数据，如图 14-1-3，弹出对话框后，在选择列的下拉菜单中，把 x（横坐标）设为 $f(x)$，把 y（纵坐标）设为 x，单击"绘制"后描出 $(f(x), x)$，得图 14-1-4。这里，实际是把表格中的横纵坐标交换位置重新描点。之所以可以这样描点，是因为对于反比例函数 $y = \dfrac{12}{x}$ 来说，如果点 (a, b) 在图像上，则 (b, a) 也一定在图像上。我们发现，这样描出的点比较密集且均匀，容易观察图像的形状。

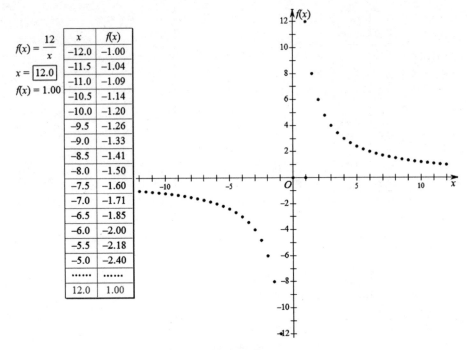

图 14-1-2

图 14-1-3

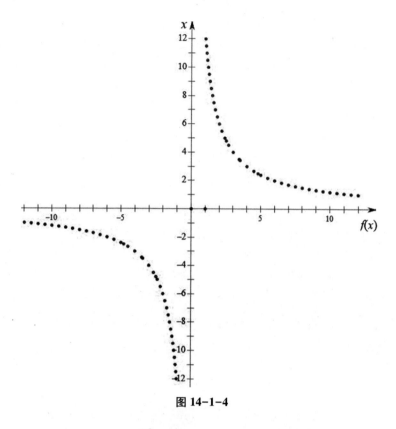

图 14-1-4

2. 迭代法描点绘制 $y=\dfrac{-12}{x}$ 的图像

迭代法描点和表格描点绘制函数的图像，其本质是一样的，区别在于，表格描点是把表格确定的所有点一次性描出来，而迭代法可以通过控制迭代深度动态控制描点的过程。

（1）新建函数 $f(x)=\dfrac{-12}{x}$，新建参数 $x=-12.0$，构造算式计算 $f(x)$ 和 $x+0.5$，新建参数 $n=5$。利用参数和计算值，绘制点 $(x, f(x))$，和 $(f(x), x)$，按住 Shift 键，选择参数 x 和 n 创建深度迭代，设置迭代的映射方式为 $x \to x+0.5$，显示为"完整迭代"，迭代后得到若干个函数图像上的点。

（2）选择参数 n，按键盘上的"+"号，我们发现每按一次，坐标系中就会新绘出两个点，当 $n=47$ 时，得到图 14-1-5 中的图像。

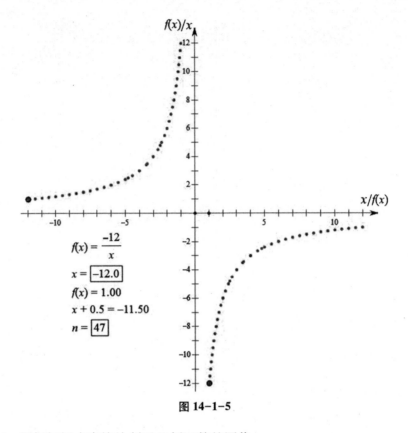

$$f(x) = \frac{-12}{x}$$

$$x = \boxed{-12.0}$$

$$f(x) = 1.00$$

$$x + 0.5 = -11.50$$

$$n = \boxed{47}$$

图 14-1-5

3. 根据解析式直接绘制反比例函数的图像

方法一：新建函数 $y = \dfrac{4}{x}$，选中函数表达式，单击右键【绘制函数】即可绘制出函数的图像。

方法二：利用菜单命令【绘图】→【绘制新函数】，弹出对话框，选择"方程：符号 $y=$"后输入"$-4 \div x$"，即可得到函数 $y = \dfrac{-4}{x}$ 的图像。

如图 14-1-6，借助"属性"对话框，可以设置自变量 x 的范围，确定后图像只显示设定范围内的部分，还可以设置绘图样本的个数，也就是图像是由多少个点绘成的，样本越多，图像越精细。

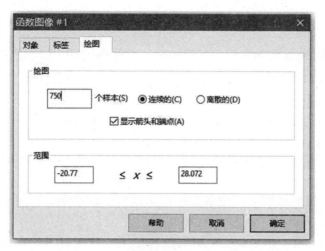

图 14-1-6

4. 绘制含参数 k 的函数 $y = \dfrac{k}{x}$ 的图像

方法一：新建参数 k，新建函数 $f(x) = \dfrac{k}{x}$，选中函数表达式，单击右键【绘制函数】即可绘制出函数的图像。重新输入或改变参数 k 的值，函数图像随之变化。

方法二：新建画板，定义坐标系，在 y 轴上绘制点 K，度量其纵坐标并把度量值的标签设为 k，新建函数 $f(x) = \dfrac{k}{x}$ 并绘制其图像。拖动点 K 观察图像的变化，如图 14-1-7。

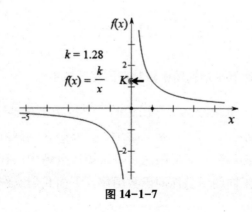

图 14-1-7

14.1.2 自定义工具：过一点的双曲线

已知反比例函数图像上一点的坐标，即可确定反比例函数的比例系数，从而绘制出函数的图像。据此，我们可以制作过一点绘制双曲线的自定义工具。

如图 14-1-8，画任意点 A，度量其横坐标 x_A 和纵坐标 y_A，构造算式 $x_A \cdot y_A$ 并设其标签为 k，构造函数 $y = \dfrac{k}{x}$ 并绘制其图像，用文本工具在画板上拖框，输入 $y = \dfrac{k}{x}$，其中系数 k 的位置直接单击画板上的参数 k 得到热文本如 $y = \dfrac{-0.99}{x}$，选择点 A、热文本和函数图像，创建自定义工具"过一点的双曲线"。使用该工具后，在画板上单击鼠标，即可画出过该点的反比例函数的图像。拖动该点，图像的位置和形状随之改变。

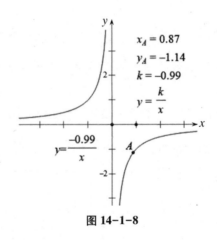

$$x_A = 0.87$$
$$y_A = -1.14$$
$$k = -0.99$$
$$y = \frac{k}{x}$$

$$y = \frac{-0.99}{x}$$

图 14-1-8

14.1.3 把反比例函数的图像限制在固定区域中

在几何画板中，直接绘制函数图像时，不论是坐标轴还是函数的图像，都是延伸到窗口边沿的，而在日常教学中，尤其是在编制数学试卷时，常常需要把绘制的反比例函数的图像限制在一个矩形区域中，有时也需要在同一个画面上绘制几条不同的示意性的函数图像，下面我们制作自定义工具实现这些功能。

（1）新建画板，参考图 14-1-9，绘制两个自由点 A、B，使 B 点在 A 点的右下方向，以线段 AB 的中点 O 为原点定义坐标系，以 AB 为对角线绘制一个两边与坐标轴平行的矩形，构造矩形两边与 x 轴的交点 C、D 并画线段 CD，构造矩形两边与 y 轴的交点 E、F 并画线段 EF，隐藏坐标轴及网格。

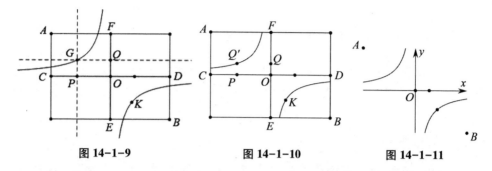

图 14-1-9   图 14-1-10   图 14-1-11

（2）在 O 点附近画点 K，利用 14-1-2 中创建的自定义工具【过一点的双曲线】绘制过点 K 的双曲线，在线段 CD 上任画一点 P，过 P 作 CD 的垂线交双曲线于点 G，过 G 做 EF 的垂线交线段 EF 于点 Q，隐藏点 G、两条垂线和双曲线，如图 14-1-10，把点 Q 按向量 OP 平移得到点 Q'，选择点 P 和 Q' 构造轨迹，即得被限定在矩形框中的两段曲线。

（3）在点 D 处绘制向右的箭头，在点 F 处绘制向上的箭头，把两个箭头分别标上 x 和 y 并设置在自定义工具中使用标签，把点 O 设置为在自定义工具中使用标签，参考图 14-1-11，隐藏辅助对象，隐藏点 A、B、K 的标签，创建自定义工具"简化双曲线"。使用该工具，在画板中单击 3 次即可绘制出一条双曲线，这条双曲线过第 3 次单击的点，且被限制在以前两次单击点为对角线端点的矩形区域中。连续使用该工具，可以在同一画板上快速绘制出多条不同的双曲线，如图 14-1-12。

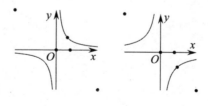

图 14-1-12

14.2 探索反比例函数的性质

14.2.1 反比例函数图像的形状与位置

在绘制反比例函数的图像时，我们发现，反比例函数的图像由两条曲线组成，称为"双曲线"，事实上，"双曲线"和"反比例函数的图像"一般是不加区别的。

试进行如下探究：

（1）新建画板，新建参数 $k=2$ 并绘制反比例函数 $y=\dfrac{k}{x}$ 的图像，选择参数 k，利用键盘上的"+"和"−"改变 k 的值，观察图像的变化。

（2）同时选择 k 和图像，利用【构造】→【函数系】命令得到一组函数的图像，通过"属性"对话框，把函数系中 k 的范围设为 $1\leqslant k\leqslant6$，采样数量设为 6，得到图 14-2-1。重新改变 k 的值，我们发现，$k=1$ 时图像与函数系中最内侧的曲线重合，$k=6$ 时与最外侧的曲线重合，也就是图 14-2-1 中的函数系的图像从内向外分别是 $k=1$，2，3，4，5，6 时，$y=\dfrac{k}{x}$ 的图像。利用"属性"对话框，把函数系中 k 的范围设为 $-6\leqslant k\leqslant-1$，采样数量设为 6，得到图 14-2-2，同法可以验证，函数系中的图像从内到外分别是 $k=-1$，-2，-3，-4，-5，-6 时，$y=\dfrac{k}{x}$ 的图像。

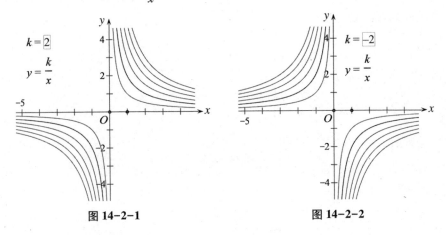

图 14-2-1   图 14-2-2

（3）如图14-2-3，在 x 轴上取一点，过该点作 x 轴的垂线，在垂线上取一点 K 并度量其纵坐标，并把度量值的标签设为 k，绘制函数 $y=\dfrac{k}{x}$ 的图像，隐藏垂线，拖动点 K，观察图像的变化。

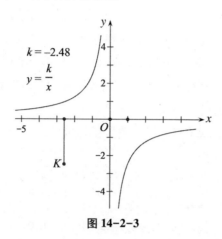

图 14-2-3

结论：

（1）反比例函数 $y=\dfrac{k}{x}$ 的图像是双曲线，当 $k>0$ 时，图像位于第一、三象限；当 $k<0$ 时，图像位于第二、四象限。

（2）$|k|$ 越小，反比例函数 $y=\dfrac{k}{x}$ 的图像越靠近原点。

（3）$|x|$ 越小，反比例函数 $y=\dfrac{k}{x}$ 的图像越靠近 y 轴；$|x|$ 越大，反比例函数 $y=\dfrac{k}{x}$ 的图像越靠近 x 轴。坐标轴是 $y=\dfrac{k}{x}$ 的图像的渐近线，$y=\dfrac{k}{x}$ 的图像与坐标轴不相交。

14.2.2　探索反比例函数的增减性

函数的增减性可以从图像上直接观察得到：在平面直角坐标系中，如果某一段图像从左到右是逐渐升高的，它就是增函数；如果图像从左到右是逐渐降低的，它就是减函数。但是，对初中学生来说，有相当一部分学生尚未形成这种意识，这就需要在教学中多角度让学生感受函数的增减性，并逐步培养学生几何直观的素养。

可按如下方式探究：

方式一：列表观察。新建函数 $f(x) = \dfrac{12}{x}$，创建参数 $x = -12$ 并计算 $f(x)$，选择 x 和 $f(x)$ 创建表格，选择 x 和表格，按键盘上的"+"向表格中添加数据。如图 14-2-4，观察表格中的数据，我们发现：在 x 从 -12 逐渐增大到 -1 的过程中，$f(x)$ 从 -1 逐渐减小到 -12，在 x 从 1 逐渐增大到 12 的过程中，$f(x)$ 从 12 逐渐减小到 1，所以当 $x<0$ 或 $x>0$ 时，y 随 x 的增大而减小。但是，x 从 -1 跨越 0 增大到 1 时，函数值从 -12 变为 12，所以不能说在整个定义域上，y 随 x 的增大而减小。

改变反比例函数的系数 k，进行类似的探究。

$k = \boxed{12}$

$f(x) = \dfrac{k}{x}$

$x = \boxed{12}$

$f(x) = 1.00$

x	$f(x)$	x	$f(x)$
−12	−1.00	1	12.00
−11	−1.09	2	6.00
−10	−1.20	3	4.00
−9	−1.33	4	3.00
−8	−1.50	5	2.40
−7	−1.71	6	2.00
−6	−2.00	7	1.71
−5	−2.40	8	1.50
−4	−3.00	9	1.33
−3	−4.00	10	1.20
−2	−6.00	11	1.09
−1	−12.00	12	1.00

图 14-2-4

方式二：两点比较。绘制函数 $y = \dfrac{-2}{x}$ 的图像，在 x 轴上画两点 x_1 和 x_2，过两点分别作 x 轴的垂线与函数图像交于两点 P、Q，过 P、Q 分别作 y 轴的垂线与 y 轴分别相交于 y_1、y_2。拖动 x_1 和 x_2，使 $x_1<x_2<0$，如图 14-2-5，观察 y_1 和 y_2 的大小，确认 $0<y_1<y_2$；拖动 x_1 和 x_2，使 $0<x_1<x_2$，如图 14-2-6，观察 y_1 和 y_2 的大小，确认 $y_1<y_2<0$；拖动 x_1 和 x_2，使 $x_1<0<x_2$，观察 y_1 和 y_2 的大小，$y_1<y_2$ 还成立吗？

改变反比例函数的系数，进行类似的探究。

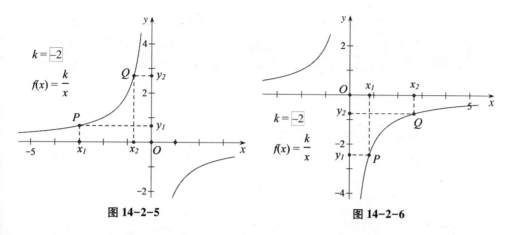

图 14-2-5   图 14-2-6

方式三：单点移动。如图 14-2-7，绘制函数 $y = \dfrac{2}{x}$ 的图像，在 x 轴上画点 x_1，过该点作 x 轴的垂线与函数图像交于点 P，过 P 作 y 轴的垂线与 y 轴相交于 y_1。拖动 x_1，观察 y_1 的变化，确认：在 y 轴左侧，从左到右拖动 x_1 时，对应的 y_1 从上向下移动（越来越小）；在 y 轴右侧，从左到右拖动 x_1 时，对应的 y_1 从上向下移动。

改变反比例函数的系数，进行类似的探究。

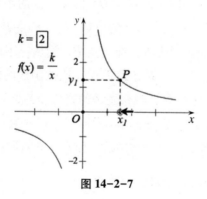

图 14-2-7

结论：对于反比例函数 $y = \dfrac{k}{x}$，当 $k>0$ 时，在一、三象限内，y 随 x 的增大而减小；当 $k<0$ 时，在二、四象限内，y 随 x 的增大而增大。

14.2.3 探索反比例函数图像的对称性

反比例函数图像的对称性有时不易直接观察得到，所以探究其对称性需要一定的技巧。

（1）在原点 O 点附近画点 A，利用 14-1-2 中创建的自定义工具【过一点的双曲线】绘制一条过点 A 的双曲线。把几何画板的窗口调整为近似正方形，使原点 O 大致位于窗口中心的位置，如图 14-2-8，拖动点 A，观察图像的对称性。观察发现：反比例函数的图像是轴对称图形和中心对称图形。

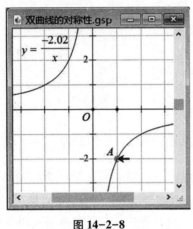

图 14-2-8

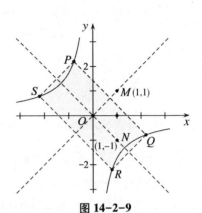

图 14-2-9

（2）如图 14-2-9，绘制点 M（1，1）和 N（1，-1），绘制直线 OM 和 ON，则直线 OM 即 $y=x$ 的图像，直线 ON 即 $y=-x$ 的图像。在反比例函数的图像上任画一点 P，构造 P 关于 OM 的对称点 Q，构造 P 关于 ON 的对称点 S，把点 P 绕原点 O 旋转 180°得点 R，拖动点 P，确认：不论 P 点位于反比例函数图像的任何位置，点 Q、S、R 始终都在反比例函数的图像上。拖动点 A 改变反比例函数，重复如上操作，观察图像的变化和各点的位置。

结论：反比例函数的图像是轴对称图形，它有两条互相垂直的对称轴 $y=x$ 和 $y=-x$；反比例函数是中心对称图形，原点是其对称中心。

14.2.4 探索反比例系数的几何意义

本节首先探索反比例函数 $y=\dfrac{k}{x}$（$k\neq0$）中反比例系数 k 的几何意义，之后进一步探索与 k 有关的一些结论。

探究一：（1）如图 14-2-10，新建画板，定义坐标系，隐藏网格，隐藏坐标轴上的单位点 1，绘制反比例函数 $y=\dfrac{3}{x}$ 的图像，在图像上取点 A，过 A 作 x 轴和 y 轴的垂线，设垂足分别为 B、C，构造矩形 $ABOC$ 的内部并度量其面积，拖动点 A，观察面积的值是否发生变化。

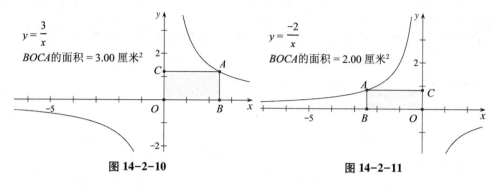

| 图 14-2-10 | 图 14-2-11 |

（2）如图 14-2-11，双击反比例函数的解析式重新编辑函数，把函数改为 $y = \dfrac{-2}{x}$，则函数图像随之变化，拖动点 A，观察矩形面积的值，确认：矩形的面积始终等于 2。再次编辑解析式，观察矩形面积的变化。

结论：反比例函数 $y = \dfrac{k}{x}$（$k \neq 0$）图像上任意一点向坐标轴作垂线，两垂线与坐标轴围成的矩形面积等于 $|k|$，这就是 k 的几何意义。

据此，如图 14-2-12，若点 A、B 在函数 $y = \dfrac{k}{x}$ 的图像上，则有 $S_{\triangle ACO} = S_{\triangle BDO} = \dfrac{1}{2}|k|$。

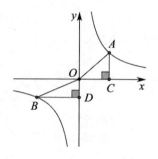

图 14-2-12

说明：探究一中，要注意定义坐标系后不要拖动单位点，否则坐标系的单位长度会发生变化，导致度量的面积（单位：cm²）和 k 值（不带单位）不匹配而影响观察效果。

探究二：（1）如图 14-2-13，新建画板，定义坐标系，隐藏网格，隐藏坐标轴上的单位点 1，绘制反比例函数 $y = \dfrac{3}{x}$ 的图像，在图像上取点 A，过 A 作 x 轴（或 y 轴）的垂线，设垂足分别为 C，画射线 AO 交双曲线另一支于点 B，构造 $\triangle ABC$ 的内部并度量其面积，拖动点 A，观察面积的度量值是否发生变化？这个值和反比例系数有何关系？

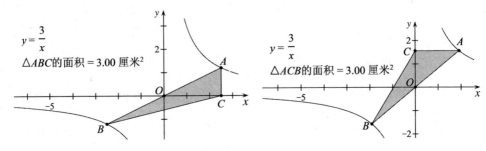

图 14-2-13

（2）双击反比例函数的解析式重新编辑函数，如把函数改为 $y = \dfrac{-2}{x}$，则函数图像随之变化，拖动点 A，观察面积的度量值，如图 14-2-14，确认：图中 $\triangle ABC$ 的面积等于 $|k|$。再次编辑解析式，进一步验证这一结论，用反比例函数的知识证明这一结论。

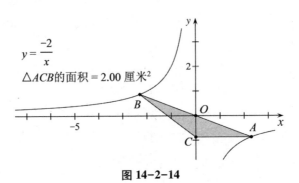

图 14-2-14

（3）如图 14-2-15，在反比例函数 $y = \dfrac{3}{x}$ 的图像上取点 A，画射线 AO 交双曲线的另一支于点 B，过 A 作 x 轴的垂线，垂足为 C，过 B 作 y 轴的垂线，垂足为 D，两垂线的交点为 E。构造 $\triangle ABE$ 的内部并度量其面积，构造四边形 $ABDC$ 的内部并度量其面积，拖动点 A，观察度量值，你有什么发现？线段 CD 和 AB 有什么关系？编辑反比例函数的解析式，再次观察度量值，你有什么发现？

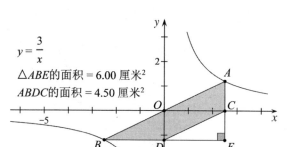

图 14-2-15

我们发现，图中，$\triangle ABE$ 的面积等于 $2|k|$，四边形 $ABDC$ 的面积等于 $\frac{3}{2}|k|$，$CD /\!/ AB$，且 $CD = \frac{1}{2}AB$。事实上，由双曲线的对称性知，图中 $AC = OD$，$OC = BD$，于是 $\triangle AOC$、$\triangle OBD$、$\triangle DCO$、$\triangle CDE$ 是四个全等的直角三角形，据此立得上述结论。

探究三：

（1）如图 14-2-16，新建画板，定义坐标系，隐藏网格，隐藏坐标轴上的单位点 1，绘制反比例函数 $y = \frac{3}{x}$ 的图像，在图像的同一个分支上如第一象限的分支上画点 A、B 并构造直线 AB，交 y 轴于点 C，交 x 轴于点 D，度量 A、C 的距离，度量 B、D 的距离，拖动点 A、B，确认始终有 $AC = BD$。

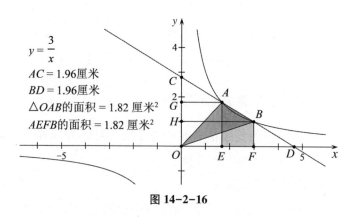

图 14-2-16

（2）构造 $\triangle OAB$ 的内部并度量其面积，分别过 A、B 作 x 轴的垂线，垂足分别为 E、F，构造四边形 $AEFB$ 的内部并度量其面积，拖动点 A、B，观察 $\triangle OAB$ 的面积和四边形 $AEFB$ 的面积，确认两个面积始终是相等的。分别过 A、B 作 y 轴的垂线，垂足分别为 G、H，构造四边形 $AGHB$ 的内部并度量其面积，拖动点 A、B，观察 $\triangle OAB$ 的面积和四边形 $AGHB$ 的面积，确认两个面积始终是相等的。事实上，$S_{\triangle OAB}=S_{\text{五边形}AGOFB}-S_{\triangle OAG}-S_{\triangle OBF}=S_{\text{五边形}AGOFB}-\dfrac{1}{2}\mid k\mid-\dfrac{1}{2}\mid k\mid=S_{\text{五边形}AGOFB}-\mid k\mid$，而 $S_{\text{四边形}AEFB}=S_{\text{五边形}AGOFB}-S_{\text{矩形}AGOE}=S_{\text{五边形}AGOFB}-\mid k\mid$，从而 $S_{\triangle OAB}=S_{\text{四边形}AEFB}$，这个关系也可以写成 $S_{\triangle OAB}=S_{\triangle AED}-S_{\triangle BFD}$。

（3）度量 A、B、C、D 四点的横坐标和纵坐标，观察它们之间的关系，确认：$x_A+x_B=x_D$，$y_A+y_B=y_C$。

（4）如图 14-2-17，拖动点 B 至双曲线的另一个分支上，上面探究的结论是否仍然成立？通过探究，我们发现仍然成立的结论有：$AC=BD$，$S_{\triangle OAB}=\mid S_{\triangle AED}-S_{\triangle BFD}\mid$，$x_A+x_B=x_D$，$y_A+y_B=y_C$。

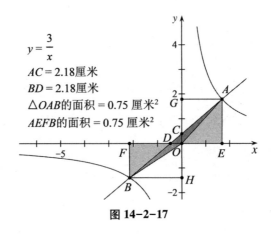

图 14-2-17

（5）重新编辑反比例函数的解析式，探究上述结论是否成立。

14.2.5　反比例函数图像的平移与旋转

在几何画板中，函数图像不能直接进行平移、旋转等变换，但可以用构造轨迹的方式间接实现图像的几何变换。

探究一：反比例函数图像的平移。

（1）如图 14-2-18，在平面直角坐标系中绘制一个反比例函数（如 $y=-\dfrac{4}{x}$）的图像，在 x 轴上画点 A，在 y 轴上画点 B，把点 B 按向量 OA 平移得到点 C，把 OC 标记为向量，在反比例函数的图像上任画一点 P，把点 P 按标记的向量 OC 平移得点 P'，选择点 P 和 P' 构造轨迹得到平移后的双曲线，把 x

轴和 y 轴也按向量 OC 平移，得到平移后的双曲线的两条渐近线。拖动点 A、B，观察图像位置的变化。

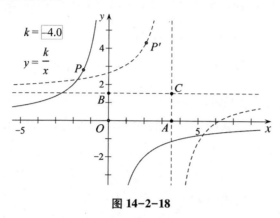

图 14-2-18

（2）如图 14-2-19，在平面直角坐标系中绘制一个反比例函数 $y=\dfrac{k}{x}$ 的图像，在 x 轴上画点 A，在 y 轴上画点 B，分别过点 A、B 作 x 轴、y 轴的垂线，两垂线相交于 O'，度量点 A 的横坐标并把度量值的标签设为 h，度量 B 点的纵坐标并把度量值的标签设为 b，构造函数 $y=\dfrac{k}{x-h}+b$ 并绘制其图像，拖动点 A、B 观察新绘制的图像，我们发现它就是由 $y=\dfrac{k}{x}$ 的图像平移得到的。

结论：函数 $y=\dfrac{k}{x}$ 的图像向右（$h>0$）或向左（$h<0$）平移｜h｜个单位，再向上（$b>0$）或向下（$b<0$）平移｜b｜个单位，即得函数 $y=\dfrac{k}{x-h}+b$ 的图像。

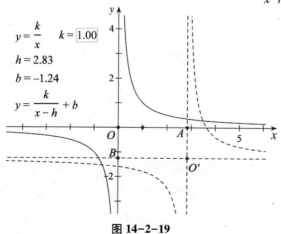

图 14-2-19

探究二：反比例函数图像的旋转。

（1）如图 14-2-20，在平面直角坐标系中绘制一个反比例函数 $y = \dfrac{k}{x}$ 的图像，在 x 轴上画点 A，过点 A 画 $\odot O$，在 $\odot O$ 上画点 B，把点 O 标记为旋转中心，把 $\angle AOB$ 标记为旋转角。在反比例函数 $y = \dfrac{k}{x}$ 的图像上任画一点 P，把点 P 按标记的中心和旋转角旋转得点 P'，选择点 P 和 P' 构造轨迹，则得旋转后的图像。拖动点 B，观察图像的旋转过程。设置旋转角为 45°、90° 或 180°，观察旋转得到的图像。

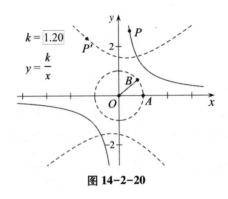

图 14-2-20

（2）改变反比例函数的解析式，或另画一个点标记为旋转中心，仿照步骤（1）对函数的图像进行旋转。

14.3 用几何画板绘制二次函数的图像

14.3.1 绘制二次函数的图像

用几何画板绘制二次函数的图像，大致有两类方法，一类是描点法；一类是根据解析式直接绘制函数图像。前者主要用于初学二次函数图像时探究图像的形状，后者则常见于二次函数的性质探究和函数应用等场景。

1. 描点法绘制二次函数 $y = x^2$ 的图像

（1）如图 14-3-1，新建参数 $x = -3.0$，新建函数 $f(x) = x^2$ 并计算 $f(-3.0)$，选择 $x = -3.0$ 及其函数值制表，利用属性窗口把参数 x 的键盘调节步长设为 0.5 个单位，选择参数 x 和表格，通过按键盘上的"+"键向表中添加数据，直至 $x=3.0$ 止，选择表格，利用【绘图】→【绘制表中的数据】命令得到如图函数 $y=x^2$ 图像上的一些散点。

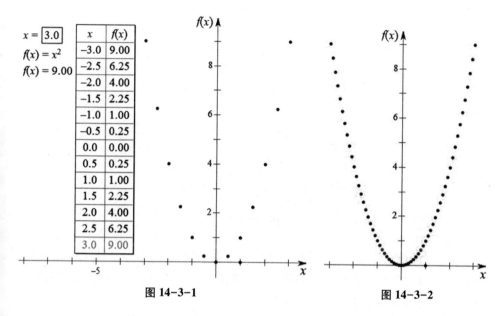

图 14-3-1   图 14-3-2

（2）选择表格，删除表格中所有数据，重设 $x=-3.0$，利用属性窗口把参数 x 的键盘调节步长设为 0.1 个单位，选择参数 x 和表格，通过按键盘上的"+"键向表中添加数据，直至 x 的值等于 3.0 为止，选择表格，利用【绘图】→【绘制表中的数据】命令，得到图 14-3-2，我们发现，此时描出的点比较密集，能比较清晰地看出图像的形状。

2. 迭代法描点绘制 $y=x^2$ 的图像

刚才利用列表描点绘制的图像，是一次性描出表格中的所有点，有时，我们在教学中需要体现出逐个描点的过程，这时，可以利用迭代法来描点。

（1）如图 14-3-3，新建参数 $t=-3.0$，新建函数 $f(x)=x^2$，构造算式计算 $f(t)$ 和 $t+0.2$，新建参数 $n=1$。

（2）绘制点 $(t, f(t))$，按 Shift 键，选择 t 和 n 构建 $t→t+0.2$ 的深度迭代，构建迭代时选择不显示数据表。选择迭代得到的点，利用【变换】菜单中的命令构建"终点"，选择终点并度量其横坐标和纵坐标，把其横坐标的标签设为 x，纵坐标的标签设为 y，选择 x 和 y 创建表格。

（3）选择 n 和表格，按键盘上的"+"键，则每按一次就会在表格中增加一行数据，同时描出相应的点，持续按"＋"键，则从左到右逐个描点得到图 14-3-3。

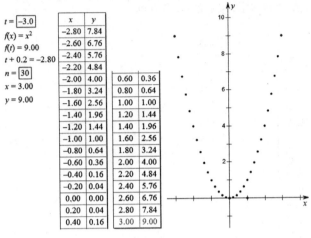

$t = \boxed{-3.0}$
$f(x) = x^2$
$f(t) = 9.00$
$t + 0.2 = -2.80$
$n = \boxed{30}$
$x = 3.00$
$y = 9.00$

x	y
-2.80	7.84
-2.60	6.76
-2.40	5.76
-2.20	4.84
-2.00	4.00
-1.80	3.24
-1.60	2.56
-1.40	1.96
-1.20	1.44
-1.00	1.00
-0.80	0.64
-0.60	0.36
-0.40	0.16
-0.20	0.04
0.00	0.00
0.20	0.04
0.40	0.16

0.60	0.36
0.80	0.64
1.00	1.00
1.20	1.44
1.40	1.96
1.60	2.56
1.80	3.24
2.00	4.00
2.20	4.84
2.40	5.76
2.60	6.76
2.80	7.84
3.00	9.00

图 14-3-3

在上述过程中，式子 $t+0.2$ 决定了自变量每次增加 0.2，n 决定了迭代的次数，如果我们把 $t+0.2$ 改为 $t+0.1$，则描出的点会更密集，当然绘制图像需要迭代的次数 n 也更多。

上述描点方法中，因为自变量是均匀增加的，所以描出的点在顶点附近分布较为密集而远离顶点的点则较为稀疏。在配套课件中，提供了使描点大致均匀分布的例子，课件允许我们重新编辑函数的解析式，重新设置自变量的起始值 x_0，重新设置相邻两点间的距离 w，利用该课件描出的点如图 14-3-4 所示。

3. 根据解析式直接绘制二次函数的图像

在几何画板中，绘制图像的最方便的方法是根据函数的解析式直接利用菜单命令来绘制。

方法一：新建函数 $y = 2x^2 + 3x - 1$，选择函数解析式，利用【绘图】→【绘制函数】命令，或在函数解析式上单击右键，选【绘制函数】命令，则函数图像被画出。

方法二：利用【绘图】→【绘制新函数】命令，弹出"新建函数"对话框，输入函数解析式，如 $y = -2(x-1)^2 + 3$，在"方程"下拉菜单中勾选"形式：$y=$"，按"确定"后函数图像被画出，同时函数的解析式也显示在画板上。

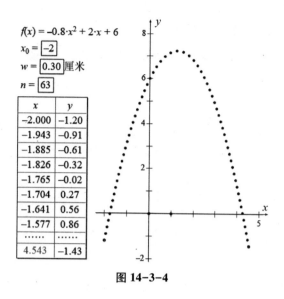

图 14-3-4

说明：

（1）这两种方法绘制函数图像后，用选择箭头工具双击函数解析式，则弹出"编辑函数"对话框，重新编辑函数后，函数图像随之变化。

（2）利用函数图像的"属性"对话框，可以设置自变量的取值范围。比如，如果我们在"属性"对话框中把函数 $y = -2(x-1)^2 + 3$ 中自变量的取值范围设为 $-1 \leqslant x \leqslant 2$，则函数图像只显示在区间 $-1 \leqslant x \leqslant 2$ 上的部分，此时函数图像的两端默认会出现小箭头，把鼠标移到小箭头上，可以拖动小箭头扩展或缩小图像的显示范围，如图 14-3-5。

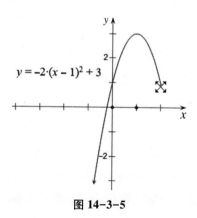

图 14-3-5

14.3.2　限制定义域和值域的二次函数的图像

有时，我们希望绘制函数图像时，限定函数的定义域或值域，上节介绍了使用"属性"对话框对图像进行设置的方法，本节再介绍一些新的方法。

1. 限制定义域

（1）如图 14-3-6，在 x 轴上画两点 A、B 并构造线段 AB，构造线段上的任意一点 P，度量点 P 的横坐标并将度量值的标签设为 x，新建函数 $f(x) = -\dfrac{1}{2}x^2 + 3$，计算度量值 x 对应的函数值 $f(x)$，绘制点 $(x, f(x))$，选择该点和点 P 构造轨迹，则该轨迹就是函数 $f(x) = -\dfrac{1}{2}x^2 + 3$ 在区间 $[x_A,$ $x_B]$ 上的图像。

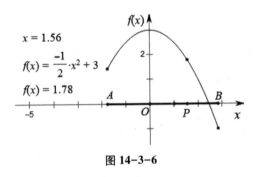

图 14-3-6

（2）拖动点 A 或点 B，观察图像的变化。利用"属性"对话框可以去除图像末端的"端点"（小方块）。

2. 限制定义域和值域

（1）如图 14-3-7，在 x 轴上画 A、B 两点，在 y 轴上画 C、D 两点，构造线段 AB、CD，过 A、B 画 x 轴的垂线，过 C、D 画 y 轴的垂线，四条垂线围成矩形 $EFGH$。新建函数 $f(x) = x^2 - 3$，下面我们绘制该函数的图像并把图像限制在矩形 $EFGH$ 中。

（2）在线段 AB 上取点 P，度量其横坐标 x_P，计算其对应的函数值 $f(x_P)$，度量 A 点的横坐标 x_A，绘制点 $Q(x_A, f(x_P))$，过 Q 画 y 轴的垂线，选择垂线和线段 CD 构造交点 R，标记向量 OP，并把点 R 按标记的向量平移得点 K，选择 P 和 K 构造轨迹，则该轨迹就是函数 $f(x) = x^2 - 3$ 被限制在矩形 $EFGH$ 中的部分。隐藏辅助对象，拖动点 A、B、C、D 改变矩形的范围，

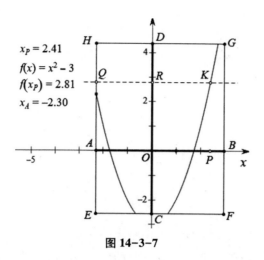

$x_P = 2.41$

$f(x) = x^2 - 3$

$f(x_P) = 2.81$

$x_A = -2.30$

图 14-3-7

观察图像的变化。

14.3.3 含参数的二次函数的图像

在绘制含有字母系数的函数的图像时，需要用参数来表示这些字母系数，这类二次函数的图像我们称为含参数的二次函数的图像。作为字母系数的参数既可以用菜单命令直接创建得到，也可以利用一些对象（如滑块）的度量值来代替。

1. 绘制函数 $y=ax^2+bx+c$ 的图像

（1）如图 14-3-8，新建参数 $a=0.6$，$b=-1.2$，$c=-1.5$，并利用这些参数新建函数 $y=ax^2+bx+c$，选择创建的函数，利用【绘图】→【绘制函数】命令，即可得到 $y=ax^2+bx+c$ 的图像。

（2）用文本工具在画板上拖出一个文本输入框，输入"$y=$"，然后按住 Shift 键把鼠标移到参数 a 上单击，选择"符号与数值"后，输入框中自动添加上"$+0.6$"，接着借助文本输入栏中的工具输入"x^2"，再按住 Shift 键单击参数 b，选择"符号与数值"，则输入框中自动添加"-1.2"，输入"x"，再按住 Shift 键击参数 c，选择"符号与数值"，输入框中自动添加"-1.5"，至此，我们创建完成了一个热文本 $y=+0.6x^2-1.2x-1.5$。

（3）重新输入参数后，或选择参数并按键盘上的"$+$""$-$"键改变参数的值，图像随之改变，热文本中对应的解析式也随之改变。

2. 绘制函数 $y=a\left(x-h\right)^2+k$ 的图像

（1）如图 14-3-9，在 x 轴上画一点 B，过 B 作 x 轴的垂线并在垂线上画

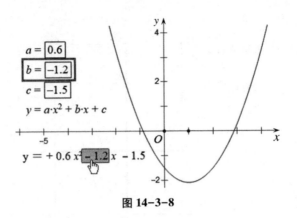

图 14-3-8

点 A，隐藏垂线，绘制线段 AB，在 y 轴上画两点 C、K，过 C 作 y 轴的垂线并在垂线上画点 H，隐藏垂线，绘制线段 CH。度量点 A 的纵坐标并把度量值的标签改为 a，度量点 H 的横坐标并把度量值的标签改为 h，度量 K 的纵坐标并把标签改为 k，利用 a、h、k 构造函数 $y = a(x-h)^2 + k$，绘制这一函数得到其图像。

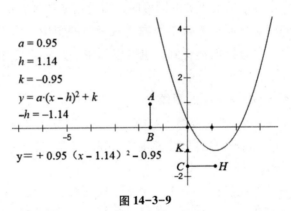

图 14-3-9

（2）计算 h 的相反数 $-h$，利用参数 a、$-h$ 和 k，创建图 14-3-9 中的热文本。拖动点 A、H 或 K，观察度量值的变化、热文本的变化和图像的变化。

说明：

（1）本例中的三个参数使用了不同的创建方法，主要是为了说明参数创建方法的多样性，实际绘图时，可根据需要统一使用创建 a 的竖直坐标滑块法。

（2）本节介绍的两种创建参数的方法中，用菜单命令直接创建参数的优点是可以精确输入参数的值，滑块法的好处是参数的改变更便捷和直观，实际教学中应根据需要选用。

14.3.4 三点确定的抛物线

如果已知抛物线上三个不同点的坐标，就可以利用待定系数法求得抛物线的解析式，从而画出该抛物线。利用待定系数法求抛物线解析式的过程其实就是一个解三元一次方程组的过程，据此，我们可以创建自定义工具，解三元一次方程组，进而绘制过三点的抛物线。

1. 解三元一次方程组

三元一次方程组 $\begin{cases} a_1x+b_1y+c_1z=d_1, \\ a_2x+b_2y+c_2z=d_2, \\ a_3x+b_3y+c_3z=d_3 \end{cases}$ 的求解公式为 $x=\dfrac{\Delta_x}{\Delta}$，$y=\dfrac{\Delta_y}{\Delta}$，$z=\dfrac{\Delta_z}{\Delta}$，

其中 $\Delta=\begin{vmatrix} a_1 & b_1 & c_1 \\ a_2 & b_2 & c_2 \\ a_3 & b_3 & c_3 \end{vmatrix}=a_1b_2c_3+a_2b_3c_1+a_3b_1c_2-a_1b_3c_2-a_2b_1c_3-a_3b_2c_1$，

$\Delta_x=\begin{vmatrix} d_1 & b_1 & c_1 \\ d_2 & b_2 & c_2 \\ d_3 & b_3 & c_3 \end{vmatrix}$，$\Delta_y=\begin{vmatrix} a_1 & d_1 & c_1 \\ a_2 & d_2 & c_2 \\ a_3 & d_3 & c_3 \end{vmatrix}$，$\Delta_z=\begin{vmatrix} a_1 & b_1 & d_1 \\ a_2 & b_2 & d_2 \\ a_3 & b_3 & d_3 \end{vmatrix}$。

下面，我们首先创建自定义工具求行列式的值，再创建工具求得方程组的解。

（1）参考图 14-3-10，新建 9 个参数 a_1、a_2、……、c_3，并按图中的方式排列，用计算器构造算式：

$a_1 \cdot b_2 \cdot c_3+a_2 \cdot b_3 \cdot c_1+a_3 \cdot b_1 \cdot c_2-a_1 \cdot b_3 \cdot c_2-a_2 \cdot b_1 \cdot c_3-a_3 \cdot b_2 \cdot c_1$

把该算式的标签改为 Δ，按从上到下、从左到右的顺序依次选择 a_1、a_2、a_3、b_1、b_2、b_3、c_1、c_2、c_3 和构造的算式，创建名为"求三阶行列式的值"的自定义工具。

$a_1 = \boxed{1.00}$ $b_1 = \boxed{-1.00}$ $c_1 = \boxed{1.00}$

$a_2 = \boxed{1.00}$ $b_2 = \boxed{1.00}$ $c_2 = \boxed{-1.00}$

$a_3 = \boxed{-1.00}$ $b_3 = \boxed{1.00}$ $c_3 = \boxed{1.00}$ $\Delta = 4.00$

图 14-3-10

（2）再新建三个参数 d_1、d_2、d_3 并按图 14-3-11 所示排列，调用刚创建的自定义工具【求三阶行列式的值】分别求出 Δ、Δ_x、Δ_y、Δ_z 的值，需要注意的是，在使用自定义工具时，应严格按照创建自定义工具时选择参数的顺序输入，比如，求 Δ_x 时，应按下列顺序单击屏幕上的参数：d_1、d_2、d_3、b_1、b_2、b_3、c_1、c_2、c_3，并把求得的算式的标签及时更名为 Δ_x。

$$a_1 = 1.00 \quad b_1 = -1.00 \quad c_1 = 1.00 \quad d_1 = 2.00 \qquad \Delta_x = 4.00 \quad x = 1.00$$
$$a_2 = 1.00 \quad b_2 = 1.00 \quad c_2 = -1.00 \quad d_2 = 0.00 \qquad \Delta_y = 8.00 \quad y = 2.00$$
$$a_3 = -1.00 \quad b_3 = 1.00 \quad c_3 = 1.00 \quad d_3 = 4.00 \qquad \Delta = 4.00 \quad \Delta_z = 12.00 \quad z = 3.00$$

图 14-3-11

（3）调用计算器，构造算式 $\dfrac{\Delta_x}{\Delta}$，$\dfrac{\Delta_y}{\Delta}$，$\dfrac{\Delta_z}{\Delta}$，并把它们的标签分别改为 x、y、z，通过"属性"对话框设置为"在自定义工具中使用标签"。

（4）按从上到下、从左到右的顺序选择屏幕上的 a_1、a_2、……、d_3 共 12 个参数和 x、y、z，创建自定义工具，并把自定义工具命名为"解三元一次方程组"。更改参数的值，用刚创建的自定义工具试解方程组，确认解的正确性。

在使用此工具解三元一次方程组时，最需要注意的就是单击参数的顺序要和创建工具时所选参数的顺序一致。

2. 绘制过三点的抛物线

思路分析：设抛物线的方程为 $y = ax^2 + bx + c$，抛物线上三点的坐标分别为 (x_1, y_1)，(x_2, y_2)，(x_3, y_3) 则可得到三元一次方程组 $\begin{cases} ax_1^2 + bx_1 + c = y_1, \\ ax_2^2 + bx_2 + c = y_2, \\ ax_3^2 + bx_3 + c = y_3, \end{cases}$ 这里 a、b、c 未知，解此方程组就可求得 a、b、c 的值，从而得到抛物线的解析式，进而绘制出函数的图像。

步骤如下：

（1）如图 14-3-12，在画板中绘制三个点，把三点的标签分别设为 1、2、3，度量这三个点的横坐标和纵坐标得 x_1、x_2、x_3、y_1、y_2、y_3，计算 x_1^2、x_2^2、x_3^2，构造三个值为 1 的算式如 $x_1 - x_1 + 1$、$x_2 - x_2 + 1$、$x_3 - x_3 + 1$，把这总共 12 个度量值和计算值参照图 14-3-12 中的方式排列，调用自定义工具【解三元一次方程组】，依次单击 x_1^2、x_2^2、……、y_3，得到方程组的解 x、y、z，把解的标签分别改为 a、b、c。

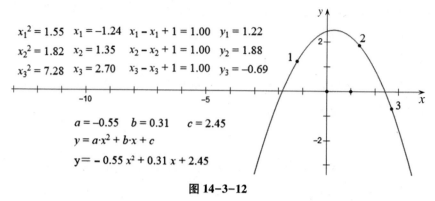

$x_1^2 = 1.55$　$x_1 = -1.24$　$x_1 - x_1 + 1 = 1.00$　$y_1 = 1.22$

$x_2^2 = 1.82$　$x_2 = 1.35$　$x_2 - x_2 + 1 = 1.00$　$y_2 = 1.88$

$x_3^2 = 7.28$　$x_3 = 2.70$　$x_3 - x_3 + 1 = 1.00$　$y_3 = -0.69$

$a = -0.55$　$b = 0.31$　$c = 2.45$

$y = a \cdot x^2 + b \cdot x + c$

$y = -0.55 x^2 + 0.31 x + 2.45$

图 14-3-12

（2）利用求得的 a、b、c 构建函数 $y = ax^2 + bx + c$ 并绘制函数图像，确认图像经过我们绘制的三个点 1、2、3，利用 a、b、c 创建表示函数解析式的热文本，选择点 1、2、3，抛物线和热文本，创建自定义工具"过三点的抛物线"。选择该工具，在画板中画三个点即可得到一条过三点的抛物线。

3. 不依赖坐标系的抛物线

前面介绍的抛物线都是通过绘制二次函数的图像得到的，下面介绍一种利用纯几何构图快速绘制抛物线的方法。这种方法的依据是：到定点和定直线距离相等的点的轨迹是抛物线。

（1）如图 14-3-13，画线段 AB 并在线段上画点 C，过 C 作 AB 的垂线 CE，在线段 AB 外画点 F，连接 CF 并构造线段 CF 的垂直平分线交垂线 CE 于点 E，选择点 C 和点 E 构造轨迹。

因为点 E 在 CF 的垂直平分线上，所以 $EF = EC$，又 $EC \perp AB$，所以点 E 到定点 F 和定直线 AB 的距离相等，从而其轨迹是抛物线，点 F 是该抛物线的焦点。

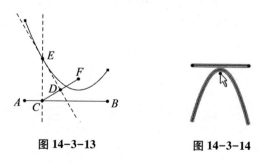

图 14-3-13　　　图 14-3-14

（2）隐藏辅助对象，利用"属性"对话框去除轨迹末端的"端点"，选择点 A、B、F、线段 AB 和抛物线创建自定义工具"焦点抛物线"。选择该工具，在画板中画一条水平方向的线段，再在线段上方或下方画一个点（焦点），则画出一条抛物线，如图 14-3-14，拖动线段和焦点可以调整抛物线的位置和形状。

用该法绘制抛物线不依赖于坐标系，简便快捷，调整方便，是数学老师编辑试卷时的得力助手。

14.4　用几何画板探索二次函数的性质

上节中，我们集中介绍了画二次函数图像的各种方法，本节我们借助图像探索二次函数的性质。

14.4.1　抛物线的开口方向、对称轴和顶点坐标

探究一：函数 $y=x^2$ 的图像和性质。

（1）用描点法绘制 $y=x^2$ 的图像，并逐步增加描点的个数，确认：当点足够密集时，图像上的点构成了一条曲线，我们称这条曲线为抛物线。

（2）构建函数解析式 $y=x^2$ 并绘制函数图像，通过"属性"对话框，把自变量范围设为 $-4 \leqslant x \leqslant 4$，绘图设为"离散的"并把样本个数设为 100，观察图像变化，再把样本个数分别设为 300、700，观察图像的变化。

如图 14-4-1 是函数 $y=x^2$ 在 $-4 \leqslant x \leqslant 4$ 的图像，描点个数从左到右依次为 100、300、700。这表明，我们看到的连续的函数图像，是由足够多的点构成的。在画函数图像的三大步骤——列表、描点、连线中的"连线"环节，其实就是把图像上本来就有而我们没有描出的点补充画到图像上的一个过程。

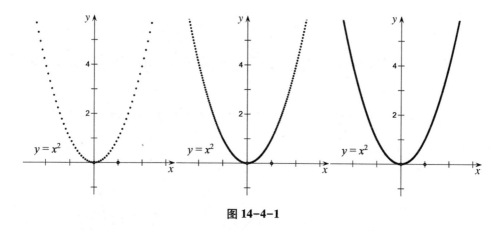

图 14-4-1

（3）重新利用"属性"对话框，把图像设为"连续的"。如图 14-4-2，在函数图像上任画一点 P，作点 P 关于 y 轴的对称点 P'，拖动点 P，确认点 P' 也始终在图像上，这说明：抛物线是关于 y 轴对称的。

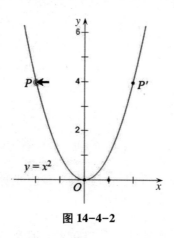

图 14-4-2

（4）进一步观察发现：该抛物线开口向上；抛物线和对称轴的交点是抛物线的顶点，顶点是图像的最低点；在对称轴的左侧，y 随 x 的增大而减小，在对称轴的右侧，y 随 x 的增大而增大。

探究二：函数 $y = ax^2$ 的图像和性质。

（1）如图 14-4-3，绘制函数 $y = -x^2$ 的图像，观察它的开口方向、对称轴、顶点坐标、最高点或最低点、增减性等。确认：$y = -x^2$ 的图像是一条抛物线，其开口向下；对称轴是 y 轴；抛物线和对称轴的交点是其顶点，顶点是图像的最高点；在 y 轴左侧，y 随 x 的增大而增大，在 y 轴右侧，y 随 x 的增大而减小。

（2）如图 14-4-4，在同一坐标系中，绘制函数 $y=x^2$，$y=2x^2$，$y=\frac{1}{2}x^2$ 的图像，观察它们的开口方向、对称轴、顶点坐标、最高点或最低点、增减性等。

我们发现：它们都是抛物线，开口向上，但开口大小不同，$y=\frac{1}{2}x^2$ 开口最大，$y=2x^2$ 开口最小。

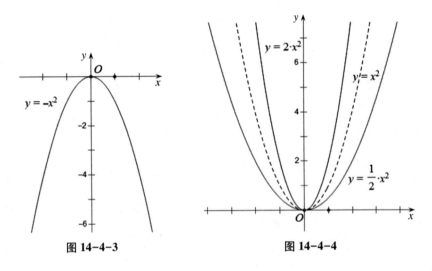

图 14-4-3　　　　　　　　　　图 14-4-4

（3）如图 14-4-5，在同一坐标系中，绘制函数 $y=-x^2$，$y=-2x^2$，$y=-\frac{1}{2}x^2$ 的图像，观察它们的开口方向、对称轴、顶点坐标、最高点或最低点、增减性等。

我们发现：它们都是抛物线，开口向下，但开口大小不同，$y=-\frac{1}{2}x^2$ 开口最大，$y=-2x^2$ 开口最小。

（4）如图 14-4-6，在 x 轴上创建一个竖直滑块，把滑块的端点 A 的纵坐标当成参数 a，构造函数 $y=ax^2$ 并绘制其图像，拖动点 A，观察 a 的变化和图像的变化。选择点 A 和图像构造"函数系"，把函数系设为浅色，拖动点 A，再次观察图像的变化，确认：函数系中的每一条曲线都是 a 取某一数值时 $y=ax^2$ 对应的图像。

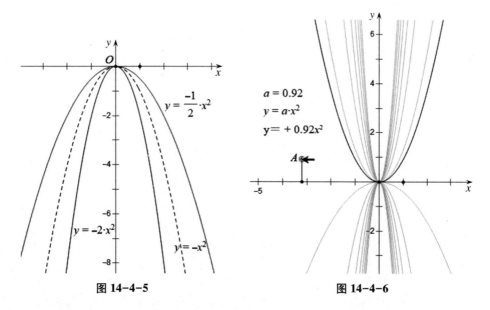

图 14-4-5   图 14-4-6

通过以上探究，我们得到如下结论：

函数 $y = ax^2$（$a \neq 0$）的图像是一条抛物线，当 $a > 0$ 时开口向上，当 $a < 0$ 时开口向下；函数 $y = ax^2$（$a \neq 0$）的图像是轴对称图形，y 轴是它的对称轴；图像与对称轴的交点是抛物线的顶点；当 $a > 0$ 时，在对称轴的左侧，y 随 x 的增大而减小，在对称轴的右侧，y 随 x 的增大而增大，顶点是其最低点；当 $a < 0$ 时，在对称轴的左侧，y 随 x 的增大而增大，在对称轴的右侧，y 随 x 的增大而减小，顶点是其最高点。

14.4.2　二次函数图像的平移

探究一：函数 $y = ax^2 + c$ 的图像与 $y = ax^2$ 图像的关系。

（1）如图 14-4-7，在 x 轴上画点 P，度量点 P 的横坐标并把标签改为 x，构造算式求出 x^2 和 $x^2 + 1$ 的值，选择 x、x^2 和 $x^2 + 1$ 制表，并利用这些值绘制点 A（x，x^2）和点 B（x，$x^2 + 1$），拖动点 P，观察 A、B 位置的变化，特别注意确认 A、B 的相对位置没有变化，通过双击表格的方式向表中添加几组不同的数据。从表中数据得知，对于同一个 x，$x^2 + 1$ 总比 x^2 大 1，对应到图像上，点 B 和点 A 横坐标相同，点 B 总是在点 A 的上方 1 个单位的位置，所以可以认为：点 B 是由点 A 向上平移 1 个单位得到的。

（2）追踪点 A 和点 B，拖动点 P，则 A 和 B 的轨迹各自形成一条抛物线，

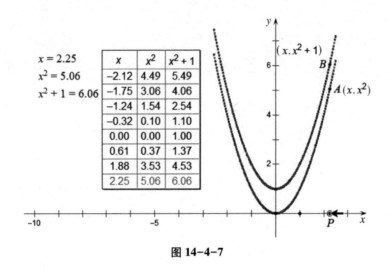

$x = 2.25$
$x^2 = 5.06$
$x^2 + 1 = 6.06$

x	x^2	x^2+1
-2.12	4.49	5.49
-1.75	3.06	4.06
-1.24	1.54	2.54
-0.32	0.10	1.10
0.00	0.00	1.00
0.61	0.37	1.37
1.88	3.53	4.53
2.25	5.06	6.06

图 14-4-7

它们分别是 $y=x^2$ 和 $y=x^2+1$ 的图像。因为图像 $y=x^2+1$ 上的任意一点 B 都是由与其相同横坐标的点 A 向上平移 1 个单位得到的，而 A 是 $y=x^2$ 上的点，所以 $y=x^2+1$ 的图像可以看成由 $y=x^2$ 的图像向上平移 1 个单位得到的。

（3）如图 14-4-8，绘制函数 $y=x^2$ 和 $y=x^2-2$ 的图像。在 x 轴上画点 P，过 P 作 x 轴的垂线分别与两个图像交于点 A、B，度量两点的纵坐标，拖动点 P，确认始终有 $y_A-y_B=2$，也就是说，$y=x^2-2$ 图像上的任意一点都是由与其相同横坐标的 $y=x^2$ 上的对应点向下平移 2 个单位得到的。

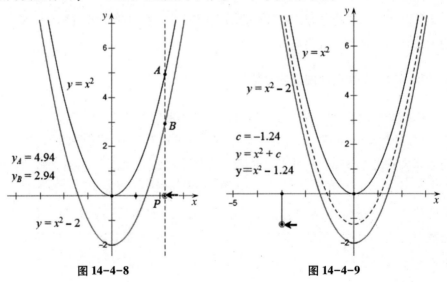

图 14-4-8　　　　　　　　　　图 14-4-9

（4）如图 14-4-9，创建滑块参数 c，构造函数 $y=x^2+c$ 并绘制其图像，将其图像设为虚线，拖动滑块，观察并确认：当 c 从 0 变为 -2 的过程中，$y=x^2+c$ 的图像从与 $y=x^2$ 的图像重合的位置逐渐平移至与 $y=x^2-2$ 的图像重合的位置，这一整体平移的过程，进一步验证了（3）中的结论。

（5）创建滑块参数 a、c，构造函数 $y=ax^2$ 和 $y=ax^2+c$ 并绘制其图像，拖动滑块改变 a 和 c，观察并确认：两图像的开口大小和方向相同，$y=ax^2+c$ 的图像是由 $y=ax^2$ 向上（$c>0$）或向下（$c<0$）平移 $|c|$ 个单位得到的。

探究二：函数 $y=a(x-h)^2$ 的图像与 $y=ax^2$ 图像的关系。

（1）如图 14-4-10，绘制函数 $y=-\dfrac{2}{3}x^2$ 和 $y=-\dfrac{2}{3}(x-3)^2$ 的图像，我们发现它们的顶点分别为原点 $O(0,0)$ 和点 $A(3,0)$，绘制点 A 并标记向量 OA，在 $y=-\dfrac{2}{3}x^2$ 的图像上任画一点 P，把点 P 按标记的向量平移得点 P'，拖动点 P，确认：点 P' 始终在 $y=-\dfrac{2}{3}(x-3)^2$ 的图像上。这说明：$y=-\dfrac{2}{3}(x-3)^2$ 的图像上任意一点是由 $y=-\dfrac{2}{3}x^2$ 图像上的对应点向右平移 3 个单位得到的，从而函数 $y=-\dfrac{2}{3}(x-3)^2$ 的图像是由 $y=-\dfrac{2}{3}x^2$ 的图像向右平移 3 个单位得到的。

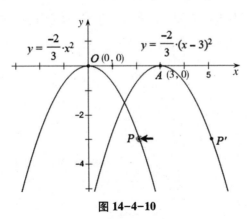

图 14-4-10

（2）如图 14-4-11，创建滑块参数 h，构造函数 $y=-\dfrac{2}{3}(x-h)^2$ 并绘制其

图像，拖动滑块，直观感受图像的平移过程，确认：函数 $y=-\dfrac{2}{3}(x-3)^2$ 的

图像是由 $y=-\dfrac{2}{3}x^2$ 的图像向右平移 3 个单位得到的。

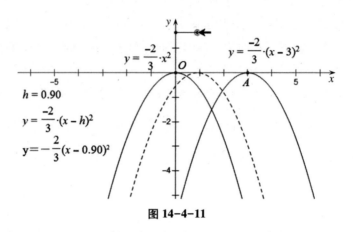

图 14-4-11

（3）把 $y=-\dfrac{2}{3}(x-3)^2$ 改为 $y=-\dfrac{2}{3}(x+3)^2$，拖动滑块，确认函数 $y=-\dfrac{2}{3}(x+3)^2$ 的图像是由 $y=-\dfrac{2}{3}x^2$ 的图像向左平移 3 个单位得到的。

（4）如图 14-4-12，创建滑块参数 a 和 h，构造函数 $y=ax^2$ 和 $y=a(x-h)^2$ 并绘制它们的图像，拖动滑块改变参数，确认：$y=a(x-h)^2$ 的图像是由 $y=ax^2$ 的图像向右（$h>0$）或向左（$h<0$）平移 $|h|$ 个单位得到的。

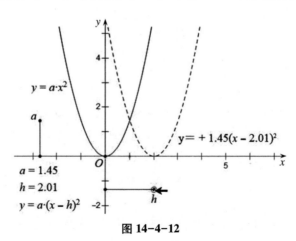

图 14-4-12

探究三：函数 $y=a(x-h)^2+k$ 的图像和性质。

（1）如图14-4-13，绘制函数 $y=2x^2$ 和 $y=2(x-4)^2+3$ 的图像。分别在 x 轴、y 轴上画点 A、B，度量点 A 的横坐标并把度量值的标签设为 h，度量点 B 的纵坐标并把度量值的标签设为 k，构造函数 $y=2(x-h)^2+k$ 并绘制其图像，把图像设为虚线，绘制点 (h, k)。拖动点 A、点 B，观察图像的平移情况，确认：$y=2(x-h)^2+k$ 的顶点坐标是 (h, k)，$y=2(x-4)^2+3$ 的图像是由 $y=2x^2$ 的图像向右平移4个单位，再向上平移3个单位得到的。

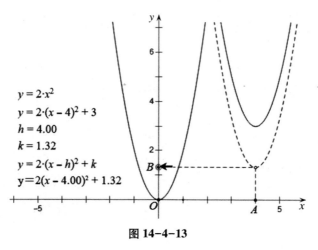

图 14-4-13

（2）把函数 $y=2(x-4)^2+3$ 改为 $y=2(x+4)^2+3$、$y=2(x+4)^2-3$，重复（1）中的探究过程，观察抛物线顶点的坐标和对称轴，体会抛物线的平移过程。

（3）如图14-4-14，创建滑块参数 a，把（1）中的二次项系数替换为 a，拖动滑块，观察图像的变化，拖动点 A 和点 B，观察图像位置的变化。

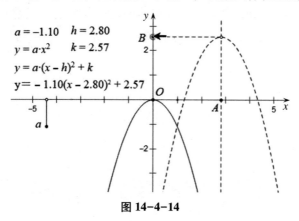

图 14-4-14

通过以上探究，得到如下结论：二次函数 $y=a(x-h)^2+k$ $(a\neq0)$ 的图像是一条抛物线，其顶点坐标为 (h,k)，对称轴为直线 $x=h$，对称轴与抛物线的交点是其顶点；当 $a>0$ 时，顶点是其最低点，在对称轴的左侧，y 随 x 的增大而减小，在对称轴的右侧，y 随 x 的增大而增大；当 $a<0$ 时，顶点是其最高点，在对称轴的左侧，y 随 x 的增大而增大，在对称轴的右侧，y 随 x 的增大而减小。

14.4.3　系数对二次函数 $y=ax^2+bx+c$ 图像的影响

（1）如图 14-4-15，创建三个竖直坐标滑块 a、b、c，并绘制函数 $y=ax^2+bx+c$ 的图像，拖动滑块 a、b、c，观察图像的变化。

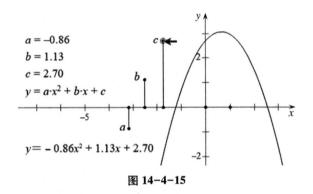

图 14-4-15

（2）新建画板。新建参数 a、b、c，设置它们的精确度为"十分之一"，键盘调节步长为 0.1，构建并绘制函数 $y=ax^2+bx+c$ 的图像，通过选中参数按键盘上的"+""-"的方式改变参数的值，观察图像的变化。

（3）如图 14-4-16，选择参数 a 和函数的图像构造"函数系"，采样数量设为 10，观察在参数 b、c 保持不变的情况下，系数 a 对图像的影响。

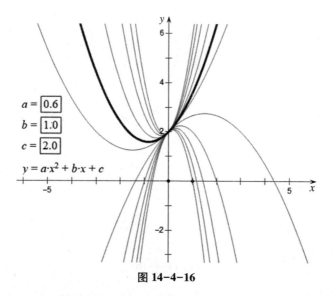

图 14-4-16

（4）如图 14-4-17，删除由参数 a 构造的函数系，选择参数 b 和函数图像重新构造"函数系"，利用"属性"对话框把系数 b 的范围设置为 $-3 \leqslant b \leqslant 3$，采样数量设为 10，观察在参数 a、c 不变的情况下，系数 b 对图像的影响。

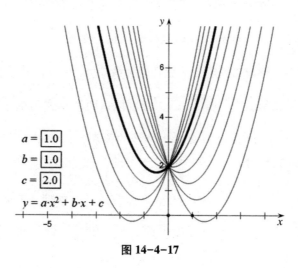

图 14-4-17

（5）如图 14-4-18，删除由参数 b 构造的函数系，选择参数 c 和函数图像重新构造"函数系"，利用"属性"对话框把系数 c 的范围设置为 $-3 \leqslant c \leqslant$ 3，采样数量设为 10，观察在参数 a、b 不变的情况下，系数 c 对图像的影响。

经过上述探究，得出结论：系数 a 确定抛物线的开口方向和大小，$a>0$ 时开口向上，$a<0$ 时开口向下，$|a|$ 越大，开口越小；系数 c 就是抛物线与

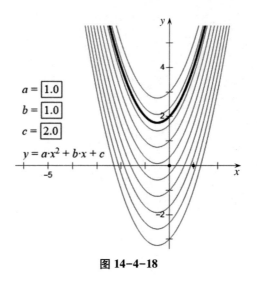

$$a = \boxed{1.0}$$
$$b = \boxed{1.0}$$
$$c = \boxed{2.0}$$
$$y = a \cdot x^2 + b \cdot x + c$$

图 14-4-18

y 轴的交点的纵坐标；系数 a 和 b 共同确定对称轴的位置。

利用配方法，把二次函数 $y=ax^2+bx+c$（$a \neq 0$）化为 $y=a(x-h)^2+k$ 的形式，得：$y=a(x+\dfrac{b}{2a})^2+\dfrac{4ac-b^2}{4a}$，据此知抛物线的对称轴为直线 $x=-\dfrac{b}{2a}$，顶点为 $(-\dfrac{b}{2a}, \dfrac{4ac-b^2}{4a})$。下面利用几何画板验证这一结论：

（1）如图 14-4-19，创建三个竖直坐标滑块 a、b、c，并绘制函数 $y=ax^2+bx+c$ 的图像，构造算式 $-\dfrac{b}{2a}$ 和 $\dfrac{4ac-b^2}{4a}$，分别以这两个算式为横坐标和纵坐标绘制点 M，拖动滑块，确认点 M 就是抛物线的顶点，过 M 作 x 轴的垂线，该垂线就是抛物线的对称轴。

（2）根据对称轴 $x=-\dfrac{b}{2a}$ 知，当 a、b 同号时，对称轴在 y 轴左侧；当 a、b 异号时，对称轴在 y 轴右侧；当 $b=0$ 时，对称轴是 y 轴。拖动滑块 a 和 b 验证这一结论。

14.4.4　深度探索：所有的抛物线都相似吗

我们知道，形状相同的图形叫作相似图形，比如，任意两个正方形都是相似的，那么，任意两个二次函数的图像相似吗？

探究一：函数 $y=x^2$ 和 $y=2x^2$ 的图像相似吗？

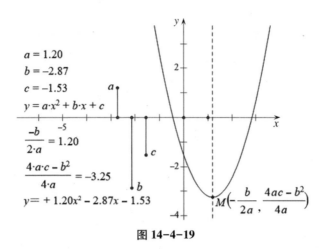

图 14-4-19

（1）新建画板，如图 14-4-20，绘制函数 $y=x^2$ 和 $y=2x^2$ 的图像，在函数 $y=2x^2$ 的图像上任画一点 A，作直线 OA 交 $y=x^2$ 的图像于点 A'，顺序选择点 O、A、A' 度量比，观察得到的度量值 $\dfrac{OA'}{OA}$，度量点 A'、A 的横坐标和纵坐标及它们相应的坐标之比，拖动点 A，发现始终有 $\dfrac{x_{A'}}{x_A}=2.00$，$\dfrac{y_{A'}}{y_A}=2.00$，$\dfrac{OA'}{OA}=2.00$。

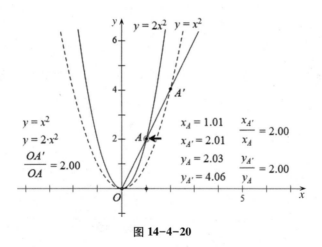

图 14-4-20

（2）如图 14-4-21，把函数 $y=x^2$ 的图像设为虚线，在函数 $y=2x^2$ 的图像上任画一点 P，以 O 为中心把点 P 按 $2:1$ 的缩放比缩放得到点 P'，追踪点 P 和点 P'，拖动点 P，观察 P' 的踪迹，我们发现点 P' 始终在函数 $y=x^2$ 的图像上。选择点 P 和 P' 构造轨迹，则 P' 的轨迹就是 $y=x^2$ 的图像。这说明，函数

$y=x^2$ 的图像是由 $y=2x^2$ 的图像缩放得到的，因此这两个图像是相似的。

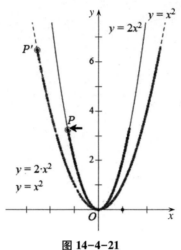

图 14-4-21

探究二：函数 $y=x^2$ 和 $y=2x^2$ 的图像能重合吗？

（1）如图 14-4-22，新建画板，绘制函数 $y=x^2$ 的图像，在画板空白处画一点 O'，选择点 O'，使用【绘图】→【定义原点】命令得到一个新的坐标系，选择点 O'，使用【绘图】→【标记坐标系】命令，再绘制函数 $y=2x^2$ 的图像，则两个函数的图像是在两个不同坐标系中绘制的。设新坐标系中的单位点为 D（1，0），绘制点 D'（2，0）。观察发现两个函数的图像开口大小不同，一肥一瘦。下面我们通过改变坐标系的单位长度让两个图像能够重合。

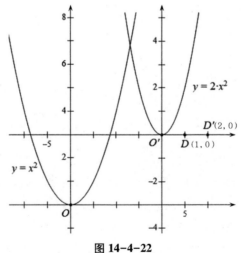

图 14-4-22

（2）如图 14-4-23，顺序选择点 D 和 D' 创建移动按钮，并选择"移动到目标初始位置"，启动按钮，则以 O' 为原点的新坐标系的单位长度变为了原来的 2 倍，函数 $y=2x^2$ 的图像也发生了相应变化，拖动点 O 或点 O' 使两原点重合，我们发现，在单位长度不同的两个坐标系中，函数 $y=2x^2$ 和函数 $y=x^2$ 的图像重合了。这说明：两个函数的图像的确是"形状相同"的。把一个图像适当放大或缩小，就可以得到另一个图像。

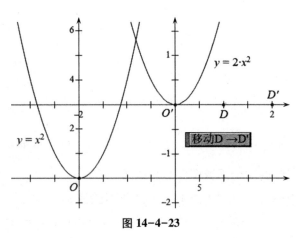

图 14-4-23

前面用不同的方法验证了函数 $y=2x^2$ 和函数 $y=x^2$ 的图像是相似的，把函数 $y=2x^2$ 改为 $y=ax^2$（$a\neq0$）进行验证，可得同样的结论。那么，如何证明两个二次函数的图像相似呢？

定义：若一条曲线上的任意两点 A、B 的连线 AB 与另一条曲线上对应的两点 A'、B' 的连线 $A'B'$ 的比值为定值 k，则称这两条曲线相似，且说它们的相似比是 k。

如图 14-4-24，在同一坐标系中绘制函数 $y=ax^2$ 和 $y=x^2$ 的图像，在函数 $y=ax^2$ 的图像上任意取点 A、B，画直线 OA、OB 交 $y=x^2$ 的图像于点 A'、B'。

设 A 的坐标为（m，am^2），则直线 OA 的解析式为 $y=amx$，解方程组 $\begin{cases} y=amx, \\ y=x^2 \end{cases}$，得交点 A' 的坐标为（am，a^2m^2），根据勾股定理得 $OA=\sqrt{m^2+a^2m^4}=|m|\sqrt{1+a^2m^2}$，$OA'=\sqrt{a^2m^2+a^4m^4}=|a||m|\sqrt{1+a^2m^2}$，所以 $\dfrac{OA'}{OA}=|a|$；同理可得 $\dfrac{OB'}{OB}=|a|$，所以 $\dfrac{OA'}{OA}=\dfrac{OB'}{OB}$，又 $\angle AOB=\angle A'OB'$，所以 $\triangle A'OB'$

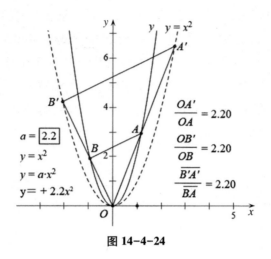

图 14-4-24

$\backsim\triangle AOB$，且相似比为$|a|$，所以$\dfrac{A'B'}{AB}=|a|$。由于$|a|$是常数，根据曲线相似的定义可知，图中的两个函数图像是相似的。

在几何画板中，可以利用图 14-4-24 进行验证。

由于任何一个二次函数 $y=ax^2+bx+c$ 的图像都可以由 $y=ax^2$ 平移得到，所以可得，所有二次函数的图像都是相似的。

当然，这个结论是对整个图像而言的，也就是自变量的取值为全体实数时的结论。如果限定了自变量的取值范围，结论就不再正确。

探究三：任意两段抛物线都相似吗？

（1）新建画板，绘制函数 $y=2x^2$ 和函数 $y=x^2$ 的图像，把两个图像中的自变量的取值范围都设定为$-2\leqslant x\leqslant 2$，把 $y=2x^2$ 的图像设为细虚线，把 $y=x^2$ 的线条设为中等实线。看上去，这两段图像的形状并不相同。

（2）在 $y=x^2$ 的图像上任取一点 P，画直线 OP 与另一图像交于点 P'，选择点 P 和 P' 构造轨迹，并把轨迹设为中等实线，如图 14-4-25 所示，此时实线部分只是 $y=2x^2$ 在$-1\leqslant x\leqslant 1$ 上的一段。

结论：函数 $y=x^2$ 在$-2\leqslant x\leqslant 2$ 上的图像与 $y=2x^2$ 在$-1\leqslant x\leqslant 1$ 上的图像是相似的。

这也验证了我们的观察结果，也就是说，如果把自变量的取值范围都限定在$-2\leqslant x\leqslant 2$，那么 $y=x^2$ 和 $y=2x^2$ 的图像并不相似。

进一步，我们会提出如下的问题：两个反比例函数的图像相似吗？

探究四：任意两个反比例函数的图像相似吗？

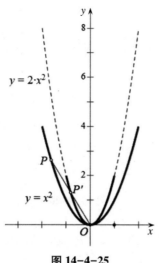

图 14-4-25

（1）如图 14-4-26，创建参数 k，且使 $k>0$，在同一坐标系中绘制 $y=\dfrac{1}{x}$ 和 $y=\dfrac{k}{x}$ 的图像，在第一象限函数 $y=\dfrac{k}{x}$ 的图像上任画一点 A，画直线 OA 交 $y=\dfrac{1}{x}$ 于点 A'，度量 $\dfrac{OA}{OA'}$，拖动点 A，观察度量的结果，改变 k 值，观察度量的结果，拖动点 A 至第三象限，观察度量的结果。

我们发现，无论点 A 在 $y=\dfrac{k}{x}$ 的任意位置，都有 $\dfrac{OA}{OA'}=\sqrt{k}$，这是一个常数，由此可知，当 $k>0$ 时，$y=\dfrac{k}{x}$ 和 $y=\dfrac{1}{x}$ 的图像是位似的，从而是相似的。当 $k<0$ 时，由于 $y=\dfrac{k}{x}$ 与 $y=\dfrac{-k}{x}$ 是关于坐标轴对称的（全等），故 $y=\dfrac{k}{x}$ 和 $y=\dfrac{1}{x}$ 的图像也是相似的。

（2）如图 14-4-27，在同一坐标系中绘制 $y=\dfrac{1}{x}$ 和 $y=\dfrac{3}{x}$ 的图像，把 $y=\dfrac{1}{x}$ 图像中自变量的范围设为 $\dfrac{1}{2}\leqslant x\leqslant 2$，在这段图像上画点 P，作射线 OP 交 $y=\dfrac{3}{x}$ 的图像于点 P'，选择点 P 和 P' 构造轨迹并把轨迹设为中等实线，度量点 P 和 P' 的横坐标，拖动点 P，观察 P' 的横坐标的取值范围。

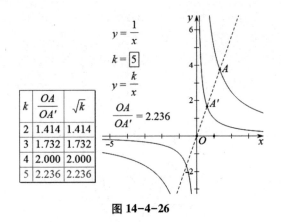

图 14-4-26

观察发现，当 $\frac{1}{2} \leqslant x \leqslant 2$ 时，$y = \frac{1}{x}$ 图像对应 $y = \frac{3}{x}$ 的图像上自变量的范围

是 $\frac{1}{2}\sqrt{3} \leqslant x \leqslant 2\sqrt{3}$，可知这两段图像是相似的。

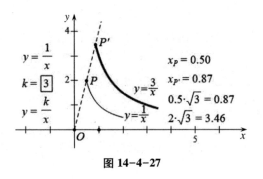

图 14-4-27

结论：任意两个反比例函数在整个定义域上的图像是相似的；当 $k>0$ 时，

在第一象限内，$y = \frac{1}{x}$ 在 $m \leqslant x \leqslant n$ 上的图像和 $y = \frac{k}{x}$ 在 $m\sqrt{k} \leqslant x \leqslant n\sqrt{k}$ 上的图像

是相似的。

14.5　技术支持下的函数应用

14.5.1　反比例函数的应用

例 1　码头工人每天往一艘轮船上装载 30 吨货物，装载完毕恰好用了 8

天时间。轮船到达目的地卸货时，要求船上的货物不超过 5 天卸载完毕，那么平均每天要卸载多少吨？

分析：本题涉及反比例函数的增减性，可借助函数图像帮助理解。

设轮船上的货物总量为 k 吨，根据已知条件得 $k = 30 \times 8 = 240$（吨），所以卸货速度 y 关于卸货天数 x 的函数解析式为 $y = \dfrac{240}{x}$。当 $x = 5$ 时，$y = \dfrac{240}{5} = 48$（吨）。

在几何画板中创建坐标系，并把网格类型设为矩形，绘制函数 $y = \dfrac{240}{x}$ 的图像，拖动坐标轴上标注的数字分别调整 x 轴和 y 轴的单位长度，绘制点 $(5,0)$ 及其对应点 $(0,48)$，在 x 轴上任取一点 x，绘制其对应的 y，拖动 x，我们发现当 $x > 0$ 时，x 越小，y 越大，当 $x \leqslant 5$ 时，$y \geqslant 48$。也就是说，若货物卸完不超过 5 天，则平均每天至少要卸载 48 吨。

例 2　在矩形 $AOBC$ 中，已知 $OB = 4$，$OA = 3$，分别以 OB、OA 所在直线为 x 轴、y 轴建立如图所示的平面直角坐标系。F 是 BC 边上的动点（不与点 B、C 重合），过点 F 的反比例函数 $y = \dfrac{k}{x}$（$k > 0$）的图像与边 AC 交于点 E。

（1）当点 F 运动到边 BC 的中点时，求点 E 的坐标。

（2）连接 EF，求 $\angle EFC$ 的正切值。

分析：如图 14-5-2，在几何画板中，根据题意绘制矩形 $AOBC$，在 BC 上任取一点 F，选择自定义工具【过一点的双曲线】，单击点 F 得到过点 F 的双曲线，构造双曲线与 AC 的交点 E。

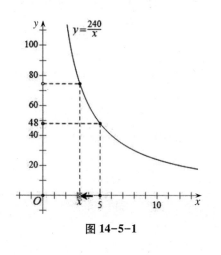

图 14-5-1

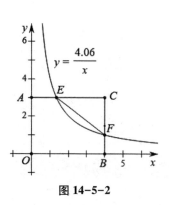

图 14-5-2

（1）因为 $OB=4$，$OA=3$，F 是 BC 的中点，所以 F 点的坐标为（4，$\frac{3}{2}$），所以经过点 F 的反比例函数的解析式为 $y=\frac{6}{x}$，因为点 E 的纵坐标为 3，把 $y=3$ 代入解析式求得 $x=2$，所以 E 点的坐标为（2，3）。

在图 14-5-2 中，构造 BC 的中点 D，创建点 F 到点 D 的移动按钮，度量点 E 的坐标，启动按钮，验证当 F 是 BC 中点时，点 E 的坐标为（2，3）。

（2）因为 $OB=4$，$OA=3$，点 E、F 在反比例函数 $y=\frac{k}{x}$（k>0）的图像上，所以点 F 的坐标是（4，$\frac{k}{4}$），E 的坐标是（$\frac{k}{3}$，3），所以 $CF=3-\frac{k}{4}=\frac{12-k}{4}$，$CE=4-\frac{k}{3}=\frac{12-k}{3}$，在 $\mathrm{Rt}\triangle CEF$ 中，$\tan\angle EFC=\frac{CE}{CF}=\frac{4}{3}$。

在几何画板中，度量 CE、CF 并计算 $\frac{CE}{CF}$，拖动点 F，确认始终有 $\frac{CE}{CF}=\frac{4}{3}$。

反思：（1）的结果表明，当点 F 为 BC 中点时，E 也是 AC 的中点，此时如果连接 AB，则 EF 是 $\triangle CAB$ 的中位线，$EF\parallel AB$；（2）的结果表明，点 F 位于 BC 上的任一位置时，$\tan\angle EFC=\frac{4}{3}=\tan\angle ABC$，所以 $EF\parallel AB$。由此，我们猜测如下结论：

如图 14-5-3，设 E、F 为 $y=\frac{k}{x}$（k>0）的图像上任意两点，过 E、F 分别作 y 轴、x 轴的垂线，垂足分别为 A、B，则有 $EF\parallel AB$。

在几何画板中，画图验证结论的正确性，特别的，当 E、F 位于图像的不同分支时，结论仍成立，如图 14-5-4。

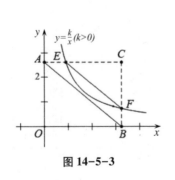

图 14-5-3

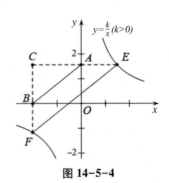

图 14-5-4

事实上，以图 14-5-3 为例，设点 F 的坐标是 $\left(a, \dfrac{k}{a}\right)$，$E$ 的坐标是 $\left(\dfrac{k}{b}, b\right)$，所以 $CF=b-\dfrac{k}{a}=\dfrac{ab-k}{a}$，$CE=a-\dfrac{k}{b}=\dfrac{ab-k}{b}$，所以 $\dfrac{CE}{CF}=\dfrac{a}{b}=\dfrac{CA}{CB}$，于是 $EF/\!/AB$。

例 3 一个正比例函数和一个反比例函数的图像都经过点 A（1，3），画出草图，并根据草图写出使反比例函数值大于正比例函数值的 x 的取值范围。

分析：此题体现数形结合思想，关键在于对图形的理解，理解了图形就可以直接从图中读出答案，但对初学者有相当难度。按如下步骤画图探究，有利于突破这一难点。

（1）新建画板，绘制点 A（1，3），过原点 O 画直线 OA，则 OA 即为正比例函数的图像，画函数 $y=\dfrac{3}{x}$ 的图像。在 x 轴上画点 P，过 P 作 x 轴的垂线，构造垂线与直线 OA 的交点 B，构造垂线与反比例函数的图像的交点 D，拖动点 P，观察 B、D 两点的相对位置的变化，如果 D 点位于 B 点上方，就说明此时的 x 对应的反比例函数值大于正比例函数值。

（2）删除点 D，隐藏垂线，把点 B 按 90° 方向平移 1cm 得到点 B'，构造射线 BB'，拖动点 P 到如图 14-5-5 的位置，此时射线 BB' 与双曲线相交，构造交点 C，隐藏点 B' 和射线 BB'，构造并追踪线段 BC，选择点 P 和 x 轴重新构造垂线，拖动点 P，则当"反比例函数值大于正比例函数值"时，相应区域被 BC 的踪迹填充，其余部分则没有填充，如图 14-5-6 所示，据此，我们更容易写出符合条件的 x 的范围是：$x<-1$，或 $0<x<1$。

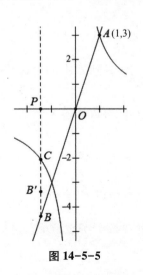

图 14-5-5

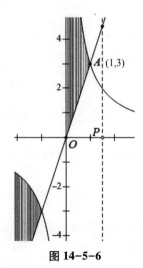

图 14-5-6

例 4　用反比例函数的图像三等分一个锐角。

三等分任意一个锐角，是三大著名的"尺规作图不能问题"之一，也就是说用尺规作图的方法是不能做到的，但借助反比例函数的图像则可以做到。步骤如下：

（1）如图 14-5-7，绘制反比例函数 $y=\dfrac{1}{x}$ 的图像，画线段 OA 和反比例函数的图像交于点 C，以 C 为中心把点 O 按 $2:1$ 的比例缩放得到点 O'，过点 O' 画 $\odot C$ 交图像于另一点 D，分别过 C、D 作两坐标轴的垂线，连接相应交点得到以 CD 为对角线的矩形 $CGDF$，其中 $FD \perp x$ 轴于点 B，连接 OF 交 CD 于点 E。

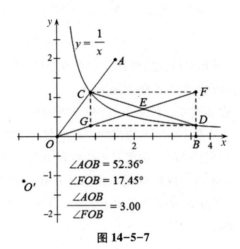

图 14-5-7

（2）拖动点 A，我们发现点 G 始终在直线 OF 上。证明如下：

设 C、D 的坐标分别为 $\left(a, \dfrac{1}{a}\right)$、$\left(b, \dfrac{1}{b}\right)$，则 F 点的坐标为 $\left(b, \dfrac{1}{a}\right)$，$G$ 点的坐标为 $\left(a, \dfrac{1}{b}\right)$，于是可求得直线 OF 的解析式为 $y=\dfrac{1}{ab}x$，当 $x=a$ 时，得 $y=\dfrac{1}{b}$，这说明点 G 在直线 OF 上。

据此，点 E 为矩形 $CGDF$ 对角线的交点，所以 $CE=EF=\dfrac{1}{2}CD=OC$，所以 $\angle COE=\angle CEO=2\angle EFC=2\angle FOB$，从而 $\angle AOB=3\angle FOB$，也就是说，射线 OF 是 $\angle AOB$ 的三等分线。

（3）度量相应角的度数，改变 $\angle AOB$ 的大小，确认始终有 $\angle AOB=$

$3 \angle FOB$。

14.5.2 二次函数的应用

例1 （一）把一个数 a 拆成两数之和，何时它们的乘积最大？（二）周长为 $2a$ 的矩形，何时面积最大？

借助几何画板解决这两个问题的步骤如下：

（1）如图 14-5-8，新建参数 $a=5$，新建参数 x，构造算式分别计算 $a-x$，$x(a-x)$，分别以 x 和 $x(a-x)$ 为横纵坐标绘制点 P，选择参数 x 和点 P 构造轨迹，观察轨迹发现：当 $x=2.5$ 时，积 $x(a-x)$ 最大。

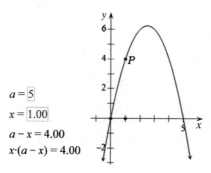

$a = \boxed{5}$

$x = \boxed{1.00}$

$a - x = 4.00$

$x \cdot (a-x) = 4.00$

图 14-5-8

（2）如图 14-5-9，计算 $a \times 1 \text{cm}$，画点 A，把点 A 按 $0°$ 平移 $a \times 1 \text{cm}$ 得点 C，构造线段 AC 并在其上任画一点 B，把点 C 绕点 B 旋转 $90°$ 得点 C'，把点 A 按向量 BC' 平移得点 A'，画矩形 $ABC'A'$ 并构造其内部，则此矩形的周长为 $2a$，度量 AB 的长度并设其标签为 x，度量矩形的面积并设其标签为 S，分别以 x 和 S 为横纵坐标绘制点 Q，选择点 B 和点 Q 构造轨迹，观察轨迹发现：当 $x=2.5$ 时，矩形面积最大。

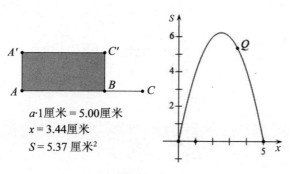

$a \cdot 1$ 厘米 $= 5.00$ 厘米

$x = 3.44$ 厘米

$S = 5.37$ 厘米 ^{2}

图 14-5-9

（3）比较上述两个图像的异同。改变 a 的值，观察上述两个图像的变化。

我们发现两个问题中都得到了二次函数的图像，但问题（一）中自变量 x 可以为负数，而问题（二）中的 x 为正数。事实上，两个问题中的关系式都是 $S=x(a-x)=-\left(x-\dfrac{a}{2}\right)^2+\dfrac{a^2}{4}$，据此可知：当 $x=\dfrac{a}{2}$ 时，S 有最大值 $\dfrac{a^2}{4}$。

例 2　如图 14-5-10，李大伯想用长为 80 m 的栅栏，再借助房屋的外墙围成一个矩形羊圈，若房屋外墙长度为 50 m，问当羊圈的两边长各为多少时，可使羊圈的面积最大？最大面积是多少？

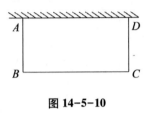

图 14-5-10

分析：设 $AB=x$，则 $BC=80-2x$，矩形羊圈 $ABCD$ 的面积 $y=x(80-2x)=-2(x-20)^2+800$，可知，当 $x=20$ 时，$BC=40<50$，最大面积为 $800\mathrm{m}^2$。

在几何画板中，可直接创建模型，借助实验得到或验证问题的结论，过程如下：

（1）绘图。如图 14-5-11，画水平线段 AT 代表 50m 的外墙，标记中心 A，把点 T 按 80∶50 的比例缩放得点 T'，把点 T' 旋转 $-90°$ 得点 M，把点 M 按 1∶2 的比例缩放得点 M'，画线段 AM' 并在其上取点 B，标记向量 BA，把点 M 按标记向量平移得点 N，把点 N 绕点 B 旋转 $90°$ 得点 C，过 C 作 AT 的垂线，拖动点 B，使垂线和 AT 相交并构造交点 D。连接 AB、BC、CD 得矩形 $ABCD$，隐藏辅助对象。

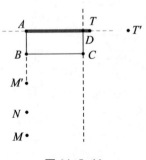

图 14-5-11

（2）度量。如图 14-5-12，度量线段 AT、AB、BC 的长度，构造矩形 $ABCD$ 的内部并度量其面积。因为 AT 代表 50m，所以我们把数据做一些换算，计算 $\dfrac{50}{AT}$ 并设其标签为 d，它的值表示图中 1cm 实际代表的长度（单位：m），计算 $AB \times d$ 并设标签为 x，计算 $ABCD$ 的面积 $\times d^2$ 并设标签为 y。

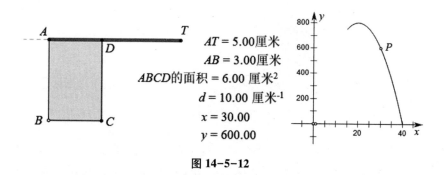

$AT = 5.00$ 厘米

$AB = 3.00$ 厘米

$ABCD$ 的面积 $= 6.00$ 厘米^2

$d = 10.00$ 厘米$^{-1}$

$x = 30.00$

$y = 600.00$

图 14-5-12

（3）画图像。以计算值 x，y 为横纵坐标绘制点 P，把坐标样式改为矩形，分别拖动两坐标轴的刻度上标注的数字改变两轴的单位长度，使点 P 在第一象限的合适位置，如图 14-5-12 所示，追踪点 P，拖动点 B，观察 P 点的轨迹。选择点 B 和点 P 构造轨迹，观察图像，确认：当 $x = 20$ 时，图像达到最高点，y 的最大值为 800。拖动点 B，当 $x < 15$ 时，矩形消失，说明另一边 $BC > 50$ 不符合题意，即自变量的取值范围是：$15 \leq x < 40$。

例 3　一块直角三角形木板的两直角边长分别为 30cm 和 40cm，要在该直角三角形上截下一个矩形，使矩形的四个顶点都在直角三角形的边上，求矩形的最大面积。

分析：根据题意，所求矩形为直角三角形的内接矩形，有两种情况，下面分别画图探究。

（1）如图 14-5-13，画 Rt$\triangle AEF$，使 $\angle A = 90°$，$AF : AE = 3 : 4$，在 AE 上画点 B，并以 AB 为一边构造三角形的内接矩形 $ABCD$。度量 AE、AB 和矩形 $ABCD$ 的面积 S，计算 $\dfrac{40}{AE}$ 并设其标签为 d，计算 $AB \times d$ 并设标签为 x，计算 $S \times d^2$ 并设标签为 y，以计算值 x，y 为横纵坐标绘制点 P（x，y），把坐标样式设为矩形，分别拖动两坐标轴的刻度上标注的数字改变两轴的单位长度，使点 P 在第一象限的合适位置，选择点 B 和点 P 构造轨迹，拖动点 B，观察图像上对应点 P 的变化。由图像知，当 $x = 20$ 时，矩形面积的最大值为 300，此时，B、C、D 分别是 △AEF 各边的中点。

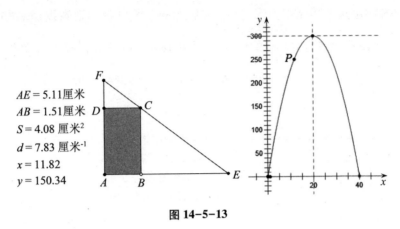

$AE = 5.11$ 厘米
$AB = 1.51$ 厘米
$S = 4.08$ 厘米²
$d = 7.83$ 厘米⁻¹
$x = 11.82$
$y = 150.34$

图 14-5-13

（2）如图 14-5-14，画 Rt△GEF，使 ∠G = 90°，GF：GE = 3：4，在 GE 上画点 A，作 $AB \perp EF$ 于点 B，以 AB 为一边构造三角形的内接矩形 ABCD。度量 GE、AD 和矩形 ABCD 的面积 S，计算 $\dfrac{40}{GE}$ 并设其标签为 d，计算 $AD×d$ 并设标签为 x，计算 $S×d^2$ 并设标签为 y，选择 x，y 绘制点 Q（x，y），选择点 A 和点 Q 构造轨迹。拖动点 A，观察图像上对应点 Q 的变化。由图像知，当 $x = 25$ 时，矩形面积的最大值为 300，此时，A、D 分别是 GE、GF 的中点。

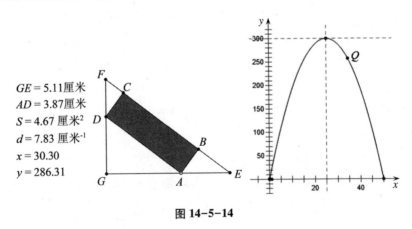

$GE = 5.11$ 厘米
$AD = 3.87$ 厘米
$S = 4.67$ 厘米²
$d = 7.83$ 厘米⁻¹
$x = 30.30$
$y = 286.31$

图 14-5-14

在图 14-5-13 和图 14-5-14 中，分别设 AB、AD 为自变量 x，构建矩形面积的函数解析式，利用解析式求出矩形面积的最大值，解释以上结果的正确性。

例 4　如图 14-5-15，等腰直角三角形的直角边长为 10cm，正方形的边长为 10cm，等腰直角三角形以 2cm/s 的速度沿直线 l 向右移动。设 x 秒时，三角形与正方形的重叠部分的面积为 $y$cm²，绘制 y 和 x 的函数关系的图像。

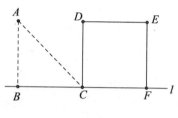

图 14-5-15

分析：在三角形移动过程中，开始阶段的重叠部分为三角形，之后重叠部分为梯形，所以需要分步构图。

（1）按题意绘制图 14-5-15，使等腰直角△ABC 的直角边长等于正方形的边长。如图 14-5-16，在直线 l 上画点 M，以 B 为中心把点 M 按 1：2 的比例缩放得点 X，把△ABC 按向量 $\overrightarrow{BM}$ 平移得△$A'MC'$，构造△$A'MC'$ 与正方形的公共部分（△GCC'）的内部，度量 BC、BX 的长度和△GCC' 的面积 S，计算 $\dfrac{10}{BC}$ 并设其标签为 d，计算 $BX×d$ 并设标签为 x，计算 $S×d^2$ 并设标签为 y，选择 x，y 绘制点 P（x，y），选择点 M 和 P 构造轨迹，设定坐标网格为矩形并调整坐标单位。

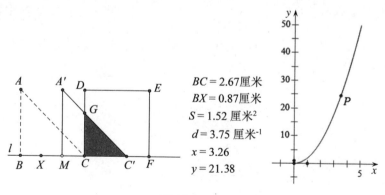

$BC = 2.67$ 厘米
$BX = 0.87$ 厘米
$S = 1.52$ 厘米²
$d = 3.75$ 厘米⁻¹
$x = 3.26$
$y = 21.38$

图 14-5-16

（2）如图 14-5-17，拖动点 M，使 M 位于线段 CF 上，此时阴影部分及其度量值消失，重新构造重叠部分（梯形）并度量其内部的面积 S，计算 $S×d^2$ 并设标签为 y，选择 x，y 绘制点 Q（x，y），选择点 M 和 Q 构造轨迹。

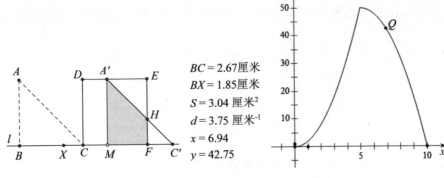

图 14-5-17

我们发现，构造的轨迹由两段曲线连接而成，而两段曲线分别是两个二次函数的图像的一部分。可以分段构造阴影部分面积 y 和 x 的关系式，说明绘制图像的正确性。

14.5.3 二次函数与一元二次方程

1. 创建自定义工具解一元二次方程

（1）如图 14-5-18，新建参数 $a = 1.00$，$b = 1.00$，$c = -1.00$，构造算式 $b^2 - 4ac$，接着构造算式 $\dfrac{-b+\sqrt{b^2-4ac}}{2a}$，$\dfrac{-b-\sqrt{b^2-4ac}}{2a}$，创建热文本"$ax^2+bx+c=0$ 的根是：$x_1 = \dfrac{-b+\sqrt{b^2-4ac}}{2a}$，$x_2 = \dfrac{-b-\sqrt{b^2-4ac}}{2a}$"。其中，在文本框中输入系数 a、b、c 及两根时，按 Shift 键单击画板上相应的参数并选择"符号与数值"。

$$b^2 - 4 \cdot a \cdot c = 5.00$$

$$a = \boxed{1.00}$$
$$\dfrac{-b+\sqrt{b^2-4\cdot a\cdot c}}{2\cdot a} = 0.62$$
$$b = \boxed{1.00}$$
$$c = \boxed{-1.00}$$
$$\dfrac{-b-\sqrt{b^2-4\cdot a\cdot c}}{2\cdot a} = -1.62$$

$+1.00x^2 + 1.00x - 1.00 = 0$ 的根是：$x_1 = +0.62$，$x_2 = -1.62$

图 14-5-18

（2）选择参数 a、b、c 及热文本创建工具"解一元二次方程"。使用该工具时，画板上需要先建立作为系数的 a、b、c，依次单击三个系数，则会自动把方程的根显示在画板上。

用以上创建的自定义工具解方程，当 $b^2-4ac<0$ 时，会显示根 "未定义"。在配套课件中，有优化后的自定义工具 "解一元二次方程"，该工具会根据 b^2-4ac 的符号采用不同的解的呈现方式，如图 14-5-19 所示。

$a = \boxed{1.00}$ $d = \boxed{1.00}$ $t_1 = \boxed{-2.00}$

$b = \boxed{-2.00}$ $e = \boxed{-2.00}$ $t_2 = \boxed{1.00}$

$c = \boxed{1.00}$ $f = \boxed{2.00}$ $t_3 = \boxed{3.00}$

$+1.00x^2 - 2.00x + 1.00 = 0$ 的根是：$x_1 = x_2 = +1.00$

$+1.00x^2 - 2.00x + 2.00 = 0$ 无实根

$-2.00x^2 + 1.00x + 3.00 = 0$ 的根是：$x_1 = -1.00$，$x_2 = +1.50$

图 14-5-19

2. 探究二次函数与一元二次方程的关系

（1）如图 14-5-20，新建参数 $a = -1.00$，$b = 2.00$，$c = 3.50$，用自定义工具【解一元二次方程】求出方程 $ax^2+bx+c=0$ 的根，绘制函数 $y = ax^2+bx+c$ 的图像，构造图像与 x 轴的两个交点 A 和 B，度量 A、B 两点的横坐标，观察并比较方程的根和 A、B 的横坐标，它们有什么关系？

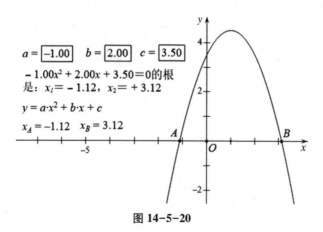

$a = \boxed{-1.00}$ $b = \boxed{2.00}$ $c = \boxed{3.50}$

$-1.00x^2 + 2.00x + 3.50 = 0$ 的根是：$x_1 = -1.12$，$x_2 = +3.12$

$y = a\cdot x^2 + b\cdot x + c$

$x_A = -1.12$ $x_B = 3.12$

图 14-5-20

（2）改变参数，使 $a=1$，$b=2$，$c=1$，继续观察图像与 x 轴的交点的横坐标，与方程的根的关系；改变参数，使 $a=1$，$b=-2$，$c=2$，你又有什么发现？

（3）创建滑块参数 a、b、c，用自定义工具【解一元二次方程】求出方

程 $ax^2+bx+c=0$ 的根，绘制函数 $y=ax^2+bx+c$ 的图像，构造图像与 x 轴的两个交点 A 和 B，度量 A、B 两点的横坐标，观察并比较方程的根和 A、B 的横坐标，它们有什么关系？拖动滑块改变参数的值，你得出了什么结论？

通过以上探究，我们发现：如果一元二次方程 $ax^2+bx+c=0$（$a \neq 0$）有实根，那么二次函数 $y=ax^2+bx+c$ 的图像与 x 轴有公共点，且公共点的横坐标是这个一元二次方程的实根；如果二次函数 $y=ax^2+bx+c$（$a \neq 0$）的图像与 x 轴有公共点，那么公共点的横坐标就是一元二次方程 $ax^2+bx+c=0$ 的实根。

例1 二次函数 $y=-x^2+3x+4$ 的图像与一次函数 $y=2x-1$ 的图像相交吗？如果相交，请求出它们的交点坐标。

解：因为交点的坐标需要同时满足两个函数的解析式，所以交点的坐标就是方程组 $\begin{cases} y=-x^2+3x+4, \\ y=2x-1 \end{cases}$ 的解，消去 y，得 $-x^2+3x+4=2x-1$，整理得 $x^2-x-5=0$，

因为 $b^2-4ac=(-1)^2-4 \times 1 \times (-5)=21>0$，所以方程有解 $x_{1,2}=\dfrac{1 \pm \sqrt{21}}{2}$，从而求出两交点的坐标分别是 $\left(\dfrac{1+\sqrt{21}}{2}, \sqrt{21}\right)$，$\left(\dfrac{1-\sqrt{21}}{2}, -\sqrt{21}\right)$。

这一结论可在几何画板中进行验证：如图 14-5-21，绘制函数 $y=-x^2+3x+4$ 和 $y=2x-1$ 的图像，构造它们的交点，并度量交点的坐标，并和以上计算结果进行比较。由于度量的结果是近似数且用小数形式呈现，所以可先把用根号表示的坐标计算得到小数形式，再进行比较。

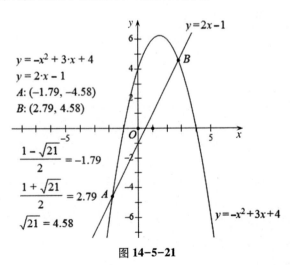

$y=-x^2+3 \cdot x+4$
$y=2 \cdot x-1$
$A: (-1.79, -4.58)$
$B: (2.79, 4.58)$

$\dfrac{1-\sqrt{21}}{2}=-1.79$

$\dfrac{1+\sqrt{21}}{2}=2.79$

$\sqrt{21}=4.58$

图 14-5-21

由于在计算过程中，要解方程 $x^2-x-5=0$，所以也可以先画函数 $y=x^2-x-5$ 的图像，度量图像与 x 轴的交点的横坐标得到原交点的横坐标。如图 14-5-22。

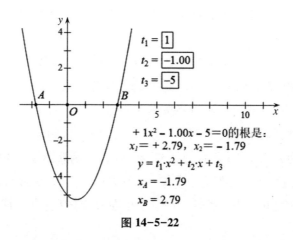

图 14-5-22

例 2 借助二次函数的图像求方程 $x^2+2x-10=0$ 的近似解（精确到 0.1）。

解法一：如图 14-5-23，绘制函数 $f(x)=x^2+2x-10$ 的图像，构造图像与 x 轴的交点，观察图像，得到方程 $x^2+2x-10=0$ 的近似解有两个，分别为 $-5<x_1<-4$，$2<x_2<3$。

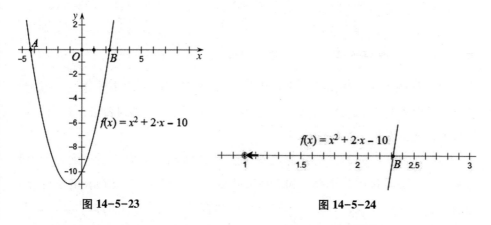

图 14-5-23　　　　　　　图 14-5-24

拖动 x 轴上单位点，放大单位长度，直至坐标轴上出现十分之一分割线。B 点附近局部放大后如图 14-5-24 所示，利用该图，可以读出 $x_2\approx2.3$，同样，观察 A 点附近的局部放大图，也可以读出 $x_1\approx-4.3$。

反思：本例中，构造图像与 x 轴的交点后，直接度量交点 A、B 的横坐标并把度量值设为需要的精确度，可以直接得到方程的近似根。这里之所以没有采用这种方法，主要还在于：几何画板不但可以帮助我们得到结论，更重要的是帮助我们理解算理，所以如何合理使用技术也是需要智慧的。下面的解法中，只使用几何画板的计算功能而不使用其绘图功能，也就是把几何画板当成计算器，说明用图像法（手工绘图）求方程的近似解的方法。

解法二：

（1）配方，$f(x) = x^2 + 2x - 10 = (x+1)^2 - 11$，可知，顶点坐标为（-1，-11），对称轴为 $x = -1$。如图 14-5-25，新建参数 $x = -1$，计算 $f(x)$，选择 x 和 $f(x)$ 制表，选择 x 和表格按键盘上的"+"，直至 $f(x)$ 的值变为正数。根据对称性及表格中的数据，可以用描点法手工画出得到函数的大致图像。这里，因为 $f(2) = -2 < 0$，$f(3) = 5 > 0$，而函数图像是连续变化的，所以 -2 变为 5 的过程中，必然有一个 x，满足 $f(x) = 0$，因此可以判断方程的一个根在 2 和 3 之间，由对称性，另一个根在 -5 和 -4 之间，即：$-5 < x_1 < -4$，$2 < x_2 < 3$。

$x = \boxed{3}$		$x = \boxed{2.4}$		$x = \boxed{2.34}$	
$f(x) = 5.00$		$f(x) = 0.56$		$f(x) = 0.16$	
x	$f(x)$	x	$f(x)$	x	$f(x)$
-1	-11.00	2.0	-2.00	2.30	-0.11
0	-10.00	2.1	-1.39	2.31	-0.04
1	-7.00	2.2	-0.76	2.32	0.02
2	-2.00	2.3	-0.11	2.33	0.09
3	5.00	2.4	0.56	2.34	0.16

图 14-5-25　　　　图 14-5-26　　　　图 14-5-27

（2）如图 14-5-26，把 x 的值设为 2.0，精确度设为"十分之一"，键盘调节步长设为 0.1，选择 x 和表格按键盘上的"+"号，直到表格中 $f(x)$ 的值为正，观察发现，$2.3 < x_2 < 2.4$。

（3）如图 14-5-27，把 x 的值设为 2.30，精确度设为"百分之一"，键盘调节步长设为 0.01，选择 x 和表格按键盘上的"+"号，直到表格中 $f(x)$ 的值为正，观察发现，$2.31 < x_2 < 2.32$，可知方程精确到 0.1 的根为 $x_2 \approx 2.3$。同法或利用对称性得到另一个根 $x_1 \approx -4.3$。

解法三：二分法求方程的近似解。

这种方法的基本思路是：先确定方程根的一个大致区间，在该区间的两个端点处函数值异号，然后计算区间中点的函数值，并用中点和原端点中的一个构成一个更小的区间，且保持在这个更小的区间的两端函数值异号。重复以上过程，通过不断逼近，就可以把根的范围逐渐缩小，直至符合精确度的要求。

（1）首先确定方程的一个根位于 2 和 3 之间，即：$2<x_2<3$；

（2）求 2 和 3 的平均数 2.5，计算 $f(2.5) = 1.25>0$，而 $f(2) < 0$，可知 $2.0<x_2<2.5$；

（3）求 2.0 和 2.5 的平均数 2.25，计算 $f(2.25) = -0.44<0$，而 $f(2.5) >0$，可知 $2.25<x_2<2.50$；

（4）求 2.25 和 2.50 的平均数 2.375，计算 $f(2.375) = 0.39>0$，而 $f(2.25) <0$，可知 $2.25<x_2<2.375$；

至此，可知方程精确到 0.1 的一个根为 $x_2 \approx 2.3$。同法得到另一个根 $x_1 \approx -4.3$。

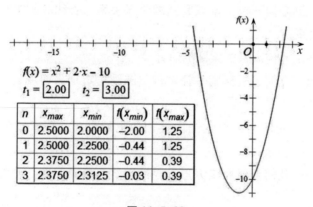

图 14-5-28

配套课件中，有自定义工具【二分法求方程的近似根】，使用该工具时，需要画板上有一个函数解析式和表示根的范围的两个端点（参数），用该工具依次单击解析式和两个端点，即可显示表格求得方程的近似解，还可以画出函数图像，如图 14-5-28 所示。

15 完美的圆

【技术助学目标】

（1）能借助几何画板探索点和圆的位置关系、直线和圆的位置关系、圆和圆的位置关系。

（2）能使用几何画板探索圆的对称性。

（3）能使用几何画板探索垂径定理、圆周角定理、切线长定理、弦切角定理、圆幂定理。

（4）能使用几何画板探索圆内接四边形的性质、探索圆外切四边形的性质。

（5）能借助几何画板探索方形车轮的路径、滚圆问题、旋轮线、最大张角等经典问题。

【技术学习目标】

（1）能制作动画演示圆的定义。

（2）能用迭代法绘制正多边形、圆内接正多边形和圆外切正多边形，能制作动画演示割圆术求圆周率的过程。

（3）能制作动画演示滚圆问题、最大张角问题。

（4）能绘制三角形的外接圆、内切圆、圆的切线、两圆的内外公切线。

15.1 探索圆的基本性质

15.1.1 圆的定义及作图

1. 用几何画板制作演示动画：圆的定义

平面内，线段 OP 绕它固定的一个端点 O 旋转一周，另一端点 P 所经过的封闭曲线叫作圆。下面我们根据这一定义用几何画板制作动画来演示圆的形成过程：

（1）如图 15-1-1，过点 A 画 $\odot O$，在 $\odot O$ 上画两点 B、P，画半径 OP，顺序选择点 O、B、P 构造圆上的弧 $\overset{\frown}{BP}$。选择 $\odot O$，按住 Shift 键同时创建"隐藏圆"和"显示圆"按钮；顺序选择点 P 和点 B，创建从 $P{\to}B$ 的移动按钮，设置移动速度为"高速"；选择点 P，创建"动画点"按钮，设置动画速度为"中速"，动画方向为逆时针，并勾选"只播放一次"。

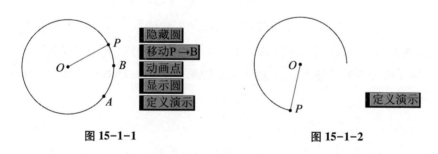

图 15-1-1   图 15-1-2

（2）顺序选择"隐藏圆""移动 $P{\to}B$""动画点""显示圆"四个按钮，创建一个依序执行的"系列"按钮，并把按钮的标签设为"定义演示"。隐藏点 A、B，启动"定义演示"按钮，则线段 OP 绕点 O 旋转一周，点 P 的轨迹形成一个圆。

2. 演示"等弧"和"长度相等的弧"

在同圆或等圆中，能够互相重合的弧叫"等弧"。

（1）如图 15-1-3，在几何画板中，画线段 OP 和点 M，分别以 O、M 为圆心、以 OP 为半径画 $\odot O$ 和 $\odot M$，则这两个圆是"等圆"。在 $\odot O$ 上任意画两点 A、B，并构造圆上的弧 $\overset{\frown}{AB}$，顺序选择点 A、O、B 并标记为旋转角，在

⊙M 上任画一点 C，以 M 为中心，按标记的角旋转点 C 得到点 D，构造弧 $\overparen{CD}$，则 $\overparen{AB}$ 和 $\overparen{CD}$ 是"等弧"。拖动点 P，则两圆的大小同时改变，拖动点 A 或点 B，两段弧同时改变，拖动点 M 使两圆重合，拖动点 C 或点 D，观察两弧能否互相重合。

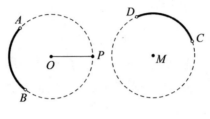

图 15-1-3

（2）过点 P 画一条水平的射线，并在射线上画点 O，隐藏射线，画线段 OP 并设其标签为 r，以 O 为圆心、r 为半径画 ⊙O，度量 r 的长度，创建距离参数 l，构造算式计算 $\dfrac{l \cdot 180°}{\pi \cdot r}$ 并把该式标记为旋转角度，把点 P 绕点 O 按标记的角度旋转得点 Q，顺序选择点 O、P、Q 构造圆上的弧 $\overparen{PQ}$，则 $\overparen{PQ}$ 的长度始终等于 l，拖动点 O，观察半径变化对弧的形状的影响，选择点 O 和 $\overparen{PQ}$ 构造轨迹，把轨迹的采样数量设为 30，如图 15-1-4，图中的每条弧都过点 P 且长度相等（都等于 l），显然，这些弧是不能够重合的，尽管长度相等，但不是"等弧"。

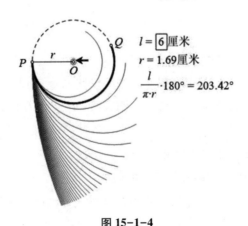

$l = \boxed{6}$ 厘米

$r = 1.69$ 厘米

$\dfrac{l}{\pi \cdot r} \cdot 180° = 203.42°$

图 15-1-4

3. 探究：直径是最长的弦

（1）如图 15-1-5，画线段 AB 并构造其中点 O，过点 A 画⊙O，则 AB 为⊙O 的直径。度量 AB 的长度。

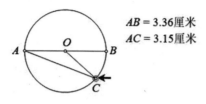

AB = 3.36厘米
AC = 3.15厘米

图 15-1-5

（2）过点 A 和圆上任意一点 C 画弦 AC，度量 AC 的长度，拖动点 C，观察度量值，确认：始终有 AC≤AB，表明直径是最长的弦。

（3）连接 OC，当 AC 不是直径时，△AOC 中有 AC<AO+OC =AB，而当 AC 为直径时，AC=AB，这就证明了：直径是圆中最长的弦。

4. 探究：点和圆的位置关系

（1）如图 15-1-6，画任意点 O、A，过点 A 画⊙O，构造半径 OA 并把标签设为 r，度量 r 的长度，画任意点 P，画射线 OP 交⊙O 于点 B，顺序选择点 P、B 构造移动按钮，选择点 O、P 度量 OP 间的距离，隐藏射线 OP 和点 B。

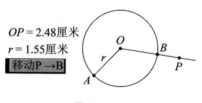

OP = 2.48厘米
r = 1.55厘米

移动P→B

图 15-1-6

（2）拖动点 P 分别至圆内、圆上、圆外，观察 OP 和 r 的大小，如有必要，单击移动按钮，则点 P 自动移动到圆周上；拖动点 A，改变 r 的大小，分别使 r>OP，r=OP，r<OP，观察每种情况下点 P 和圆的位置关系。

结论：点和圆有三种位置关系：

点 P 在⊙O 内⟺OP<r；

点 P 在⊙O 上⟺OP=r；

点 P 在⊙O 外⟺OP>r。

15.1.2　方形车轮与正多边形滚动

1. 方形车轮的滚动

情境：车轮为什么是圆的？面对这一问题我们通常会想，如果车轮不是圆的，比如，方形的会怎样？

下面我们制作动画，实现正方形在直线上的连续滚动，从而探讨如果车轮是方形的，车在平直的路面上行驶时，其车轮中心的轨迹会是怎样的？如果需要平稳运行，路面的形状应是怎样的？

思路分析：为简化步骤，设正方形的边长为 1，且正方形在数轴的正半轴上滚动。设置一个连续变化的角度参数，构造算式计算出正方形在数轴上的关键位置处的顶点坐标，利用参数的变化驱动顶点的移动和旋转，顶点再驱动正方形的连续旋转从而产生滚动效果。

制作步骤：

（1）制作控制参数变化的按钮。新建画板，新建角度参数 $t = 500°$，计算 $t-t$，顺序选择参数 t 和计算值 $t-t$，构建移动按钮，把速度设为"高速"，设置按钮标签为"归位"并勾选"在自定义工具中使用标签"。选择参数 t 创建动画按钮，设置动画方向为"增加"，改变数值的方式为"连续的"，速度为 45 单位每秒，范围为 0 到 1350，动画标签设为"向右"，勾选"在自定义工具中使用标签"。再次构建标签为"向左"的参数动画按钮，设置动画方向为"减少"，其余同"向右"。选择参数 t 和三个按钮，创建自定义工具【参数按钮】。

（2）构造算式。如图 15-1-7，调用计算器，计算 $\mathrm{trunc}\left(\dfrac{t}{90°}\right)$ 并设其标签为 k，再次调用计算器，构造两个算式 $k-1$ 和 $k \cdot 90°-t$。

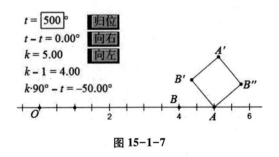

图 15-1-7

（3）绘制图形。创建坐标系，隐藏坐标网格，选择 x 轴和计算值 k，使用【绘图】菜单中的【在轴上绘制点】命令得到点（k，0），把该点标签设为 A，同法绘制点 B（$k-1$，0）。标记点 A 为旋转中心，标记算式 $k \cdot 90°-t$ 为旋转角度，把点 B 按标记的角度旋转得到点 B'，画线段 AB'，以 AB' 为边构造正方形 $AB'A'B''$。隐藏点 B 和各点的标签，隐藏辅助对象，单击"归位"按钮，参数 t 变为 0，绘制的正方形移到原点处，单击"向右"按钮，则正方形在数轴上连续向右滚动。

（4）构造轨迹。构造正方形的中心 G，选择参数 t 和点 G 构造轨迹。借助此轨迹，我们可以感受方轮汽车在平直路径上行进时的颠簸情景，体会现实生活中的车轮为什么是圆的。如图 15-1-8，构造轨迹与 y 轴的交点 M，参照图 15-1-8 在 y 轴上取一点 N，过 N 画 x 轴的平行线，过 G 画 y 轴的平行线，两线交于点 H，顺序选择点 G、H 标记向量，选择正方形并按标记的向量平移得到一个新的正方形。当以 G 为中心的正方形颠簸前行时，以 H 为中心的正方形则会平稳随行。

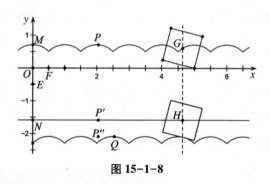

图 15-1-8

（5）探讨方形车轮需要的路径。设点 O 为坐标原点，画两点 E（0，-0.5）和 F（0.5，0），在 G 点的轨迹上任取一点 P，把点 P 按向量 $\overline{MN}$ 平移得点 P'，P' 按向量 $\overline{OE}$ 平移得点 P''，P'' 按向量 $\overline{OF}$ 平移得点 Q，选择点 P 和 Q 构造轨迹，此轨迹就是以 H 为中心的正方形车轮保持平稳运动时，所需的路面形状。

（6）如图 15-1-9，把以 G、H 为中心的正方形水平平移一定的距离作为汽车的另一个车轮，绘制或粘贴一个与两轮关联的汽车图案，追踪车轮 H 的四边，启动动画按钮"向右"或"向左"，感受上车的颠簸和下车车轮路径的曲折。

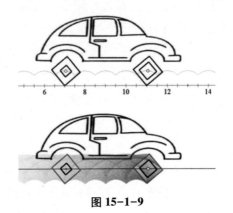

图 15-1-9

2. 正多边形车轮的滚动

正多边形车轮在滚动过程中是如何颠簸的呢？如果要避免颠簸，正多边形车轮需要怎样的路面形状呢？下面制作动画探究这一问题。

（1）创建自定义工具【画正 n 边形】。如图 15-1-10，创建参数 $n=5$，分别调用计算器构造算式 $n-2$，$\dfrac{(n-2) \cdot 180°}{n}$，画线段 CD，以 C 为中心，把线段 CD 按角度 $\dfrac{(n-2) \cdot 180°}{n}$ 旋转得线段 CD'，顺序选择点 C、D，参数 $n-2$，按住 Shift 键，创建 $C \rightarrow D'$，$D \rightarrow C$ 的深度迭代，得到正多边形。构造线段 CD 和 CD' 的垂直平分线得交点 G，则 G 为正多边形的中心，隐藏两条垂直平分线，选择得到的正多边形、中心 G 和参数 n，创建自定义工具【画正 n 边形】。

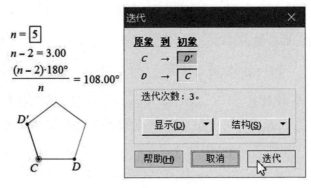

图 15-1-10

（2）如图 15-1-11，构造算式 $\dfrac{360°}{n}$ 并把标签设为 β，此即正多边形的一个外角的度数，也是正多边形在旋转过程中以某个顶点为中心每次转过的度数。新建角度参数 $t_1 = 480°$，计算 $\mathrm{trunc}\left(\dfrac{t_1}{\beta}\right)$ 并设其标签为 k，构造三个算式 $k-1$、$k\cdot\beta-t_1$ 和 t_1-t_1。

（3）绘制点 E（k，t_1-t_1）和 F（$k-1$，t_1-t_1），隐藏 y 轴和坐标网格，双击点 E 标记为旋转中心，标记算式 $k\cdot\beta-t_1$ 为旋转角度，把点 F 按标记的角度旋转得到点 F'，利用自定义工具【画正 n 边形】依次单击 F'、E 和参数 n 得到以 EF' 为一边的一个正多边形。

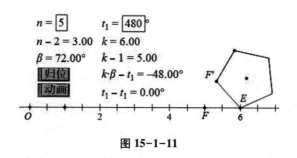

图 15-1-11

（4）顺序选择 t_1 和 t_1-t_1，创建移动按钮，并把速度设为"高速"，设置按钮标签为"归位"；选择参数 t_1 创建动画按钮，设置动画方向为"增加"，改变数值的方式为"连续的"，速度为 45 单位每秒，范围为 0 到 1350，动画标签设为"动画"。启动"动画"按钮，则正五边形向右连续滚动，单击"归位"按钮，正五边形归位至原点。

（5）设正五边形的中心为 G，选择点 G 和参数 t_1 构造轨迹，则此轨迹就是当正五边形车轮在平直的路面上移动时，车子行进的路径。

（6）画一条水平直线，过 G 做 x 轴的垂线和水平直线相交于 G'，标记向量 GG'，把线段 EF' 按标记向量平移得线段 AB，调整参数 t_1 的大小，使垂线 GG' 和 AB 相交，构造交点，选择该交点和参数 t_1 构造轨迹；把线段 AB 绕点 G' 旋转角度 β，调整 t_1，构造得到的线段与 GG' 的交点，选择交点和 t_1 构造轨迹，两段轨迹构成一条连续的路径。用自定义工具【画正 n 边形】构造以 BA 为边的正五边形。启动"动画"按钮，我们发现，当五边形中心 G' 平稳移动时，它需要的路径就是下方的曲线。

（7）改变 n 的值，使 $n=3$，6，8，10，……，观察正三角形、正六边形、

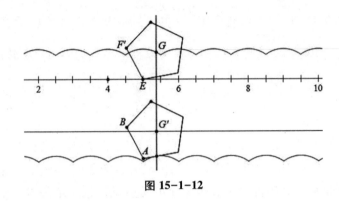

图 15-1-12

正八边形、正十边形等滚动的效果及平稳移动需要的路径。

15.1.3 探究圆的对称性

1. 探究圆心角、弧、弦、弦心距之间的关系

（1）如图 15-1-13，画线段 r 和两个自由点 O、O'，以 r 为半径画 $\odot O$ 和 $\odot O'$，在 $\odot O$ 内画圆心角 $\angle AOB$、弧 $\overset{\frown}{AB}$、弦 AB、弦心距 OG，在 $\odot O$ 上画点 C，标记旋转角 $\angle AOB$，把点 C 绕圆心 O 按标记的角旋转得点 D，构造圆心角 $\angle COD$、弧 $\overset{\frown}{CD}$、弦 CD、弦心距 OH。根据画法，有 $\angle COD = \angle AOB$，拖动点 C，使 C 与 A 重合，观察弧 $\overset{\frown}{CD}$、弦 CD、弦心距 OH 分别与弧 $\overset{\frown}{AB}$、弦 AB、弦心距 OG 是否能够重合。拖动点 A 或点 B 改变 $\angle AOB$ 的大小，再次拖动点 C 进行实验观察。

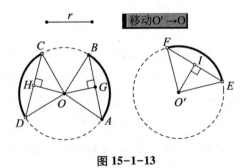

图 15-1-13

（2）在 $\odot O'$ 上画点 E，把点 E 绕圆心 O' 按标记的角 $\angle AOB$ 旋转得点 F，构造圆心角 $\angle EO'F$、弧 $\overset{\frown}{EF}$、弦 EF、弦心距 $O'I$。拖动点 O' 或创建移动按钮使 O' 与 O 重合，拖动点 E 和点 A 重合，观察还有哪些对象是重合的。

探究发现：在同圆或等圆中，相等的圆心角所对的弧相等，所对的弦相等，所对的弦的弦心距相等。

2. 探究垂径定理

（1）如图 15-1-14，画⊙O，画⊙O 的任意一条弦 AB，过圆心 O 作 AB 的垂线交 AB 于 M，度量 AM 和 BM 的长度，确认 AM = BM；构造垂线与⊙O 的两个交点 C 和 D，构造 $\overparen{AC}$ 和 $\overparen{BC}$ 并度量它们的长度，确认两个长度相等，说明 CD 平分 $\overparen{AB}$；度量 ∠AOD 和 ∠BOD 的度数，确认它们相等，从而 $\overparen{AD}$ 和 $\overparen{BD}$ 相等，即 CD 平分优弧 $\overparen{ADB}$。拖动点 A 或点 B，观察度量值的变化并确认上述相等关系保持不变。

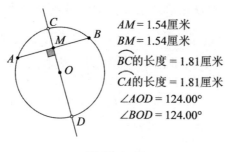

AM = 1.54厘米
BM = 1.54厘米
$\overparen{BC}$的长度 = 1.81厘米
$\overparen{CA}$的长度 = 1.81厘米
∠AOD = 124.00°
∠BOD = 124.00°

图 15-1-14

（2）如图 15-1-15，画⊙O，画⊙O 的任意一条弦 AB，构造 AB 的垂直平分线，拖动点 A 或点 B，确认弦 AB 的垂直平分线始终经过圆心 O。

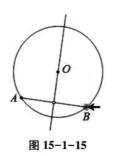

图 15-1-15

由探究可知：垂直于弦的直径平分这条弦，并且平分弦所对的两条弧；弦的垂直平分线经过圆心。试证明这一结论。

15.2 与圆有关的角

15.2.1 探究圆周角和圆心角的关系

1. 弧度角

把一个圆周平均分为 360 份，每一份叫作 1°的弧。因此，1°的圆心角所对的弧是 1°的弧；反之，1°的弧所对的圆心角是 1°的角。

圆心角的度数等于它所对弧的度数。

如图 15-2-1，在 ⊙O 中画圆心角 ∠AOB 并度量其度数，顺序选择点 O、B、A 构造 $\overset{\frown}{BA}$，选择 $\overset{\frown}{BA}$ 度量弧度角，比较发现这两个度数是相等的。这里的"弧度角"是指从点 B 沿圆周逆时针旋转到 A 所形成的弧所对应的圆心角的度数。

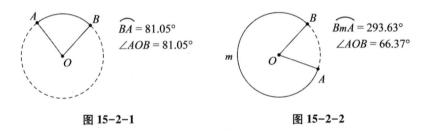

$\overset{\frown}{BA} = 81.05°$	$\overset{\frown}{BmA} = 293.63°$
$\angle AOB = 81.05°$	$\angle AOB = 66.37°$

图 15-2-1　　　　　　　　　　图 15-2-2

拖动点 A 到图 15-2-2 所示的位置，此时从点 B 沿圆周逆时针旋转到 A 所形成的弧是一段优弧 $\overset{\frown}{BmA}$，因此其对应的圆心角为大于平角的角，所以弧度角大于平角，而此时 ∠AOB 是一个小于平角的角，所以它们的度量值是不相等的，但它们的和是 360°。

2. 探究圆周角和圆心角的关系

探究一：探究同弧所对的圆周角和圆心角之间的关系。

（1）如图 15-2-3，在 ⊙O 上构造 $\overset{\frown}{BA}$，则 $\overset{\frown}{BA}$ 所对的圆心角只有一个，即 ∠AOB，度量其度数。构造圆周角 ∠ACB、∠ADB、∠AEB 并度量它们的度数，观察它们之间的关系，拖动点 A 或点 B，观察度量值，我们发现：$\overset{\frown}{BA}$ 所对的这几个圆周角是相等的。

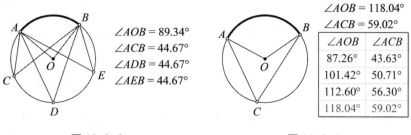

∠AOB	∠ACB
87.26°	43.63°
101.42°	50.71°
112.60°	56.30°
118.04°	59.02°

图 15-2-3   图 15-2-4

（2）拖动点 C 在优弧 $\overgroup{ADB}$ 上移动，观察 $\angle ACB$ 的度数，确认 $\angle ACB$ 的度数没有改变。拖动点 A 或点 B，如图 15-2-4，制表添加 $\angle AOB$ 和 $\angle ACB$ 的度数，观察二者之间的关系。

（3）构造算式计算 $\angle ACB$ 与 $\angle AOB$ 之比，拖动点 C、点 A 或点 B，确认始终有 $\angle ACB = \dfrac{1}{2}\angle AOB$。

探究二：探究证明圆周角与圆心角关系的思路方法。

（1）在图 15-2-4 中，拖动点 C 在圆周上移动，当点 C 位于图 15-2-5 的位置时，我们发现，圆心角 $\angle AOB$ 是等腰 $\triangle OAC$ 的外角，于是 $\angle AOB = \angle A + \angle C$，又 $OA = OC$，所以 $\angle A = \angle C$，所以 $\angle AOB = 2\angle C$。当拖动点 C 到图 15-2-6 的位置时，同理可得 $\angle AOB = 2\angle C$。这两个位置的共同点是：圆心 O 位于圆周角 $\angle ACB$ 的一条边上。由此得到，当圆心 O 位于圆周角的一边上时，有 $\angle AOB = 2\angle ACB$，即 $\angle ACB = \dfrac{1}{2}\angle AOB$。

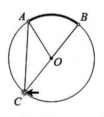 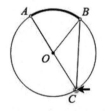

图 15-2-5   图 15-2-6

（2）拖动点 C 到图 15-2-7 所示的位置，此时，圆心 O 位于 $\angle ACB$ 的内部。作射线 CO 交 $\odot O$ 于点 D，构造"隐藏/显示"按钮隐藏 OB、BC 和点 B 得图 15-2-8，此时圆心 O 位于圆周角 $\angle ACD$ 的一边上，根据（1）中的结论可知，$\angle AOD = 2\angle ACD$。

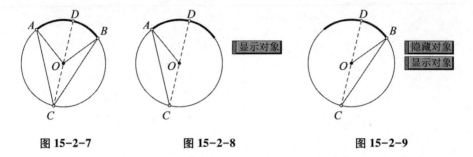

图 15-2-7   图 15-2-8   图 15-2-9

（3）利用按钮显示隐藏的对象，再创建一个"隐藏/显示"按钮隐藏 OA、AC 和点 A 得图 15-2-9，此时我们发现，圆心 O 位于圆周角 $\angle DCB$ 的一边上，所以 $\angle DOB = 2\angle DCB$。

（4）再次启动显示对象按钮，得图 15-2-7，可知，$\angle AOB = \angle AOD + \angle DOB = 2\angle ACD + 2\angle DCB = 2(\angle ACD + \angle DCB) = 2\angle ACB$。这说明，当圆心 O 位于圆周角的内部时，仍有 $\angle AOB = 2\angle ACB$，即 $\angle ACB = \dfrac{1}{2}\angle AOB$ 成立。

（5）拖动点 C 到图 15-2-10 的位置，分别启动两个"隐藏/显示"按钮，分别得图 15-2-11 和图 15-2-12，这两个图都满足条件"圆心 O 在圆周角的一边上"，于是，$\angle AOD = 2\angle ACD$，$\angle BOD = 2\angle BCD$，对应到图 15-2-10 中，则有，$\angle AOB = \angle AOD - \angle BOD = 2\angle ACD - 2\angle BCD = 2(\angle ACD - \angle BCD) = 2\angle ACB$。

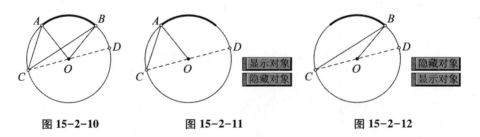

图 15-2-10   图 15-2-11   图 15-2-12

（6）如图，拖动点 C 到图 15-2-13 所示的位置，则有 $\angle AOB = \angle DOB - \angle DOA = 2\angle DCB - 2\angle DCA = 2(\angle DCB - \angle DCA) = 2\angle ACB$。图 15-2-10 和 15-2-13 都说明，当圆心 O 在圆周角 $\angle ACB$ 的外部时，亦有 $\angle AOB = 2\angle ACB$，即 $\angle ACB = \dfrac{1}{2}\angle AOB$。

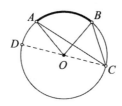

图 15-2-13

经过以上探索，可以得到圆周角定理：一条弧所对的圆周角等于它所对的圆心角的一半。

因为弧的度数等于其所对圆心角的度数，所以有如下推论：一条弧所对的圆周角等于该弧度数的一半，可记为 $\angle ACB = \frac{1}{2}\overset{\frown}{AB}$。

同时，以上探索发现，要证明该定理，应根据圆心和圆周角的位置关系分三种情况分类证明：圆心在角的一边上；圆心在角的内部；圆心在角的外部。

3. 球员射门的张角

在北师大版的教材中，描述了这样一个情境：

球员射中球门的难易程度与他所处的位置对球门的张角有关。如图 15-2-14，当球员在 B、D、E 处射门时，他所处的位置对球门 AC 分别形成三个张角 $\angle ABC$、$\angle ADC$、$\angle AEC$。这三个角的大小有什么关系？

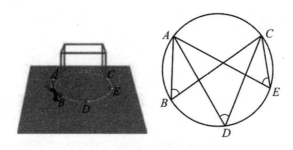

图 15-2-14

在配套课件中，提供了这个情境的三维动画，可以利用此动画来创设该情境。

课件设置了三个视角，每个视角都有直观图和平面图两个选项，单击左侧的按钮，可以进行视角转换，视角转换、平面图和直观图的转换都用流畅的动画展示。如图 15-2-15 是球员 *E* 视角下的直观图，图 15-2-18 是球员 *D* 视角下的平面图。

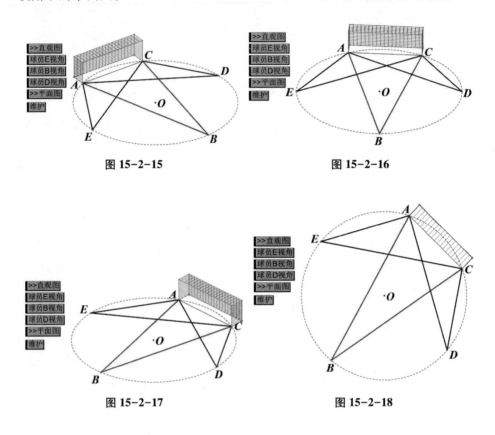

图 15-2-15　　　　　　　　　　图 15-2-16

图 15-2-17　　　　　　　　　　图 15-2-18

15.2.2　圆外角与圆内角

1. 圆外角

问题：船在航行过程中，船长常常通过测定角度来确定是否会遇到暗礁。如图 15-2-19，*A*、*B* 表示灯塔，暗礁分布在经过 *A*、*B* 两点的一个圆形区域内，优弧 *AB* 上任一点 *C* 都是触礁危险的临界点，$\angle ACB$ 就是"危险角"。当船 *P* 位于安全区域时，它与两个灯塔的夹角 $\angle APB$ 与"危险角"有怎样的大小关系？

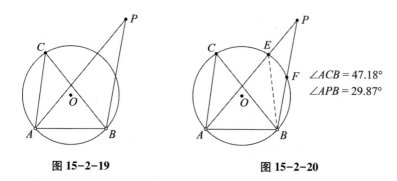

图 15-2-19　　　　　　　图 15-2-20

在该问题中，∠APB 的顶点在圆外，且角的两边都与圆有公共点，这样的角叫作圆外角。

试进行如下探究：

如图 15-2-20，度量圆周角∠ACB 和圆外角∠APB 的度数，拖动点 P，使点 P 位于圆外，观察度量值，我们发现，圆周角∠ACB 是一个固定不变的角，∠APB 的度数发生变化，但始终有∠APB<∠ACB。拖动点 A 或点 B，再次观察，确认圆外角∠APB<∠ACB。

事实上，连接 BE，则∠AEB 是△BEP 的外角，于是∠AEB>∠APB，而∠AEB=∠ACB，所以有∠ACB>∠APB，即∠APB<∠ACB。

因为∠APB=∠AEB−∠EBF，而∠AEB 和∠EBF 是圆外角∠APB 的两边截圆所得的两条弧所对的圆周角，所以可以得到结论：圆外角的度数等于它的两边截圆所得的两条弧所对的圆周角的度数之差。又因为圆周角的度数等于它所对的弧的度数的一半，因此，上述结论也可以叙述为圆外角定理。

圆外角定理：圆外角的度数等于它所夹的两弧度数之差的一半。如图 15-2-20，$\angle APB = \dfrac{1}{2}(\overset{\frown}{AB} - \overset{\frown}{EF})$。

2. 圆内角

顶点在圆内的角叫作圆内角。特别的，圆心角是圆内角。

如图 15-2-21，因为点 P 在⊙O 内，所以∠APB 是圆内角。延长 AP 交⊙O 于 C，连接 BC，则∠APB=∠C+∠B，于是∠APB>∠ACB，也就是说，圆内角大于同弧所对的圆周角。

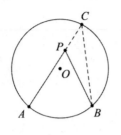 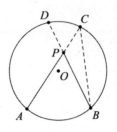

图 15-2-21   图 15-2-22

如图 15-2-22，延长 BP 交 $\odot O$ 于 D，因为 $\angle APB = \angle C + \angle B$，而 $\angle C$ 的度数等于 $\overparen{AB}$ 度数的一半，$\angle B$ 的度数等于 $\overparen{CD}$ 度数的一半，所以得到：

圆内角定理：圆内角的度数等于它与其对顶角所对弧的度数和的一半。

如图 15-2-22，$\angle APB \doteq \dfrac{1}{2}$ $(\overparen{AB} + \overparen{CD})$。

3. 圆外角、圆周角、圆内角的关系

如图 15-2-23，$\odot O$ 的弦 AC 和 BD 相交形成圆内角 β，弦 AD、BC 的延长线相交形成圆外角 α，弦 AD 和 BD 构成圆周角 γ，则 α、β、γ 为同弧 $\overparen{AB}$ 所对的圆外角、圆内角和圆周角，度量 α、β、γ 的度数，观察它们之间的关系。

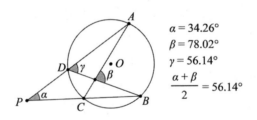

图 15-2-23

根据以上探究的结论，有 $\angle \alpha \doteq \dfrac{1}{2}$ $(\overparen{AB} - \overparen{CD})$，$\angle \beta \doteq \dfrac{1}{2}$ $(\overparen{AB} + \overparen{CD})$，所以 $\angle \alpha + \angle \beta \doteq \overparen{AB}$，而 $\angle \gamma \doteq \dfrac{1}{2} \overparen{AB}$，所以 $\gamma = \dfrac{\alpha + \beta}{2}$。

另一方面，由图 15-2-23，$\angle \alpha = \angle \gamma - \angle B$，$\angle \beta = \angle \gamma + \angle A$，因为 $\angle A = \angle B$，所以 $\angle \alpha + \angle \beta = 2 \angle \gamma$，即 $\gamma = \dfrac{\alpha + \beta}{2}$。

15.2.3 三角形的外接圆

1. 确定圆的条件

经过一点可以作无数条直线，经过两点可以确定一条直线。那么，经过几点能确定一个圆呢？试进行如下探究：

（1）在几何画板中画点 A，然后用"圆工具"在任意位置按下鼠标，拖动鼠标到 A 点释放鼠标，就可画出一个过点 A 的圆，按下鼠标时所在的位置就是该圆的圆心。显然，因为圆心可以在任意位置，所以经过一个点 A 的圆有无数个，如图 15-2-24。

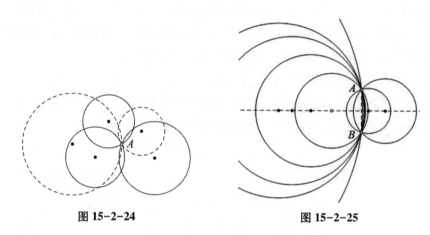

图 15-2-24   图 15-2-25

（2）如图 15-2-25，新建画板，画点 A、B，如何画出同时过点 A、B 的圆呢？设 ⊙O 同时经过点 A、B，则 OA 和 OB 是两条半径，于是 $OA = OB$，所以点 O 在线段 AB 的垂直平分线上。画线段 AB 的垂直平分线，在垂直平分线上任画一点 O，选择点 O、A，以"圆心和圆周上的点绘圆"，则得到同时过 A、B 两点的一个圆。拖动点 O，可发现该圆始终经过点 A、B。由于点 O 可在 AB 的垂直平分线的任意位置，因此经过 A、B 两点的圆有无数个。

（3）在画板上画点 A、B、C，使 A、B、C 三点不在同一条直线上，同时过 A、B、C 三点能否画出圆呢？能画出几个圆呢？设 ⊙O 同时经过点 A、B、C，则 OA、OB 是两条半径，于是 $OA = OB$，所以点 O 在线段 AB 的垂直平分线上，同理点 O 在线段 BC 的垂直平分线上。如图 15-2-26，画线段 AB 和 BC 的垂直平分线交于点 O，选择点 O、A，以"圆心和圆周上的点绘圆"，则得到同时过 A、B、C 三点的一个圆，此时，$OA = OB = OC$，所以点 O 也在线段 AC 的垂直平分线上。由于线段 AB、BC、CA 的垂直平分线的交点只有一个，

所以过 A、B、C 三点的圆只有一个。

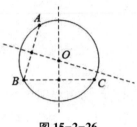

图 15-2-26

经过以上探究可得结论：不在同一直线上的三个点确定一个圆。

（4）在图 15-2-26 中，隐藏线段 AB、BC 及其垂直平分线，选择点 A、B、C、O 和⊙O，创建自定义工具"三角形的外接圆"。使用该工具，在画板上画三个不共线的点，则系统自动画出过此三点的圆。

2. 动画演示：尺规作三角形的外接圆

在配套课件中，有用尺规"作三角形的外接圆"的动画，如图 15-2-27，依次单击右侧的按钮，课件会分步演示作图过程。

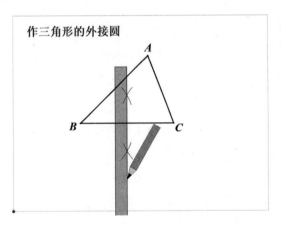

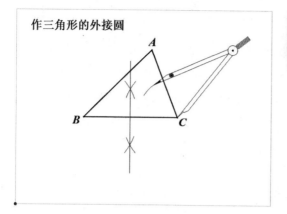

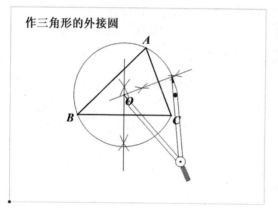

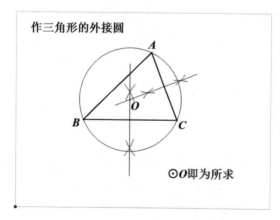

图 15-2-27

15.2.4 圆内接四边形与四点共圆

1. 探究圆内接四边形的性质

（1）如图 15-2-28，画 ⊙O 的内接四边形 ABCD，度量四个内角的度数，观察度数之间的关系。构造算式计算 $\angle A + \angle C$ 和 $\angle B + \angle D$，拖动四边形的顶点改变四边形的形状，观察算式的结果，我们发现，始终有 $\angle A + \angle C = 180°$，$\angle B + \angle D = 180°$。

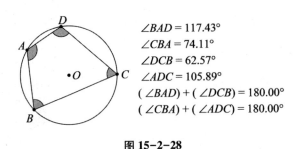

$$\angle BAD = 117.43°$$
$$\angle CBA = 74.11°$$
$$\angle DCB = 62.57°$$
$$\angle ADC = 105.89°$$
$$(\angle BAD) + (\angle DCB) = 180.00°$$
$$(\angle CBA) + (\angle ADC) = 180.00°$$

图 15-2-28

（2）如图 15-2-29，连接 BO、DO，根据圆周角定理的推理，有 $\angle A \doteq \dfrac{1}{2} \overset{\frown}{BCD}$，$\angle C \doteq \dfrac{1}{2} \overset{\frown}{BAD}$，于是 $\angle A + \angle C \doteq \dfrac{1}{2}(\overset{\frown}{BCD} + \overset{\frown}{BAD}) = \dfrac{1}{2} \times 360° = 180°$。

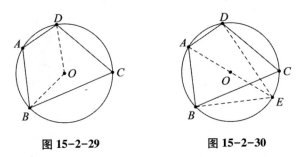

图 15-2-29   图 15-2-30

（3）如图 15-2-30，画直径 AE，则 $\angle ABE = \angle ADE = 90°$，所以四边形 ABED 中，$\angle ABE + \angle ADE = 180°$，由四边形的内角和是 360°，知 $\angle DAB + \angle DEB = 180°$，又 $\angle C = \angle DEB$，所以 $\angle DAB + \angle C = 180°$，进而 $\angle ADC + \angle ABC = 180°$。

经过以上探讨，得定理：圆内接四边形的对角互补。

推理：圆内接四边形的一个外角等于其内角的对角。如图 15-2-31，画

圆内接四边形 $ABCD$ 的一个外角 $\angle DCE$，度量 $\angle DCE$ 和 $\angle A$ 的度数，我们发现，$\angle DCE = \angle A$。事实上，这两个角都是 $\angle DCB$ 的补角，从而是相等的。

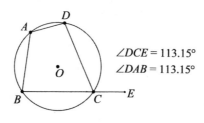

$$\angle DCE = 113.15°$$
$$\angle DAB = 113.15°$$

图 15-2-31

2. 探索四点共圆的条件

我们知道，不共线三点确定一个圆，进而，我们提出如下问题：如果平面内有四个点，任意三点不共线，一定可以画一个圆同时经过这四个点吗？

如图 15-2-32，在画板上画四个点 A、B、C、D，使用自定义工具【三角形的外接圆】，绘制 $\triangle ABC$ 的外接圆，我们发现，此时点 D 并不在这个圆上，这说明，不存在同时经过 A、B、C、D 四点的圆。

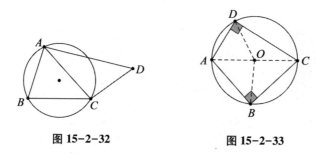

图 15-2-32   图 15-2-33

如图 15-2-33，四边形 $ABCD$ 中，$\angle ABC = \angle ADC = 90°$，使用自定义工具【三角形的外接圆】绘制 $\triangle ABC$ 的外接圆，我们发现点 D 也在这个圆上。事实上，因为 $\triangle ABC$ 和 $\triangle ADC$ 都是以 AC 为斜边的直角三角形，所以构造 AC 的中点 O，则有 $OA = OB = OC = OD$，所以，A、B、C、D 四点到 O 的距离相等，所以 $\odot O$ 同时经过这四个点。

以上探究表明，任意四点不一定是共圆的，但满足一定条件的四点是共圆的，那么四点共圆的条件是什么呢？

如图 15-2-34，四边形 $ABCD$ 内接于 $\odot O$，则有（1）$\angle ADB = \angle ACB$；（2）$\angle ADC + \angle ABC = 180°$，那么，这些结论的逆命题是否成立呢？

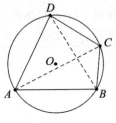

图 15-2-34

探究一：如果点 C、D 位于线段 AB 同侧，且 $\angle ADB = \angle ACB$，那么 A、B、C、D 是否共圆？

（1）使用自定义工具【三角形的外接圆】作 $\triangle ABD$ 的外接圆 $\odot O$，假如点 C 不在 $\odot O$ 上，则点 C 只能在圆内或圆外。

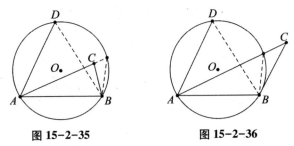

图 15-2-35   图 15-2-36

（2）如图 15-2-35，如果点 C 在 $\odot O$ 内，则 $\angle ACB$ 是圆内角，所以有 $\angle ACB > \angle ADB$，与已知 $\angle ADB = \angle ACB$ 矛盾；如图 15-2-36，如果点 C 在 $\odot O$ 外，则 $\angle ACB$ 是圆外角，所以有 $\angle ACB < \angle ADB$，也与已知矛盾；所以点 C 只能在 $\odot O$ 上。

探究二：如果四边形 $ABCD$ 满足 $\angle ADC + \angle ABC = 180°$，那么 A、B、C、D 是否共圆？

（1）作 $\triangle ABC$ 的外接圆 $\odot O$，下面我们用反证法来说明点 D 一定在 $\odot O$ 上。假设点 D 不在 $\odot O$ 上，则点 D 在 $\odot O$ 内或 $\odot O$ 外。

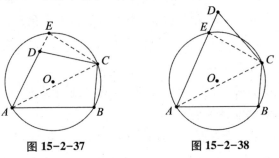

图 15-2-37   图 15-2-38

（2）如图 15-2-37，如果点 D 在⊙O 内，延长 AD 交⊙O 于点 E，连接 EC，则四边形 $ABCE$ 为⊙O 的内接四边形，所以∠B+∠E=180°，但∠ADC>∠E，所以∠ADC+∠ABC>180°，与已知条件∠ADC+∠ABC=180°矛盾；如图 15-2-38，如果点 D 在⊙O 外，设 AD 交⊙O 于点 E，连接 EC，则四边形 $ABCE$ 为⊙O 的内接四边形，所以∠B+∠AEC=180°，但∠ADC<∠AEC，所以∠ADC+∠ABC<180°，与已知条件∠ADC+∠ABC=180°矛盾；所以点 D 只能在⊙O 上。

经过以上探究，得到判定平面内四点共圆的方法如下：

（1）如果四个点到某定点的距离相等，则该四点共圆。

（2）如果两个直角三角形有公共的斜边，则这两个直角三角形的顶点在同一个圆上。

（3）如果线段同侧两点到线段两端点连线的夹角相等，则这两点和线段的两端点四点共圆。

（4）如果凸四边形的对角互补，则该四边形的四个顶点共圆。

（5）如果凸四边形的一个外角等于其内对角，则该四边形的四个顶点共圆。

其中结论（5）是结论（4）的推论。

15.3　直线与圆的位置关系

15.3.1　探索直线和圆的位置关系

1. 探索直线和圆的位置关系

（1）如图 15-3-1，过一点 A 画⊙O，度量 OA 的距离并把标签设为 r，画直线 l，度量圆心 O 到 l 的距离并把标签设为 d，拖动 l，观察 l 与⊙O 的位置，以及处于该位置时 d 和 r 的大小关系，观察直线和圆的公共点的个数。

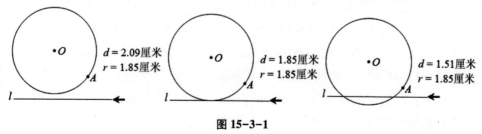

图 15-3-1

（2）如图 15-3-2，拖动点 A 或点 O，改变半径的大小，观察直线和圆的位置关系，以及相应的 r 和 d 的大小关系，观察直线和圆的公共点的个数。

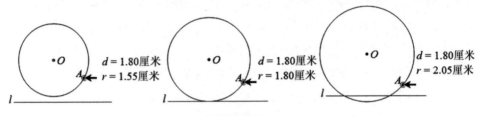

图 15-3-2

通过以上探究发现，直线和圆有三种位置关系：相离、相切、相交。

直线和圆相离$\Longleftrightarrow d>r \Longleftrightarrow$直线和圆没有公共点；

直线和圆相切$\Longleftrightarrow d=r \Longleftrightarrow$直线和圆有一个公共点（切点）；

直线和圆相交$\Longleftrightarrow d<r \Longleftrightarrow$直线和圆有两个交点。

2. 切线的判定和性质

如图 15-3-3，画线段 OA，过点 A 画 $\odot O$，过点 A 画直线 AP，选择 $\odot O$ 和直线 AP 构造交点，拖动点 P 使直线 AP 绕点 A 旋转，观察 AP 和 $\odot O$ 的位置关系。

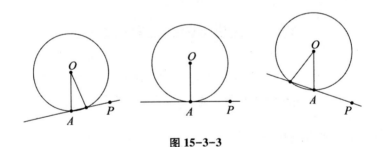

图 15-3-3

我们发现，当 AP 和 $\odot O$ 相交时，它们有两个交点，O 到 AP 的距离小于半径 OA，OA 和 AP 不垂直；当 AP 和 $\odot O$ 相切时，两个交点重合为一个切点，O 到 AP 的距离等于半径 OA，OA 和 AP 垂直。

反过来，当 AP 与 OA 垂直时，O 到 AP 的距离为半径 OA，AP 和 $\odot O$ 只有一个公共点，从而 AP 和 $\odot O$ 相切；当 AP 与 OA 不垂直时，O 到 AP 的距离小于半径 OA，AP 和 $\odot O$ 有两个交点，AP 和 $\odot O$ 相交。

结论：圆的切线垂直于过切点的半径；经过半径外端且垂直于这条半径的直线是圆的切线。

3. 动画演示：硬币沿直线滚动

问题：一枚直径为 d 的硬币沿着直线滚动一圈，圆心经过的距离是多少？下面我们先制作动画，再利用动画探究这一问题。

（1）如图 15-3-4，新建画板，画点 M，把点 M 按 90°平移 1cm 得到点 M'，画射线 MM' 并在其上画点 O，过点 M 画 $\odot O$，度量 OM 并把度量值的标签改为 r，计算 $2\pi r$。把点 M 平移得点 N，其中平移的方向为 0°，距离为 $2\pi r$。

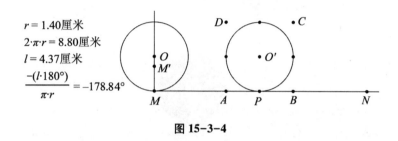

图 15-3-4

（2）画射线 MN，在 MN 上画点 P，度量 MP 并把度量值的标签改为 l，顺序选择 M、P 并标记向量，把 $\odot O$ 及圆心 O 按标记的向量平移得 $\odot O'$，参考图 15-3-4 构造四个点 A、B、C、D，使四边形 $ABCD$ 构成 $\odot O'$ 的外切正方形，且点 A、B 在射线 MN 上。构造算式 $-\dfrac{(l \cdot 180°)}{\pi \cdot r}$ 并标记为角度。

（3）找一张硬币的图片并复制图片，顺序选择点 A、B、D 后粘贴图片得到图 15-3-5，此时的硬币图案的轮廓恰好是 $\odot O'$，选择粘贴得到的图片，创建"隐藏/显示"按钮，双击点 O'，再次选择粘贴得到的图片并按标记的角度旋转得图 15-3-6，使用创建的按钮隐藏旋转前的硬币图片。保留点 O、M、O'、P、N、射线 MN 和旋转后的硬币图片，隐藏辅助对象，拖动点 P，观察硬币滚动情况，拖动点 O，可以改变半径大小，硬币图片大小也相应改变。至此，动画制作完成。

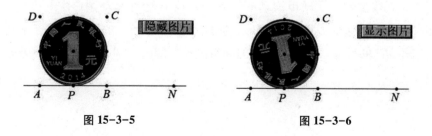

图 15-3-5   图 15-3-6

（4）如图 15-3-7，追踪硬币的圆心 O'，拖动点 P 到 M，则硬币处于起始状态，向点 N 的方向拖动点 P，则硬币在路径 MN 上滚动，当点 P 与点 N 重合时，硬币恰好滚动一圈。

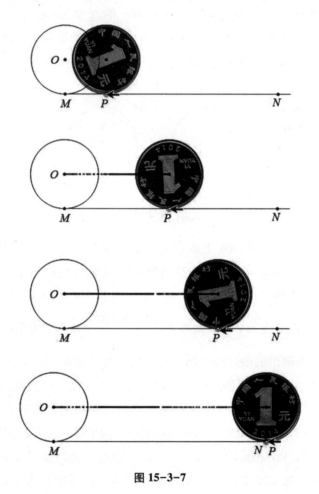

图 15-3-7

（5）拖动点 O，改变硬币的大小，再次拖动点 P 从 M 移动到 N 或从 N 移动到 M，观察发现，在硬币滚动的过程中，点 P 始终是动圆 $\odot O'$ 与直线 MN 的切点，从而四边形 $OMPO'$ 是矩形，因此硬币圆心经过的距离 OO' 等于其滚动的路径 MP 的长度。当直径为 d 的硬币滚动一圈时，圆心经过的距离就是圆的周长 πd。

15.3.2 三角形的内切圆

和三角形的三边都相切的圆叫作三角形的内切圆。

1. 用几何画板绘制三角形的内切圆

（1）如图 15-3-8，画△ABC，顺序选择点 A、B、C 绘制∠ABC 的平分线 BE，顺序选择点 B、C、A 绘制∠BCA 的平分线 CF，两条角平分线交于点 I，过 I 作 BC 的垂线，垂足为 D，过 D 画⊙I，则⊙I 是△ABC 的内切圆。

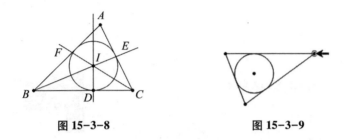

图 15-3-8   图 15-3-9

（2）隐藏角平分线 BE 和 CF，隐藏垂线 ID 和垂足 D，隐藏 I 的标签，框选△ABC 及其内切圆创建自定义工具"三角形的内切圆"，选择该工具，在画板上画一个三角形，则系统自动画出其内切圆，如图 15-3-9。

2. 动画演示：尺规作三角形的内切圆

在配套课件中，有尺规作三角形的内切圆的动画演示，如图 15-3-10，课件设置了分布作图的按钮，单击这些按钮就可以按步骤演示尺规作图的过程，便于教师演示讲解或学生自学。

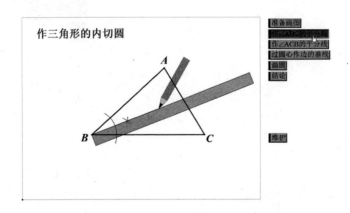

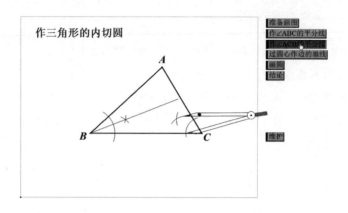

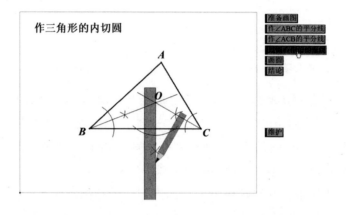

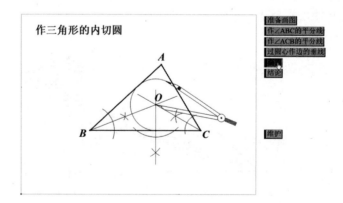

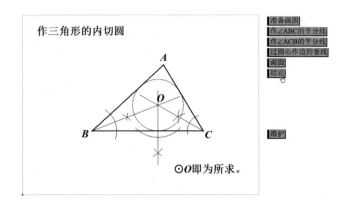

图 15-3-10

3. 探索三角形内心的性质

三角形的内切圆的圆心叫三角形的内心。显然，三角形的内心具有下列性质：

性质 1：三角形的内心是三角形的三条内角平分线的交点。

性质 2：三角形的内心到三角形各边的距离相等。

性质 3：张角公式——若 I 是 $\triangle ABC$ 的内心，则 $\angle BIC = 90° + \dfrac{1}{2} \angle BAC$。

我们曾在第 5 章介绍过这个性质，读者可以参考图 15-3-11 做进一步探讨。

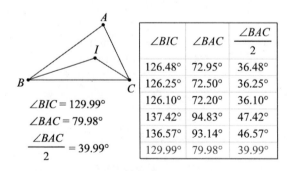

$\angle BIC$	$\angle BAC$	$\dfrac{\angle BAC}{2}$
126.48°	72.95°	36.48°
126.25°	72.50°	36.25°
126.10°	72.20°	36.10°
137.42°	94.83°	47.42°
136.57°	93.14°	46.57°
129.99°	79.98°	39.99°

$\angle BIC = 129.99°$

$\angle BAC = 79.98°$

$\dfrac{\angle BAC}{2} = 39.99°$

图 15-3-11

性质 4：若 I 是 $\triangle ABC$ 的内心，连接 AI 并延长交 $\triangle ABC$ 的外接圆于点 D，则 $DI = DB = DC$。

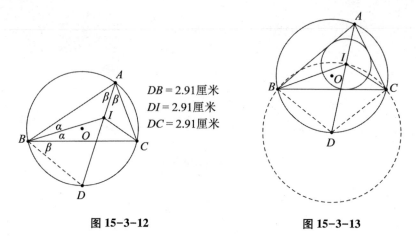

图 15-3-12
图 15-3-13

如图 15-3-12，在几何画板中，利用自定义工具绘制符合题意的图形，度量 DI、DB、DC，拖动 $\triangle ABC$ 的顶点改变三角形的形状，观察度量值，确认始终有 $DI=DB=DC$。事实上，设 $\angle ABC=2\alpha$，$\angle BAC=2\beta$，则 $\angle DIB=a+\beta=\angle DBI$，从而 $DI=DB$，同理 $DI=DC$。

这一结论说明，D 是 $\triangle IBC$ 的外心，如图 15-3-13，利用自定义工具绘制 $\triangle IBC$ 的外接圆，可以发现，D 恰好是其圆心。

性质 5：欧拉公式——$\triangle ABC$ 的外心为 O，内心为 I，外接圆、内切圆的半径分别为 R、r，则有 $OI^2=R^2-2Rr$。

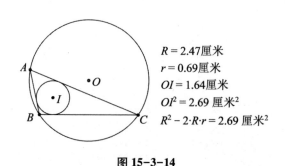

图 15-3-14

参考图 15-3-14，使用自定义工具绘制图形，度量相关长度，可以验证欧拉公式。

15.3.3 探索切线长和弦切角

1. 过圆外一点作圆的切线

已知⊙O 和⊙O 外一点 P，过点 P 作⊙O 的切线。

下面我们介绍两种常见的画法。

画法 1：如图 15-3-15，画⊙O 和圆外一点 P，以 O 为圆心把 P 按 1∶2 的比例缩放得点 P'，过点 O（或 P）画⊙P'交⊙O 于点 A、B，画直线 PA 和 PB，则 PA 和 PB 即为所求。

事实上，在该画法中，OP 是⊙P'的直径，从而∠OAP 和∠OBP 是直径所对的圆周角，即直角，从而 PA 和 PB 是⊙O 的切线。

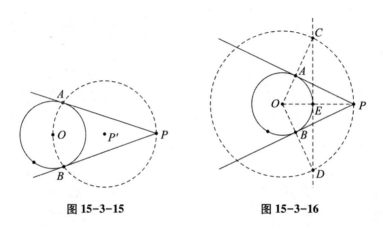

图 15-3-15   图 15-3-16

画法 2：如图 15-3-16，画⊙O 和圆外一点 P，连接 OP 交⊙O 于点 E，过 E 画 OP 的垂线，过 P 画已知圆的同心圆⊙O，与 OP 的垂线交于点 C、D，画半径 OC、OD 交已知圆⊙O 于点 A、B，画直线 PA 和 PB，则 PA 和 PB 即为所求。

事实上，由画法知，$OP=OC$，$OA=OE$，∠$POA=∠COE$，于是△$POA\cong$△COE，所以∠$OAP=∠OEC=90°$，所以 PA 是⊙O 的切线，同理 PB 也是⊙O 的切线。

根据画法 1 或画法 2 绘制图形，创建自定义工具"过圆外一点作圆的切线"。

2. 切线长定理

如图 15-3-17，过圆外一点 P 作圆的两条切线，设切点分别为 A、B，度量 PA 和 PB 的长度，度量∠APO 和∠BPO 的度数，拖动点 P 或点 O，观察度量值，我们发现 $PA=PB$，$\angle APO=\angle BPO$。

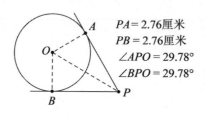

$PA=2.76$厘米
$PB=2.76$厘米
$\angle APO=29.78°$
$\angle BPO=29.78°$

图 15-3-17

事实上，连接 OA 和 OB，可知△PAO≌△PBO，立得上述结论。

在经过圆外一点的切线上，这一点和切点之间的线段长叫作这点到圆的切线长。上述探究的结论就是：

切线长定理：过圆外一点作圆的两条切线，它们的切线长相等，圆心与这一点的连线平分两条切线的夹角。

如图 15-3-18，画线段 OP，过点 P 画⊙O，过 P 画 OP 的垂线，则该垂线是⊙O 的切线，且切点为 P。选择点 O、P 和垂线创建自定义工具"过圆上一点画圆的切线"，使用该工具分别单击圆心和圆上一点，即可画出以该点为切点的切线。

如图 15-3-19，过圆上四点画圆的切线，构造切线的交点得四边形 $ABCD$，则该四边形是圆的外切四边形。度量四条边的长度，并构造算式计算对边长度之和，观察度量值和算式的值，我们发现：圆的外切四边形的两组对边的和相等。

事实上，如图 15-3-20，设过四个顶点的切线长分别为 a、b、c、d，则两组对边之和均为 $a+b+c+d$。

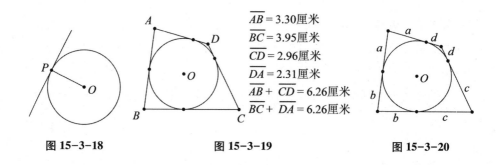

$\overline{AB}=3.30$厘米
$\overline{BC}=3.95$厘米
$\overline{CD}=2.96$厘米
$\overline{DA}=2.31$厘米
$\overline{AB}+\overline{CD}=6.26$厘米
$\overline{BC}+\overline{DA}=6.26$厘米

图 15-3-18   图 15-3-19   图 15-3-20

3. 弦切角

顶点在圆上，一边和圆相交，另一边和圆相切的角叫作弦切角。

如图 15-3-18，画 ⊙O 的弦 AB，过 B 画 ⊙O 的切线 CD，则 ∠ABC、∠ABD 都是弦切角，画圆周角 ∠AEB，则 ∠EBD、∠EBC 也是弦切角。度量 ∠ABC、∠AEB、∠EBD、∠BAE 的度数，拖动点 A 或点 E，观察度量值的关系。如有必要，可制表帮助观察。

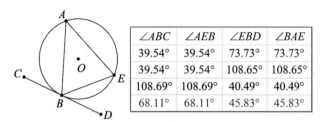

∠ABC	∠AEB	∠EBD	∠BAE
39.54°	39.54°	73.73°	73.73°
39.54°	39.54°	108.65°	108.65°
108.69°	108.69°	40.49°	40.49°
68.11°	68.11°	45.83°	45.83°

图 15-3-18

经过探究，发现如下结论：弦切角等于它两边所夹的弧所对的圆周角。

15.4 圆和圆的位置关系

15.4.1 探索圆和圆的位置关系

1. 探索两圆的位置关系

如图 15-4-1，在画板上画两个大小不同的圆，在移动两圆的过程中，我们可以观察到两圆之间有如下几种位置关系：

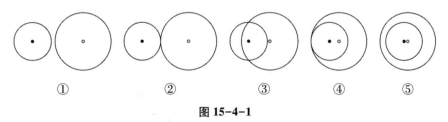

①　　　　②　　　　③　　　　④　　　　⑤

图 15-4-1

（1）如图 15-4-1①，两个圆没有公共点，并且每个圆上的点都在另一个圆的外部，此时两圆外离；

（2）如图 15-4-1②，两个圆有唯一的公共点，并且除了这个公共点以外，每个圆上的点都在另一个圆的外部，此时两圆外切，公共点是两圆的切点；

（3）如图 15-4-1③，两个圆有两个公共点，此时两个圆相交；

（4）如图 15-4-1④，两个圆有唯一的公共点，并且除了这个公共点以外，一个圆上的点都在另一个圆的内部，此时两圆内切，公共点是两圆的切点；

（5）如图 15-4-1⑤，两个圆没有公共点，并且一个圆上的点都在另一个圆的内部，此时两圆内含。

如图 15-4-2，从左到右两圆的位置关系依次是：内含、内切、相交、外切、外离，我们注意到，两圆同心是两圆内含的一种特殊情况。

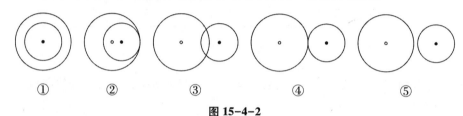

① ② ③ ④ ⑤

图 15-4-2

2. 连心线和公共弦

观察图 15-4-1 和图 15-4-2 中的各图，它们都是由两个圆构成的，它们是轴对称图形吗？我们注意到，两个圆构成的图形都是轴对称图形，对称轴是经过两圆圆心的直线，也就是它们的连心线。

如图 15-4-3，画两圆相交于 A、B 两点，连接 AB，线段 AB 是两圆的公共弦，画两圆的连心线 l，观察 l 和 AB 的位置关系并在几何画板中进行验证，我们发现：相交两圆的连心线垂直平分两圆的公共弦。这一结论由圆的对称性可以推得。

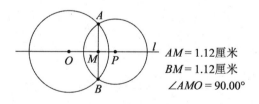

$AM = 1.12$ 厘米
$BM = 1.12$ 厘米
$\angle AMO = 90.00°$

图 15-4-3

如图 15-4-4，画两圆的连心线，拖动两圆，当两圆外切或内切时，观察切点和连心线的位置关系。我们发现：如果两圆相切，那么切点一定在连心线上。

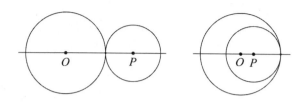

图 15-4-4

3. 两圆的圆心距

两圆圆心之间的距离叫作圆心距。在几何画板中，画两个圆，设两圆的半径分别为 R 和 r，且 $R>r$，圆心距为 d，度量 R、r 和 d，观察两圆在每种位置关系下，圆心距 d 和两圆半径 R、r 之间的关系。

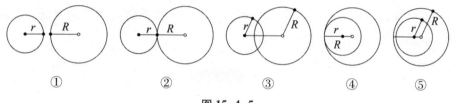

①　　　　②　　　　③　　　　④　　　　⑤

图 15-4-5

结合图 15-4-5，我们得到如下关系：

两圆外离 $\Longleftrightarrow d>R+r$；

两圆外切 $\Longleftrightarrow d=R+r$；

两圆相交 $\Longleftrightarrow R-r<d<R+r$；

两圆内切 $\Longleftrightarrow d=R-r$；

两圆内含 $\Longleftrightarrow d<R-r$。

4. 实验探究：相切两圆中的平行弦

（1）如图 15-4-6，画 $\odot O$ 和 $\odot P$ 外切于点 T，画 $\odot O$ 的弦 AB，画直线 AT、BT 分别交 $\odot P$ 于 C、D，连接 CD，观察 AB 和 CD 的位置关系；拖动点 A（或点 B、O、P、T）继续观察 AB 和 CD 的位置关系。

我们发现始终有 $AB \parallel CD$。度量 $\angle A$ 和 $\angle C$，确认 $\angle A = \angle C$，从而 $AB \parallel CD$。

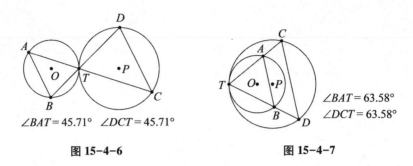

∠BAT = 45.71°　∠DCT = 45.71°

图 15-4-6

∠BAT = 63.58°
∠DCT = 63.58°

图 15-4-7

（2）如果两圆内切，还有类似的结论吗？参考图 15-4-7，验证 AB∥CD。

15.4.2　绘制两圆的公切线

在配套课件中，有皮带传动的动画演示。如图 15-4-8，单击"转动"按钮，则会直观演示主动轮、从动轮和皮带形成的传动装置的转动情况。制作这一动画的关键是绘制两圆的公切线。

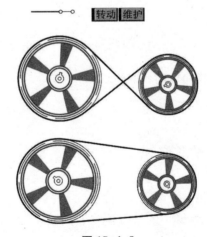

转动 维护

图 15-4-8

和两个圆同时相切的直线，叫作两圆的公切线。公切线有内公切线和外公切线之分：两圆在外公切线的同旁，在内公切线的两旁。

1. 绘制两圆的内公切线

思路分析：如图 15-4-9，设 AB 是⊙O 和⊙P 的内公切线，A、B 为切点，过 O 作 AB 的平行线交 PB 的延长线于点 E，则四边形 ABEO 为矩形，于是 PE 的长等于两圆半径之和，且∠E 是直角。所以△OPE 是以圆心距 OP 为斜边，以两圆半径之和 PE 为一条直角边的直角三角形。这启发我们，只要构造出 Rt△OPE，就可以得到点 E，进而确定出切点 A、B，画出切线 AB。

画法：新建画板，如图 15-4-10，画线段 r、R，构造线段 $R+r$，画点 O、P，以 O 为圆心 r 为半径画⊙O，以 P 为圆心分别以 R 和 $R+r$ 为半径画同心圆，连接 OP 并构造其中点 M，过点 P 画⊙M，构造⊙M 与以 $R+r$ 为半径的⊙P 交于点 E，连接 PE 与以 R 为半径的⊙P 交于点 B，标记向量 EB，把点 O 按标记的向量平移得点 A，画直线 AB，则直线 AB 即为⊙O 和⊙P 的一条内公切线，同法可得另一条内公切线。

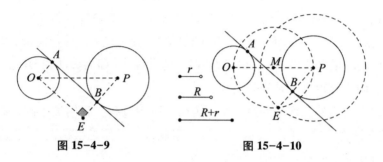

图 15-4-9　　　　　　　　　图 15-4-10

隐藏辅助对象，拖动相关点改变两圆半径或圆心，观察绘制的内公切线，如图 15-4-11。

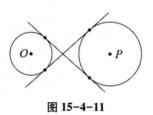

图 15-4-11

2. 绘制两圆的外公切线

思路分析：如图 15-4-12，设 AB 是⊙O 和⊙P 的外公切线，A、B 为切点，过 O 作 AB 的平行线交 PB 于点 E，则四边形 $ABEO$ 为矩形，于是 PE 的长等于两圆半径之差，且∠OEP 是直角。所以△OPE 是以圆心距 OP 为斜边，以两圆半径之差 PE 为一条直角边的直角三角形。这启发我们，只要构造出 Rt△OPE，就可以得到点 E，进而画出切线 AB。

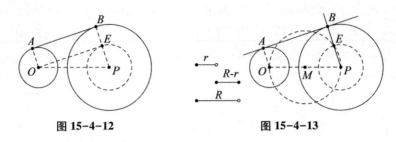

图 15-4-12   图 15-4-13

画法：如图 15-4-13，画线段 r、R，且使 $r<R$，构造线段 $R-r$，画点 O、P，以 O 为圆心 r 为半径画⊙O，以 P 为圆心分别以 R 和 $R-r$ 为半径画同心圆，连接 OP 并构造其中点 M，过点 P 画⊙M，构造⊙M 与以 $R-r$ 为半径的⊙P 的交点 E，画射线 PE 与以 R 为半径的⊙P 交于点 B，标记向量 EB，把点 O 按标记的向量平移得点 A，画直线 AB，则直线 AB 即为⊙O 和⊙P 的一条外公切线，同法可得另一条外公切线。

在以上绘制外公切线的过程中，为简化画图过程，我们加了限定条件 $R>r$。在配套课件中给出的绘图并没有这一限制条件，而是根据两个半径的大小自动绘制相应的图形，如图 15-4-14 所示。

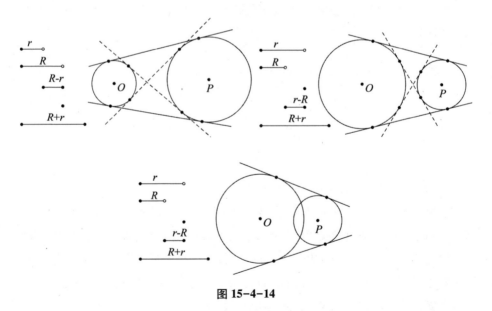

图 15-4-14

15.4.3 探索滚圆的奥秘

1. 滚圆问题

如图 15-4-15，设 ⊙O 的周长是 20π cm，⊙A 和 ⊙B 的周长都是 4π cm，使 ⊙A 在 ⊙O 外沿 ⊙O 滚动，⊙B 在 ⊙O 内沿 ⊙O 滚动，⊙A 转动 6 周回到原来的位置，⊙B 只需转动 4 周就回到原来的位置。想一想，为什么？

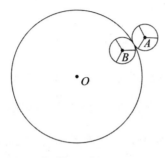

图 15-4-15

这就是著名的滚圆问题。该题在人教版大纲教材初中《几何》第三册中一出现，便引起了持续多年的争论。罗增儒教授评论这一事件为"发生在中国数学教育上的一个典型案例，能够提炼出很多关于解题的有益启示"[①]。虽然该问题已被讨论了三十几年，但"关于这场讨论笔者认为至今尚不能算作是尘埃落定"[②]，许多老师对此问题的认识还相当模糊，其中缺乏几何直观素养是最重要的原因，而利用几何画板创建的动画，可以直观地、动态地展现滚圆的真实过程，轻松破解理解上的困难。

2. 动画制作

步骤如下：

（1）新建画板，如图 15-4-16，绘制有公共左端点的两条线段 R 和 r，使 $R>r$，画任意点 O，以 O 为圆心、R 为半径画 ⊙O，把点 O 按 0° 平移 1 厘米得到点 O'，画射线 OO' 交 ⊙O 于点 P，我们把点 P 的位置作为 ⊙A 和 ⊙B 沿 ⊙O 滚动的起点。在 ⊙O 上画一点 C，画射线 OC，以 C 为圆心、r 为半径构造 ⊙C 交射线 OC 于点 A、B，过点 C 构造 ⊙A 和 ⊙B，隐藏 ⊙C 和点 O'。

---

① 罗增儒. 教育叙事：圆的遭遇［J］. 中学数学教学参考，2007（6）：23-26.

② 童浩军. 关于滚圆问题的若干思考［J］. 数学教学，2011（10）：41-44.

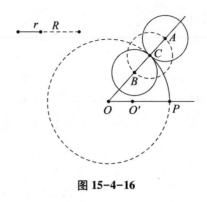

图 15-4-16

（2）如图 15-4-17，构造 $\odot O$ 上的弧 $\overset{\frown}{PC}$，度量其弧度角，并把度量值的标签设为 t，顺序选择线段 R 和 r，度量比 $\dfrac{R}{r}$，调用计算器，构造算式 $\dfrac{R}{r} \cdot t$ 并标记为旋转角，以 A 为旋转中心，把点 C 按标记的角旋转得到点 C'，构造半径 AC' 并把该半径绕点 A 旋转 $120°$ 两次，得到 $\odot A$ 的三条模拟轮辐的半径。

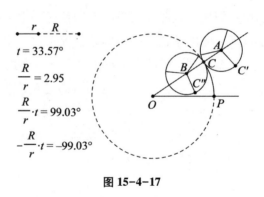

图 15-4-17

（3）构造算式 $-\dfrac{R}{r} \cdot t$ 并标记为旋转角，以 B 为旋转中心，把点 C 按标记的角旋转得到点 C''，构造半径 BC'' 并把该半径绕点 B 旋转 $120°$ 两次，得到 $\odot B$ 的三条模拟轮辐的半径。拖动点 C，观察滚动效果。

（4）为提升探究效果，我们把图中的半径 AC' 设置为红色粗线，构造 $\odot A$ 上的 $\overset{\frown}{CC'}$ 并设置为粗线，构造 $\odot B$ 上的 $\overset{\frown}{CC''}$ 并设置为粗线。

3. 探索滚圆的奥秘

（1）隐藏辅助对象，调整半径比例，使 $R = 5r$，拖动点 C 驱动小圆滚动，观察并确认：动画真实反映了题目所述的滚动过程。

（2）理解"转动一周"和"滚动一周"的区别。这是解决滚圆问题的关键。所谓"转动一周"也叫"自转一周"，是指小圆圆周上的一点绕其圆心旋转了 $360°$；所谓"滚动一周"，是指小圆在其运动的路径上经过了自己的一个周长。在平直的路径上，一个圆滚动一周的同时也会转动一周，而在弯曲的路径上，滚动一周和转动一周通常不是同一时刻完成的。

以 $\odot A$ 为例，如图 15-4-18，拖动点 C 从起始位置 P 开始，使 $\odot A$ 在 $\odot O$ 外沿 $\odot O$ 滚动，观察射线 AC' 的方向：在起始位置，点 C' 和点 P 是重合的，AC' 指向左侧，在 $\odot A$ 滚动过程中，当 AC' 再次指向左侧时，点 C' 绕点 A 旋转了 $360°$，此时 $\odot A$ 恰好转动一周。当 $\odot A$ 继续滚动到图 15-4-19 的位置时，C' 和 C 重合，小圆滚过的弧长恰好等于其周长，说明 $\odot A$ 滚动了一周。

因为 $\odot O$ 的周长是 20π cm，$\odot A$ 的周长是 4π cm，$20\pi \div 4\pi = 5$，所以当 $\odot A$ 再次回到原来位置时，其"滚动"了 5 周而不是"转动"了 5 周。

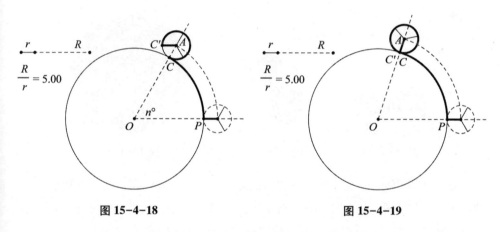

图 15-4-18　　　　　　　　　图 15-4-19

（3）问题解决。拖动点 C 从点 P 出发绕大圆一圈回到点 P，观察 $\odot A$，确认其"转动" 6 周。当 $\odot A$ 转动一周时，如图 15-4-18，设 $\angle AOP$ 的度数为 $n°$，根据 $\overset{\frown}{PC}$ 与 $\overset{\frown}{CC'}$ 的弧长相等，得：

$$\frac{n\pi R}{180} = \frac{(360-n)\pi r}{180} \qquad ①$$

结合 $R=5r$，立得 $n=60$，而 $360 \div 60 = 6$，这就是 $\odot A$ 再次回到起始位置时转动的圈数。

进一步，把①式变形，得 $\dfrac{n\pi \ (R+r)}{180} = 2\pi r$，此式标明 $\odot A$ 转动一周时，其圆心 A 经过的路径（弧）的长度恰好等于 $\odot A$ 的周长，据此，滚圆的圆心经过的路径长度除以滚圆的周长就是其转动的圈数。这是一个重要的结论，利用该结论可算得⊙A转动了6周，⊙B转动了4周。

当⊙A再次回到原来位置的时候，点A经过的路径长为$2\pi（R+r）$，因为$\dfrac{2\pi（R+r）}{2\pi r}=\dfrac{R}{r}+1$，所以当小圆在大圆外滚动时，转动的圈数等于其滚动的圈数加1，同法，当小圆在大圆内滚动时，转动的圈数等于其滚动的圈数减1。

（4）特例：如图15-4-20，两枚同样大小的硬币，左侧一枚固定不动，另一枚绕其无滑动地滚动，当滚动的硬币再次回到原来位置时，它自转了几圈？

如图15-4-21，在配套课件中，拖动两圆的外切的切点即可驱动右侧的硬币滚动，观察发现，滚动的硬币回到原来位置时，它自转了2圈。这一过程中，如果把不同时刻的截图进行叠加，就得到图15-4-22。

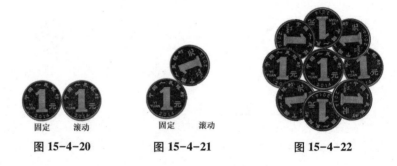

图15-4-20   图15-4-21   图15-4-22

由于两圆周长相等，所以滚动圈数为1，因为在圆外滚动，所以转动圈数为1+1=2。在图15-4-17中，拖动r的右端点，使r=R，拖动点C，观察⊙A，确认：当⊙A再次回到原来位置时，它转动了2周。

（5）反思：能用"多边形的外角和"定理解释滚圆问题吗？如何解释？能用其他方法解析滚圆问题吗？如何解析？

15.4.4　数学实验：迷人的旋轮线

1. 圆的摆线

一个动圆沿一条直线无滑动地滚动时，圆周上一点的轨迹叫作摆线，也叫普通旋轮线。

下面我们制作动画模拟摆线的绘制过程。

（1）我们设想半径为r的圆从原点出发在x轴上滚动而不滑动。如图15-

4-23，建立平面直角坐标系，设原点为 O，在 y 轴的正半轴上画点 A，过原点画⊙A，度量 A 的纵坐标并把度量值的标签改为 r，在 x 轴正半轴上画点 P，度量 P 点的横坐标并把度量值的标签改为 l，构造算式 $-\dfrac{l \cdot 180°}{\pi r}$ 并把该算式标记为旋转角度，把点 A 及⊙A 按向量 OP 平移得点 A' 和⊙A'，以 A' 为旋转中心，把点 P 按标记的角度旋转得点 M，画半径 $A'M$ 并把它旋转 $120°$ 两次得到模拟转轮的辐条。拖动点 P 在 x 轴上移动，则⊙A' 在 x 轴上滚动。

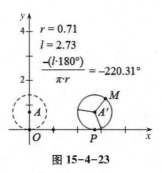

图 15-4-23

（2）追踪点 M，拖动点 P，观察摆线的形成过程，如图 15-4-24。

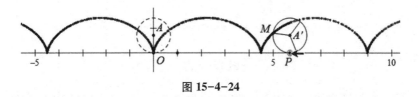

图 15-4-24

（3）擦除追踪踪迹，隐藏⊙A'。把点 M 绕点 A' 旋转一个角度（比如，$300°$）得点 M'，顺序选择点 A'、M、M' 构造圆上的弧，在弧上任取一点 E，选择点 E 和点 P 构造轨迹，得图 15-4-25，选择图 15-4-25 中的所有对象创建"隐藏/显示"按钮，选择点 E 及其轨迹构造"曲线系"，拖动点 A 观察曲线系的变化，利用按钮隐藏辅助对象，得图 15-4-26。

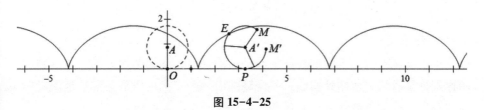

图 15-4-25

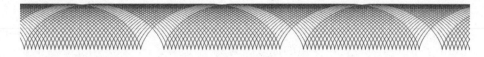

图 15-4-26

（4）隐藏点 E、M' 及所有轨迹。作射线 $A'M$，在射线上取点 K 构造线段 $A'K$，隐藏射线，在线段 $A'K$ 上画点 N，选择点 N 和点 P 构造轨迹，拖动点 N，观察轨迹的变化，如图 15-4-27。

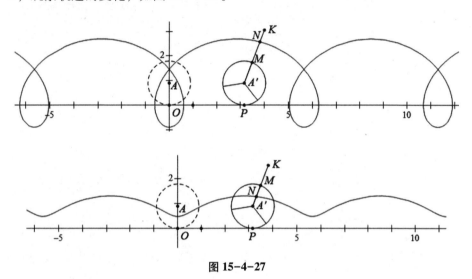

图 15-4-27

（5）选择点 N 的轨迹和点 N 构造"曲线系"，利用"属性"对话框调整曲线数量为 15，隐藏辅助对象，得图 15-4-28.

图 15-4-28

2. 旋轮线

一个动圆沿一个定圆的外部无滑动地滚动时，动圆圆周上的一点的轨迹，叫作圆外旋轮线，也叫外摆线；一个动圆沿一个定圆的内部无滑动地滚动时，动圆圆周上的一点的轨迹，叫作圆内旋轮线，也叫内摆线。

下面我们制作动画绘制旋轮线，并且把构造轨迹的点扩展到动圆半径或其延长线上。

任务描述：设⊙O 的半径为 R，⊙A 和⊙B 的半径都是 r，且 $R>r$，使⊙A 在⊙O 外沿⊙O 滚动，⊙B 在⊙O 内沿⊙O 滚动，用几何画板制作动画，模拟在滚动过程中，动圆半径（或其延长线）上一点的轨迹。

步骤如下：

（1）如图 15-4-29，新建画板，绘制有公共左端点的两条线段 R 和 r，使 $R>r$，度量比 $\dfrac{R}{r}$，新建角度参数 $t=50°$，构造算式 $\dfrac{R}{r} \cdot t$ 和 $-\dfrac{R}{r} \cdot t$。画任意点 O，以 R 为半径构造⊙O，把点 O 按极坐标 0° 平移 1 厘米得到点 O'，构造射线 OO' 交⊙O 于点 P。

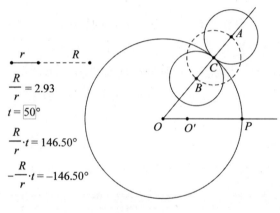

图 15-4-29

（2）以 O 为中心，以 t 为标记角度旋转射线 OP，并构造其与⊙O 的交点 C，以 r 为半径构造⊙C，并参考图 15-4-29 构造⊙C 与射线 OC 的交点 A 和 B，以 r 为半径构造两个小圆⊙A 和⊙B，隐藏⊙C、点 O' 和射线 OP。

（3）图 15-4-30，以 A 为中心，以 $\dfrac{R}{r} \cdot t$ 为标记角度旋转点 C 得到点 C'，构造射线 AC' 并在其上画点 E，以 B 为中心，以 $-\dfrac{R}{r} \cdot t$ 为标记角度旋转点 C 得到点 C''，构造射线 BC'' 并在其上画点 F。

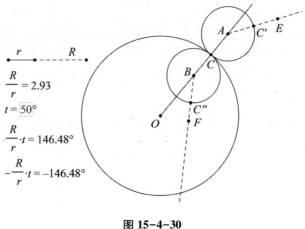

$$\frac{R}{r} = 2.93$$

$$t = \boxed{50°}$$

$$\frac{R}{r} \cdot t = 146.48°$$

$$-\frac{R}{r} \cdot t = -146.48°$$

图 15-4-30

（4）选择点 E 并单击右键，选择【追踪点】命令，选择参数 t 利用【编辑】→【操作类按钮】→【动画】命令，如图 15-4-31，利用弹出的对话框，把动画方向设为"增加"，动画速度设为"20.0 单位每 1.0 秒"，范围为"0.0"到"7200.0"，确定后得到"动画角度参数"按钮，启动按钮，观察点 E 绘制曲线的过程，如图 15-4-32。再次按下按钮停止动画，擦除追踪踪迹，右击点 E，再次使用【追踪点】命令取消对 E 点的追踪。同法对点 F 进行追踪，还可改变 E 或 F 的位置再次追踪，观察追踪的踪迹。

图 15-4-31

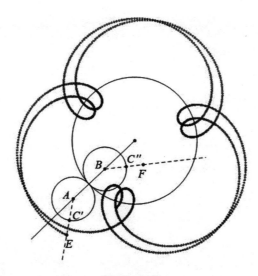

图 15-4-32

（5）取消对点 F 的追踪，如图 15-4-33，选择点 E 和参数 t 构造轨迹，选中构造的轨迹，点右键选"属性"，如图 15-4-34，在弹出的对话框中选"绘图"，把"采样数量"改为 5000，把参数的范围改为 $0.0 \leqslant t \leqslant 7200$，单击"确定"后观察得到的轨迹。

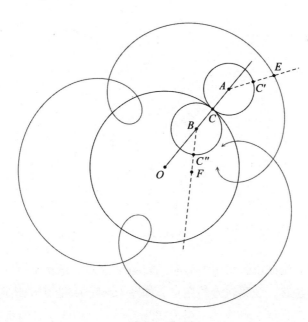

图 15-4-33

图 15-4-34

（6）选择点 F 和参数 t 构造轨迹，如图 15-4-35，选中构造的轨迹，仿照步骤（5）修改其属性，观察得到的轨迹。

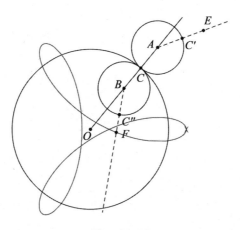

图 15-4-35

（7）分别创建按钮控制相关对象的隐藏和显示，调整 R 和 r 的大小，调整点 E 或 F 的位置，观察轨迹的变化。如图 15-4-36 是点 E 形成的一组外摆线，图 15-4-37 是点 F 形成的一组内摆线，还可以把两个点的轨迹同时显示，如图 15-4-38。

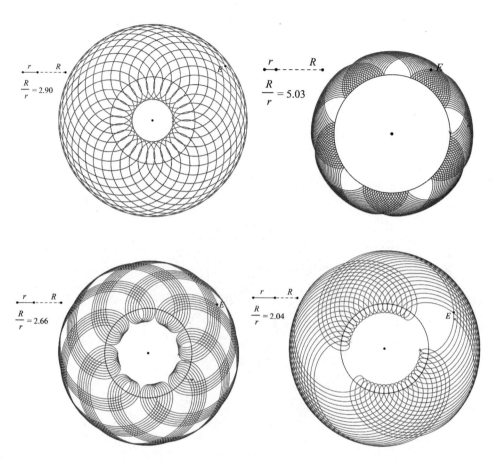

图 15-4-36

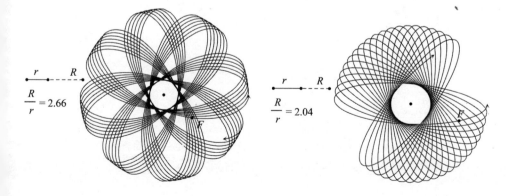

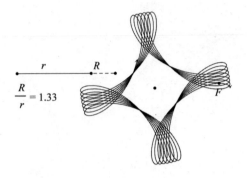

图 15-4-37

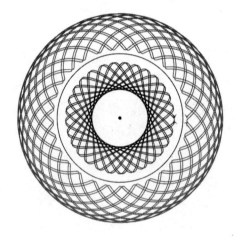

图 15-4-38

（8）当 R 是 r 的整数倍时，所得的轨迹如图 15-4-39，其中当 $R=r$ 时，外摆线为心脏线。

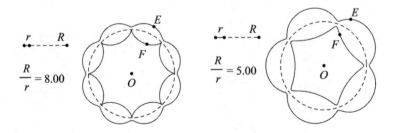

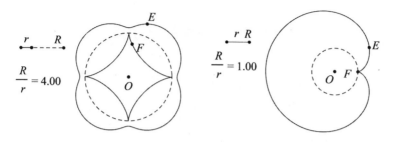

图 15-4-39

3. 万花尺

万花尺是一种绘图玩具，通常由两个带齿轮的图板组成，图板上有若干小孔，使用时，把其中的一个图板固定在纸面上，另一个图板与固定的图板通过齿轮啮合，把笔尖放在动图板的小孔里并驱动图板，在反复的圆周运动中，笔尖在纸上划过的轨迹形成美丽的图案。

图 15-4-40

万花尺的结构非常简单，啮合在一起的两个图板本质上就是两个内切或外切的圆。用万花尺绘制的图案可以理解为，当一个小圆沿一个固定的大圆的圆周无滑动地滚动时，小圆半径上的一点所形成的轨迹。因此，万花尺绘制的图案其实就是旋轮线。

15.5　与圆有关的计算

15.5.1　正多边形与圆

1. 正多边形与圆

正多边形和圆有非常密切的关系，试做如下探究：

探究一：由圆的 n 等分点构造正 n 边形。

（1）过点 A 画⊙O，把点 A 绕点 O 连续旋转 $72°$ （$\dfrac{360°}{5}$）4 次，依次得点 B、C、D、E，则⊙O 被分成了 5 等份。

（2）如图 15-5-1，顺次连接⊙O 的五等分点，得五边形 $ABCDE$，度量其各边和各内角，我们发现该五边形各边相等且各角相等，因此是正五边形。

（3）利用 15.3.3 一节中创建的自定义工具【过圆上一点画圆的切线】，绘制过⊙O 上各五等分点的切线（直线），以相邻切线的交点为顶点构造五边形 $PQRST$，隐藏各切线（直线），度量五边形 $PQRST$ 的各边和各内角，观察度量值，确认该五边形满足各边相等且各角相等，因此是正五边形。

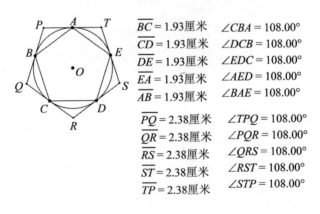

$\overline{BC}$ = 1.93 厘米	$\angle CBA$ = 108.00°
$\overline{CD}$ = 1.93 厘米	$\angle DCB$ = 108.00°
$\overline{DE}$ = 1.93 厘米	$\angle EDC$ = 108.00°
$\overline{EA}$ = 1.93 厘米	$\angle AED$ = 108.00°
$\overline{AB}$ = 1.93 厘米	$\angle BAE$ = 108.00°
$\overline{PQ}$ = 2.38 厘米	$\angle TPQ$ = 108.00°
$\overline{QR}$ = 2.38 厘米	$\angle PQR$ = 108.00°
$\overline{RS}$ = 2.38 厘米	$\angle QRS$ = 108.00°
$\overline{ST}$ = 2.38 厘米	$\angle RST$ = 108.00°
$\overline{TP}$ = 2.38 厘米	$\angle STP$ = 108.00°

图 15-5-1

（4）画一个圆并把它六等分，重复步骤（1）—（3），你有什么结论？七等分呢？n 等分呢？

（5）新建画板，如图 15-5-2，新建参数 $n=5$，构造算式 $\dfrac{360°}{n}$ 并标记为旋转角度，画 $\odot O$ 并在其上任取一点 A，把点 A 绕点 O 按标记的角度旋转得点 B，用自定义工具【过圆上一点画圆的切线】绘制过点 A、B 的切线，构造切线的交点 P，隐藏两条切线，画线段 PA、PB、AB。

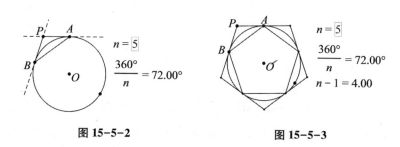

图 15-5-2   图 15-5-3

（6）构造算式 $n-1$，按住 Shift 选择点 A 和 $n-1$ 创建深度迭代，迭代规则为 $A\rightarrow B$，迭代深度为 $n-1$，得图 15-5-3，我们发现，迭代得到了 $\odot O$ 的一个内接正五边形和一个外切正五边形。

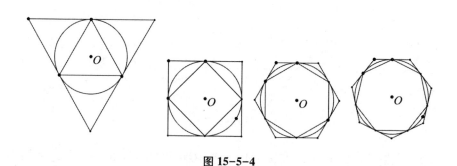

图 15-5-4

（7）选择 n，按键盘上的 "+" 或 "-" 改变 n 的值，观察图形的变化，如图 15-5-4。

通过以上探究，发现如下结论：

把圆分成 n（$n\geqslant 3$）等份，依次连接各分点所得的多边形是这个圆的内接正 n 边形；经过各分点作圆的切线，以相邻切线的交点为顶点的多边形是这个圆的外切正 n 边形。

探究二：由正多边形构造圆。

（1）如图 15-5-5，新建参数 $n=5$，构造算式 $\dfrac{360°}{n}$ 并标记为旋转角度，构

造算式 $n-1$。画点 O 和 A，以 O 为中心把点 A 按标记的角度旋转得点 B，连接 AB，创建 $A{\to}B$，迭代深度为 $n-1$ 的深度迭代，得到正五边形。

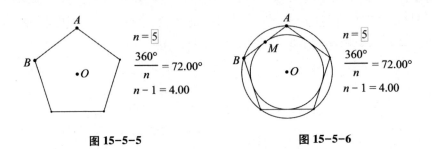

图 15-5-5   图 15-5-6

（2）过点 A 画 ⊙O，构造 AB 的中点 M，过点 M 画 ⊙O，如图 15-5-6，观察发现，这两个同心圆中半径较大的是正五边形的外接圆，半径较小的是正五边形的内切圆。

（3）改变 n 的值，观察图形的变化，如图 15-5-7。

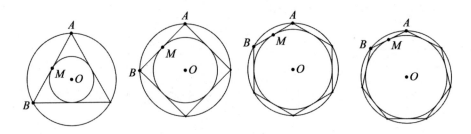

图 15-5-7

（4）在图 15-5-6 中，连接 OA、OB、OM 得图 15-5-8，在这个图中，OA 叫正多边形的半径，OM 叫正多边形的边心距，∠AOB 叫正多边形的中心角，我们发现，△AOB 是等腰三角形，而 △AOM 和 △BOM 都是直角三角形。改变 n 的值，观察这一发现是否还成立。

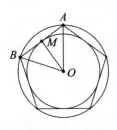

图 15-5-8

经过以上探究，我们发现如下结论：

任何正多边形都有一个外接圆和一个内切圆，这两个圆是同心圆；正 n 边形的半径和边心距把正 n 边形分成 $2n$ 个全等的直角三角形。

2. 周长一定的正多边形和圆谁的面积大

问题：用同样长的铁丝分别弯制成正三角形、正方形、正五边形、正六边形和圆，其中哪一种形状所围成的面积最大？

下面我们制作动画探究这一问题，而问题的关键是弄清如下关系：如图 15-5-8 中，在 Rt$\triangle AOM$ 中，$\angle AOM = \dfrac{180°}{n}$，而 $\sin \dfrac{180°}{n} = \dfrac{\frac{a_n}{2}}{R_n} = \dfrac{a_n}{2R_n}$，其中 a_n 和 R_n 分别是正 n 边形的边长和半径。

（1）新建表示周长的距离参数 $c = 12\text{cm}$，新建表示正 n 边形边数的参数 $n = 5$，计算 $\dfrac{c}{n}$ 并设其标签为 a_n，计算 $\dfrac{a_n}{2\sin \dfrac{180°}{n}}$ 并设其标签为 R_n，构造算式 $\dfrac{360°}{n}$ 并标记为旋转角度。

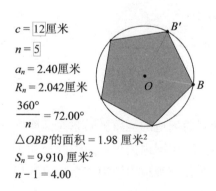

$c = \boxed{12}$ 厘米

$n = \boxed{5}$

$a_n = 2.40$ 厘米

$R_n = 2.042$ 厘米

$\dfrac{360°}{n} = 72.00°$

$\triangle OBB'$ 的面积 $= 1.98$ 厘米^2

$S_n = 9.910$ 厘米^2

$n - 1 = 4.00$

图 15-5-9

$c = \boxed{12}$ 厘米　　$n = \boxed{200}$

$S = 11.459$ 厘米^2

n	R_n	S_n
3	2.309 厘米	6.928 厘米^2
4	2.121 厘米	9.000 厘米^2
5	2.042 厘米	9.910 厘米^2
6	2.000 厘米	10.392 厘米^2
10	1.942 厘米	11.080 厘米^2
20	1.918 厘米	11.365 厘米^2
50	1.911 厘米	11.444 厘米^2
100	1.910 厘米	11.455 厘米^2
200	1.910 厘米	11.458 厘米^2

图 15-5-10

（2）如图 15-5-9，画任意点 O，选择点 O 和 R_n 构造 $\odot O$，在圆上任画一点 B，把点 B 绕点 O 按标记的角旋转得点 B'，连接 BB' 得正 n 边形的一条边，构造 $\triangle OBB'$ 的内部并度量其面积，用该面积乘以 n 得到的就是正 n 边形的面

积 S_n，构造算式 $n-1$，同时选择点 B 和 $n-1$，构造 $B \rightarrow B'$ 的深度迭代。

（3）构造算式 $\dfrac{c}{2 \cdot \pi}$ 并设标签为 r，构造算式 $\pi \cdot r^2$ 并设标签为 S，则 S 就是周长为 c 的圆的面积。选择 n、R_n 和 S_n 创建表格，向表格中添加数据，并把 S_n 和 S 进行比较。

如图 15-5-10，我们发现，周长 c 一定时，边数越多，其面积越大，但都小于同周长的圆的面积，说明同周长的正多边形和圆中，圆的面积最大。

与该问题相对应的另一个问题是：面积一定的正多边形和圆，哪一种形状周长最小?

仿照以上步骤，可以制作动画进行探究，配套课件中给出了这一课件。其过程如图 15-5-11 所示，探究显示：面积一定的正多边形边数越多，周长越小，而面积相同的正多边形和圆，圆的周长最小。

$S = 12.43$ 厘米^2 $n = \boxed{100}$

圆的周长 $= 12.496$ 厘米

n	a_n	c_n
3	5.357厘米	16.071厘米
4	3.525厘米	14.100厘米
5	2.687厘米	13.437厘米
6	2.187厘米	13.122厘米
10	1.271厘米	12.708厘米
20	0.627厘米	12.548厘米
50	0.250厘米	12.504厘米
100	0.125厘米	12.498厘米

图 15-5-11

15.5.2 数学实验：割圆术求 π

割圆术是我国魏晋时期的数学家刘徽创造的运用极限思想证明圆面积公式及计算圆周率的方法，其基本思路是运用圆内接正多边形的面积去无限逼近圆的面积并以此求取圆周率。本节在几何画板中使用正多边形的周长或面积逼近圆的周长或面积，从而求得 π 的近似值。

1. 用圆内接正多边形的周长逼近圆的周长

圆内接正 n 边形的周长是小于圆的周长的，但是当边数 n 不断增加时，它就会越来越接近圆的周长，当 n 足够大时，它与直径的比即是 π 的近似值。

这样就有了一种求圆周率的方法，在几何画板中，实现这一过程非常简单。

（1）如图 15-5-12，画线段 r 和点 O，以 r 为半径画 $\odot O$，在 $\odot O$ 上任画一点 A。新建参数 $n=5$，构造算式 $\dfrac{360°}{n}$ 并标记为旋转角度，把点 A 绕点 O 按标记的角度旋转得点 A'，画线段 AA'，则 AA' 就是圆内接正 n 边形的一条边长，度量 AA' 的长度并把标签设为 a_n，计算 $n \cdot a_n$，这个值就是圆内接正 n 边形的周长，度量 r 的长度，计算 $\dfrac{n \cdot a_n}{2 \cdot r}$ 并把它的精确度设为"万分之一"。构造算式 $n-1$，选择点 A 和 $n-1$ 创建 $A \to A'$，迭代深度为 $n-1$ 的深度迭代得到圆内接正 n 边形的图形，选择 n、a_n、$n \cdot a_n$、$\dfrac{n \cdot a_n}{2 \cdot r}$ 创建表格。

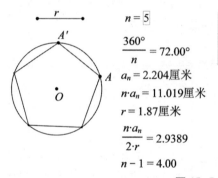

$n=5$

$\dfrac{360°}{n} = 72.00°$

$a_n = 2.204$ 厘米

$n \cdot a_n = 11.019$ 厘米

$r = 1.87$ 厘米

$\dfrac{n \cdot a_n}{2 \cdot r} = 2.9389$

$n-1 = 4.00$

n	a_n	$n \cdot a_n$	$\dfrac{n \cdot a_n}{2 \cdot r}$
5	2.204厘米	11.019厘米	2.9389

图 15-5-12

（2）同时选择 n 和表格，连续按键盘上的"+"增加 n 的值并自动向表格中添加数据，观察表格中值的变化，特别是 $\dfrac{n \cdot a_n}{2 \cdot r}$ 的值的变化，如图 15-5-13。

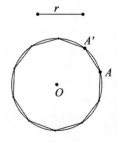

n	a_n	$n \cdot a_n$	$\dfrac{n \cdot a_n}{2 \cdot r}$
5	2.204厘米	11.019厘米	2.9389
6	1.875厘米	11.248厘米	3.0000
7	1.627厘米	11.387厘米	3.0372
8	1.435厘米	11.478厘米	3.0615
9	1.282厘米	11.541厘米	3.0782
10	1.159厘米	11.586厘米	3.0902

图 15-5-13

（3）不断增加 n 的值，当 $\dfrac{n \cdot a_n}{2 \cdot r}$ 的值为 3.1400 时，$n=57$，如图 15-5-14，而当 $n=191$ 时，模拟的圆周率约为 3.1415。

n	a_n	$n \cdot a_n$	$\dfrac{n \cdot a_n}{2 \cdot r}$
5	2.204厘米	11.019厘米	2.9389
6	1.875厘米	11.248厘米	3.0000
57	0.207厘米	11.773厘米	3.1400
189	0.062厘米	11.778厘米	3.1414
191	0.062厘米	11.778厘米	3.1415

图 15-5-14

除了以上方法，我们还可以用圆的外切正多边形的周长逼近圆的周长，从而得到 π 的近似值。如图 15-5-15 和图 15-5-16。

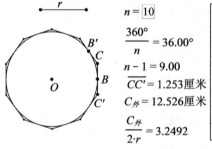

$n = \boxed{10}$

$\dfrac{360°}{n} = 36.00°$

$n - 1 = 9.00$

$\overline{CC'} = 1.253$ 厘米

$C_{外} = 12.526$ 厘米

$\dfrac{C_{外}}{2 \cdot r} = 3.2492$

n	$\overline{CC'}$	$C_{外}$	$\dfrac{C_{外}}{2 \cdot r}$
5	2.801厘米	14.004厘米	3.6327
6	2.226厘米	13.354厘米	3.4641
7	1.857厘米	12.996厘米	3.3710
8	1.597厘米	12.775厘米	3.3137
9	1.403厘米	12.628厘米	3.2757
10	1.253厘米	12.526厘米	3.2492

图 15-5-15

n	$\overline{CC'}$	$C_{外}$	$\dfrac{C_{外}}{2 \cdot r}$
5	2.801厘米	14.004厘米	3.6327
6	2.226厘米	13.354厘米	3.4641
20	0.611厘米	12.212厘米	3.1677
50	0.243厘米	12.127厘米	3.1457
100	0.121厘米	12.115厘米	3.1426
200	0.061厘米	12.112厘米	3.1419
500	0.024厘米	12.111厘米	3.1416

图 15-5-16

也可以用圆内接正多边形或圆外切正多边形的面积来逼近圆的面积，从

而测算出 π 的近似值。如图 15-5-17。

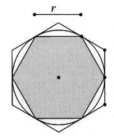

$n = \boxed{6}$

n	圆内接正n边形面积	圆外切正n边形面积	P_1	P_2
5	8.834 厘米²	13.497 厘米²	2.3776	3.6327
6	9.653 厘米²	12.871 厘米²	2.5981	3.4641

n	圆内接正n边形面积	圆外切正n边形面积	P_1	P_2
5	8.834 厘米²	13.497 厘米²	2.3776	3.6327
10	10.919 厘米²	12.072 厘米²	2.9389	3.2492
20	11.481 厘米²	11.769 厘米²	3.0902	3.1677
30	11.587 厘米²	11.715 厘米²	3.1187	3.1531
40	11.624 厘米²	11.696 厘米²	3.1287	3.1481
50	11.642 厘米²	11.688 厘米²	3.1333	3.1457
100	11.665 厘米²	11.676 厘米²	3.1395	3.1426
200	11.670 厘米²	11.673 厘米²	3.1411	3.1419
500	11.672 厘米²	11.672 厘米²	3.1415	3.1416
700	11.672 厘米²	11.672 厘米²	3.1416	3.1416

图 15-5-17

2. 倍边公式

如果半径为 r 的圆内接正 k 边形的边长为 x_k，可以求得它的内接正 $2k$ 边形的边长为：

$$x_{2k} = \sqrt{2r^2 - r\sqrt{4r^2 - x_k^2}}$$

这个公式叫倍边公式。由于圆内接正六边形的边长 $x_6 = r$，所以应用这个公式可以求得圆的内接正十二、二十四、四十八……边形的边长，进而求得其周长，利用周长和 $2r$ 之比即可求得 π 的近似值。

如图 15-5-18，新建距离参数 r 代表半径，新建参数 $k=6$，新建距离参数 x_k，使 x_k 的值与 r 相等，用该参数代表正 k 边形的边长，计算 $k \cdot x_k$ 和 $\dfrac{k \cdot x_k}{2 \cdot r}$，构造算式计算 $\sqrt{2r^2 - r\sqrt{4r^2 - x_k^2}}$ 并把该式的标签设为 x_{2k}，计算 $2k$。选择 x_k 和 k 创建迭代，规则是：$x_k \rightarrow x_{2k}$、$k \rightarrow 2k$，迭代后得到数据表。

$r = \boxed{7.00}$ 厘米

$x_k = \boxed{7.00}$ 厘米

$k = \boxed{6}$

$k \cdot x_k = 42.000$ 厘米

$\dfrac{k \cdot x_k}{2 \cdot r} = 3.00000$

$x_{2k} = 3.62$ 厘米

$2 \cdot k = 12$

$\boxed{\text{移动} x_k \to r}$

n	$k \cdot x_k$	$\dfrac{k \cdot x_k}{2 \cdot r}$	x_{2k}	$2 \cdot k$
0	42.000厘米	3.00000	3.62厘米	12
1	43.482厘米	3.10583	1.83厘米	24
2	43.857厘米	3.13263	0.92厘米	48
3	43.951厘米	3.13935	0.46厘米	96
4	43.974厘米	3.14103	0.23厘米	192
5	43.980厘米	3.14145	0.11厘米	384
6	43.982厘米	3.14156	0.06厘米	768
7	43.982厘米	3.14158	0.03厘米	1536
8	43.982厘米	3.14159	0.01厘米	3072
9	43.982厘米	3.14159	0.01厘米	6144

图 15-5-18

注意数据表中的 n 是画板自动添加的迭代次数，不是边数。选择表格按键盘上的 "+" 增加数据，观察表格中的数据：第 1 行是原始数据，表示半径 $r = 7.00$cm 的正 6 边形周长是 42.000cm，其周长与 $2r$ 之比为 3.00000，圆内接正 12 边形的边长为 3.62cm，正 12 边形的周长在第 2 行，为 43.482cm，用它模拟的 π 值约为 3.10583。表中显示，用正 1536 边形的周长与直径之比可求得 π 的近似值为 3.14159。

我国古代数学家刘徽，在公元三世纪用 "割圆术" 求得 π 的近似值为 3.14，祖冲之在公元 5 世纪又进一步求得 π 的值在 3.1415926 和 3.1415927 之间，是世界上当时最伟大的成就。观察图 15-5-18 中的数据表，感受我国古代数学家在仅靠手工画图、测量和计算的情况下就取得这一成就的艰辛和伟大。

3. 动画演示：圆的面积公式

在配套课件中，有一个演示圆的面积公式推导过程的动画，本是小学数学的内容，但其中也体现了极限思想。

如图 15-5-19，画面中有一个参数 n，右侧的圆被分成两个半圆，分别用红黄两种颜色显示，每个半圆又被等分成 n 个扇形，画面中有两个按钮，启动 "展开插合" 按钮，如图 15-5-20，每个半圆中的扇形从半径处分割而通过其弧彼此相连，展开后经平移、穿插形成一个近似的曲边平行四边形的形状，如图 15-5-21，此时，不断增加 n 的值，曲边平行四边形的上下两边逐渐接近直线，平行四边形也逐渐接近矩形，如图 15-5-22，当 n 足够大时，

可用圆周长的一半 πr 代替上下两边，而用半径 r 代替左右两边，求得矩形面积 $\pi r \cdot r = \pi r^2$，这就是圆的面积。单击"合拢为圆"按钮，则插合而成的近似矩形分离为两部分后，合拢为一个完整的圆。

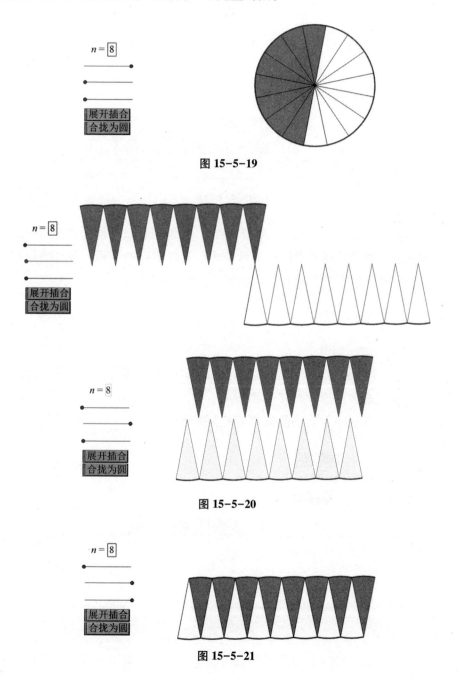

图 15-5-19

图 15-5-20

图 15-5-21

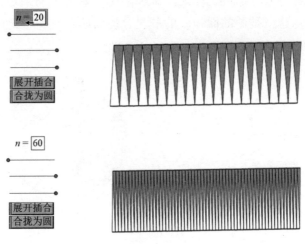

图 15-5-22

使用该课件时，一般当 n 不超过 10 时，启动按钮较为形象直观，而插合后增加 n 值，可以动态展现曲边平行四边形逼近矩形的过程。课件中还有三个滑块，方便用户手工演示展开、插合、合拢的过程。

15.5.3 弧长与扇形的面积

1. 问题情境的创设

情境 1：某传送带的一个转动轮的半径为 10cm，转动轮转一周，传送带上的物品被传送多少厘米？转动轮转 1°，传送带上的物品被传送多少厘米？转动轮转 $n°$，传送带上的物品被传送多少厘米？

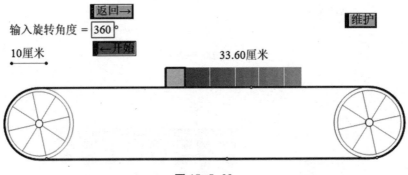

图 15-5-23

在学习弧长公式时，常会用类似问题作为问题情境引入新课，并引起学生思考。创设这一情境可用配套课件中的动画，如图 15-5-23，输入转动轮旋转的角的度数后，单击"←开始"按钮，启动动画，转动轮旋转带动物品移动，达到指定的度数后自动停止。

情境 2：一个半径为 5cm 的定滑轮带动重物上升了 10cm，假设绳索与滑轮之间没有滑动，则滑轮上的某一点旋转了多少度？

配套课件中，给出了体现该情境的动画，如图 15-5-24，上下拖动绳索上的黄点，可以模拟定滑轮带动物体升降的过程，单击"移动 10cm"按钮，则可以模拟重物提升、滑轮上的点旋转的过程。

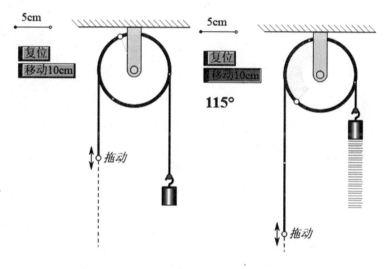

图 15-5-24

2. 与弧长有关的计算问题

例 1 如图 15-5-25，放置在直线上的扇形 OAB 的半径 $OA = 2$，圆心角 $\angle AOB = 45°$，扇形由如图所示的位置按顺时针方向无滑动地滚动，当点 O 再次落到直线上时，点 O 经过的最短路径的长是多少？

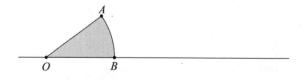

图 15-5-25

本题的难点在于在弄清楚滚动的过程中，O 点经过的路径的形状，经验表明，许多学生仅靠想象不能准确确定点 O 的轨迹，因此可在学生充分尝试探究后借助动画模拟这一过程。

如图 15-5-26，配套课件提供了手动和自动两种探究方式，其中手动操作需要拖动三个滑块。问题中图形运动的整个过程可分为"绕点 B 旋转——沿路径滚动——绕点 A 旋转"三个步骤，每个步骤都可通过滑块控制，其中最不易想象的是步骤2。扇形的弧在路径上滚动时，其圆心 O 的轨迹是线段，这就如同车轮在平直的路径上滚动时，车轮中心其实是和路面平行移动的，演示直观再现了这一过程。课件还设置了4个按钮，启动"提示"按钮，会显示点 O 在整个动态过程中的路径示意图，弄清楚了路径，计算也就变得非常简单了。

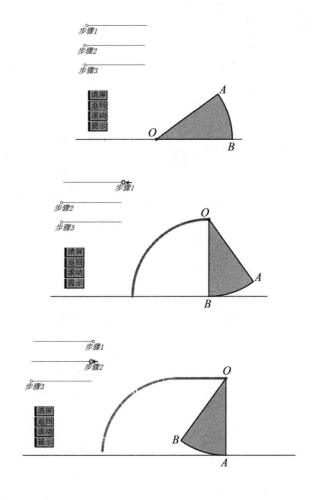

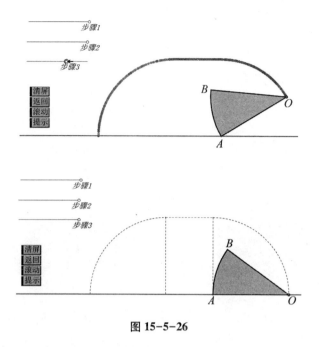

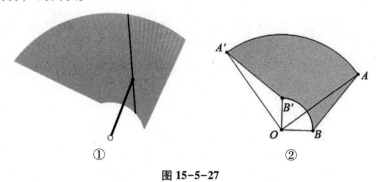

图 15-5-26

3. 与扇形面积有关的计算问题

例2　如图 15-5-27①，汽车雨刷器刷过的区域可以看成由一个三角形的一边绕着它相对的顶点旋转一定角度形成的。如图 15-5-27②，△ABO 中，$AO=3$，$OB=1$，△ABO 绕点 O 逆时针方向旋转 90°，求 AB 边扫刷过的区域（阴影部分）的面积。

图 15-5-27

分析：阴影部分并不是一个规则的扇形或扇面，所以需要转化为规则图形求解。配套课件中，给出了两种转化思路。

思路一：如图 15-5-28，先涂满大扇形 OAA' 的内部，再涂满 △AOB 的内部，再擦去小扇形 OBB' 的内部，再擦去 △$A'OB'$ 的内部，得到的即是题目中

的阴影部分，于是

$$S_{阴影}=S_{扇形OAA'}+S_{\triangle ABO}-S_{扇形OBB'}-S_{\triangle A'B'O}=S_{扇形OAA'}-S_{扇形OBB'}$$

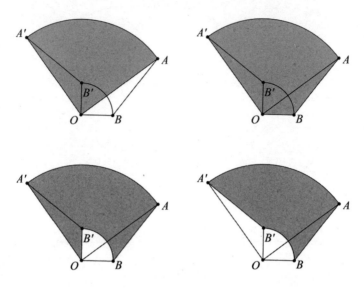

图 15-5-28

思路二：如图 15-5-29，把阴影部分中的深色部分逆时针旋转 90°，恰好补成一个扇面形状，于是阴影部分的面积等于大小两个直角扇形的面积之差，问题得解。

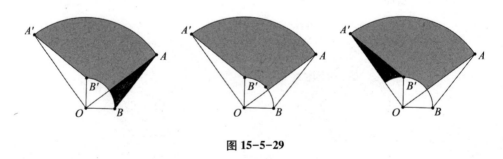

图 15-5-29

例 3　如图 15-5-30，在 Rt$\triangle ABC$ 中，$\angle ACB=90°$，$AC=BC=1$，将 Rt$\triangle ABC$ 绕点 A 按逆时针方向旋转 30° 后得到 $\triangle ADE$，点 B 经过的路径为 $\overset{\frown}{BD}$，求阴影部分的面积。

分析：阴影部分为不规则形状，因此需要转化。配套课件中给出了两种转化思路。

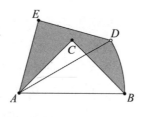

图 15-5-30

思路一：如图 15-5-31，先把 △ADE 和扇形 ABD 涂上不同颜色，再把 △ABC 闪烁 3 次后擦除，于是

$$S_{阴影} = S_{扇形ABD} + S_{\triangle ADE} - S_{\triangle ABC} = S_{扇形ABD}$$

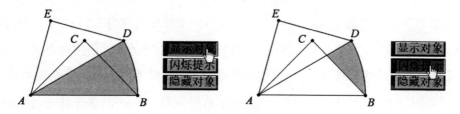

图 15-5-31

思路二：如图 15-5-32，首先演示阴影部分是 △ABC 在旋转过程中 AC 和 BC 两条边扫描而形成的区域。然后把位于 △ADE 内的阴影分割成一个凹五边形和一个三角形，凹五边形顺时针旋转 30°，三角形顺时针旋转 60°，则分割成三部分的阴影重新涂满扇形 ABD 的内部，于是 $S_{阴影} = S_{扇形ABD}$。

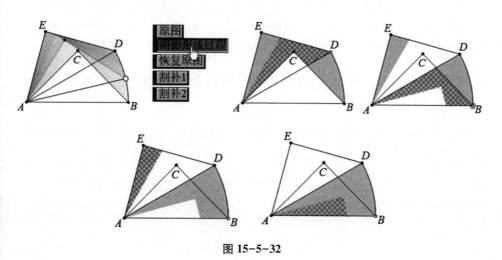

图 15-5-32

可以看出，两个例题中的思路一是基本思路，属于通法，思路二看似简单但不容易想到，动画演示可以帮学生理解并开阔思路。

4. 正多边形和圆渐开线

如图 15-5-33，设想有一根方木条，其截面为正方形 $ABCD$，一根细线缠绕在木条上数周，线头恰在 D 点，拉紧细线将其从木条上逐渐展开，则线头经过的轨迹就是正方形 $ABCD$ 的渐开线。观察可知，正方形的渐开线是由若干条圆心角为 90° 的弧连接而成，其中 $\overparen{DE}$ 的圆心为 A，半径为 AD，$\overparen{EF}$ 的圆心为 B，半径为 BE，$\overparen{FG}$ 的圆心为 C，半径为 CF，$\overparen{GH}$ 的圆心为 D，半径为 DG，$\overparen{HI}$ 的圆心为 A，半径为 AH……

用几何画板绘制正方形的渐开线可以创建并使用自定义工具。画点 P、Q，以 P 为圆心把点 Q 旋转 90°（正方形的一个外角的度数）得点 Q'，顺序选择 P、Q、Q' 构造圆上的弧 $\overparen{QQ'}$，框选点 P、Q、Q' 和 $\overparen{QQ'}$，创建自定义工具"正方形的渐开线工具"。画正方形 $ABCD$，选择刚创建的工具，依次单击 A、D 得到 $\overparen{DE}$，单击 B、E 得到 $\overparen{EF}$，单击 C、F 得到 $\overparen{FG}$、……，这样就可以画出正方形的渐开线。

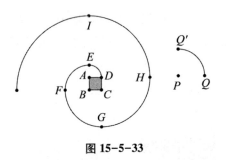

图 15-5-33

类似的，可以创建自定义工具绘制其他正多边形的渐开线，如图 15-5-34 是正三角形的渐开线。

如图 15-5-35，过点 A 画 $\odot O$，在 $\odot O$ 上任取一点 G，构造圆上的弧 $\overparen{AG}$ 并度量该弧的长度，过 G 画圆的切线，以 G 为圆心、$\overparen{AG}$ 的长度为半径画圆与切线交于点 P，选择点 G 和 P 构造点 P 的轨迹，则此轨迹就是圆的渐开线。

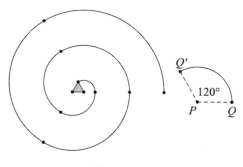

图 15-5-34

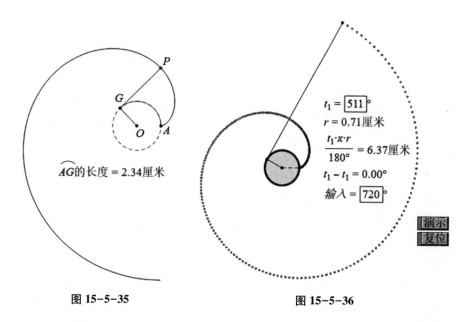

图 15-5-35   图 15-5-36

圆的渐开线可以理解为这样形成的：在圆盘周围绕一根不能伸缩的细线，线端栓一支铅笔，拉紧线端逐渐拉开，铅笔尖在纸上画出的曲线就是圆的渐开线。如图 15-5-36，配套课件中，用动画展示了圆的渐开线的形成过程。

15.5.4 与圆有关的比例线段

1. 数学探究：与圆有关的比例线段

（1）如图 15-5-37，在 ⊙O 上画点 A、B、C、D，画直线 AB 和 CD，构造 AB 和 CD 的交点 P，隐藏直线 AB 和 CD，画线段 PA、PB、PC、PD，并度量各线段的长度。如图 15-5-38。

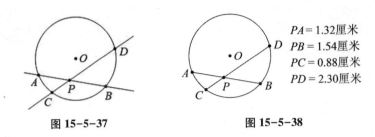

图 15-5-37　　　　　　　　图 15-5-38

（2）计算 $PA×PB$ 和 $PC×PD$ 的值，拖动圆上各点的位置，观察两个乘积的数量关系，如图 15-5-39，我们发现，始终有 $PA×PB=PC×PD$。

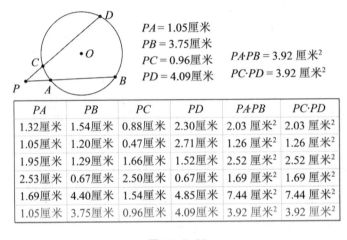

PA	PB	PC	PD	PA·PB	PC·PD
1.32厘米	1.54厘米	0.88厘米	2.30厘米	2.03 厘米²	2.03 厘米²
1.05厘米	1.20厘米	0.47厘米	2.71厘米	1.26 厘米²	1.26 厘米²
1.95厘米	1.29厘米	1.66厘米	1.52厘米	2.52 厘米²	2.52 厘米²
2.53厘米	0.67厘米	2.50厘米	0.67厘米	1.69 厘米²	1.69 厘米²
1.69厘米	4.40厘米	1.54厘米	4.85厘米	7.44 厘米²	7.44 厘米²
1.05厘米	3.75厘米	0.96厘米	4.09厘米	3.92 厘米²	3.92 厘米²

图 15-5-39

（3）如图 15-5-40，当点 P 位于圆外时，过 P 作圆的切线，设切点为 T，度量切线长 PT，计算 PT^2，观察 PT^2 与 $PA×PB$ 的数量关系。我们发现：$PT^2 = PA×PB$。

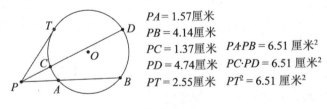

图 15-5-40

经过以上探究，我们得到以下结论：

（1）相交弦定理：如图 15-5-38，弦 AB 和 CD 交于点 P，则 $PA×PB=PC$

×PD。

（2）切割线定理：如图 15-5-40，PT 为切线，PAB 和 PCD 为割线，则
$PT^2 = PA \times PB = PC \times PD$。

这些结论可以参考图 15-5-41，借助相似三角形来证明。

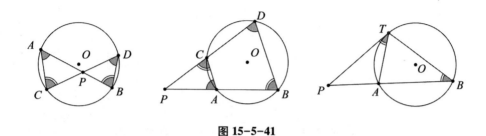

图 15-5-41

例 1   已知线段 a、b，求作线段 c，使得 $c^2 = ab$。

作法：

（1）如图 15-5-42，画射线 AM，在 AM 上依次截取 $AP = a$，$PB = b$；

（2）以 AB 为直径画⊙O，过 P 作 AB 的垂线交⊙O 于点 C、D，则线段
PC 即为所求。

证明：如图 15-5-42，设直径与弦 CD 垂直相交于 P，由垂径定理知 $PC = PD$，由相交弦定理知，$PA \times PB = PC \times PD$，于是得 $PC^2 = PA \times PB$。由作图知，$PA = a$，$PB = b$，于是 $PC^2 = ab$，即 $PC = c$。

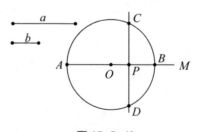

图 15-5-42

2. 数学探究：米勒最大张角问题

问题：已知直线 l 和它同旁的线段 AB，在直线 l 上有一动点 C，问点 C 位于 l 上的哪个位置时，点 C 对线段 AB 的视角∠ACB 最大？

点 C 对线段 AB 的视角∠ACB 也叫点 C 对线段 AB 的张角，由于德国数学家米勒提出并研究过类似的问题，因此这类问题也被称为米勒最大张角问题。

下面我们在几何画板中分情况进行探究。

情形1：直线 l 与 AB 平行

（1）如图 15-5-43，度量 $\angle ACB$ 的度数，按图示的位置从左到右拖动点 C 在 l 上移动，我们发现，$\angle ACB$ 经历了从小变大又从大变小的过程，这说明 $\angle ACB$ 确实存在最大值。

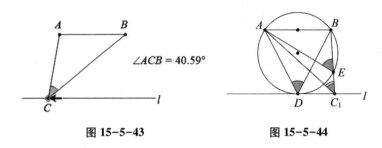

图 15-5-43 　　　　　　　　　图 15-5-44

（2）反复拖动观察，猜想：当点 C 位于线段 AB 的垂直平分线上时，$\angle ACB$ 最大。如图 15-5-44，画线段 AB 的垂直平分线交直线 l 于点 D，连接 AD、BD，画 $\triangle ABD$ 的外接圆，在 l 上 D 点之外领取一点 C_1，$\angle AC_1B$ 的一边 BC_1 与圆交于点 E，则有 $\angle ADB = \angle AEB > \angle AC_1B$，这说明，当点 C 移动到位于 AB 的垂直平分线上的点 D 时，$\angle ACB$ 最大。

情形2：直线 l 与 AB 垂直

（1）如图 15-5-45，直线 l 和线段 AB 垂直，l 和 AB 的延长线交于点 P，点 C 是 l 上的动点，度量 $\angle ACB$ 的度数，按图所示的位置拖动点 C 向点 P 移动，观察可知，$\angle ACB$ 的度数经历了由小变大再由大变小的过程，这说明 $\angle ACB$ 确实存在最大值。

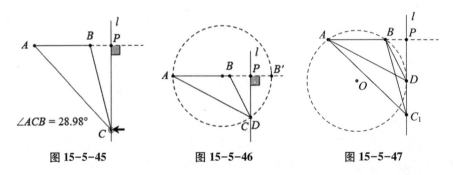

图 15-5-45 　　　　　　图 15-5-46 　　　　　　图 15-5-47

（2）如图 15-5-46，作点 B 关于 l 的对称点 B'，以 AB' 为直径画圆交直线 l 于点 D，拖动点 C，确认：当点 C 与点 D 重合时，$\angle ACB$ 最大。此时，$PD^2 = PA \times PB' = PA \times PB$。

（3）受切割线定理的启发，我们画 $\triangle ABD$ 的外接圆 $\odot O$，观察发现，此时 $\odot O$ 与 l 相切，也就是说，经过 A、B 两点作与直线 l 相切的圆，当点 C 位于切点位置时，$\angle ACB$ 最大。如图 15-5-47，$\angle ADB$ 是 $\overarc{AB}$ 所对的圆周角，C_1 是 l 上异于点 D 的另一点，$\angle AC_1B$ 是 $\overarc{AB}$ 所对的圆外角，从而 $\angle ADB > \angle AC_1B$。

情形 3：直线 l 与 AB 的延长线相交

（1）如图 15-5-48，直线 l 与直线 AB 相交于点 P，参考本节例 1（或情形 2），作线段 c，使 $c^2 = PA \times PB$，在直线 l 上截取 $PD = c$，画 $\triangle ABD$ 的外接圆 $\odot O$，则 $\odot O$ 经过点 A、B 且和直线 l 相切于点 D。

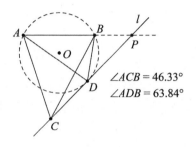

$$\angle ACB = 46.33°$$
$$\angle ADB = 63.84°$$

图 15-5-48

（2）在 l 上画点 C，画 $\angle ACB$ 并度量其度数，拖动点 C，确认当点 C 与点 D 重合时，$\angle ACB$ 最大。

例 2　如图 15-5-49 所示，某大楼外墙上装有一块长方形广告牌，广告牌高度 $AB = 6$m，下底边距离地面 11.6m。某人的眼部高度为 1.6m，那么当他从远处正对广告牌走近时，在距离大楼外墙多远处看广告牌的视角 $\angle APB$ 最大？

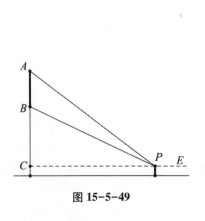

图 15-5-49

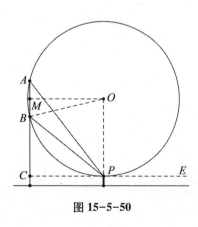

图 15-5-50

511

解：如图 15-5-50，过 A、B 两点作 $\odot O$ 与 CE 相切于点 P，过 O 作 $OM \perp AB$ 于 M，则 M 为 AB 的中点，所以 $AM = BM = 3$，依题意，$BC = 11.6 - 1.6 = 10$，所以半径 $OB = OP = 10 + 3 = 13$，在 Rt $\triangle OMB$ 中，由勾股定理得 $OM = \sqrt{13^2 - 3^2} = 4\sqrt{10}$，所以 $PC = 4\sqrt{10}$，即他在距离大楼 $4\sqrt{10}$ m 处看广告牌的视角最大。

参考文献

专著

［1］刘同军.几何画板在数学教学中的应用［M］.东营：中国石油大学出版社，2005.

［2］刘同军.几何画板助力数学教学［M］.东营：中国石油大学出版社，2019.

［3］沙雷金，等.直观几何［M］.吕乃刚，译.上海：华东师范大学出版社，2001.

［4］中国中学教学百科全书总编辑委员会数学卷编辑委员会.中国中学数学百科全书：数学卷［M］.沈阳：沈阳出版社，1991.

［5］中华人民共和国教育部.义务教育课程方案：2022年版［M］.北京：北京师范大学出版社，2022.

期刊

［1］曹一鸣，刘冰.《义务教育数学课程标准（2022年版）》修订的基本原则［J］.教育评论，2002（5）.

［2］董林伟，朱飞飞.在数学实验中引导学生发现和探索："探索多边形外角和"的教学设计［J］.数学通报，2015，54（3）.

［3］方世跃.一类张角最值问题与米勒定理［J］.高中数学教与学，2017（8）.

［4］甘志国.米勒问题的推广及其解答［J］.数学教学，2018（11）.

［5］郭衍，曹一鸣.高中数学课程中信息技术使用的国际比较：基于中国等十四国高中数学课程标准的研究［J］.中国电化教育，2016（5）.

［6］郭衎，曹一鸣．数学课程中信息技术运用的国际比较研究：基于中国等十四国小学初中数学课程标准的研究［J］．中国电化教育，2012（7）．

［7］郝四柱，袁华．用尺规作图方法寻找三角形的加权费马点［J］．中学数学杂志，2019（4）．

［8］胡凤娟，吕世虎．高中数学教材中信息技术与函数内容融合的研究：以2019年6个版本高中数学新教材为例［J］．当代教育与文化，2021，13（3）．

［9］黄家礼．何谓抛物线"形状相同"［J］．数学通报，2013，52（2）．

［10］李传富．多角度探究一道硬币自转问题［J］．中学数学，2016（2）．

［11］李庾南，刘东升．藤蔓之美：从数式方程走向变量函数——以八年级"函数（第1课时）"教学为例［J］．数学通报，2015，54（2）．

［12］梁海波．小题需大做，"滚"动出精彩：一节综合与实践活动课的教学实录与思考［J］．中学数学，2019（14）．

［13］刘华．追求逻辑连贯的数学教学：以"多边形的内角和"教学为例［J］．中学数学，2015（6）．

［14］刘同军，仇东华．万花尺：几何模型及教学应用［J］．中学数学杂志，2021（12）．

［15］刘同军．对造桥选址问题的教法探索［J］．中学数学教学参考，2012（12）．

［16］刘同军．多边形外角和公式的探索［J］．中学数学教学参考，2019（11）．

［17］刘同军．分形树的教学价值与教学实施［J］．中学数学教学参考，2019（17）．

［18］刘同军．借助《几何画板》突破教学难点一例［J］．中学数学杂志，2001（2）．

［19］刘同军．"爬虫"图案的欣赏与教学［J］．中学数学教学参考，2019（20）．

［20］刘同军．算出来的正方形：方形车轮滚动动画的制作［J］．中学数学杂志，2020（6）．

［21］刘旭东，田忠．以数探美·以美启真·以真育人："黄金分割"教

学设计与分析 ［J］. 中国数学教育, 2020 (19).

［22］罗增儒. 教育叙事: 圆的遭遇 ［J］. 中学数学教学参考, 2007 (6).

［23］潘卓. 利用《几何画板》制作分形几何图形 ［J］. 中学数学月刊, 2008 (7).

［24］彭惠玲. 核心素养视角下的初中数学主题式教学: 以"反比例函数中｜k｜值的几何意义"为例 ［J］. 数学教学通讯, 2021 (5).

［25］彭翕成. 动态几何课上的勾股定理教学 ［J］. 中学数学, 2011 (2).

［26］施德仪. 关于对角互补四边形模型的探究与思考 ［J］. 数学教学通讯, 2021 (26).

［27］孙春生, 王玲玉. 阿波罗尼斯圆及其应用 ［J］. 中学数学杂志, 2021 (9).

［28］田传弟. 也谈圆锥曲线的相似问题 ［J］. 数学通报, 2014, 53 (3).

［29］童浩军. 关于滚圆问题的若干思考 ［J］. 数学教学, 2011 (10).

［30］王东升. 关于"圆在滚动中的自转圈数"问题的探讨 ［J］. 中国数学教育, 2018 (23).

［31］王海燕. 黄金分割测量尺的制作与应用 ［J］. 中国教育技术装备, 2020 (5).

［32］熊培荣. 凡抛物线皆相似 ［J］. 数学通报, 1997 (10).

［33］熊燕. 有关三角形的内心与外心基本图形探究 ［J］. 中学数学研究 (华南师范大学版), 2021 (6).

［34］徐贤凯. 初中数学教材"阅读材料"的教学设计及实践: 以"话说'黄金分割'"为例 ［J］. 上海中学数学, 2021 (3).

［35］杨敏. 渗透数学文化, 课堂更精彩: 例谈基于文化的勾股定理教学 ［J］. 数学教学研究, 2010, 29 (9).

［36］余学虎. 任意两条抛物线相似 ［J］. 数学通讯, 2005 (9).

［37］张海玲, 陈曦, 王瑞林. "黄金分割"中的数学美 ［J］. 首都师范大学学报 (自然科学版), 2014, 35 (6).

［38］章飞. 教材理解的几个视角: 从黄金分割的教材调整谈开去 ［J］. 数学通报, 2018, 57 (4).

学位论文

[1] 陈辉. 黄金分割在平面设计中的研究 [D]. 石家庄：河北师范大学，2011.

[2] 高淼. 思维可视化在初中数学教学中的应用研究 [D]. 苏州：苏州大学，2017.

[3] 胡航. 技术促进小学数学深度学习的实证研究 [D]. 长春：东北师范大学，2017.

[4] 连艺华. 基于黄金分割在艺术设计领域里的应用研究 [D]. 哈尔滨：哈尔滨理工大学，2018.

[5] 林雪媛. "深度融合"理念下的初中数学教学设计研究 [D]. 广州：广东技术师范大学，2020.

[6] 武永芳. 基于斐氏数列规律的视觉设计美学研究 [D]. 郑州：郑州轻工业大学，2019.

[7] 章再俊. 初中函数概念教学研究 [D]. 南京：南京师范大学，2018.

[8] 赵铮. 初中数学智慧学习模型及支撑空间研究 [D]. 长春：东北师范大学，2017.

标准

[1] 中华人民共和国教育部. 普通高中数学课程标准：2017 年版 2020 年修订 [S]. 北京：人民教育出版社，2020.

[2] 中华人民共和国教育部. 义务教育数学课程标准：2021 年版 [S]. 北京：北京师范大学出版社，2012.

[3] 中华人民共和国教育部. 义务教育数学课程标准：2022 年版 [S]. 北京：北京师范大学出版社，2022.

电子公告

[1] 中华人民共和国教育部. 教育信息化 2.0 行动计划 [EB/OL]. 中华人民共和国教育部网站，2018-04-18.